高等职业教育“十三五”规划教材
“互联网+”创新型教材

平法识图与钢筋计算

主　编　胡　蝶
副主编　潘金和　胡世敬
　　　　胡　伦　李　娜
主　审　张玉杰　郝增韬

武汉理工大学出版社
·武　汉·

内 容 简 介

本书是根据《混凝土结构施工图平面整体表示方法制图规则和构造详图》(16G101)系列图集编写而成的一本“互联网+”的配套学习教材,详细阐述了平法识图与钢筋计算的基础知识、混凝土结构施工图设计总说明识读以及柱、剪力墙、梁、板、楼梯、基础的制图规则及构造要求。通过大量的插图和计算实例,并结合微课视频来讲解平法识图和钢筋计算规则。

本书可作为高职高专院校土建类专业以及应用型本科院校工程类专业的平法识图与钢筋计算相关课程的教材,也可作为相关专业人员的参考用书。

图书在版编目(CIP)数据

平法识图与钢筋计算 / 胡蝶主编. —武汉:武汉理工大学出版社, 2020.7(2023.7 重印)
ISBN 978-7-5629-6274-8

Ⅰ. ①平… Ⅱ. ①胡… Ⅲ. ①钢筋混凝土结构—建筑结构—识图 ②钢筋混凝土结构—结构计算 Ⅳ. ①TU375

中国版本图书馆 CIP 数据核字(2020)第 124049 号

项目负责人:戴皓华　　**责 任 编 辑**:戴皓华
责 任 校 对:张明华　　**版 面 设 计**:正风图文
出 版 发 行:武汉理工大学出版社
地　　址:武汉市洪山区珞狮路 122 号
邮　　编:430070
网　　址:http://www.wutp.com.cn
经　　销:各地新华书店
印　　刷:武汉市洪林印务有限公司
开　　本:787×1092　1/16
印　　张:15.5
字　　数:387 千字
版　　次:2020 年 7 月第 1 版
印　　次:2023 年 7 月第 5 次印刷
定　　价:40.00 元

凡购本书,如有缺页、倒页、脱页等印装质量问题,请向出版社发行部调换。
本社购书热线:027-87515778　87515848　87785758　87165708(传真)

高等职业教育“十三五”规划教材
编审委员会

前　言　Preface

随着混凝土结构施工图平面整体表示方法在建筑行业的全面运用，识读平法表示的结构施工图，根据平法进行工程设计、工程施工、工程监理、工程造价等是建筑相关专业人员需要完成的基本工作。

混凝土结构施工图平面整体表示方法内容丰富，比较理论和抽象，要学好平法知识较为困难。本书是根据最新的《混凝土结构施工图平面整体表示方法制图规则和构造详图》(16G101)系列图集编写而成的一本"互联网＋"的配套学习教材，详细阐述了平法识图与钢筋计算的基础知识，混凝土结构施工图设计总说明识读，以及柱、剪力墙、梁、板、楼梯、基础的制图规则及构造要求。本书通过大量的插图和计算实例，并结合微课视频来讲解平法识图和钢筋计算规则。本书图文并茂，语言通俗易懂，内容实用，重点突出，并且各部分均配套有丰富的互联网课程资源，可供学生课前预习和课后巩固复习，打破了学习空间、时间的限制，注重对学生学习和动手能力的培养，既提升了学生的学习兴趣，也实现了信息化教学。

本书可作为高职高专院校土建类专业以及应用型本科院校工程类专业的平法识图与钢筋计算相关课程的教材，也可作为工程设计、工程施工、工程造价及工程检测等相关专业人员的参考用书。

全书共分 8 章：第 1 章、第 2 章、第 5 章、第 8 章由贵州交通职业技术学院胡蝶编写，第 3 章由贵州交通职业技术学院胡世敬编写；第 4 章由贵州建设职业技术学院李娜编写；第 6 章由贵州交通职业技术学院潘金和编写；第 7 章由贵州交通职业技术学院胡伦编写。全书由胡蝶担任主编并统稿，由张玉杰教授和郝增韬副教授担任主审。

本书在编写过程中，参考了很多专家学者的著作，无法一一列举，在此一并致谢！

限于时间和编写水平，书中难免会存在疏漏和不足之处，恳请广大读者批评指正，以便及时修订与完善。

习题库下载

编　者

2020 年 2 月

目 录 Contents

1 平法识图与钢筋计算基础知识

【学习目标】

1. 了解平法识图的基本知识和平法的发展历程。
2. 掌握平法的特点和学习方法。
3. 了解钢筋的作用和分类。
4. 掌握钢筋构造和钢筋计算的基础知识。

1.1 平法识图的基本知识

施工图是工程师的“语言”，房屋的结构施工图是根据房屋建筑中的承重构件进行结构设计后画出的图样，是设计者设计意图的体现，是施工的依据，主要用于放灰线、挖基槽、基础施工、支承模板、配钢筋、浇灌混凝土等施工过程，也是计算工程量、编制预算和施工进度计划的依据。结构施工图在整个设计中占有举足轻重的作用，应掌握各种结构构件工程图表的表达方法。对结构施工图的基本要求：图面清楚整洁、标注齐全、构造合理、符合国家制图标准及行业规范，能很好地表达设计意图。结构施工图必须与建筑施工图密切配合，它们之间不能产生矛盾。

随着我国经济建设的高速发展，钢筋混凝土结构的设计与施工得到不断创新。在钢筋混凝土结构中，钢筋是不可缺少的主要建筑材料，用量大并且价格昂贵。钢筋的加工与成型直接影响钢筋混凝土结构的强度、工程质量以及施工进度，而钢筋的长度、用量的计算又将直接影响工程造价编制的准确性。

以往，设计人员会直接给出钢筋用量表，预算人员可以直接或者经过适当调整后利用钢筋用量表进行预算，而目前大部分设计采用混凝土结构施工图平面整体表示方法(简称“平法”)进行设计后，设计图纸中没有了钢筋用量表，所以，能够正确地计算钢筋工程量已成为从事工程造价人员必备的基本技能。

计算钢筋用量，是根据设计图纸，结合标准图集，按照一定的方法进行计算。所以，首先，我们必须能够看懂“平法”施工图。本书主要根据16G101系列图集介绍“平法”的识图方法以及各种构件钢筋长度、钢筋用量的计算原理和方法进行讲解。16G101系列图集包括：

《混凝土结构施工图平面整体表示方法制图规则和构造详图(现浇混凝土框架、剪力墙、梁、板)》(16G101—1)；

《混凝土结构施工图平面整体表示方法制图规则和构造详图(现浇混凝土板式楼梯)》

（16G101—2）；

《混凝土结构施工图平面整体表示方法制图规则和构造详图（独立基础、条形基础、筏形基础、桩基础）》（16G101—3）。

扫一扫

平法识图的基本知识

1.1.1　平法的概念

混凝土结构施工图平面整体表示方法简称“平法”，是把构件的结构尺寸、标高、构造、配筋等信息，按照平面整体表示方法的制图规则，直接标示在各类构件的结构平面布置图上，再与标准构造图相配合，构成一套完整、简洁、明了的结构设计施工图。它改变了传统的那种将构件从结构平面布置图中索引出来，再逐个绘制配筋详图的烦琐方法，是混凝土结构施工图设计方法的重大改革。与传统方法相比，平法可使图纸量减少 65%～80%；若以工程数量计，这相当于使绘图仪的使用寿命提高三四倍；而设计质量通病也大幅度减少；以往施工中逐层验收梁的钢筋时需反复查阅大宗图纸，现在只要一张图就包括了一层梁的全部数据。正是由于“平法”设计的图纸拥有这样的特性，因此在计算钢筋工程量时应首先结合“平法”的基本原理准确理解数字化、符号化的内容，才能正确地计算钢筋工程量。

图 1-1 和图 1-2 是传统梁结构施工图和平法梁结构施工图的对比。

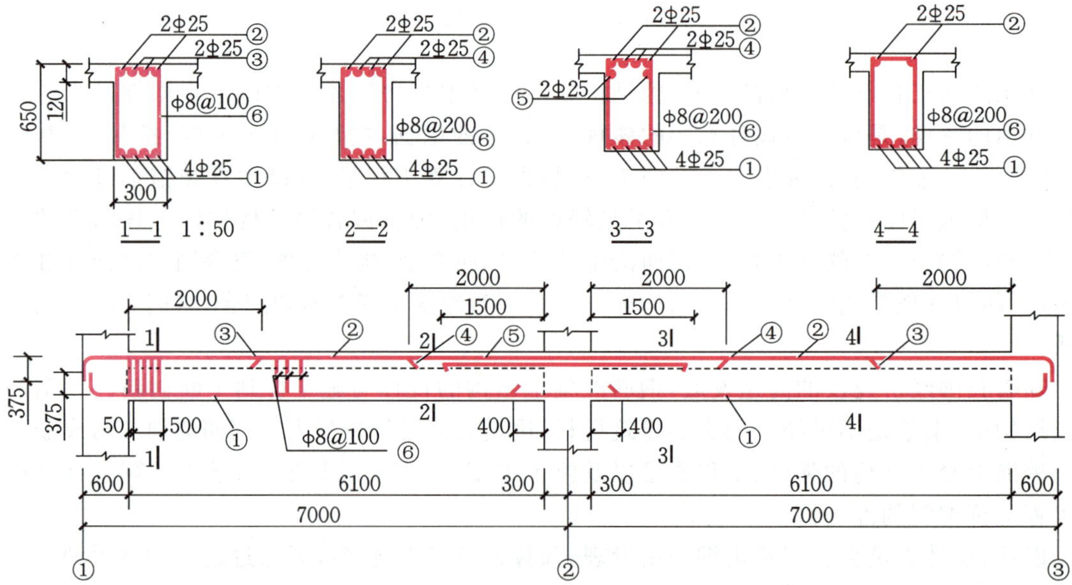

图 1-1　传统梁结构施工图

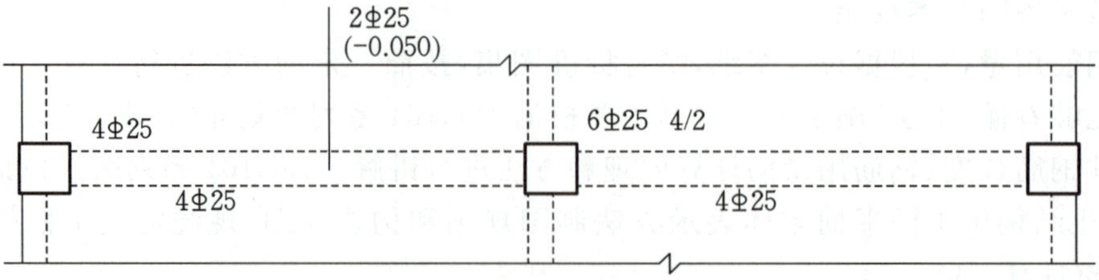

图 1-2　平法梁结构施工图

1.1.2 平法的发展历程

1.1.2.1 传统结构施工图设计方法概述

我国的建筑结构施工图设计经历了三个时期：一是20世纪50年代至20世纪90年代末的详图法（又称配筋图）；二是20世纪80年代初期至20世纪90年代初期在我国东南沿海开放城市应用的梁表法；三是20世纪90年代至今普及的平法。作为梁表法的配套软件，1986年开发的结构CAD软件即以详图法和梁表法为编制依据。它的出现，从形式上替代了人工制图，对提高我国结构设计效率起到重要作用。然而，随着我国基本建设的飞速发展，传统的结构设计方法在实际运用中的弊病也越来越突出。这表现在如下几个方面：

（1）采用传统方法表示时，结构平面布置图中主要表达“构件的平面定位和平面跨度等几何元素”，结构设计无论是创造性设计内容还是重复性设计内容，都要通过几何元素和配筋元素表达。传统结构平面布置图中不包含重复性设计内容，大量重复性的设计内容集中出现在构件详图中，如钢筋在节点内的锚固方式和锚固长度，构件纵向钢筋的连接和截断方式、连接位置和截断位置、连接长度及纵向钢筋的设置等。在传统设计中，结构楼层的平面布置图是结构设计的主要图形，设计师为了表达全部的设计意图，需要绘制几张或者几十张的构件详图，形成离散的信息组合，例如某工程梁结构的平面布置图为主要图形，该布置图上有30根框架梁和非框架梁，如果在一张图纸上可绘制3根梁的配筋构造详图，则需要10张关于梁的构造详图，这样需11张图纸才能形成该层有关梁的信息组合。由此可见传统的设计方法把大量重复的内容与创造性设计内容混到了一起，如在梁的平面图中已标注了梁的跨度和顶面标高，但在梁的详图上还要重复标注一次。这些重复性工作不仅大幅度降低了设计效率，而且也加大了出错概率。

（2）建筑结构设计人员的工作量剧增，其中70％～80％用于画图；计算机的普遍使用，表面上将设计人员从繁重的计算工作中解放出来，但从整体上看，当时全国大多数设计项目仍以人工制图为主；即使利用计算机绘图，由于当时的CAD软件依据传统设计方法编写，表达烦琐，图纸量比手工绘制的还多，设计成本反而更高，也是因为这个原因，设计中的“错、漏、碰、缺”成为质量通病。

（3）工程项目设计过程中建筑专业经常半路调整和修改平面，结构设计不得不做相应改变，而框架、剪力墙等是竖向表达的，导致变更设计时牵一发而动全身。若在紧张状态下出图，往往顾此失彼，形成新的“错、漏、碰、缺”。这与传统设计方法的不科学性有一定联系。由于按传统方法绘制的施工图中存在大量的“同值性重复”和“同比值性重复”，使得传统的设计方法效率低，质量难以控制。

1.1.2.2 平面整体设计方法发展概述

平法的创始人为山东大学陈青来教授。1991年下半年，陈青来教授经过比对发现，发达国家设计事务所完成的结构图纸通常没有节点构造详图，节点构造详图通常由建筑公司（施工单位）进行二次设计，设计效率高，质量得以保证；有些结构设计甚至只给出配筋面积，具体配筋方式由建筑公司设计，出图效率更快。据此，他认为中国传统的设计方法必须改革。

建筑结构设计中构造做法主要有两大部分，即构件节点构造和构件节点外的杆件构造。

这两大部分构造做法不属于设计工程师的创造性设计内容，通常只要直接遵照规范的规定和借鉴某些版本的构造设计资料来绘制即可，因此在传统设计中存在大量重复工作，且大部分是离散的，构造做法的简单重复也就不足为奇了。如果改变传统的“构件标准化”为“构造标准化”，不仅能够大幅度提高标准化率和减少设计工程师的重复性劳动，同时由于设计图纸中减少了重复，从而相应地能大幅度降低出错概率。这样，既大幅度提高了设计效率，同时又提高了设计质量。

平法设计的特点就是将结构设计分为“创造性设计”内容与“重复性”(非创造性)设计内容两部分，两部分为对应互补关系，合并构成完整的结构设计。设计工程师以数字化、符号化的平面整体设计制图规则完成其创造性设计内容部分；而重复性设计内容部分主要是节点构造和杆件构造以“广义标准化”方式编制成国家建筑标准构造设计。

1995 年 8 月 8 日，《中国建设报》在头版发表文章《结构设计的一次飞跃》，正式揭开了“平法”向全国推广的序幕。1995 年 7 月 26 日“平法”通过了由建设部组织的科技成果鉴定，认为，“平法”是结构设计领域的一项有创造性的改革。该方法成倍提高了设计效率，提高了设计质量，大幅度降低了设计成本，达到了优质、高效、低消耗三项指标的要求，值得在全国推广。1996 年 6 月，平法列为建设部 1996 年科技成果重点推广项目。1996 年 9 月，平法被批准为国家级科技成果重点推广计划项目。1996 年 11 月，建设部批准《混凝土结构平面整体表示方法制图规则和构造详图(现浇混凝土框架、剪力墙、框架-剪力墙、框支剪力墙结构)》为国家建筑标准设计图集 96G101，在批准之日向全国出版发行。

为了规范各地的图示方法，建设部于 2003 年 1 月 20 日下发通知，批准将由中国建筑标准设计研究院编制的《混凝土结构施工图平面整体表示方法制图规则和构造详图》作为国家建筑标准设计图集，图集号为 03G101—1 和 03G101—2，于 2003 年 2 月 15 日执行。2011 年住房和城乡建设部对 03G101 系列图集进行了修改，又发布了 11G101—1、11G101—2 和 11G101—3 系列图集。

为使国家建设标准设计图集更好地与新规范衔接，满足建筑工程的实际使用要求，中国建筑标准设计研究院组织行业专家对 G101 系列图集进行全面修编，16G101 系列图集已于 2016 年 9 月 1 日起实施。平法创建 20 多年来，平法国家建筑标准设计已形成 G101“平法”标准设计系列，基本构建了独具我国结构标准设计技术特色的“平法”设计技术板块，并且在工程实践中已经普及。

1.1.3 平法的特点

经过多年在实际工程中的运用，与传统结构施工图设计方法相比，平法具有以下优点：

(1) 采用标准化的制图规则，数字化、符号化来表达结构施工图，单张图纸中的信息量高而且信息集中。

(2) 建筑构件分类明确，构造层次清晰，设计内容表达准确，图纸量较少，提高了设计速度和读图速度，效率成倍提高。

(3) 平法分结构层设计的图纸，与水平逐层施工的顺序完全一致，对标准层可实现单张图纸施工，工程技术人员对结构比较容易形成整体概念，易修改、易调整、易校审，有利于各专业人员的应用。

(4) 平法采用标准化的构造设计,形象、直观,工程图纸容易读懂、易操作。标准构造集中分类归纳后编制成建筑标准设计图集供设计、施工中选用,可避免构造做法反复抄袭以及由此伴生的设计、读图失误,保证节点构造在设计与施工两个方面均达到高质量。构造详图形象化、直观化,施工易懂、易操作。

(5) 平法大幅度降低设计成本,降低设计消耗,节约自然资源。平法施工图是有序化、定量化的设计图纸,与其配套使用的标准设计图集可以重复使用,与传统方法相比图纸量减少70%以上,在节约人力资源的同时又节约了自然资源。

(6) 平法施工图设计革新了设计和施工的理念,推动了预算方法的改进,虽然平法设计的规律性给从事设计和施工的人员带来了便利,但是对造价人员增加了识图的难度。

1.1.4 平法系列图集简介

平法设计制图规则可用于建筑结构的各种类型,具体包括各类基础结构与地下结构的平法施工图,混凝土结构、钢结构、砌体结构、混合结构的主体结构平法施工图,以及非主体结构的平法施工图等。

平法系列图集主要是混凝土主体结构的制图规则与标准构造规则,具体内容涉及框架结构,剪力墙结构,框剪结构,框支剪力墙结构中的柱、剪力墙、梁构件的平法设计规则与施工构造规则。

1.1.5 平法的学习方法

识图能力是高职高专土建类专业学生的基本专业能力之一,是学生实现零距离上岗的一项重要职业技能。16G101 系列图集是国家建筑标准设计图集,包括各种结构构件的平法制图规则和标准构造详图两大部分内容。制图规则是设计人员绘制平法施工图的制图依据,也是施工、造价、监理等人员阅读平法施工图的语言;构造详图是标准构件的构造做法,也是钢筋工程量计算应当遵循的基本规则。

学习平法制图规则之前需要对建筑结构基本构件的基本构造有一定的了解和认识,尤其是对结构构件中钢筋的认识。建筑结构基本构件根据其外形可以分为两大类:杆状构件和面状构件。柱、梁为杆状构件,板、剪力墙为面状构件。杆状构件的钢筋是沿着长度在外围形成的钢筋笼,钢筋笼由纵筋和箍筋等钢筋组成;面状构件则是分布在上下两个表面或内外等的多层钢筋网,每一层钢筋网由两个相互垂直方向的钢筋构成,明白了这种钢筋布置的基本方法,平法制图规则学起来就会相对容易。

16G101 系列图集的第二部分标准构造详图是对现浇混凝土结构的基本构件构造的详细规定,分为抗震和非抗震两种情况,内容多且杂。学习构件构造要清楚地认识各种构件之间的关联性。其中基础梁是柱和墙的支座,柱和墙是梁的支座,梁和柱是板的支座;柱钢筋贯通、插入基础中锚固,梁钢筋锚固入柱;梁钢筋贯通,板钢筋锚固入梁;基础梁主梁钢筋全部贯通,基础梁次梁钢筋到主梁边为止,基础梁必须保持柱位置钢筋的连通。

学好平法可以运用两种方法:①关键数据法。在平法图集中,有些重要的知识点是需要记忆的,比如混凝土的保护层厚度,受拉钢筋抗震基本锚固长度,一些构件的识别符号等。记住了这些知识点,方便我们融会贯通,解决问题。②构件对比法。在学习的过程中如果一味地记数据,会比较困难,我们可以对各种构件进行对比,例如同类构件的节点构造、同类构件不同位置的节点构造、不同构件之间的节点构造等,看图集时把这些相同点和不同点进行对比记忆,将会容易很多。

此外我们在学习平法的时候,应了解基本的结构力学知识,了解各类构件分别布置些什么类型的钢筋,各种类型钢筋布置的原理等,并多将图集与实际工程相结合,可取得更好的学习效果。

1.1.5.1　平法施工图设计文件的构成

按平法设计的结构施工图设计文件,具体包括以下两部分内容:

第一部分:平法施工图。平法施工图是在分构件类型绘制的结构平面布置图上,直接按制图规则标注每个构件的平面位置、几何尺寸和配筋情况,在平法施工图之前还应有结构设计总说明。

第二部分:标准构造详图。标准构造详图统一提供的是平法施工图中未表达的节点构造和构件本体构造等不需结构设计工程师设计绘制的内容。此部分即为我们的标准图集,如16G101—1、16G101—3 等图集。

图 1-3 所示为采用平面注写方式表达的梁平法施工图示例,该图属于平法结构设计第一部分的设计内容。可以从中直观地看出与传统制图方法的区别在于图纸中各部分元素之间的组织化和系统化,将这些原本相对独立的制图元素按照特定的功能需求紧密相连、环环相扣、另成体系,为表达一项完整的结构设计提供了明确、简捷、高效的方法,已形成平法设计的初步轮廓。从图 1-3 中可以很容易识读出构件的平面位置、类型、几何尺寸、配筋类型和具体配筋参数等信息。

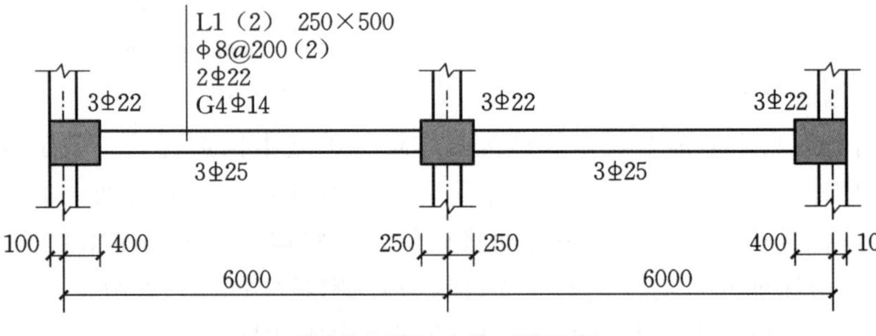

图 1-3　梁平法施工图示例

1.1.5.2　平法结构施工图的表达方式

(1) 基本原则

平法结构施工图的表达方式,是把结构构件的尺寸和配筋等,按照平面整体表示方法制图规则,整体直接表达在建筑结构施工图各类构件的结构平面布置图上,再与标准构造详图(如平法图集 16G101—1)配合,构成一套新型、完整的结构设计。这种设计方法改变了传统的那种将构件从结构平面布置图中索引出来再逐步绘制各个配筋详图的烦琐方法。

（2）注写方式

在平面布置图上表示各构件尺寸和配筋的方式，分为平面注写方式、列表注写方式和截面注写方式三种。采用的一般原则是以平面注写方式为主，列表注写方式与截面注写方式为辅，可由设计者根据具体工程情况及构件情况进行选择。

各种方式所表达的内容相同，一般以平面注写方式为主的依据是平面注写方式在原位表达，信息量大且集中，易平衡、易校审、易修改、易读图；列表注写方式的信息量亦大且集中，但非原位表达，对设计内容的平衡、校审、修改、读图欠直观，故而作为辅助方式；截面注写方式，则适用于构件形状比较复杂或为异形构件的情况，通过截面配筋图可以精确表达尺寸和钢筋信息。

平法的各种表达方式，依次表现如下信息：

① 构件类型、编号及整体特征（如梁的跨数、是否有悬挑等信息）；

② 构件的尺寸信息；

③ 构件的配筋信息；

④ 构件其他必要的说明。

按平法设计绘制结构施工图时，必须根据具体工程，按照各类构件的平法制图规则，在按照结构（标准）层绘制的平面布置图上直接表示各构件的尺寸、配筋和所选用的标准图集标准构造详图。按平法设计绘制结构施工图时，应将所有的构件进行编号（图 1-4），编号中含有梁的类型代号和序号等信息。其中，类型代号的主要作用是指明该构件对应的所选用的标准构造详图（图 1-5），在标准构造详图上，已按其所属构件类型注明代号，以明确该详图与平法施工图中相同构件的互补关系，使两者结合构成完整的结构设计图。

平法结构施工图对构件全面编号，在编号中，含有构件的类型代号和序号等。其中，以类型代号为连接纽带，将平法结构施工图中的构件和与其配合的节点构造及构件构造，准确无误地关联在一起。例如，框架梁的代号为 KL，对应于标准构造详图中关于框架梁的节点构造和构件构造；屋面框架梁的代号为 WKL，对应于标准构造详图中关于屋面框架梁的节点构造和构件构造；非框架梁的代号为 L，对应标准构造详图中关于非框架梁的节点构造和构件构造。这样进行处理，明确了该构件与标准构造详图的对应互补关系，使两者合并构成完整的结构设计图。

（3）平法结构施工图上应注明结构竖向定位尺寸

平法结构设计图不表达整个框架配筋详图，结构的空间形象要通过数字化、符号化的注写内容间接形成。平法设计制图规则规定，当按平法设计绘制结构施工图时，应采用表格或其他方式注明结构竖向定位尺寸，其主要内容包括：基础底面基准标高，基础结构或地下结构层顶面标高和结构层高，地上结构各结构层的楼面标高和结构层高，各结构层号，等等。

对于单项结构工程，结构竖向定位尺寸必须统一，以保证基础、基础结构或地下结构、柱及剪力墙、梁、板等使用同一套竖向定位标准。为施工方便，应将统一的结构竖向定位尺寸分别表示在各类构件的平法施工图中（图 1-6）。

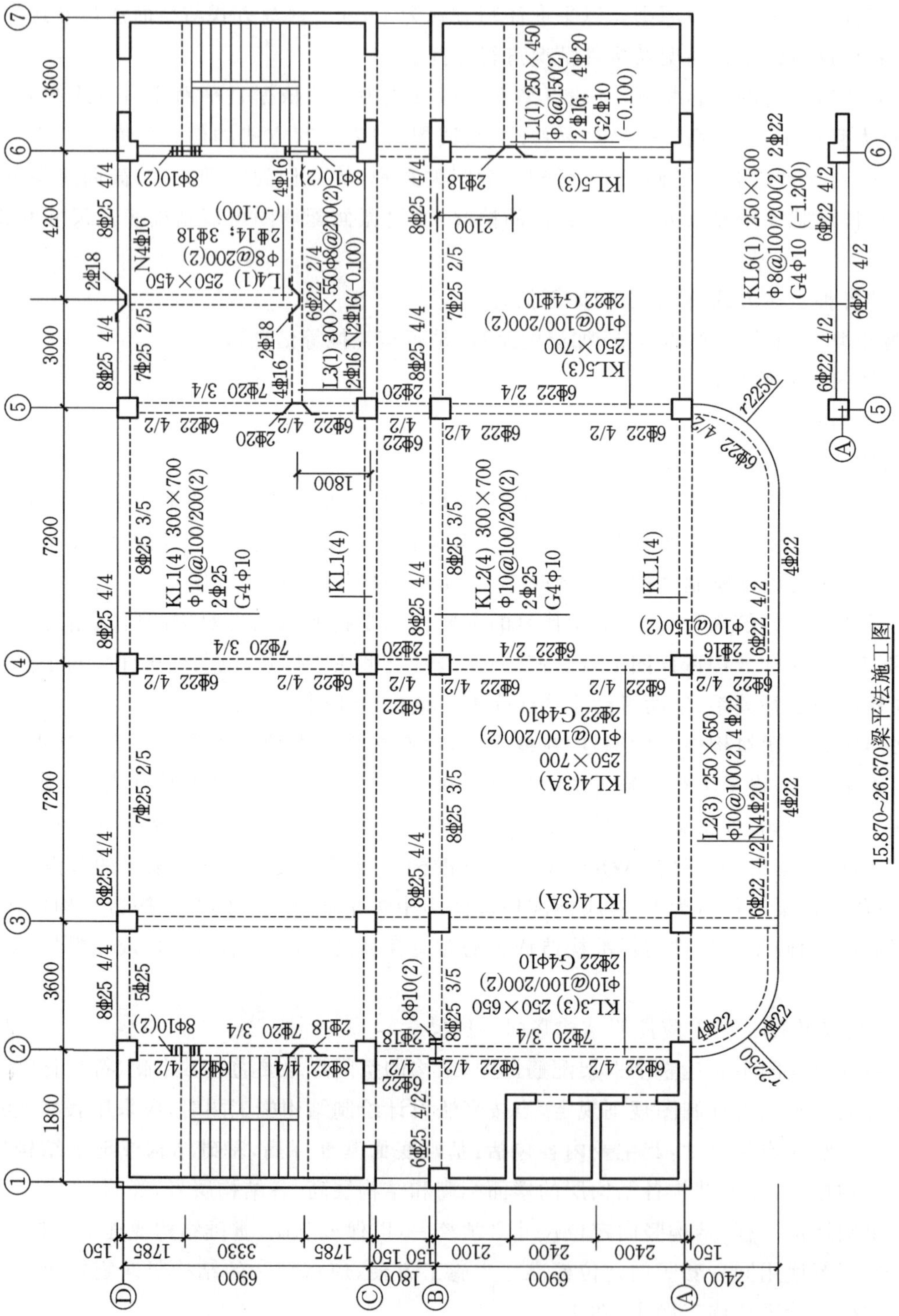

15.870~26.670梁平法施工图

图 1-4 梁平法施工图示例

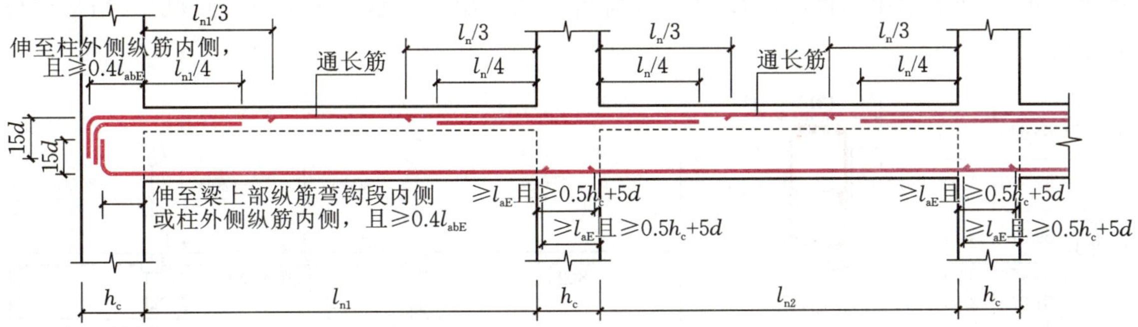

图 1-5　KL 纵向钢筋构造图

屋面2	65.670	
塔层2	62.370	3.30
屋面1(塔层1)	59.070	3.30
16	55.470	3.60
15	51.870	3.60
14	48.270	3.60
13	44.670	3.60
12	41.070	3.60
11	37.470	3.60
10	33.870	3.60
9	30.270	3.60
8	26.670	3.60
7	23.070	3.60
6	19.470	3.60
5	15.870	3.60
4	12.270	3.60
3	8.670	3.60
2	4.470	4.20
1	-0.030	4.50
-1	-4.530	4.50
-2	-9.030	4.50
层号	标高(m)	层高(m)

屋面2	65.670	
塔层2	62.370	3.30
屋面1(塔层1)	59.070	3.30
16	55.470	3.60
15	51.870	3.60
14	48.270	3.60
13	44.670	3.60
12	41.070	3.60
11	37.470	3.60
10	33.870	3.60
9	30.270	3.60
8	26.670	3.60
7	23.070	3.60
6	19.470	3.60
5	15.870	3.60
4	12.270	3.60
3	8.670	3.60
2	4.470	4.20
1	-0.030	4.50
-1	-4.530	4.50
-2	-9.030	4.50
层号	标高(m)	层高(m)

	屋面2	65.670	
	塔层2	62.370	3.30
	屋面1(塔层1)	59.070	3.30
	16	55.470	3.60
	15	51.870	3.60
	14	48.270	3.60
	13	44.670	3.60
	12	41.070	3.60
	11	37.470	3.60
	10	33.870	3.60
	9	30.270	3.60
	8	26.670	3.60
	7	23.070	3.60
	6	19.470	3.60
	5	15.870	3.60
	4	12.270	3.60
	3	8.670	3.60
底部加强部位	2	4.470	4.20
	1	-0.030	4.50
	-1	-4.530	4.50
	-2	-9.030	4.50
	层号	标高(m)	层高(m)

	屋面2	65.670	
	塔层2	62.370	3.30
	屋面1(塔层1)	59.070	3.30
	16	55.470	3.60
	15	51.870	3.60
	14	48.270	3.60
	13	44.670	3.60
	12	41.070	3.60
	11	37.470	3.60
	10	33.870	3.60
	9	30.270	3.60
	8	26.670	3.60
	7	23.070	3.60
	6	19.470	3.60
	5	15.870	3.60
	4	12.270	3.60
	3	8.670	3.60
底部加强部位	2	4.470	4.20
	1	-0.030	4.50
	-1	-4.530	4.50
	-2	-9.030	4.50
	层号	标高(m)	层高(m)

图 1-6　平法施工图中结构层楼面标高及层高表示例

采用将结构竖向定位尺寸表的部分细线做加粗处理，可以简明、清晰地把层号及所在位置直观地表示清楚(图 1-6)。为了统一，平法结构施工图的图名可为“××标高～××标高×类构件平法施工图”，然后在图名下加注“××层至××层”，也可采用“××层至××层×类构件平法施工图”，然后在图名下加注“××标高～××标高”。例如：图名为“15.870～26.670 梁平法施工图(局部)”(图 1-7)，也可注写为“5 至 8 层梁结构平法施工图(15.870～26.670)”，这里的“(局部)”，就是对应表格中加粗部分的范围。施工人员对照本图上的结构竖向定位尺寸表，即可清楚其所在层数和高度范围。

应当注意的是，柱、墙类竖向构件的高度范围，是从标准层起始层的结构层楼面标高开始，至标准层的终止层顶部标高(实际是上一层的楼面标高)为止，即竖向构件贯通所在层的全部竖向空间，而梁类水平构件的位置，无论是标准层的起始层还是终止层，均为该层的结构层楼面标高。

层号	标高(m)	层高(m)
屋面2	65.670	
塔层2	62.370	3.30
屋面1(塔层1)	59.070	3.30
16	55.470	3.60
15	51.870	3.60
14	48.270	3.60
13	44.670	3.60
12	41.070	3.60
11	37.470	3.60
10	33.870	3.60
9	30.270	3.60
8	26.670	3.60
7	23.070	3.60
6	19.470	3.60
5	15.870	3.60
4	12.270	3.60
3	8.670	3.60
2	4.470	4.20
1	-0.030	4.50
-1	-4.530	4.50
-2	-9.030	4.50

结构层楼面标高
结 构 层 高

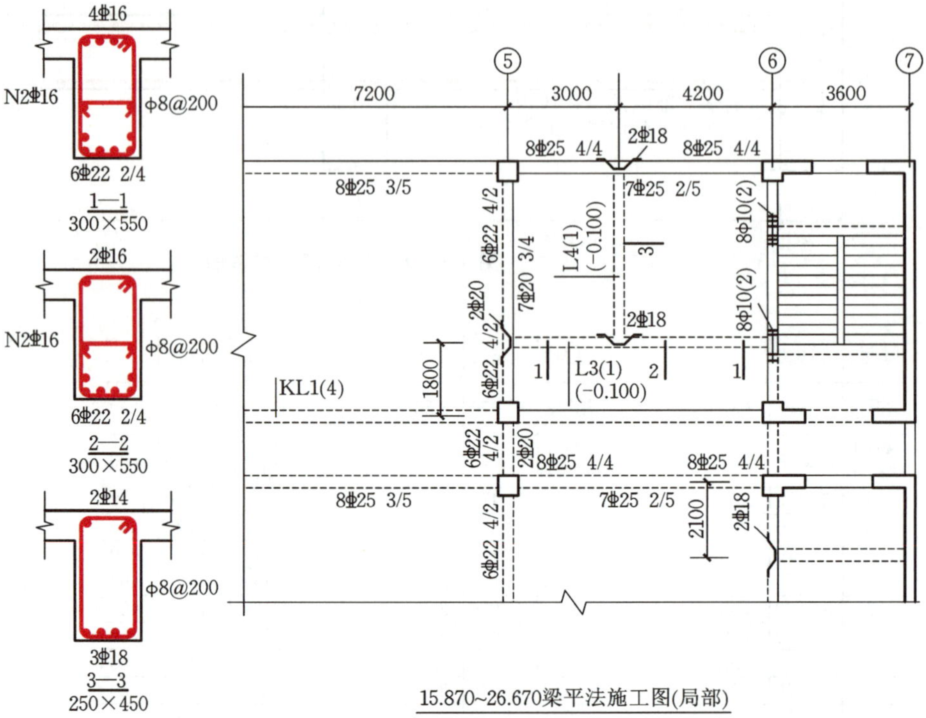

图 1-7 5 至 8 层梁结构平法施工图(15.870～26.670)

在平法设计施工图中，结构层楼面标高是指将建筑图中的各层地面和楼面标高值扣除建筑面层及垫层厚度后的标高，结构层号应与建筑层号一致。在结构设计中，存在建筑学概念上的楼层与结构概念上的楼层不相一致的矛盾。对于主体结构而言，从竖向立面来看，每一层结构均由竖向支承构件和与该竖向支承构件的上端相连接的横向支承构件构成，人们习惯所说的某一层的梁，实际上是结构概念的下面一层的梁。例如，习惯所称的二层梁实际上是构成第一层结构的梁；习惯所称的屋面梁实际上是构成顶层结构的梁。人们的习惯与结构的概念恰好差了一层，但是与建筑学的分层概念完全一致，如图 1-8 所示。这样一来，在结构层与建筑楼层分层概念上便产生了矛盾，在比照建筑平面布置图讨论结构计算分析结果时，如不仔细分辨有时会错一层，尤其对于层数很多的高层建筑两个标准层的交接位置，或高位转换层的实际位置，更需仔细对应。

梁在结构意义上的层相对于建筑划分的层恰好错了一层，而柱、墙、楼板的结构分层却与建筑分层完全一致，建筑学专业在设计排序上先于结构，在层的划分上，结构自然应当服从建筑，如图 1-9 所示。因此，平法制图规则规定，在结构竖向定位尺寸表中的结构层号，应与建筑楼层的层号保持一致。

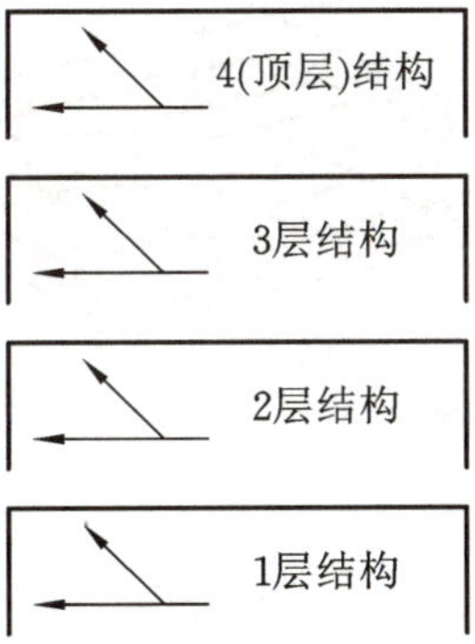

图 1-8　结构层号

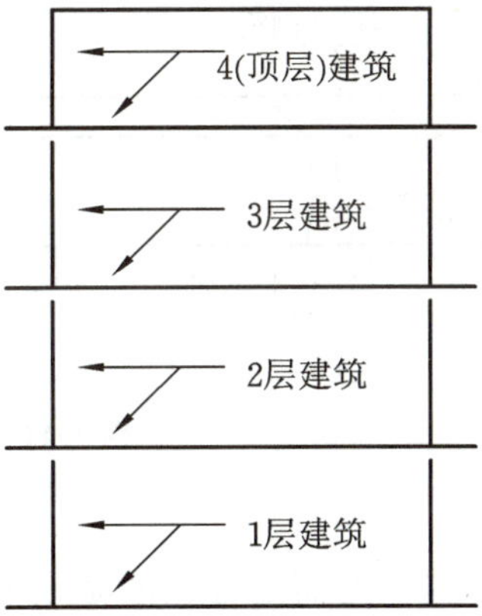

图 1-9　建筑层号

1.2　钢筋构造的基础知识

钢筋混凝土用钢筋是指钢筋混凝土配筋用的直条或盘圆状钢材，其外形分为光圆钢筋和变形钢筋两种。学习平法最重要的是学习钢筋的制图规则和构造做法，在认识钢筋时，需要了解的基本知识包括以下方面。

扫一扫

钢筋构造的基础知识(1)

1.2.1　钢筋的作用

钢筋是一种常用的建筑材料，它的主要优点是强度高、品质均匀稳定、塑性和韧性较好、加工性能良好，可用于制作各种构件。在钢筋混凝土结构中能弥补混凝土抗拉弯、抗剪和抗裂性能较低的缺点。钢筋的塑性好，能抵抗较大的变形(图 1-10)。

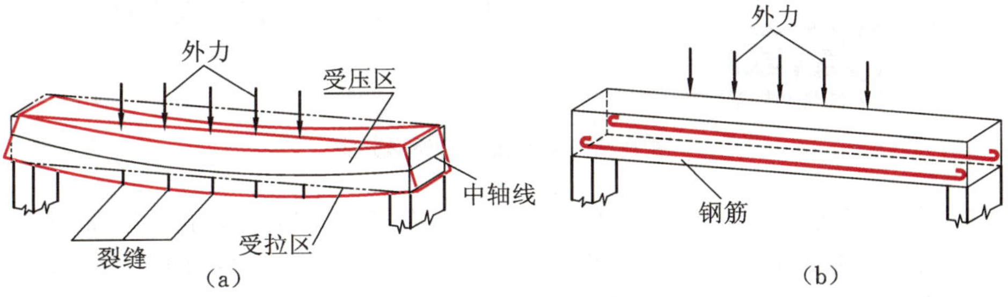

图 1-10　梁构件中钢筋的作用示意图

(a)无钢筋；(b)有钢筋

钢筋在混凝土构件中的位置不同，其作用也各不相同。受力筋在梁、板、柱中主要承担拉、压作用；架立钢筋与箍筋在梁中固定受力筋的位置；分布筋在板中固定受力筋的位置。如图 1-11 所示。

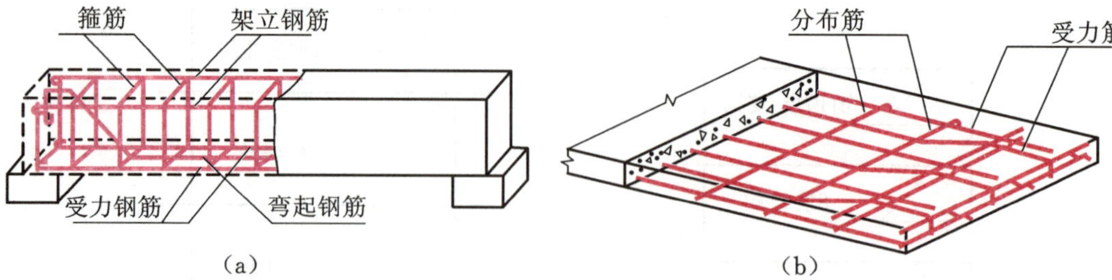

图 1-11　梁、板构件中的钢筋

(a)梁内配筋;(b)板内配筋

因构造或施工需要而设置在混凝土中的其他钢筋还有锚固钢筋、腰筋、构造筋、吊筋等。

1.2.2　钢筋的分类

1.2.2.1　钢筋的常见类型

钢筋种类很多,通常按化学成分、生产工艺、供应形式、轧制外形、直径大小等进行分类。

① 按化学成分可以分为碳素钢钢筋、普通低合金钢筋等。

② 按供应形式可以分为直条和盘圆。

③ 按轧制外形可以分为光圆钢筋、带肋钢筋、钢丝、钢绞线等(图 1-12)。

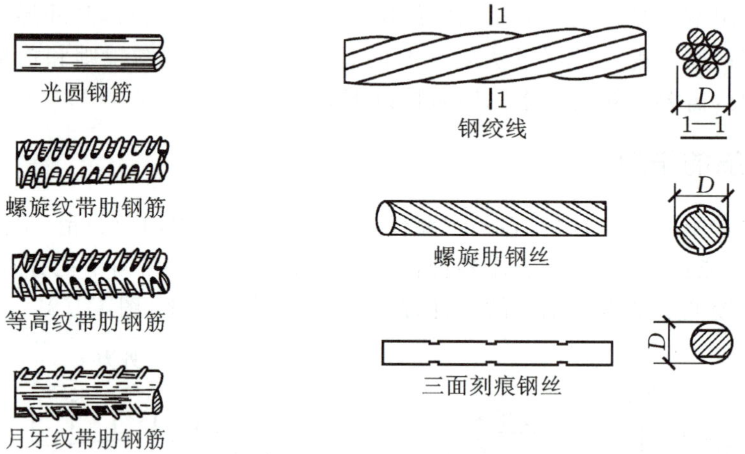

图 1-12　钢筋按轧制外形分类

其中带肋钢筋又可以根据钢筋表面的凸纹,分为人字纹、螺旋纹、月牙纹、等高纹等。

钢丝,又可分为低碳钢丝和碳素钢丝。主要用于预应力混凝土结构中的钢丝,有消除应力的光面钢丝、螺旋肋钢丝和三面刻痕钢丝三种。

1.2.2.2　建筑中的一些常见钢筋名词

(1) 热轧钢筋

根据表面特征不同,热轧钢筋分为光圆钢筋和带肋钢筋。根据强度的高低,热轧钢筋又分为不同的强度等级。我国热轧钢筋标准,按屈服强度、抗拉强度等力学性能分为 HPB300(Φ)、HRB335(Φ)、HRB400(Φ)、HRB500(Φ)等。除 HPB300 钢筋为低碳钢外,其余几种热轧带肋钢筋均为低合金钢。钢筋牌号由 HPB 或 HRB 和规定屈服强度最小值构成。H、P、B 分别为热轧、光圆、钢筋的英文单词第一个字母；H、R、B 分别为热轧、带肋、钢筋的英文单词第一个字母。

（2）钢筋混凝土用冷拉钢筋

为了提高钢筋的强度及节约钢筋，工地上常按施工规程控制一定的冷拉应力或冷拉率，对热轧钢筋进行冷拉。冷拉钢筋的力学性能应符合规范规定的要求。冷拉后不得有裂纹、起层等现象。冷拉钢筋目前已很少采用。

（3）预应力混凝土钢棒

预应力混凝土钢棒(PCB)一般应以热轧盘条为原料，经加工后加热到奥氏体化温度后快速冷却，然后在相变温度以下加热进行回火制成。按外形分为光圆钢棒(P)、螺旋槽钢棒(HG)、螺旋肋钢棒(HR)、带肋钢棒(R)四种。

光圆钢棒公称直径为 6～16 mm。

螺旋槽钢棒又可以分为 3 条螺旋槽和 6 条螺旋槽两种，其中公称直径为 7.1 mm 的螺旋槽钢棒为 3 条螺旋槽，直径为 9.0～14.0 mm 的螺旋槽钢棒为 6 条螺旋槽(图 1-13)。

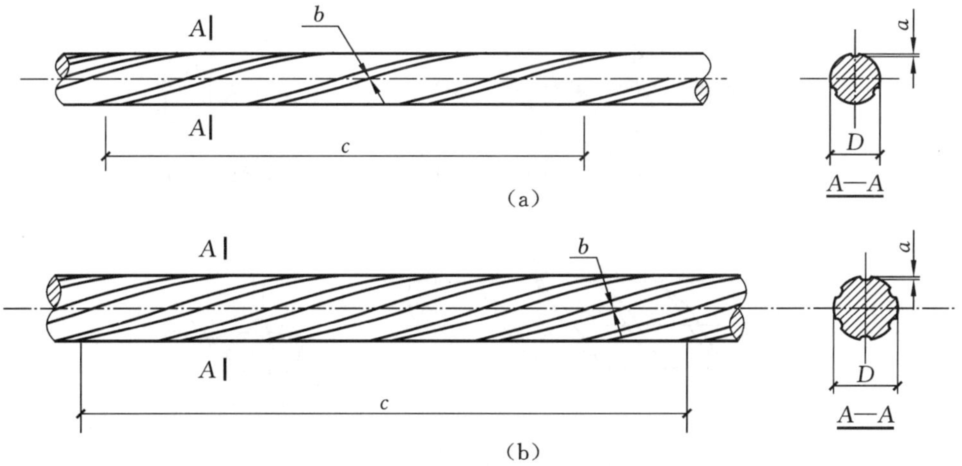

图 1-13　螺旋槽钢棒外形示意图

(a)3 条螺旋槽钢棒；(b)6 条螺旋槽钢棒

D—外轮廓直径；a—螺旋槽深度；b—螺旋槽宽度；c—螺旋槽导程

螺旋肋钢棒为 4 条螺旋肋(图 1-14)，公称直径为 6～22 mm，其中 16～22 mm 预应力螺旋肋钢棒主要用于矿山支护用钢棒。

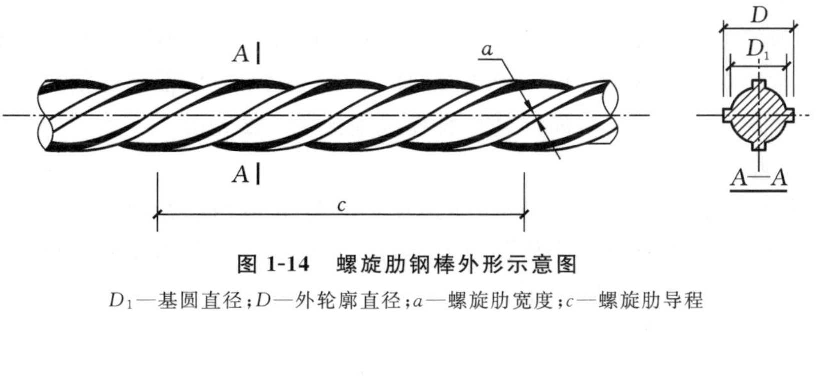

图 1-14　螺旋肋钢棒外形示意图

D_1—基圆直径；D—外轮廓直径；a—螺旋肋宽度；c—螺旋肋导程

带肋钢棒公称直径为 6～16 mm，分为有纵肋带肋钢棒和无纵肋带肋钢棒两种（图 1-15）。

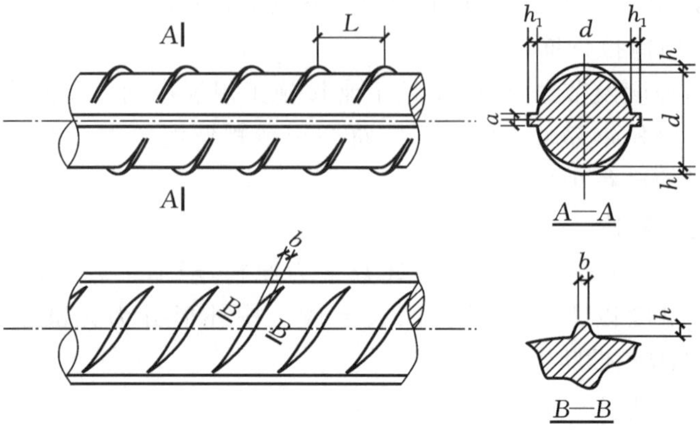

(a)

d—内径；h—横肋高度；h_1—纵肋高度；a—纵肋宽度；b—横肋宽度；L—横肋间距

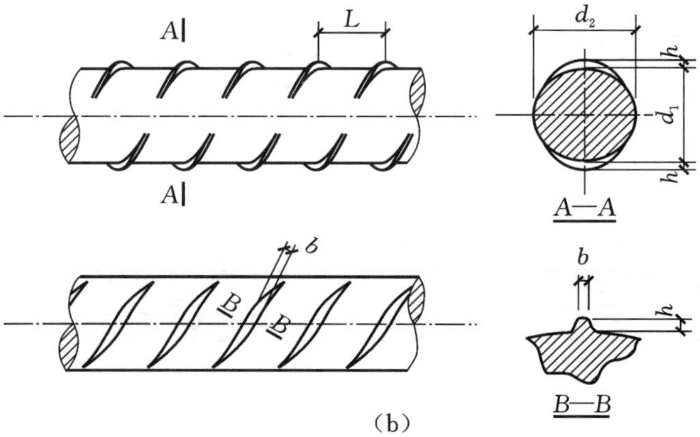

(b)

d_1—垂直内径；d_2—水平内径；h—横肋高度；b—横肋宽度；L—横肋间距

图 1-15　带肋钢棒外形示意图

(a)有纵肋带肋钢棒；(b)无纵肋带肋钢棒

(4) 冷轧带肋钢筋

冷轧带肋钢筋是采用由普通低碳钢或低合金钢热轧的圆盘条为母材，经冷轧减径后在其表面冷轧成二面或三面有肋的钢筋。冷轧带肋钢筋是热轧圆盘钢筋的深加工产品，是一种新型高效建筑钢材。

冷轧带肋钢筋按抗拉强度分为 6 级，其代号为 CRB550、CRB650、CRB800、CRB600H、CRB680H 和 CRB800H(CRB 为 Cold-rolling Ribbed-steel Bar 的简写)，后面的数字表示钢筋抗拉强度等级数值。冷轧带肋钢筋的公称直径范围为 4～12 mm。

(5) 冷拔低碳钢丝

冷拔低碳钢丝是将直径为 6.5～8mm 的 Q235 热轧盘条钢筋经冷拔加工而成。冷拔低碳钢丝分为甲、乙两级，甲级丝适用于作预应力筋，乙级丝适用于作焊接网、焊接骨架、箍筋和构造钢筋。其力学性能应符合有关规定。

（6）预应力混凝土用钢丝及钢绞线

大型预应力混凝土构件，由于受力很大，常采用高强度钢丝或钢绞线作为主要受力钢筋。

预应力混凝土用钢丝包括冷拉或消除应力的低松弛光圆、螺旋肋和刻痕钢丝，其中冷拉钢丝仅用于压力管道。依据设计和施工方法适宜先张法和后张法制造高效能预应力混凝土结构。钢丝按加工状态分为冷拉钢丝（WCD）和消除应力的低松弛钢丝（WLR）两类；按外形分为光圆钢丝（P）、螺旋肋钢丝（H）和刻痕钢丝（I）三种。

预应力混凝土用钢绞线包括由冷拉光圆钢丝捻制成的标准型钢绞线、由刻痕钢丝捻制成的刻痕钢绞线以及捻制后再经冷拔成的模拔型钢绞线。

按照结构分为8类（图1-16），结构代号为：

① 用两根钢丝捻制的钢绞线：1×2；

② 用三根钢丝捻制的钢绞线：1×3；

③ 用三根刻痕钢丝捻制的钢绞线：1×3I；

④ 用七根钢丝捻制的标准型钢绞线：1×7；

⑤ 用六根刻痕钢丝和一根光圆中心钢丝捻制的钢绞线：1×7I；

⑥ 用七根钢丝捻制又经模拔的钢绞线：(1×7)C；

⑦ 用十九根钢丝捻制的1+9+9西鲁式钢绞线：1×19S；

⑧ 用十九根钢丝捻制的1+6+6/6瓦林吞式钢绞线：1×19W。

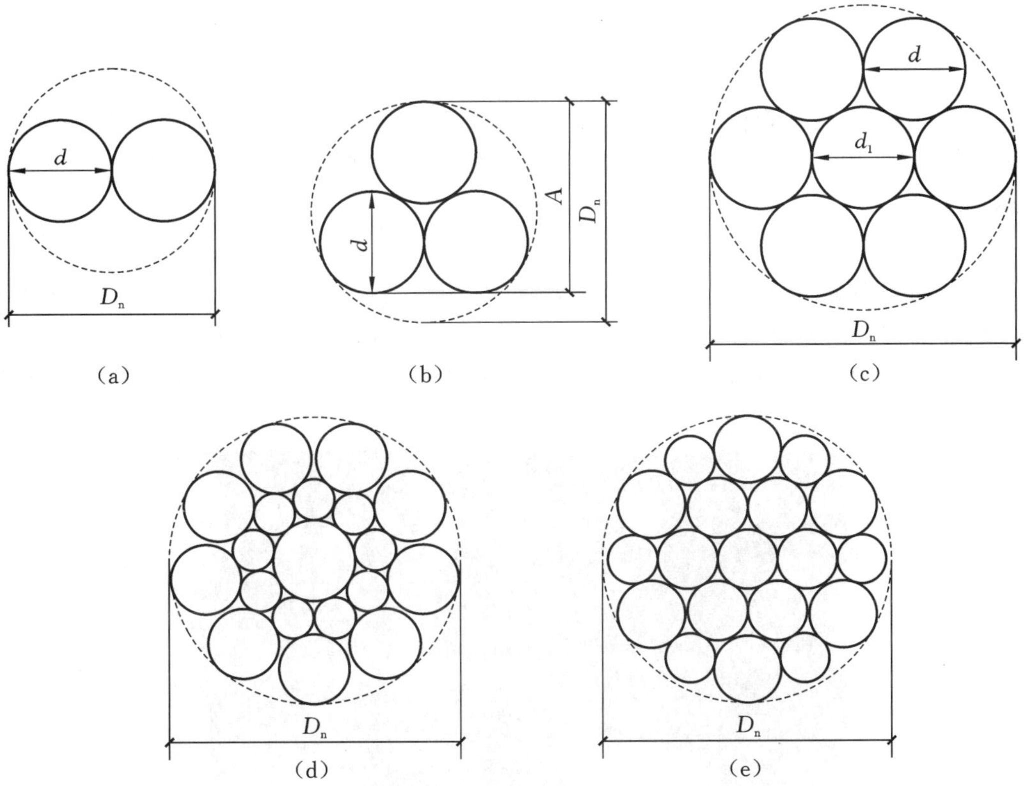

图1-16　钢绞线外形示意图

(a)1×2结构钢绞线；(b)1×3结构钢绞线；(c)1×7结构钢绞线；(d)1×19结构西鲁式钢绞线；(e)1×19结构瓦林吞式钢绞线

1.2.2.3　钢筋按功能分类

不同构件中的钢筋，按功能用途的不同，可以分为以下几种常见类型(图 1-17)：

(1) 受力筋

① 受拉钢筋配置在钢筋混凝土构件的受拉区域。简支梁的受拉钢筋在其下部，悬挑梁和雨篷的受拉钢筋在其上部，屋架的受拉钢筋在其下弦和受拉腹杆中。

② 弯起钢筋：梁的受拉钢筋在两端弯起，以承受斜向拉力，叫弯起钢筋，是受拉钢筋的一种变化形式。

③ 受压钢筋配在受压构件(如柱、桩、受压杆等)中或受弯构件的受压区内。

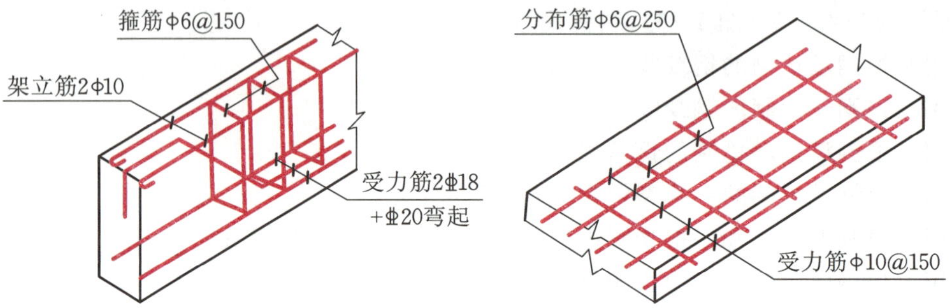

(a)　　　　(b)

图 1-17　构件中的钢筋

(a)梁内配筋；(b)板内配筋

(2) 分布筋

一般用在墙、板或环形构件中，将承受的荷载均匀分布给受力筋，并用以固定受力筋的位置；同时也能防止因混凝土的收缩和温度变化等原因，在垂直于受力筋方向产生的裂缝，属于构造钢筋。

(3) 箍筋

箍筋是用来满足斜截面抗剪强度要求，并联结受拉主钢筋和受压区混凝土使其共同工作，固定主钢筋的位置而使梁、柱内各种钢筋构成钢筋骨架的钢筋，是梁和柱抵抗剪力配置的环形(有圆形和矩形)钢筋，大多呈口字形的环状，也有满足肢数需要设置的单肢箍。如图 1-18、图 1-19 所示。

图 1-18　加工码放整齐的箍筋

图 1-19　梁构件中的箍筋

（4）架立筋

架立筋是用来固定箍筋和形成钢筋骨架，起架立作用的钢筋，它也有一定的受压作用，可以在一定程度上提高梁的承载力，如受压区配有纵向受压钢筋时，则可不再配置架立筋。架立筋的直径与梁的跨度有关。在钢筋布置上，架立筋通常布置在梁跨中的 1/3 处，也就是说该跨梁存在左右支座钢筋。如果在梁的上下都有通长的钢筋，一般在梁上（受压区）且直径较小的是架力筋，在梁下的是受力筋，如图 1-11 所示。

（5）贯通筋

贯通筋是指贯穿于构件（如梁）整个长度的钢筋，中间既不弯起也不中断，当钢筋过长时可以搭接或焊接，但不改变直径。贯通筋既可以是受力钢筋，也可以是架力筋（图 1-20）。

（6）负弯筋

负弯筋又称负弯矩钢筋。由于弯矩的定义是下部受拉为正，而梁、板位置的上层钢筋在支座位置根据受力一般为上部受拉，也就是承受负弯矩，所以叫负弯矩钢筋，由于布置位置在支座处又常称为支座负筋（图 1-21）。

支座有负筋，是相对而言的，一般是指梁的支座部位用以抵消负弯矩的钢筋，俗称担担筋。一般结构构件受力，弯矩分正弯矩和负弯矩，抵抗负弯矩所配备的钢筋称为负筋。有些梁、板的上部配置的构造钢筋习惯上也称为负筋。当梁、板的上部钢筋通长时，大家也习惯地称之为上部钢筋。

（7）腹筋

腹筋一般位于梁两侧中间部位，是梁中部构造钢筋，因为有的梁太高，需要在箍筋中部加连接筋（梁侧的纵向构造钢筋又称为腰筋），如图 1-22 所示。当梁的腹板高度 $h_w > 450$ mm 时，沿梁高两侧应设腰筋，数量不少于 2 根。腰筋的直径最小为 10 mm，间距不应大于 200 mm，同时面积配筋率不应小于 0.3%，在梁两侧的纵向构造钢筋（腰筋）之间还要配置拉结筋。一般

图 1-20　梁、板构件中的贯通筋

图 1-21　板构件中的负弯筋

民用建筑的腰筋直径为 16 mm 和 18 mm；拉筋用光圆钢筋，根据梁宽，拉筋直径可取 6 mm 或者 8 mm。

1.2.3　钢筋的标注

在结构施工图中，钢筋的标注具体有以下两种方法：

(1) 标注钢筋的根数、直径和等级。比如 3 ф 20，其中 3 表示钢筋的根数为 3 根，ф表示钢筋的等级为 HRB335，20 表示钢筋的直径为 20 mm。

(2) 标注钢筋的等级、直径和相邻钢筋中心距。比如ф 8@200，其中ф表示钢筋等级为 HPB300，8 表示钢筋的直径为 8 mm，@是相邻钢筋中心距符号，200 表示相邻钢筋的中心距为 200 mm。

图 1-22　梁构件中的腹筋

1.2.4　钢筋计算原理

我们在计算钢筋工程量时，其基本原理就是先计算钢筋的总长度，再以总长度乘以单位长度理论质量得出总质量。

扫一扫
钢筋构造的基础知识(2)

钢筋的总质量＝单根钢筋长度×总根数×单位长度理论质量

单根钢筋长度＝净长度＋节点锚固长度＋搭接长度＋弯钩长度

影响节点锚固长度与搭接长度的因素主要有三方面，即混凝土强度等级、建筑结构的抗震等级、钢筋的级别。在进行抗震等级的选择时其影响因素要考虑结构的类型、抗震设防烈度、建筑物的檐高等。

钢筋工程量计算原理如图 1-23 所示。

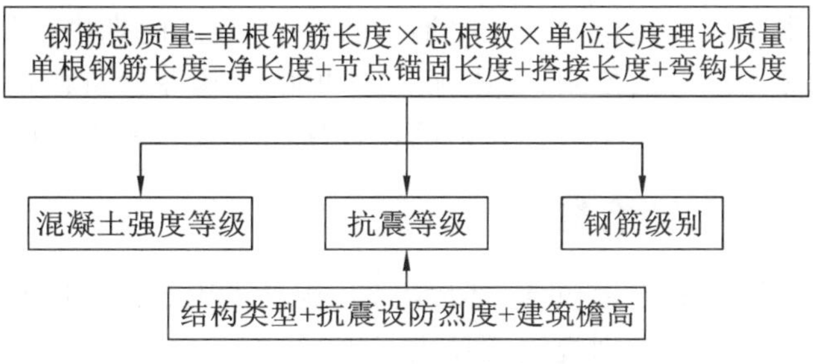

图 1-23　钢筋工程量计算原理图

在计算钢筋用量时，还要注意设计图纸未画出以及未明确表示的钢筋，如楼板中双层钢筋的上部负弯矩钢筋的附加分布筋，双层钢筋在施工时支承所用的马凳筋，满堂基础底板的双层钢筋在施工时支承所用的马凳筋，以及剪力墙施工时所用的拉筋等。这些都应按规范要求计算，并计入其钢筋用量中。本书按照图集的构造要求计算，在实际工程中，设计图纸有说明时应按照图纸的设计计算。

1.2.5 混凝土保护层的最小厚度

为了防锈、防火及防腐等，钢筋混凝土构件中的钢筋不允许外露，自钢筋的外边缘至构件表面之间，应留有一定厚度的混凝土保护层。

混凝土保护层厚度是指最外层钢筋（包含箍筋、构造筋、分布筋等）外边缘至混凝土表面的距离，其作用包括增加钢筋与混凝土的黏结性能、降低钢筋的锈蚀以及满足构件耐火性能。混凝土保护层厚度越大，构件的受力钢筋黏结锚固性能、耐久性和防火性能越好。但是，过大的保护层厚度会使构件受力后产生的裂缝宽度过大，影响其使用性能并造成经济上的浪费。因此，《混凝土结构设计规范》（GB 50010—2010）中，规定了混凝土保护层的最小厚度。

按照平面构件和杆状构件分两类确定保护层厚度，见表 1-1。

表 1-1 混凝土保护层的最小厚度（mm）

环境类别	板、墙	梁、柱
一	15	20
二 a	20	25
二 b	25	35
三 a	30	40
三 b	40	50

注：① 表中混凝土保护层厚度是指最外层钢筋外边缘至混凝土表面的距离，适用于设计使用年限为 50 年的混凝土结构。
② 构件中受力钢筋的保护层厚度不应小于钢筋的公称直径。
③ 一类环境中，设计使用年限为 100 年的结构最外层钢筋的保护层厚度不应小于表中数值的 1.4 倍。二、三类环境中，设计使用年限为 100 年的结构应采取专门的有效措施。
④ 混凝土强度等级不大于 C25 时，表中保护层厚度数值应增加 5 mm。
⑤ 基础底面钢筋的保护层厚度，有混凝土垫层时应从垫层顶面算起，且不应小于 40 mm。当无垫层时，不应小于 70 mm。

其中设计使用年限是设计规定的一个时期，在这一规定的时期内，只需要进行正常的维护而不需进行大修就能按预期目的使用，完成预定的功能，即房屋建筑在正常设计、正常施工、正常使用和维护下所应达到的使用年限。住宅的设计使用年限一般为 50 年。

1.2.6 混凝土结构的环境类别

影响混凝土保护层厚度的因素包括：环境类别、构件类型、混凝土强度等级以及设计使用年限。其中混凝土结构的环境类别规定可见表 1-2。

表 1-2 混凝土结构的环境类别

环境类别	条　件
一	室内干燥环境； 无侵蚀性静水浸没环境

续表 1-2

环境类别	条　　件
二 a	室内潮湿环境； 非严寒和非寒冷地区的露天环境； 非严寒和非寒冷地区与无侵蚀性的水或土壤直接接触的环境； 严寒和寒冷地区的冰冻线以下与无侵蚀性的水或土壤直接接触的环境
二 b	干湿交替环境； 水位频繁变动环境； 严寒和寒冷地区的露天环境； 严寒和寒冷地区冰冻线以上与无侵蚀性的水或土壤直接接触的环境
三 a	严寒和寒冷地区冬季水位变动区环境； 受除冰盐影响环境； 海风环境
三 b	盐渍土环境； 受除冰盐作用环境； 海岸环境
四	海水环境
五	受人为或自然的侵蚀性物质影响的环境

注：① 室内潮湿环境是指构件表面经常处于结露或湿润状态的环境。

② 严寒和寒冷地区的划分应符合现行国家标准《民用建筑热工设计规范》(GB 50176—2016)的有关规定。

③ 海岸环境和海风环境宜根据当地情况，考虑主导风向及结构所处迎风、背风部位等因素的影响，由调查研究和工程经验确定。

④ 受除冰盐影响环境是指受到除冰盐盐雾影响的环境；受除冰盐作用环境是指被除冰盐溶液溅射的环境以及使用除冰盐地区的洗车房、停车楼等建筑。

⑤ 暴露的环境是指混凝土结构表面所处的环境。

1.2.7 钢筋的锚固

钢筋混凝土结构中钢筋能够受力，主要是依靠钢筋和混凝土之间的黏结锚固作用，因此钢筋的锚固是混凝土结构受力的基础。如锚固失效，则结构将丧失承载能力并由此导致结构破坏。钢筋的锚固是指梁、板、柱等构件的受力筋伸入支座或基础。

钢筋的锚固长度是指受力筋通过混凝土与钢筋的黏结作用，将所受力传递给混凝土所需要的长度。在结构设计计算中，钢筋的锚固长度是指自钢筋不需要点至截断位置的长度。钢筋的断点位置及锚固长度应符合设计要求。钢筋的锚固长度设计图有明确规定的，按图计算；当图纸要求不明确时，可按照平法构造的要求计算钢筋用量。

在 16G101 系列图集中规定了受拉钢筋在各种情况下的锚固长度，详见表 1-3 至表 1-6。

表 1-3　受拉钢筋基本锚固长度 l_{ab}

钢筋种类	混凝土强度等级								
	C20	C25	C30	C35	C40	C45	C50	C55	≥C60
HPB300	39d	34d	30d	28d	25d	24d	23d	22d	21d
HRB335、HRBF335	38d	33d	29d	27d	25d	23d	22d	21d	21d
HRB400、HRBF400、RRB400	—	40d	35d	32d	29d	28d	27d	26d	25d
HRB500、HRBF500	—	48d	43d	39d	36d	34d	32d	31d	30d

注：d 为锚固钢筋直径。

表 1-4　抗震设计时受拉钢筋基本锚固长度 l_{abE}

钢筋种类		混凝土强度等级								
		C20	C25	C30	C35	C40	C45	C50	C55	≥C60
HPB300	一、二级	45d	39d	35d	32d	29d	28d	26d	25d	24d
	三级	41d	36d	32d	29d	26d	25d	24d	23d	22d
HRB335 HRBF335	一、二级	44d	38d	33d	31d	29d	26d	25d	24d	24d
	三级	40d	35d	31d	28d	26d	24d	23d	22d	22d
HRB400 HRBF400	一、二级	—	46d	40d	37d	33d	32d	31d	30d	29d
	三级	—	42d	37d	34d	30d	29d	28d	27d	26d
HRB500 HRBF500	一、二级	—	55d	49d	45d	41d	39d	37d	36d	35d
	三级	—	50d	45d	41d	38d	36d	34d	33d	32d

注：① 四级抗震时，$l_{abE}=l_{ab}$；

② 当锚固钢筋的保护层厚度不大于 $5d$ 时，锚固钢筋长度范围内应设置横向构造钢筋，其直径不应小于 $d/4$（d 为锚固钢筋的最大直径）；对梁、柱等构件间距不应大于 $5d$，对板、墙等构件间距不应大于 $10d$，且均不应大于 100 mm（d 为锚固钢筋的最小直径）。

表 1-5　受拉钢筋锚固长度 l_a

钢筋种类	混凝土强度等级																
	C20	C25		C30		C35		C40		C45		C50		C55		≥C60	
	d≤25	d≤25	d>25	d≤25	d>25	d≤25	d>25	d≤25	d>25	d≤25	d>25	d≤25	d>25	d≤25	d>25	d≤25	d>25
HPB300	39d	34d	—	30d	—	28d	—	25d	—	24d	—	23d	—	22d	—	21d	—
HRB335 HRBF335	38d	33d	—	29d	—	27d	—	25d	—	23d	—	22d	—	21d	—	21d	—
HRB400、 HRBF400、 RRB400	—	40d	44d	35d	39d	32d	35d	29d	32d	28d	31d	27d	30d	26d	29d	25d	28d
HRB500、 HRBF500	—	48d	53d	43d	47d	39d	43d	36d	40d	34d	37d	32d	35d	31d	34d	30d	33d

表 1-6 受拉钢筋抗震锚固长度 l_{aE}

钢筋种类及抗震等级		混凝土强度等级																
		C20	C25		C30		C35		C40		C45		C50		C55		≥C60	
		$d\leqslant25$	$d\leqslant25$	$d>25$	$d\leqslant25$	$d>25$	$d\leqslant25$	$d>25$	$d\leqslant25$	$d>25$	$d\leqslant25$	$d>25$	$d\leqslant25$	$d>25$	$d\leqslant25$	$d>25$	$d\leqslant25$	$d>25$
HPB300	一、二级	45*d*	39*d*	—	35*d*	—	32*d*	—	29*d*	—	28*d*	—	26*d*	—	25*d*	—	24*d*	—
	三级	41*d*	36*d*	—	32*d*	—	29*d*	—	26*d*	—	25*d*	—	24*d*	—	23*d*	—	22*d*	—
HRB335 HRBF335	一、二级	44*d*	38*d*	—	33*d*	—	31*d*	—	29*d*	—	26*d*	—	25*d*	—	24*d*		24*d*	—
	三级	40*d*	35*d*	—	30*d*	—	28*d*	—	26*d*	—	24*d*	—	23*d*	—	22*d*	—	22*d*	—
HRB400 HRBF400	一、二级	—	46*d*	51*d*	40*d*	45*d*	37*d*	40*d*	33*d*	37*d*	32*d*	36*d*	31*d*	35*d*	30*d*	33*d*	29*d*	32*d*
	三级	—	42*d*	46*d*	37*d*	41*d*	34*d*	37*d*	30*d*	34*d*	29*d*	33*d*	28*d*	32*d*	27*d*	30*d*	26*d*	29*d*
HRB500 HRBF500	一、二级	—	55*d*	61*d*	49*d*	54*d*	45*d*	49*d*	41*d*	46*d*	39*d*	43*d*	37*d*	40*d*	36*d*	39*d*	35*d*	38*d*
	三级	—	50*d*	56*d*	45*d*	49*d*	41*d*	45*d*	38*d*	42*d*	36*d*	39*d*	34*d*	37*d*	33*d*	36*d*	32*d*	35*d*

注：① 当为环氧树脂涂层带肋钢筋时，表中数据尚应乘以 1.25。

② 当纵向受拉钢筋在施工过程中易受扰动时，表中数据尚应乘以 1.1。

③ 当锚固长度范围内纵向受力钢筋周边保护层厚度为 3*d*、5*d*（*d* 为锚固钢筋的直径）时，表中数据可分别乘以 0.8、0.7；中间时按内插值。

④ 当纵向受力普通钢筋锚固长度修正系数（注①至注③）多于一项时，可按连乘计算。

⑤ 受拉钢筋的锚固长度 l_a、l_{aE} 计算值不应小于 200 mm。

⑥ 四级抗震时，$l_{aE}=l_a$。

⑦ 当锚固钢筋的保护层厚度不大于 5*d* 时，锚固钢筋长度范围内应设置横向构造钢筋，其直径不应小于 *d*/4（*d* 为锚固钢筋的最大直径）；对梁、柱等构件间距不应大于 5*d*，对板、墙等构件间距不应大于 10*d*，且均不应大于 100 mm（*d* 为锚固钢筋的最小直径）。

1.2.8 钢筋的连接

为了便于钢筋运输，通常市场上钢筋一根的长度为 6 m、8 m、9 m 或 12 m。当施工时如果钢筋的长度不够，就需要把两根钢筋连接起来。

钢筋连接可采用绑扎搭接（图 1-24）、机械连接（图 1-25）、焊接连接（图 1-26）。为了保证两根钢筋连接起来受力可靠，混凝土结构中受力钢筋的连接接头宜设置在受力较小处，在同一根受力钢筋上宜少设接头。在结构的重要构件和关键传力部位，纵向受力钢筋不宜设置连接接头。直径大于 12 mm 的钢筋，应优先采用焊接连接或机械连接。直接承受动力荷载的结构构件中，其纵向受拉钢筋不得采用绑扎搭接接头。同一构件中相邻纵向受力钢筋的绑扎搭接接头宜相互错开。

16G101 系列图集中针对纵向受拉钢筋的连接做出了具体的规定，详见图 1-27 和图 1-28。

1.2.9 钢筋的搭接长度

在 16G101 系列图集中，对钢筋的搭接长度有相应的规定，详见表 1-7 和表 1-8，其中要特别注意两根不同直径钢筋搭接时，d 取较细钢筋直径。任何情况下，搭接长度不应小于 300 mm。四级抗震等级时，$l_{lE}=l_l$。

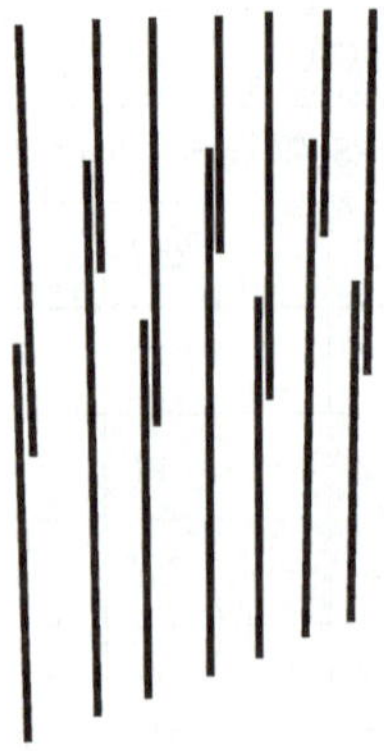

图 1-24　绑扎搭接示意图

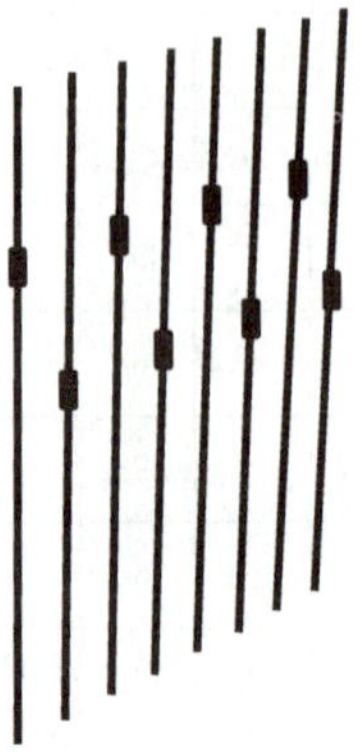

图 1-25　机械连接示意图

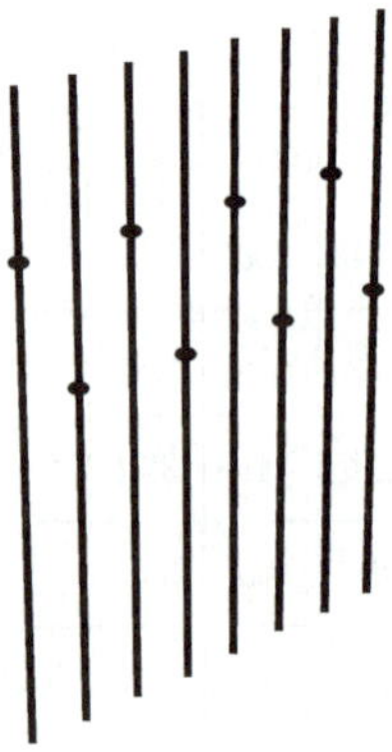

图 1-26　钢筋对焊示意图

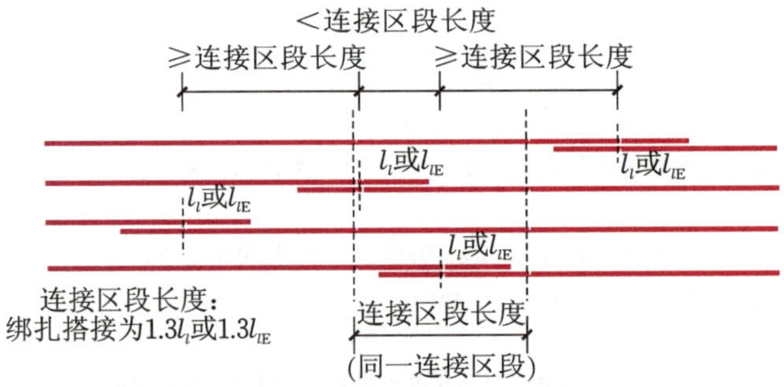

图 1-27　同一连接区段内纵向受拉钢筋绑扎搭接接头

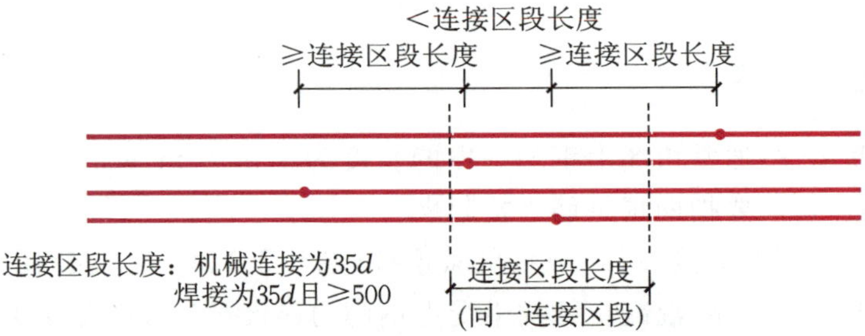

图 1-28　同一连接区段内纵向受拉钢筋机械连接、焊接接头

注：① d 为相互连接两根钢筋中较小直径；当同一构件内不同连接钢筋计算连接区段长度不同时取大值。

② 凡接头中点位于连接区段长度内，连接接头均属同一连接区段。

③ 同一连接区段内纵向钢筋搭接接头面积百分率，为该区段内有连接接头的纵向受力钢筋截面面积与全部纵向钢筋截面面积的比值（当直径相同时，图示钢筋连接接头面积百分率为 50%）。

④ 当受拉钢筋直径>25 mm 及受压钢筋直径>28 mm 时，不宜采用绑扎搭接。

⑤ 轴心受拉及小偏心受拉构件中纵向受力钢筋不应采用绑扎搭接。

⑥ 纵向受力钢筋连接位置宜避开梁端、柱端箍筋加密区。如必须在此连接时，应采用机械连接或焊接。

⑦ 机械连接和焊接接头的类型及质量应符合国家现行有关标准的规定。

表 1-7 纵向受拉钢筋搭接长度 l_l

钢筋种类及同一区段内搭接钢筋面积百分率		混凝土强度等级																
		C20	C25		C30		C35		C40		C45		C50		C55		C60	
		d≤25	d≤25	d>25	d≤25	d>25	d≤25	d>25	d≤25	d>25	d≤25	d>25	d≤25	d>25	d≤25	d>25	d≤25	d>25
HPB300	≤25%	47d	41d	—	36d	—	34d	—	30d	—	29d	—	28d	—	26d	—	25d	—
	50%	55d	48d	—	42d	—	39d	—	35d	—	34d	—	32d	—	31d	—	29d	—
	100%	62d	54d	—	48d	—	45d	—	40d	—	38d	—	37d	—	35d	—	34d	—
HRB335 HRBF335	≤25%	46d	40d	—	35d	—	32d	—	30d	—	28d	—	26d	—	25d	—	25d	—
	50%	53d	46d	—	41d	—	38d	—	35d	—	32d	—	31d	—	29d	—	29d	—
	100%	61d	53d	—	46d	—	43d	—	40d	—	37d	—	35d	—	34d	—	34d	—
HRB400 HRBF400 RRB400	≤25%	—	48d	53d	42d	47d	38d	42d	35d	38d	34d	37d	32d	36d	31d	35d	30d	34d
	50%	—	56d	62d	49d	55d	45d	49d	41d	45d	39d	43d	38d	42d	36d	41d	35d	39d
	100%	—	64d	70d	56d	62d	51d	56d	46d	51d	45d	50d	43d	48d	42d	46d	40d	45d
HRB500 HRBF500	≤25%	—	58d	64d	52d	56d	47d	52d	43d	48d	41d	44d	38d	42d	37d	41d	36d	40d
	50%	—	67d	74d	60d	66d	55d	60d	50d	56d	48d	52d	45d	49d	43d	48d	42d	46d
	100%	—	77d	85d	69d	75d	62d	69d	58d	64d	54d	59d	51d	56d	50d	54d	48d	53d

注：①表中数值为纵向受拉钢筋绑扎搭接接头的搭接长度。

②两根不同直径钢筋搭接时，表中 d 取较细钢筋直径。

③当为环氧树脂涂层带肋钢筋时，表中数据尚应乘以 1.25。

④当纵向受拉钢筋在施工过程中易受扰动时，表中数据尚应乘以 1.1。

⑤当搭接长度范围内纵向受力钢筋周边保护层厚度为 $3d$、$5d$（d 为搭接钢筋的直径）时，表中数据尚可分别乘以 0.8、0.7；中间时按内插值。

⑥当上述修正系数（注③～注⑤）多于一项时，可按连乘计算。

⑦任何情况下，搭接长度不应小于 300 mm。

表 1-8 纵向受拉钢筋抗震搭接长度 l_{lE}

钢筋种类及同一区段内搭接钢筋面积百分率			混凝土强度等级																
			C20	C25		C30		C35		C40		C45		C50		C55		C60	
			d≤25	d≤25	d>25	d≤25	d>25	d≤25	d>25	d≤25	d>25	d≤25	d>25	d≤25	d>25	d≤25	d>25	d≤25	d>25
一、二级抗震等级	HPB300	≤25%	54d	47d	—	42d	—	38d	—	35d	—	34d	—	31d	—	30d	—	29d	—
		50%	63d	55d	—	49d	—	45d	—	41d	—	39d	—	36d	—	35d	—	34d	—
	HRB335 HRBF335	≤25%	53d	46d	—	40d	—	37d	—	35d	—	31d	—	30d	—	29d	—	29d	—
		50%	62d	53d	—	46d	—	43d	—	41d	—	36d	—	35d	—	34d	—	34d	—
	HRB400 HRBF400	≤25%	—	55d	61d	48d	54d	44d	48d	40d	44d	38d	43d	37d	42d	36d	40d	35d	38d
		50%	—	64d	71d	56d	63d	52d	56d	46d	52d	45d	50d	43d	49d	42d	46d	41d	45d
	HRB500 HRBF500	≤25%	—	66d	73d	59d	65d	54d	59d	49d	55d	47d	52d	44d	48d	43d	47d	42d	46d
		50%	—	77d	85d	69d	76d	63d	69d	57d	64d	55d	60d	52d	56d	50d	55d	49d	53d

续表 1-8

钢筋种类及同一区段内搭接钢筋面积百分率			混凝土强度等级																
			C20	C25		C30		C35		C40		C45		C50		C55		C60	
			$d\leqslant25$	$d\leqslant25$	$d>25$	$d\leqslant25$	$d>25$	$d\leqslant25$	$d>25$	$d\leqslant25$	$d>25$	$d\leqslant25$	$d>25$	$d\leqslant25$	$d>25$	$d\leqslant25$	$d>25$	$d\leqslant25$	$d>25$
三级抗震等级	HPB300	≤25%	49*d*	43*d*	—	38*d*	—	35*d*	—	31*d*	—	30*d*	—	29*d*	—	28*d*	—	26*d*	—
		50%	57*d*	50*d*	—	45*d*	—	41*d*	—	36*d*	—	35*d*	—	34*d*	—	32*d*	—	31*d*	—
	HRB335 HRBF335	≤25%	48*d*	42*d*	—	36*d*	—	34*d*	—	31*d*	—	29*d*	—	28*d*	—	26*d*	—	26*d*	—
		50%	56*d*	49*d*	—	42*d*	—	39*d*	—	36*d*	—	34*d*	—	32*d*	—	31*d*	—	31*d*	—
	HRB400 HRBF400	≤25%	—	50*d*	55*d*	44*d*	49*d*	41*d*	44*d*	36*d*	41*d*	35*d*	40*d*	34*d*	38*d*	32*d*	36*d*	31*d*	35*d*
		50%	—	59*d*	64*d*	52*d*	57*d*	48*d*	52*d*	42*d*	48*d*	41*d*	46*d*	39*d*	45*d*	38*d*	42*d*	36*d*	41*d*
	HRB500 HRBF500	≤25%	—	60*d*	67*d*	54*d*	59*d*	49*d*	54*d*	46*d*	50*d*	43*d*	47*d*	41*d*	44*d*	40*d*	43*d*	38*d*	42*d*
		50%	—	70*d*	78*d*	63*d*	69*d*	57*d*	63*d*	53*d*	59*d*	50*d*	55*d*	48*d*	52*d*	46*d*	50*d*	45*d*	49*d*

注：① 表中数值为纵向受拉钢筋绑扎搭接接头的搭接长度。

② 两根不同直径钢筋搭接时，表中 d 取较细钢筋直径。

③ 当为环氧树脂涂层带肋钢筋时，表中数据尚应乘以 1.25。

④ 当纵向受拉钢筋在施工过程中易受扰动时，表中数据尚应乘以 1.1。

⑤ 当搭接长度范围内纵向受力钢筋周边保护层厚度为 $3d$、$5d$（d 为搭接钢筋的直径）时，表中数据尚可分别乘以 0.8、0.7；中间时按内插值。

⑥ 当上述修正系数（注③～注⑤）多于一项时，可按连乘计算。

⑦ 任何情况下，搭接长度不应小于 300 mm。

⑧ 四级抗震等级时，$l_{lE}=l_l$。

1.2.10 受力钢筋的弯钩与弯起钢筋

（1）受力钢筋的弯钩

为了增加钢筋与混凝土的黏结力，绑扎骨架中的钢筋，尤其是光圆受力钢筋，通常在两端做成 180°半圆形弯钩或直弯钩，如图 1-29 所示。因此，在计算钢筋长度时，若采用的是光圆钢筋，需根据实际情况加上其末端弯钩长度。

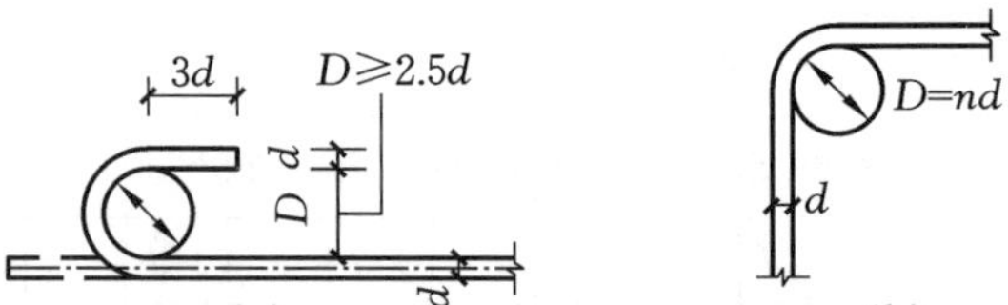

(a)　　　　(b)

图 1-29　钢筋弯折的弯弧内直径 D

(a)光圆钢筋末端 180°弯钩；(b)末端 90°弯折

注：钢筋弯折的弯弧内直径 D 应符合下列规定：

① 光圆钢筋，不应小于钢筋直径的 2.5 倍。

② HRB335 级、HRB400 级带肋钢筋，不应小于钢筋直径的 4 倍。

③ HRB500 级带肋钢筋，当直径 $d<25$ mm 时，不应小于钢筋直径的 6 倍；当直径 $d>25$ mm 时，不应小于钢筋直径的 7 倍。

④ 位于框架结构顶层端节点处的梁上部纵向钢筋和柱外侧纵向钢筋，在节点角部弯折处，当钢筋直径 $d<25$ mm 时，不应小于钢筋直径的 12 倍；当直径 $d>25$ mm 时，不应小于钢筋直径的 16 倍。

⑤ 箍筋弯折处尚不应小于纵向受力钢筋直径；箍筋弯折处纵向受力钢筋为搭接或并筋时，应按钢筋实际排布情况确定箍筋弯弧内直径。

（2）弯起钢筋的增加长度

弯起钢筋的弯起角度一般有 30°、45°、60°三种，其弯起增加值是指钢筋斜长与水平投影长度之间的差值，具体见表 1-9。

表 1-9　弯起钢筋斜长及增加长度计算表

形状		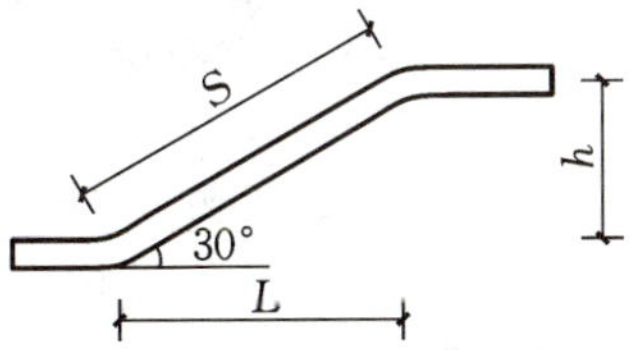	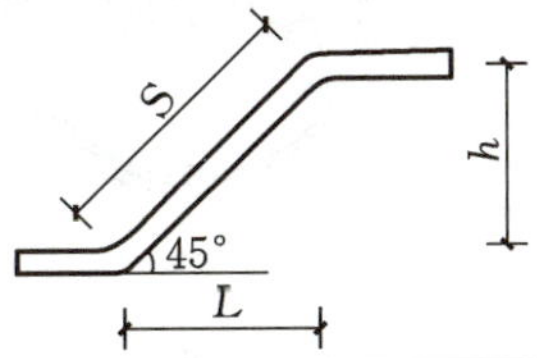	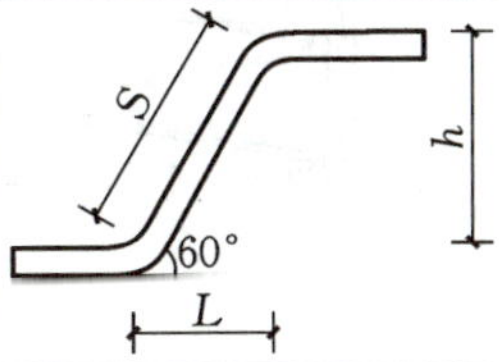
计算方法	斜边长 S	$2h$	$1.414h$	$1.155h$
	增加长度 $S-L=\Delta L$	$0.268h$	$0.414h$	$0.577h$

1.2.11　箍筋的构造

箍筋的末端应作弯钩，弯钩形式应符合设计要求（图 1-30）。当设计无具体要求时，用一级钢筋制作的箍筋，其弯钩的弯曲直径 D 不应大于受力钢筋直径，且不小于箍筋直径的 2.5 倍；弯钩的平直部分长度，一般结构的不宜小于箍筋直径的 5 倍；有抗震要求的结构箍筋弯钩的平直部分长度不应小于箍筋直径的 10 倍和 75 mm 中的较大值。

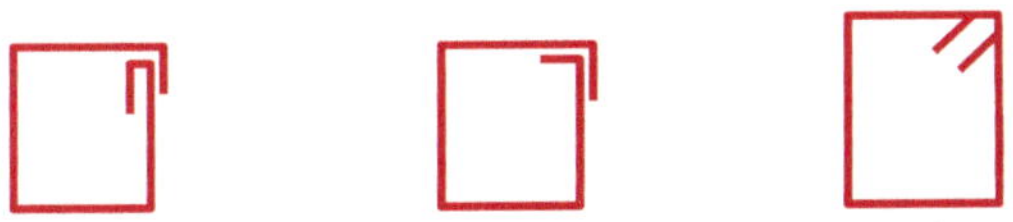

(a)　　　(b)　　　(c)

图 1-30　箍筋末端作弯钩示意图

(a)90°/180°（一般结构）；(b)90°/90°（一般结构）；(c)135°/135°（抗震结构）

在 16G101 系列图集里面，封闭箍筋及为了满足箍筋肢数要求的单肢箍（拉筋）只有图 1-30(c)形式的构造，目前一般都设计为 135°抗震结构的构造，如图 1-31 所示。螺旋箍筋的弯后长度要求也同样需要满足 $10d$ 和 75 mm 中的较大值（d 为箍筋直径），如图 1-32 所示。

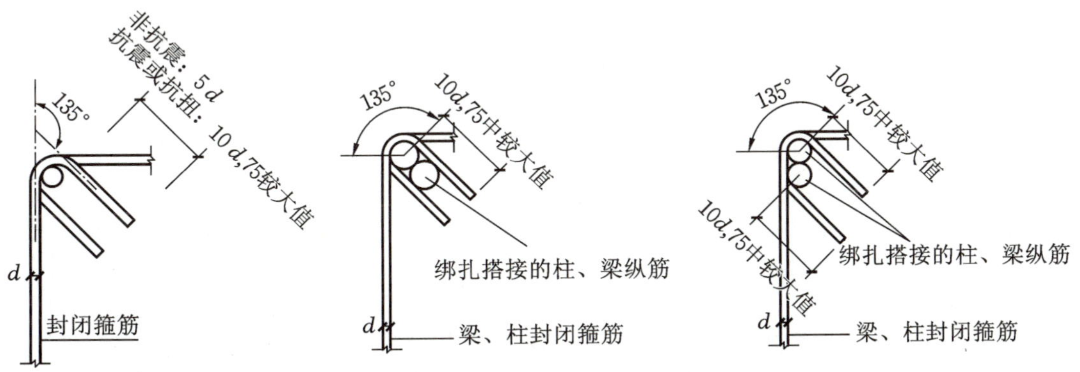

图 1-31　封闭箍筋弯钩构造示意图

注：非框架梁以及不考虑地震作用的悬挑梁，箍筋及拉筋弯钩平直段长度可为箍筋直径的 5 倍；对有抗震、抗扭等要求的结构，取箍筋直径的 10 倍和 75 mm 中的较大值。

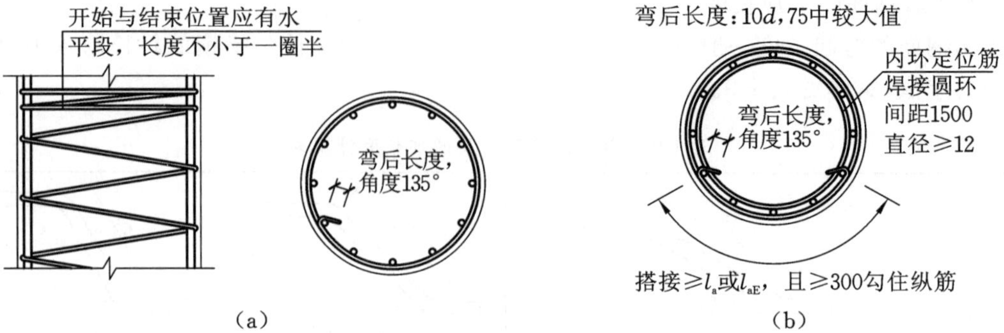

图 1-32 螺旋箍筋构造

(a)螺旋箍筋端部构造；(b)螺旋箍筋搭接构造

2 混凝土结构施工图设计总说明识读

【学习目标】

1. 掌握混凝土结构施工图设计总说明的内容组成。
2. 掌握混凝土结构施工图设计总说明的识读方法。
3. 能正确识读混凝土结构施工图的设计说明，并从中查找相关参数信息。

2.1 混凝土结构施工图设计总说明的内容

混凝土结构施工图设计总说明一般位于结构施工图的首页，具有丰富、烦琐、复杂、标准、规范、通用等特点，具有全局性、纲领性。它是混凝土结构施工图的灵魂和核心，是施工的重要依据，需逐条认真阅读，能够读懂结构施工图设计总说明对于掌握整个结构施工图非常重要。施工图设计总说明可以方便施工图审查人员、施工人员及监理人员更好地理解设计人员的设计意图，保证工程质量。

由于结构设计和施工受建筑物所在地环境、材料等一系列因素的影响，此外各地区还会根据各自的实际情况编制相应的技术标准和图集，因此结构施工图设计总说明的内容在不同地区会有所出入。在满足国家标准规范和图集的基础上，我们可按照统一的格式来编制施工图设计总说明。

混凝土结构施工图设计总说明主要包括以下几大项内容：工程概况、设计总则、设计依据、结构设计主要技术指标、主要荷载（作用）取值、主要结构材料的选用及强度等级的要求、地基基础及地下室概况、混凝土结构构造要求、非结构构件构造要求、混凝土结构施工要求。此外根据具体的工程要求，施工图设计总说明中还可以加入沉降观测的要求、部分构件构造示意图、节点示意图等。

2.2 工程概况

工程概况用来简单叙述建筑物的实际情况，可以使我们对建筑的结构属性有一个基本的掌握、定位，其具体内容包括：

（1）项目名称。

（2）建设地点。

(3) 本工程主要建筑功能。建筑功能分为工业建筑和民用建筑。其中民用建筑又包括居住建筑(如住宅、宾馆等)和公共建筑(如学校、医院、图书馆等)。

(4) 总建筑面积,且地上建筑面积以及地下建筑面积要分别注明,建筑面积单位为平方米。

(5) 本工程设计标高±0.000 相对于绝对标高的数值,建筑物室内外高差。

(6) 如果建筑物有人防要求时,要写明人防地下室范围。

2.3 设计总则

设计总则是建筑物设计过程中遵从的通用原则,结构施工图设计总说明中的设计总则主要包含以下内容:

(1) 工程采用正投影法(或镜面投影法)进行绘制。

(2) 图中计量单位(除注明外):长度单位为毫米(mm);标高单位为米(m);角度单位为度(°)。

(3) 施工时一律根据图中标注尺寸施工,不得测量图纸的尺寸施工。施工单位在施工前须核对图中尺寸,包括与其他各专业图纸之间的核对。遇到图纸和实际情况存在差异时,对重要问题须及时通知设计人。

(4) 结构施工时应与建筑、水、暖(空调)、强电、弱电、动力等其他专业图纸配合施工。

(5) 本工程施工图按国家设计标准进行设计,施工时除应遵守本说明及各设计图纸说明外,尚应满足现行国家及所在地区的有关规范、规程及所选用标准图的要求。

(6) 本建筑物应按建筑图中注明的功能使用,未经技术鉴定或设计许可,不得改变结构的用途和使用环境。

(7) 本工程施工图是依据《混凝土结构施工图平面整体表示方法制图规则和构造详图》(16G101)系列图集进行绘制。除设计人根据本工程具体情况对 16G101 系列图集有局部更改和补充外,构造详图均应按图集要求施工。

(8) 承包商和施工单位在施工前应全面理解《混凝土结构施工图平面整体表示方法制图规则和构造详图》16G101 系列图集的所有内容,审阅设计图纸并及时进行施工图会审工作。施工图中出现难以确定的问题应及时与设计人协商解决。

2.4 设计依据

设计依据一般是指施工图设计过程中所依据的规范、规程以及岩土勘察报告,其具体内容包括:

(1) 所遵循的国家及地方规范、规程和标准。一般结构施工图通用的规范、规程和标准有:《工程结构可靠性设计统一标准》(GB 50153—2008)、《建筑工程抗震设防分类标准》(GB 50223—2008)、《建筑结构荷载规范》(GB 50009—2012)、《混凝土结构设计规范》(GB 50010—2010)、《建筑抗震设计规范》(GB 50011—2010)、《建筑地基基础设计规范》(GB 50007—2011)等。如果所设计建筑物为高层混凝土结构,一般还会用到《高层建筑混凝土结构技术规程》(JGJ 3—2010)和《高层建筑筏形与箱形基础技术规范》(JGJ 6—2011)。对于预应力混凝土结构常用的规程有《预应力混凝土结构抗震设计规程》(JGJ/T 140—2019)。对于使用地方上相应标准、规程的,也要将其注写出来。

此外常用的规范和规程还有《混凝土外加剂应用技术规范》(GB 50119—2013)、《混凝土结构耐久性设计标准》(GB/T 50476—2019)、《建筑边坡工程技术规范》(GB 50330—2013)等。

注意在列举规范、规程和标准的时候,也要将相应的编号注明。

(2) 如果规定需要进行初步设计审查的,应该将初步设计审批意见写入结构设计总说明中。

(3) 岩土工程勘察报告。

岩土工程勘察报告要写明报告的名称、编号、编制单位、编制日期等。

2.5 结构设计主要技术指标

结构设计主要技术指标包括以下内容:

(1) 结构设计标准

① 设计基准期年限、设计使用年限。

② 建筑结构安全等级,结构重要性系数。

③ 地基基础设计等级。

④ 抗浮设防水位绝对高程,以及所对应的设计标高。

⑤ 建筑防火分类,耐火等级。

⑥地下工程的防水等级。

⑦ 如果建筑物有人防要求,则需要注明人防工程的类别。

(2) 抗震设防有关系数

① 抗震设防烈度,设计基本地震加速度值,水平地震影响系数最大值。

② 场地类别,设计地震分组类别,特征周期值。

③ 结构阻尼比。

④ 所建工程场地地基土层地震液化程度。

⑤ 抗震设防类别。

⑥ 结构的计算嵌固部位。

⑦ 结构抗震等级,施工单位要按照抗震等级对应的构造措施进行施工。

2.6 荷载取值

建筑物承受的荷载主要分为恒荷载和活荷载。恒荷载是指长期作用在建筑物上的不变荷载,比如建筑结构本身的自重。活荷载是指建筑物在使用过程中可能发生变化的荷载,比如风荷载、雪荷载等。由于部分建筑材料受温度变化会发生变形,所以在建筑物设计过程中我们还要考虑温度作用。

在结构施工图设计总说明中,我们主要写明建筑物所承受的活荷载、风荷载和雪荷载数值。

(1) 活荷载标准值见表 2-1。

表 2-1　活荷载标准值

项　目		标准值(kN/m²)
办公室,会议室		2.0
首层楼面、厨房、健身房		4.0
走廊、电梯厅、楼梯(人群可能密集)		3.5
餐厅、阳台、卫生间		2.5
库房、档案库		5.0
电梯机房、空调机房、强弱电机房		7.0
变配电房、柴油发电机房、水泵房、换热站房		10.0
汽车通道及停车库(客车,双向板)		2.5
汽车通道及停车库(客车,单向板)		4.0
扶梯、电梯井坑		按样本
屋面	上人	2.0
	不上人	0.5
	屋顶花园	3.0

当使用荷载较大或情况特殊时,应按实际情况选取活荷载标准值。对于设备、电气等有特殊荷载要求的房间,应在结构施工前复核确认,任何调整情况均需及时通知设计人。

(2) 风荷载取值

风荷载是指空气流动对工程结构所产生的压力。各地气候环境不同,所产生的风荷载也不相同。编制结构施工图设计总说明时,应根据《建筑结构荷载规范》(GB 50009—2012)进行选取。结构施工图设计总说明中风荷载包括以下内容:

① 风压取值,如表 2-2 所示。

表 2-2　风压取值

类　别	风压(kN/m²)	备　注
位移计算	××	—
承载力计算	××	—
舒适度计算	××	按 10 年一遇考虑

② 地面粗糙度类别。地面粗糙度可分为 A、B、C、D 四类:A 类指近海海面和海岛、海岸、湖岸及沙漠地区;B 类指田野、乡村、丛林、丘陵以及房屋比较稀疏的乡镇和城市郊区;C 类指有密集建筑群的城市市区;D 类指有密集建筑群且房屋较高的城市市区。

(3) 雪荷载取值

雪荷载需要注明基本雪压。基本雪压是雪荷载的基准压力,一般按当地空旷平坦地面上积雪自重的观测数据，经概率统计得出50年一遇最大值确定。基本雪压也可以在《建筑结构荷载规范》(GB 50009—2012)中进行选取。

(4) 温度作用

① 温度作用设计依据：可根据当地气象局多年观测的统计数据，写出平均最高气温、极端最高气温，平均最低气温、极端最低气温。

② 超长钢筋混凝土部分设计采用的温度和温差：写明后浇带浇筑时温度、结构设计的最大温度差(相对于后浇带浇筑时温度)。

2.7 结构设计采用的计算软件

应注明所采用的计算软件名称、代号、版本及编制单位，计算程序必须经过鉴定。

例如：××公司编制的“××软件”(××版本)。

2.8 主要结构材料

为保证工程质量，结构施工图设计总说明中，在描述主要结构材料的时候必须注明下面这段话：“设计中采用的各种材料，必须具有出厂质量证明书或试验报告单，并在进场后按现行国家有关标准的规定进行检验和试验，检验和试验合格后方可在工程中使用。”

具体内容包括：

(1) 混凝土

① 混凝土强度等级，见表2-3。

表2-3 混凝土强度等级

项目	构件		混凝土强度等级	备注
通用项目	基础垫层		C10	
	基础底板		C30	
	后浇带		高一级的无收缩混凝土	
	砌体中圈梁、构造柱、现浇过梁		C20	
主楼	墙、柱	基础顶至××层	C40	
		××层及以上	C35	
	梁、板楼梯	××层至××层	C35	
		××层及以上	C30	
裙房	梁、板柱、楼梯	××层至××层	C35	
		××层及以上	C30	

② 混凝土耐久性

A. 各类环境的混凝土结构均应满足表2-4的要求。

B. 混凝土原材料选用应符合《混凝土结构耐久性设计标准》(GB/T 50476—2019)附录 B 的要求。

C. 对于地下部分，地下水和场地土对钢筋和混凝土具有腐蚀性的地区，混凝土结构的耐久性要求还应符合有关规范、标准的规定。

表 2-4　混凝土耐久性基本要求

环境类别	最大水胶比	最低混凝土等级	最大氯离子含量(%)	最大碱含量(kg/m^3)
一	0.6	C20	0.30	不限制
二 a	0.55	C25	0.20	3.0
二 b	0.50(0.55)	C30(C25)	0.15	
三 a	0.45(0.50)	C35(C30)	0.15	
三 b	0.4	C40	0.10	

注：① 氯离子含量是指其占胶凝材料总量的百分比。

② 预应力构件混凝土中的氯离子含量为 0.06%；其最低混凝土强度等级宜按表中的规定提高两个等级。

③ 素混凝土构件的水胶比及最低强度等级的要求可适当放松。

④ 有可靠工程经验时，二类环境中的最低混凝土强度等级可降低一个等级。

⑤ 处于严寒和寒冷地区二 b、三 a 类环境中的混凝土应使用引气剂，并可采用括号中的有关参数。

⑥ 当使用非碱活性骨料时，对混凝土中的碱含量可不做限制。

③ 混凝土外加剂

A. 外加剂的选择与使用应满足《混凝土外加剂应用技术规范》(GB 50119—2013)。选择各类外加剂时，应特别注意外加剂的适用范围，应考虑外加剂对混凝土后期收缩的影响，尽量选择对混凝土后期收缩影响小的外加剂。

B. 各类外加剂应有厂商提供的推荐掺量与相应减水率、主要成分的化学名称、氯离子含量、含碱量以及施工中必要的注意事项。氯化钙不能作为混凝土的外加剂使用。

C. 补偿收缩混凝土采用的外加剂应为 A 级或一级品，使用时应有专业技术支持。

(2) 钢材

① 钢筋

A. 钢筋的强度标准值应具有不小于 95%的保证率。

B. 钢筋代码说明，见表 2-5。

表 2-5　钢筋代码

牌号	符号	抗拉强度设计值 f_y(N/mm^2)
××	××	××
××	××	××

C.抗震等级为一、二、三级的框架和斜撑构件(含梯段)，其纵向受力钢筋采用普通钢筋时，钢筋的抗拉强度实测值与屈服强度实测值的比值不应小于 1.25；钢筋的屈服强度实测值与屈

服强度标准值的比值不应大于1.30，且钢筋在最大拉力下的总伸长率实测值不应小于9%。

② 焊条选用

A. 钢筋焊接焊条的选用及焊接质量应满足《钢筋焊接及验收规程》(JGJ 18—2012)的要求。

B. 细晶粒热轧带肋钢筋以及直径大于28 mm的带肋钢筋，其焊接应经试验确定；余热处理钢筋不宜焊接。

③ 吊钩、吊环、受力预埋件的锚筋严禁使用冷加工钢筋。

④ 型钢、钢板、钢管：除图中注明者外，均选用××级钢。钢筋与型钢焊接以钢筋牌号确定焊条型号。

⑤ 钢筋机械连接接头的选用应满足《钢筋机械连接技术规程》(JGJ 107—2016)的要求。

(3) 砌体

① 各个部位的填充墙材料及其强度等级、砌筑砂浆强度等级及重度详见表2-6。填充墙材料选用参见《墙体材料应用统一技术规范》(GB 50574—2010)。

表2-6 填充墙材料

部位及用途	块材	块材强度等级	砌筑砂浆强度等级	砌体重度(kN/m^3)
外围护墙	××	××	××	××
内隔墙	××	××	××	××
地面以下或防潮层以下(直接与土接触)	××	××	××	××

② 砌筑砂浆有条件时宜采用预拌砂浆，无条件时可使用现场搅拌砂浆。

2.9 地基、基础和地下室

(1) 场地的工程地质条件和水文条件

① 地形地貌。

主要描述工程所在场地地形地貌的简要特征。例如：本工程场区地形为××××××，勘探期间的钻孔孔口地面标高为××～×× m。场地地貌单元属于××××××。

② 各地层情况，可参考表2-7。

表2-7 地层情况

层号	岩性	厚度(m)	E_s(MPa)	f_{ak}(kPa)	q_{sik}(kPa)	q_{pk}(kPa)
①						
②						
③						
④						
⑤						

③ 水文地质条件。

A.地区地下水埋藏情况。场区范围内的地下水类型，勘探时稳定水位标高。

B.历年最高水位记录（根据地勘报告描述）。

C.地下水和场地土的腐蚀性。描述格式可参照如下文字："地下水对混凝土结构和钢筋的影响：__×××××××__。本地区__××__m 深度范围内的土对混凝土结构和钢筋的影响：__×××××××__。"

④ 场地标准冻深。

⑤ 本场地不良地质状况分析及处理措施（根据地勘报告描述）。

（2）地基、基础形式

地基、基础形式可根据实际工程的具体情况进行说明。主要包括：

① 基础类型。

② 持力层的选用。

③ 基础所选用的材料及强度等级。

④ 若采用桩基础，还应注明桩的类型、所选用桩端持力层、桩端进入持力层的深度、桩身配筋、桩长、单桩承载力、桩基施工控制要求、桩身质量检测的方法及数量要求等。

（3）抗浮措施

如果基础需要考虑地下水的浮动影响，那么在此部分需要写明抗浮措施，可根据实际工程具体情况说明。

（4）基坑开挖、压槽及回填

① 应由承包商根据相关图纸负责土方开挖，开挖顺序应与施工降水、基础施工相协调。

② 开挖基坑时应注意边坡稳定，定期观测其对周围道路、市政设施和建筑物有无不利影响；基坑较深、非自然放坡开挖时，基坑支护应由有资质的单位做专门设计，基坑支护系统应确保场区内外原有建筑安全无损并保证人员安全。

③ 采用机械挖土时严禁扰动基底持力层，施工时应保留距基底不少于 300 mm 厚土层，再用人工挖至槽底标高。如已扰动基地持力层，应通知勘察、设计、监理和业主等有关单位共同协商，并根据具体情况采取处理措施。

④ 基槽（坑）开挖后，应通知勘察、设计、监理和业主等有关单位共同进行基槽（坑）检验。基槽检验可用触探或其他方法，当发现与勘察报告和设计文件不一致或遇到异常情况时，应结合地质条件提出处理意见。验槽合格后方可继续施工。

⑤ 地基处理工程的检验要求详见地基处理设计图或基础设计图中说明；桩基工程的检验要求详见桩基设计图中说明（天然地基无此条）。

⑥ 地下不同部位的回填土要求见表 2-8，并符合下列要求：

A.本工程地下室外墙四周的回填土工作，需待主体结构施工至地面以上并待建筑防水施工完成后，及时进行外侧壁回填土工作。

B.在基础或承台和地下室外墙与基坑侧壁间隙回填土前，应排除积水，清除虚土和建筑垃圾，填土应按表 2-8 的要求选料，分层对称夯实。

表 2-8 回填土要求

地下部位	回填土类型	分层厚度(mm)	压实系数
地下室四周	2∶8 灰土	300	≥0.94
基础或承台四周	2∶8 灰土	300	≥0.94
地面、散水、踏步、设备基础之下	2∶8 灰土	300	≥0.94

注:①表中数值仅为示例。

②回填土类型可为素混凝土、搅拌流动性水泥土、灰土、级配砂石或压实性较好的素十。

(5) 施工期间降水要求

① 施工降水系统由承包商负责提供及安装,保持降水水面在最深基地以下 0.5 m。

② 场地降水时应连续监测,承包商应采取可靠措施防止因降水对周围建筑物、道路等设施产生不利影响。

③ 施工期间应采取有效措施防止基坑周围的地面水流入基坑,以满足基础施工的安全和质量需要。

④ 必须在以下条件满足后,方可停止施工降水:

A.地下室顶板上的覆土和道路施工结束;

B.场地排水系统已能正常排水;

C.主体结构施工至 ×× 层楼面以上。

2.10 混凝土结构构造要求

(1) 混凝土保护层厚度

混凝土构件中普通钢筋、预应力筋的混凝土保护层厚度可按表 2-9 形式进行填写,并要满足相应的要求。

表 2-9 混凝土保护层厚度

<table>
<tr><td rowspan="2">部位
构件名称</td><td colspan="3">独立基础、条形基础、筏板、基础梁、承台梁、防水板</td><td colspan="4">墙体</td><td colspan="4">柱、梁</td><td colspan="4">楼板</td></tr>
<tr><td>底部</td><td>与水、土接触的顶面或侧面</td><td>室内</td><td>与水、土接触面</td><td>露天</td><td>室内</td><td>水池内侧</td><td>与水、土接触面</td><td>露天</td><td>室内</td><td>水池内侧</td><td>与水、土接触面</td><td>露天</td><td>室内</td><td>水池内侧</td></tr>
<tr><td>环境类别</td><td></td><td></td><td></td><td></td><td></td><td></td><td></td><td></td><td></td><td></td><td></td><td></td><td></td><td></td><td></td></tr>
<tr><td>保护层厚度(mm)</td><td></td><td></td><td></td><td></td><td></td><td></td><td></td><td></td><td></td><td></td><td></td><td></td><td></td><td></td><td></td></tr>
</table>

注:① 表中钢筋的混凝土保护层厚度为最外层钢筋外边缘至混凝土表面的距离。

② 构件中受力钢筋的保护层厚度不应小于钢筋的公称直径。

③ 当梁、柱、板中纵向受力钢筋的保护层厚度大于 50 mm 时,保护层应采用纤维混凝土或在保护层内配Φ5@150×150 钢筋网片。构件钢筋保护层中设置的钢筋网片的保护层厚度不应小于 25 mm,并应对网片采取有效的绝缘和定位措施。

④ 当钢筋采用机械连接时,机械连接套筒的保护层厚度应满足受力钢筋最小保护层厚度的要求,且不得小于 15 mm。

⑤ 其他未注明者均按《混凝土结构施工图平面整体表示方法制图规则和构造详图(现浇混凝土框架、剪力墙、梁、板)》(16G101—1)第 56 页执行。

(2) 钢筋的锚固和连接

① 钢筋的锚固和连接要求详见《混凝土结构施工图平面整体表示方法制图规则和构造详图(现浇混凝土框架、剪力墙、梁、板)》(16G101—1)第57—61页。

② 混凝土结构中受力钢筋的连接接头宜设置在构件受力较小的部位,柱、墙、梁、基础的钢筋连接形式、接头位置及接头面积百分率的要求详见《混凝土结构施工图平面整体表示方法制图规则和构造详图(现浇混凝土框架、剪力墙、梁、板)》(16G101—1)及《混凝土结构施工图平面整体表示方法制图规则和构造详图(独立基础、条形基础、筏形基础、桩基础)》(16G101—3)相关节点。

③图中特别注明为轴心受拉或小偏心受拉的构件,其纵向受力钢筋不得采用绑扎搭接。

注:较容易出现轴心受拉或小偏心受拉的构件,如桁架和拱的拉杆或吊柱,高层建筑中的外围柱、高层剪力墙外墙的边缘构件、带支承的框架结构中的支承及与支承相连的柱等。

④ 需进行疲劳验算的构件,其纵向受拉钢筋不得采用绑扎搭接接头,也不宜采用焊接接头,除端部锚固外不得在钢筋上焊有附件。

直接承受吊车荷载的吊车梁、屋面梁及屋架下弦的纵向钢筋的连接接头应符合下列规定:

A. 当采用机械连接接头时,除应满足设计要求的抗疲劳性能外,位于同一连接区段内的纵向受力钢筋接头面积百分率不应大于50%。

B.不得采用绑扎搭接接头。

C.当采用焊接接头时,应采用闪光接触对焊,并沿纵向打磨去掉接头的毛刺及卷边;同一连接区段内纵向受拉钢筋焊接接头面积百分率不应大于25%;焊接接头连接区段的长度应取$45d$,d为纵向受力钢筋的较大直径。焊接接头的抗疲劳性能尚应满足设计要求。

⑤ 梁、柱类构件的纵向受力钢筋绑扎搭接长度范围内箍筋设置要求详见《混凝土结构施工图平面整体表示方法制图规则和构造详图(现浇混凝土框架、剪力墙、梁、板)》(16G101—1)第59页。

⑥ 当受力钢筋直径不小于 ×× mm时,钢筋连接应采用机械连接接头或焊接接头,机械连接接头的性能等级应为 ×× 级。

⑦ 机械连接和焊接的接头类型及质量应符合《钢筋机械连接技术规程》(JGJ 107—2016)和《钢筋焊接及验收规程》(JGJ 18—2012)的规定。

(3) 柱

① 框架柱的纵向钢筋和箍筋构造要求详见《混凝土结构施工图平面整体表示方法制图规则和构造详图(现浇混凝土框架、剪力墙、梁、板)》(16G101—1)第63—70页。

② 梁上起柱和墙上起柱的纵向钢筋构造要求详见《混凝土结构施工图平面整体表示方法制图规则和构造详图(现浇混凝土框架、剪力墙、梁、板)》(16G101—1)第65页。

③ 梁柱节点处,当柱混凝土强度等级高于楼层梁板时,梁柱节点处的混凝土按以下原则处理:以混凝土强度5.0 N/mm^{2}为一级,凡柱混凝土强度等级高于梁板混凝土强度等级不超过 ×× 级者,梁柱节点处的混凝土可随梁板混凝土一起浇筑;当不符合上述规定时,梁柱节点处的混凝土应按柱混凝土强度等级单独浇筑。在节点混凝土初凝前及时浇筑梁板混凝

土，并加强混凝土的振捣和养护。梁柱节点钢筋过密的部位，可采用同等级的自密实混凝土浇筑。

④ 柱的纵筋不应与箍筋、拉筋及预埋件等焊接。

（4）墙

① 剪力墙身水平钢筋、竖向钢筋、边缘构件、连梁、洞口补强等构造做法除图中注明者外，均见《混凝土结构施工图平面整体表示方法制图规则和构造详图（现浇混凝土框架、剪力墙、梁、板）》（16G101—1）第71—83页。

② 除图中注明者外，剪力墙墙身均为双层双向配筋，且竖向分布钢筋在内侧，水平分布钢筋在外侧。

③ 拉筋直径和间距详见具体标注，拉筋采用“矩形”或“梅花”布置，做法详见《混凝土结构施工图平面整体表示方法制图规则和构造详图（现浇混凝土框架、剪力墙、梁、板）》（16G101—1）第16页。

④ 剪力墙连梁高度范围内的墙肢水平分布钢筋应在连梁内拉通作为连梁的腰筋。除图中注明附加钢筋的情况外，可仅将剪力墙水平分布钢筋拉通作为连梁腰筋。

⑤ 剪力墙约束边缘构件、构造边缘构件构造做法详见《混凝土结构施工图平面整体表示方法制图规则和构造详图（现浇混凝土框架、剪力墙、梁、板）》（16G101—1）第75—77页。

（5）框架梁和非框架梁

① 框架梁和非框架梁的构造要求详见《混凝土结构施工图平面整体表示方法制图规则和构造详图（现浇混凝土框架、剪力墙、梁、板）》（16G101—1）第84—98页。除图中注明者外，本工程非框架梁端部按“铰接”或“充分利用钢筋的抗拉强度”进行锚固。

② 悬挑梁的配筋构造详见《混凝土结构施工图平面整体表示方法制图规则和构造详图（现浇混凝土框架、剪力墙、梁、板）》（16G101—1）第92页。

③ 井字梁的配筋构造要求详见《混凝土结构施工图平面整体表示方法制图规则和构造详图（现浇混凝土框架、剪力墙、梁、板）》（16G101—1）第98页，十字梁配筋构造同井字梁。

④ 当梁侧边与柱侧边齐平时，梁外侧纵向钢筋应在柱附近按1∶12自然弯折，且从柱纵筋内侧通过或锚固。

⑤ 主次梁相交处，主梁箍筋应贯通设置，在次梁两侧的主梁中应设置附加箍筋或吊筋，附加箍筋或吊筋的直径和数量详见梁配筋图，构造做法详见《混凝土结构施工图平面整体表示方法制图规则和构造详图（现浇混凝土框架、剪力墙、梁、板）》（16G101—1）第88页。

⑥ 主次梁相交处，当主次梁高度相同时，次梁的下部纵向受力钢筋均应高于主梁的下部纵向受力钢筋之上，构造做法详见图2-1。

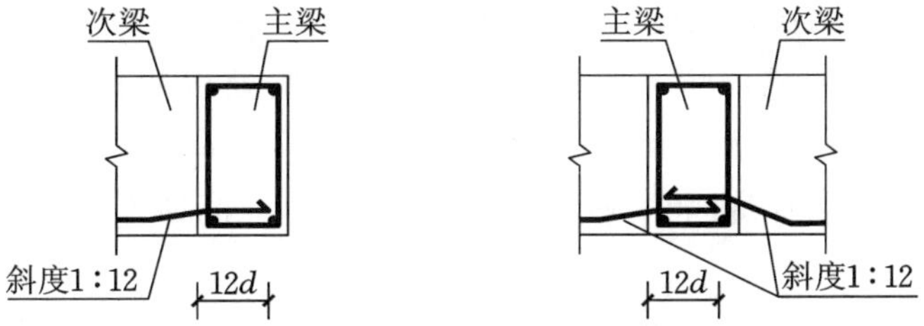

图2-1 主次梁等高时梁下纵筋做法

⑦ 当梁的腹板高度 h_w> 450 mm 时，梁侧面应设置纵向构造钢筋或受扭纵筋，构造做法详见《混凝土结构施工图平面整体表示方法制图规则和构造详图(现浇混凝土框架、剪力墙、梁、板)》(16G101—1)第 90 页。

⑧ 梁箍筋和预埋件不得与梁纵向受力钢筋焊接。

⑨ 梁上预留套管或孔洞平面位置均见梁平面图，构造做法详见图 2-2，图中未注明的设备孔洞及套管，施工单位不得擅自预留或预埋。

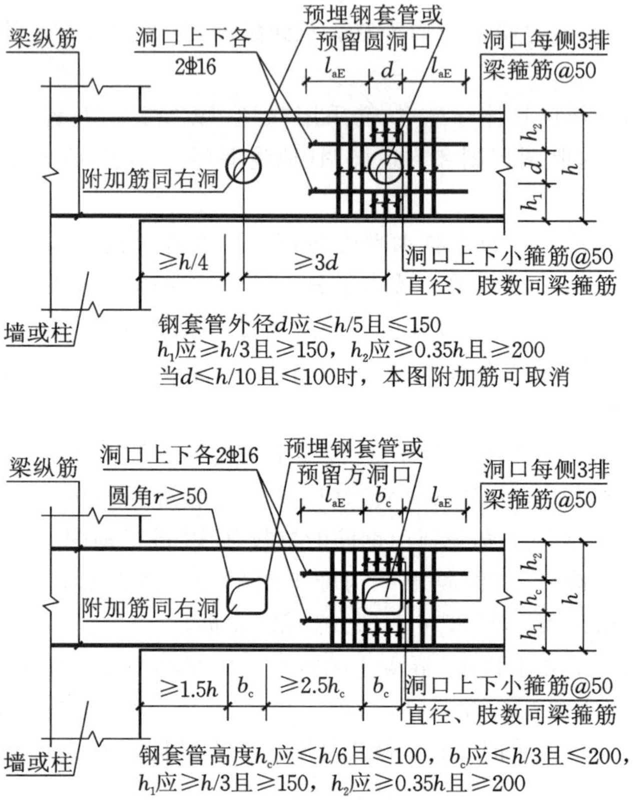

图 2-2　梁水平留洞尺寸限值与构造

(6) 现浇楼板及屋面板

① 板构造做法除图中注明者外，详见《混凝土结构施工图平面整体表示方法制图规则和构造详图(现浇混凝土框架、剪力墙、梁、板)》(16G101—1)第 99—115 页。本工程板端部按“铰接”或“充分利用钢筋的抗拉强度”进行锚固。

② 板底部板的长向钢筋应置于短向钢筋之上；支座处板的长向负筋应置于短向负筋之下。

③ 当板底与梁底齐平时，板的下筋在梁边附近按 1∶6 的坡度弯折后伸入梁内并置于梁下部纵筋之上。

④ 除图中注明者外，现浇板内分布筋可根据板厚按表 2-10 选用。

表 2-10 现浇板分布筋选用

板厚(mm)	≤80	90～120	130
分布筋直径、间距	ф6@200	ф6@150 或ф8@250	ф8@250
板厚(mm)	140～160	170～210	220～250
分布筋直径、间距	ф8@200	ф8@150 或ф10@250	ф10@200

注:当板受力钢筋配筋面积较大时,单位宽度上板分布筋的配筋面积尚不宜小于受力钢筋配筋面积的 15%。

⑤ 当屋面板上部受力钢筋未双向拉通,且图中未注明防裂钢筋时,应按表 2-11 设置,其与受力钢筋的搭接长度为“150”或“l_l”,构造做法详见《混凝土结构施工图平面整体表示方法制图规则和构造详图(现浇混凝土框架、剪力墙、梁、板)》(16G101—1)第 102 页。

表 2-11 防裂钢筋选用

板厚(mm)	≤140	150～180	190～250
分布筋直径、间距	ф6@200	ф6@150 或ф8@200	ф8@200

⑥ 除图中注明者外,板上孔洞加强做法详见《混凝土结构施工图平面整体表示方法制图规则和构造详图(现浇混凝土框架、剪力墙、梁、板)》(16G101—1)第 110—111 页。

⑦ 后浇设备管井处,板钢筋不应截断,待设备管道安装完成后,应采用不低于板强度等级的微膨胀混凝土浇筑完成。

⑧ 板内预埋管线时,管线应放置在板底与板顶钢筋之间,管外径不得大于板厚的 1/3。当管线并列设置时,管道之间水平净距不应小于 $3d$(d 为管径)。当有管线交叉时,交叉处管线的混凝土保护层厚度不应小于 25 mm。当预埋管线处板顶未设置钢筋时,应在管线顶部设置防裂钢筋网。

⑨ 外露的现浇钢筋混凝土女儿墙、挂板、栏板、檐口等构件,当其水平直线长度超过 12 m 时,应设置伸缩缝,伸缩缝间距不大于 12 m,缝宽 20 mm,伸缩缝处水平钢筋应断开。也可以设置诱导缝,即水平钢筋不断,只将钢筋的混凝土保护层断开。

混凝土结构构造要求中根据具体工程需要,还会增加后浇带和施工缝的相关说明,具体内容可参考《施工图结构设计总说明(混凝土结构)》(12SG121—1)。

除混凝土结构构造要求外,结构施工图设计总说明中通常还会根据具体工程加入一些非结构构件构造要求。混凝土结构工程中,最常见的非结构构件是后砌填充墙,具体的构造要求说明包括:填充墙的厚度及位置、后砌填充墙拉筋构造要求、后砌填充墙中构造柱的构造要求、后砌填充墙中芯柱的构造要求、后砌填充墙中水平系梁的构造要求、门窗过梁构造要求、门窗框构造要求等。如果工程中有幕墙,还应补充相关的幕墙构造说明。

2.11 混凝土结构施工要求

结构施工图设计总说明中的“混凝土结构施工要求”是工程设计人员对工程在施工过程中的总体要求,其具体内容包括:

(1) 承担本工程建筑结构施工的单位应具备相应的资质。

(2) 结构施工应严格按照与本工程有关的国家现行施工验收规范、规程的规定进行施工和验收，主要依据如下规范和规程：

《建筑工程施工质量验收统一标准》(GB 50300—2013)。

《建筑地基基础工程施工质量验收标准》(GB 50202—2018)。

《混凝土结构工程施工质量验收规范》(GB 50204—2015)。

《钢结构工程施工质量验收规范》(GB 50205—2001)。

《砌体结构工程施工质量验收规范》(GB 50203—2011)。

《混凝土结构工程施工规范》(GB 50666—2011)。

施工过程中，还应做好隐蔽工程的检查和验收记录。

(3) 施工前，施工单位应根据工程特点和施工条件，按有关规定编制施工组织设计和施工方案。

(4) 在地下室四周土回填后而地下室顶板尚未按设计要求负载前，施工单位应采取切实有效的措施，确保施工期间地下室的抗浮安全。

(5) 相邻子项目基础底面标高不同时，底面标高较低的子项目应先施工，否则应采取能保证地基稳定的安全措施。

(6) 结构图中预留孔、洞、槽、管、预埋件及防雷做法等应与各专业图纸仔细核对尺寸及位置，无误、无漏后方能施工，不得后凿或后做。若结构图纸与相关专业图纸不符，应及时通知设计人员处理。尤其要注意电气专业防雷引下线及预埋件，并确保形成通路。

(7) 与电梯有关的预留孔洞、预埋件、电梯门洞处牛腿等的布置，坑底标高，缓冲墩的设置，井道尺寸等，施工单位应仔细核对建筑、结构及电梯厂家的施工图，确认无误后方可施工。施工时应加强井道四周墙体垂直度的校核，应使偏差控制在允许范围之内。电梯机房顶部预留电梯吊钩做法除图中注明者外，可按图 2-3 及表 2-12 选用。

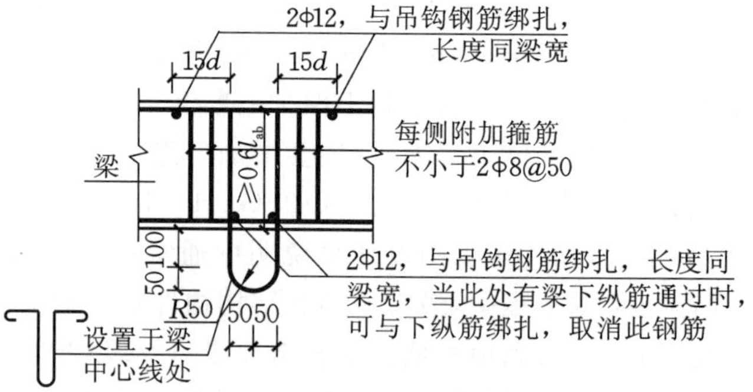

图 2-3　吊钩详图

表 2-12　吊钩选用

吊重(t)	吊钩规格
≤3	1ϕ22
4	1ϕ25

(8) 柱内严禁预留孔洞和接线盒。

(9) 悬挑构件(阳台、雨篷、挑檐、挑板、挑梁等)其根部钢筋位置及锚固要求应严格按图施工,并需专人检验。施工时应加设临时支撑,临时支撑需等构件达到100%设计强度后方可拆除。

(10) 当梁、板跨度不小于4 m时,梁跨中起拱值除图中注明者外,其他均按《混凝土结构工程施工质量验收规范》(GB 50204—2015)的要求起拱。

(11) 托墙转换梁需等转换层梁板及上层剪力墙混凝土强度达到100%后方可拆除梁底模板及支撑。

(12) 现浇板施工时,应采取措施保证钢筋位置准确,严禁踩踏负筋。

(13) 后浇带浇筑完毕后应采取措施加以保护,防止钢筋锈蚀。严禁混凝土结构部分长时间处于露天环境中。

(14) 施工中当钢筋需要代换时,除应符合设计要求的构件承载力、最大力下的总伸长率、裂缝宽度验算以及抗震规定外,尚应满足最小配筋率、钢筋间距、保护层厚度、钢筋锚固长度、接头面积百分率及搭接长度等构造要求。

(15) 施工期间在施工场地不得超负荷堆放建材和施工垃圾,特别注意梁、板上集中荷载对结构受力和变形的不利影响。

(16) 当钢筋或钢构件采用焊接时,在工程开工正式焊接之前,参与该项施焊的焊工应进行现场条件下的焊接工艺试验,并经试验合格后方可正式施焊。试验结果应符合质量检验与验收的要求。凡施焊的各种钢筋、钢板均应有质量证明书,焊条、焊剂应有产品合格证。焊工需持有合格证方能上岗。

3 柱构件平法识图

【学习目标】

1. 掌握柱构件的平法表达方式；
2. 掌握柱构件平法施工图的列表注写方式；
3. 掌握柱构件平法施工图的截面注写方式；
4. 理解柱构件的钢筋构造要求；
5. 掌握柱平法施工图识读方法；
6. 掌握柱构件钢筋算量的计算方法。

在房屋建筑结构中，截面尺寸较小，而高度相对较高的构件称为柱。柱是房屋建筑中极为重要的构件，柱主要承受竖向荷载，是主要的竖向受力构件，在其较小的截面上，要承受较大的荷载，容易出现失稳破坏，导致整个结构的倒塌。但柱有时也要承受横向荷载或较大的偏心压力，因此，导致柱出现弯曲和受剪的受力状态。而且柱构件广泛应用于房屋建筑中，如框架柱、楼盖或屋盖的支柱等。钢筋混凝土柱是建筑工程中常见的受压构件。

绘制柱构件施工图，传统的方法是将柱构件从结构平面布置图中索引出来，再逐个绘制配筋详图，使得绘图烦琐且工作量庞大。平法对传统的方法做了重大改革。目前，平法作为结构施工图的新型设计表示方法，已广为采用。

平法的表达形式，概括来讲，是把结构构件的尺寸和配筋等，按照平面整体表示法制图规则，整体直接表达在各类构件的结构平面布置图上，再与标准构造详图相结合，即构成一套新型完整的结构施工图。相应的标准图集是《混凝土结构施工图平面整体表示方法制图规则和构造详图(现浇混凝土框架、剪力墙、梁、板)》(16G101—1)，它是设计者完成柱构件平法施工图的依据。

在平面布置图上表示各构件尺寸和配筋的方式有三种：平面注写方式、列表注写方式和截面注写方式。无论按哪种方式绘制结构施工图时，都应将所有构件进行编号，编号中含有类型代号和序号。类型代号在标准图集中有明确的定义，必须按标准图集中的定义对构件编号，其作用是指明所选用的标准构造详图(因为在标准构造详图上已经按图集所定义的构件类型注明代号)。另外，还应在柱构件的平法施工图中注明各结构层的楼面标高、结构层高及相应的结构层号，且结构层楼面标高和结构层高在单项工程中必须统一。

为了确保施工人员准确无误地按平法施工图进行施工，在实际工程结构设计总说明中必须写明以下与平法施工图密切相关的内容：①注明所选用平法标准图的图集号，以免图集改版后在施工中用错版本；②写明混凝土结构的使用年限；③注明抗震设防烈度及结构抗震等级，以明确选用相应抗震等级的标准构造详图；④写明各类构件(梁、柱)在其所在部位所选用的混凝土强度等级和钢筋级别，以确定相应纵向受拉钢筋的最小锚固长度及最小搭接长度等；⑤写明柱（包括墙柱）纵筋、墙身分布筋等在具体工程中需接长时所采用的接头形式及有关要求；⑥当具体工程中有特殊要求时，应在施工图中另加说明。

柱平法施工图系在柱平面布置图上采用列表注写或者截面注写两种方式表达。

3.1 柱列表注写方式

3.1.1 列表注写方式概况

列表注写方式是在柱平面布置图上分别在同一编号的柱中选择一个截面标注几何参数代号；在柱表中注写柱号、柱段起止标高、几何尺寸与配筋的具体数值，并配以各种柱截面形状及其箍筋类型图的方式表达柱平法施工图。即通过把各种柱的编号、截面尺寸、偏中情况、角部纵筋等内容注写在一个“柱表”的内容，如图 3-1 所示。

扫一扫

柱列表注写

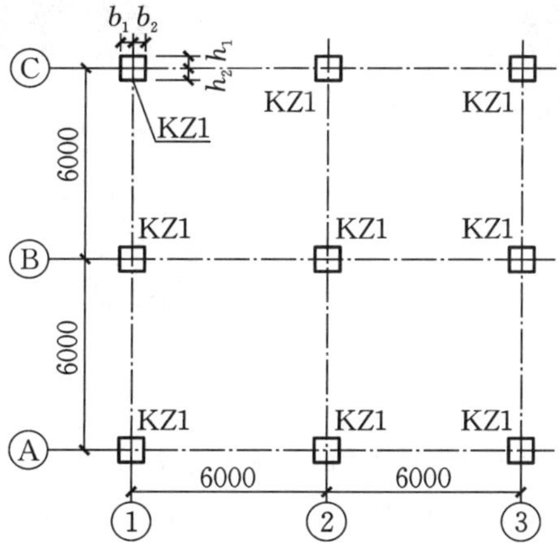

柱号	标高	$b\times h$	b_1	b_2	h_1	h_2	全部纵筋	角筋	b 边一侧中部筋	h 边一侧中部筋	箍筋类型号	箍筋
KZ1	−4.53～15.87	750×700	375	375	350	350		4Φ25	5Φ25	5Φ25	1(5×1)	ϕ10@100/200

图 3-1 柱列表注写方式

3.1.2 柱列表注写内容

3.1.2.1 注写柱编号

柱编号由类型、代号和序号组成，见表 3-1。

表 3-1 柱编号

柱类型	代号	序号	柱类型	代号	序号
框架柱	KZ	××	梁上柱	LZ	××
转换柱	ZHZ	××	剪力墙上柱	QZ	××
芯柱	XZ	××			

(1) 框架柱:在框架结构中主要承受竖向压力;将来自框架梁的荷载向下传输,是框架结构中承力最大构件(图 3-2)。

(2) 转换柱(框支柱):框支剪力墙结构中的部分剪力墙因建筑设计要求不能落地,直接落在下层梁上,再由梁将荷载传至柱上,这样的梁就叫作框支梁,这样的柱叫作转换柱,上面的钢筋混凝土墙就叫作框支剪力墙。结构中一般只有部分剪力墙会是框支剪力墙,而大部分剪力墙一般都会与地基连接。例如,在一些地下停车场,剪力墙结构无法满足空间使用要求时,就可以采用框支剪力墙结构。也可以简单地认为:出现在框架结构向剪力墙结构转换层,柱的上层变为剪力墙时该柱定义为转换柱(图 3-3)。

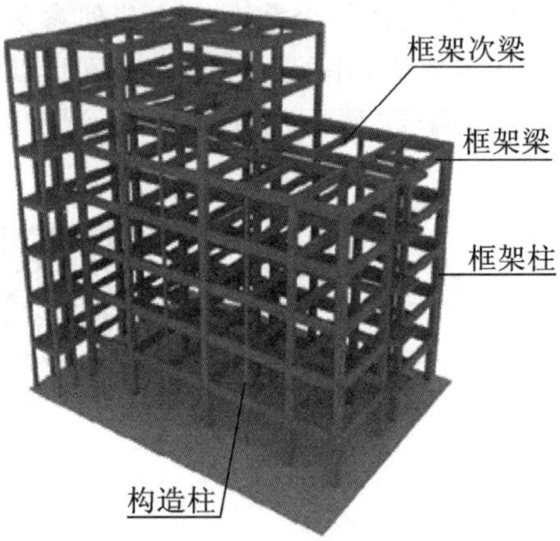

图 3-2　框架柱

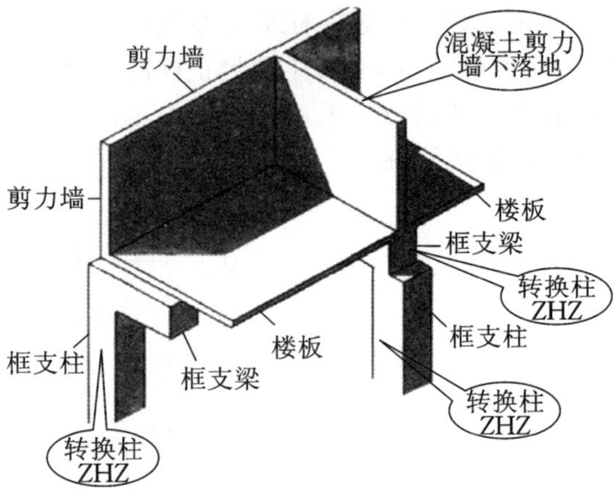

图 3-3　转换柱

(3) 芯柱:它不是一根独立的柱子,在建筑外表是看不到的,隐藏在柱内(图 3-4)。当柱截面较大时,由设计人员计算柱的承力情况,当外侧一圈钢筋不能满足受力要求时,在柱中再设置一圈纵筋。由柱内内侧钢筋围成的柱称为芯柱。

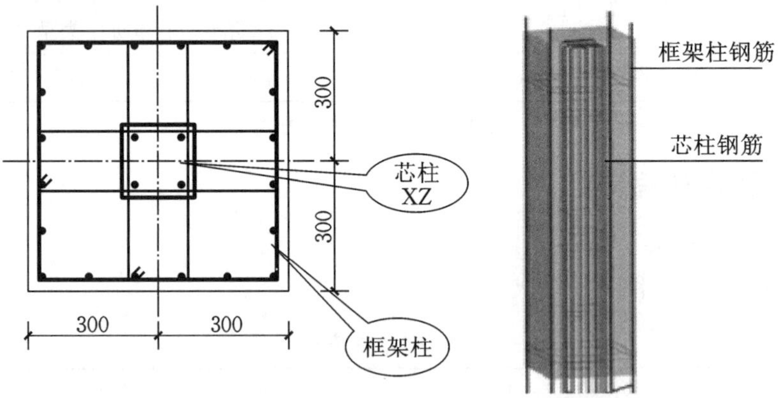

图 3-4　芯柱

(4) 梁上柱:柱的生根不在基础上而在梁上的柱称为梁上柱(图 3-5)。它主要出现在建筑布局发生变化时。

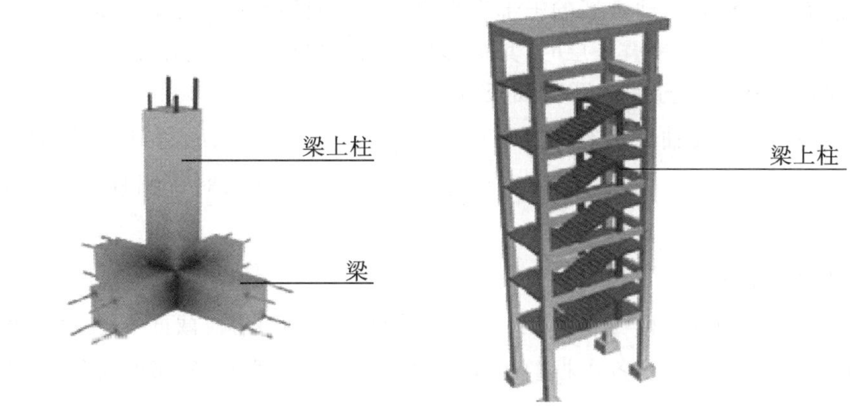

图 3-5 梁上柱

(5) 墙上柱:柱的生根不在基础上而在墙上的柱称为墙上柱(图 3-6)。同样,它主要出现在建筑布局发生变化时。

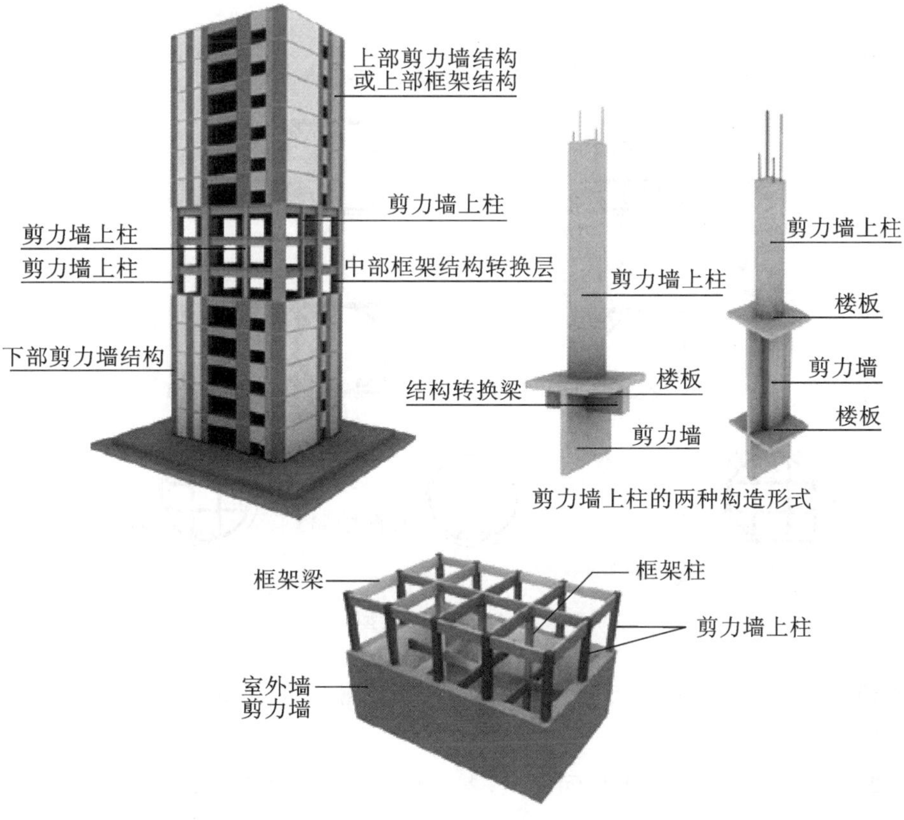

图 3-6 墙上柱

3.1.2.2 注写各段柱的起止标高

自柱根部往上以变截面位置或截面未变但配筋改变处为界分段注写。框架柱和框支柱的根部标高是指基础顶面标高;芯柱的根部标高是指根据结构实际需要而定的起始位置标高;梁上柱的根部标高是指梁顶面标高。剪力墙的根部标高分两种：当柱纵筋锚固在墙顶部时，其根部标高为墙顶面标高；当柱与剪力墙重叠一层时，其根部标高为墙顶面往下一层的结构层楼面标高。

3.1.2.3　对应于各段柱分别注写截面尺寸

注写截面尺寸 $b \times h$ 及轴线关系的几何参数代号 b_1、b_2 和 h_1、h_2 的具体数值。对于矩形柱用 $b \times h$ 及 b_1、b_2 和 h_1、h_2 表示，其中 $b = b_1 + b_2$，$h = h_1 + h_2$；对于圆柱用直径 d 表示，且 $d = b_1 + b_2 = h_1 + h_2$。

3.1.2.4　注写柱纵筋

注写内容包括钢筋级别、直径和间距，需填写的钢筋有分角筋、截面 b 边中部筋和 h 边中部筋三项。当柱纵筋直径相同，各边根数也相同时，将纵筋注写在“全部纵筋”一栏中。

3.1.2.5　注写箍筋

注写内容包括箍筋类型号及箍筋肢数和钢筋级别、直径与间距。对有抗震要求的，确定箍筋肢数时要满足对柱纵筋“隔一拉一”以及箍筋间距的要求。箍筋类型图以及箍筋复合的具体方式，需要画在柱表的上部或图中的适当位置，并在其上标注与柱表中相对应的截面尺寸并编上类型号。

箍筋的类型号如图 3-7 所示，可根据具体情况选择填入表格内。

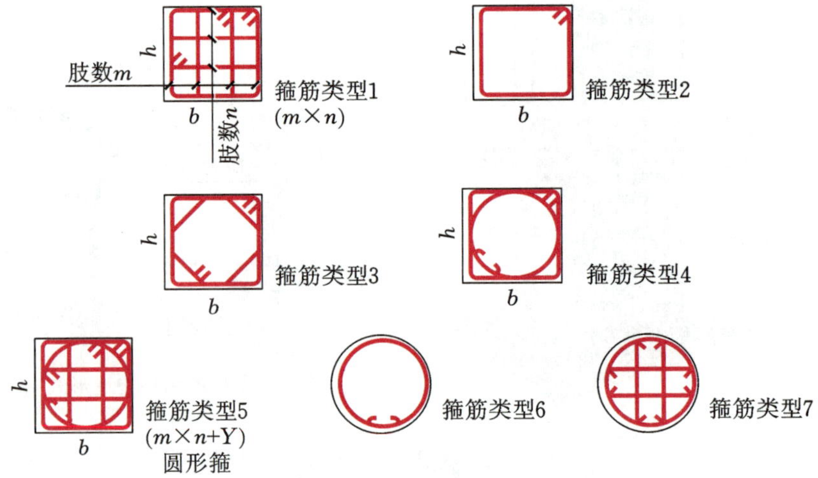

图 3-7　箍筋类型

【例 3-1】 ϕ10@100/200，表示箍筋为 HPB300 级钢筋，直径为 10 mm，加密区间距为 100 mm，非加密区间距为 200 mm。

【例 3-2】 ϕ10@100/250(ϕ12@100)，表示柱中箍筋为 HPB300 级钢筋，直径为 10 mm，加密区间距为 100 mm，非加密区间距为 250 mm。框架节点核心区箍筋为 HPB300 级钢筋，直径为 12 mm，间距为 100 mm。

【例 3-3】 Lϕ10@100/200，表示采用螺旋箍筋，HPB300 级钢筋，直径为 10 mm，加密区箍筋间距为 100 mm，非加密区箍筋间距为 200 mm。

3.1.2.6 列表注写方式的优缺点

优点：一般只需要画 1 个平面图，平面图上只画柱子轮廓。

缺点：钢筋用列表表达，钢筋不画出来，感性认知差。

适用范围：各种的结构。

3.1.3 柱常见矩形箍筋复合方式

柱常见矩形箍筋复合方式见图 3-8。

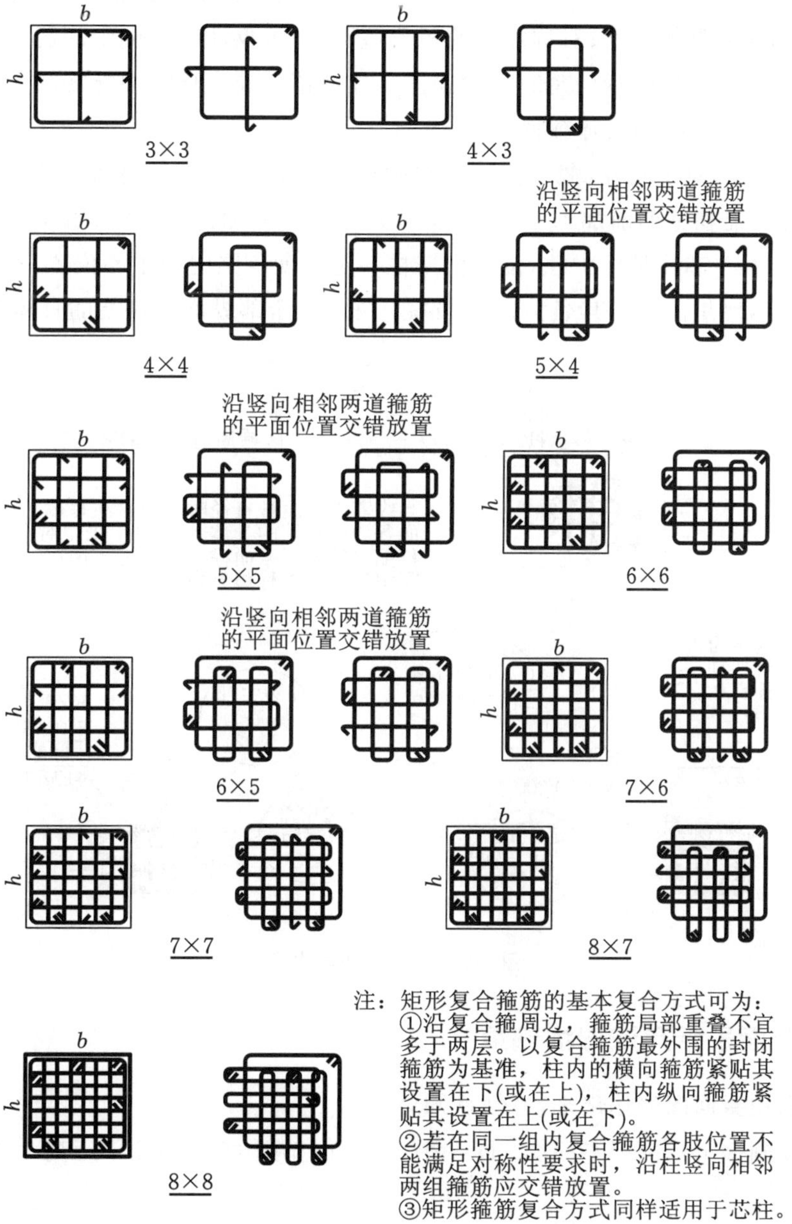

注：矩形复合箍筋的基本复合方式可为：
①沿复合箍周边，箍筋局部重叠不宜多于两层。以复合箍筋最外围的封闭箍筋为基准，柱内的横向箍筋紧贴其设置在下(或在上)，柱内纵向箍筋紧贴其设置在上(或在下)。
②若在同一组内复合箍筋各肢位置不能满足对称性要求时，沿柱竖向相邻两组箍筋应交错放置。
③矩形箍筋复合方式同样适用于芯柱。

图 3-8 柱常见矩形箍筋复合方式

3.2 柱截面注写方式

3.2.1 柱截面注写方式概况

(1) 柱平法施工图截面注写方式是在各标准层绘制的柱平面布置图的柱截面上分别在同一编号的柱中选择一个截面，按另一种比例原位放大绘制柱截面配筋图，并在各配筋图上继其编号后注写截面尺寸 $b\times h$、角筋、b 边中部筋、h 边中部筋(当纵筋采用两种直径时，必须再注写截面各边中部筋的具体数值；对称配筋的矩形截面柱，可仅注写一侧中部筋)或全部纵筋(当纵筋采用一种直径且能够图示清楚时)、箍筋的具体数值以及在柱截面配筋图上标注柱截面与轴线关系的 b_1、b_2、h_1、h_2 的具体数值(图 3-9)。

扫一扫

柱截面注写

(2) 对于圆柱，截面标注是在圆柱直径数字前加 D 表示；当圆柱采用螺旋箍筋时，需在箍筋前加 L 表示，并标注加密区和非加密区间距[图 3-10(a)]。

(3) 芯柱是柱中柱，位于框架柱一定高度范围内的中心位置，不需要标注截面尺寸，但是需标注其名称、芯柱的起止标高、全部纵筋及箍筋的具体数字。

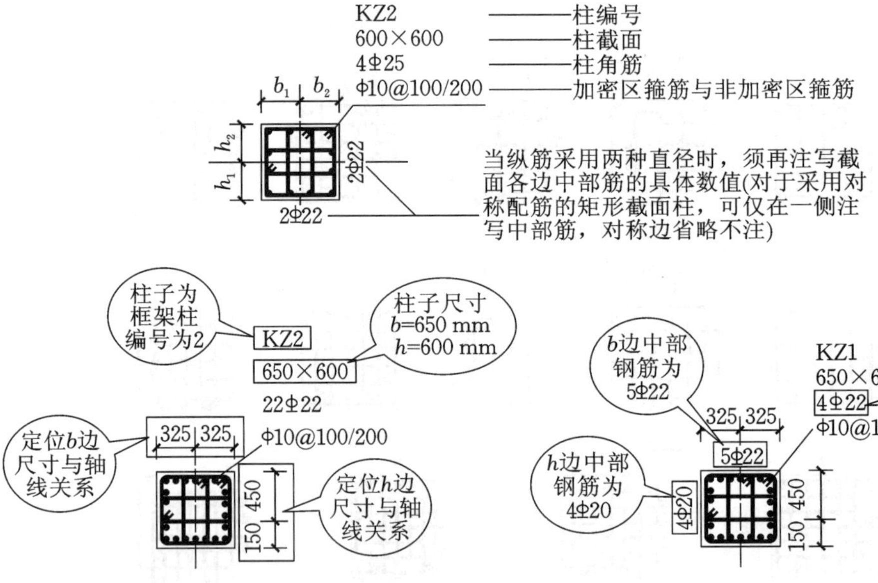

图 3-9　柱截面注写内容

3.2.2 截面表示方法的优缺点

优点：钢筋用截面图表达出来，感性认知好。

缺点：需要画多个标准层平面图。同一个平面图上两个类型的柱子距离太近时，容易发生截面碰撞。

适用范围：柱子类型少的结构。

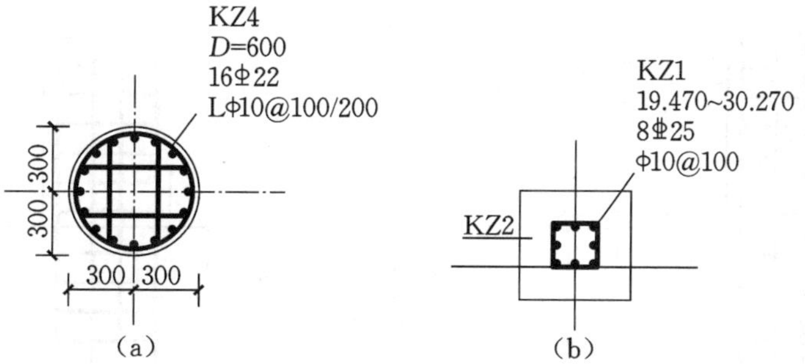

图 3-10　圆柱、芯柱截面标注

(a)圆柱；(b)芯柱

3.3　柱构件内钢筋构造

3.3.1　柱纵向钢筋在基础中的构造

扫一扫

柱纵向钢筋构造要求(1)

3.3.1.1　柱纵向钢筋在基础中的构造要求

基础插筋主要是解决柱子的纵向钢筋搭接问题。因为一般基础和柱子是分开施工的，这时候柱子的钢筋如果直接留到基础里，由于钢筋很长而不方便施工，所以就从基础伸出来一段钢筋用于柱子纵向钢筋搭接，其大小和根数应该和柱相同，至于基础内的箍筋，一般是 2～3 道，用于固定插筋用，出了基础顶面就按柱子的箍筋要求配置。柱纵向钢筋的构造，按照具体构造要求结合图纸施工，伸入上层的钢筋长度满足钢筋连接要求就可以了。如图 3-11 所示，影响柱纵向钢筋在基础里的构造要求主要有两个因素：基础高度是否满足直锚以及保护层厚度与 $5d$ 之间的关系。

3.3.1.2　柱纵向钢筋在基础中的计算

按照 16G101—3 的构造要求，图 3-12 所示基础插筋的长度计算为：

基础插筋长度＝基础厚度－保护层＋基础弯折 a＋纵筋非连接区长度(图中为伸出基础外露长度)＋与上层纵筋搭接 l_{lE}(如果为焊接，则搭接长度为零)。

其中，弯折部分根据基础高度满足直锚取 max($6d$，150)；基础高度不满足直锚取 $15d$。

3.3.2　KZ 纵向钢筋连接构造

3.3.2.1　一般连接构造要求

(1) 当基础上直接是第一层，无地下室时，基础顶面为嵌固部位，下部第一层非连接区长度取 1/3 净高，上部其余层非连接区长度取 1/6 净高、矩形柱截面长边、500 mm 三者取大值(图 3-13)。

(2) 当基础顶面直接就是地下室时，这时候首层楼面为嵌固部位，嵌固部位非连接区长度取 1/3 净高，其余上、下非连接区长度均取 1/6 净高、矩形柱截面长边、500 mm 三者取大值(图 3-14)。

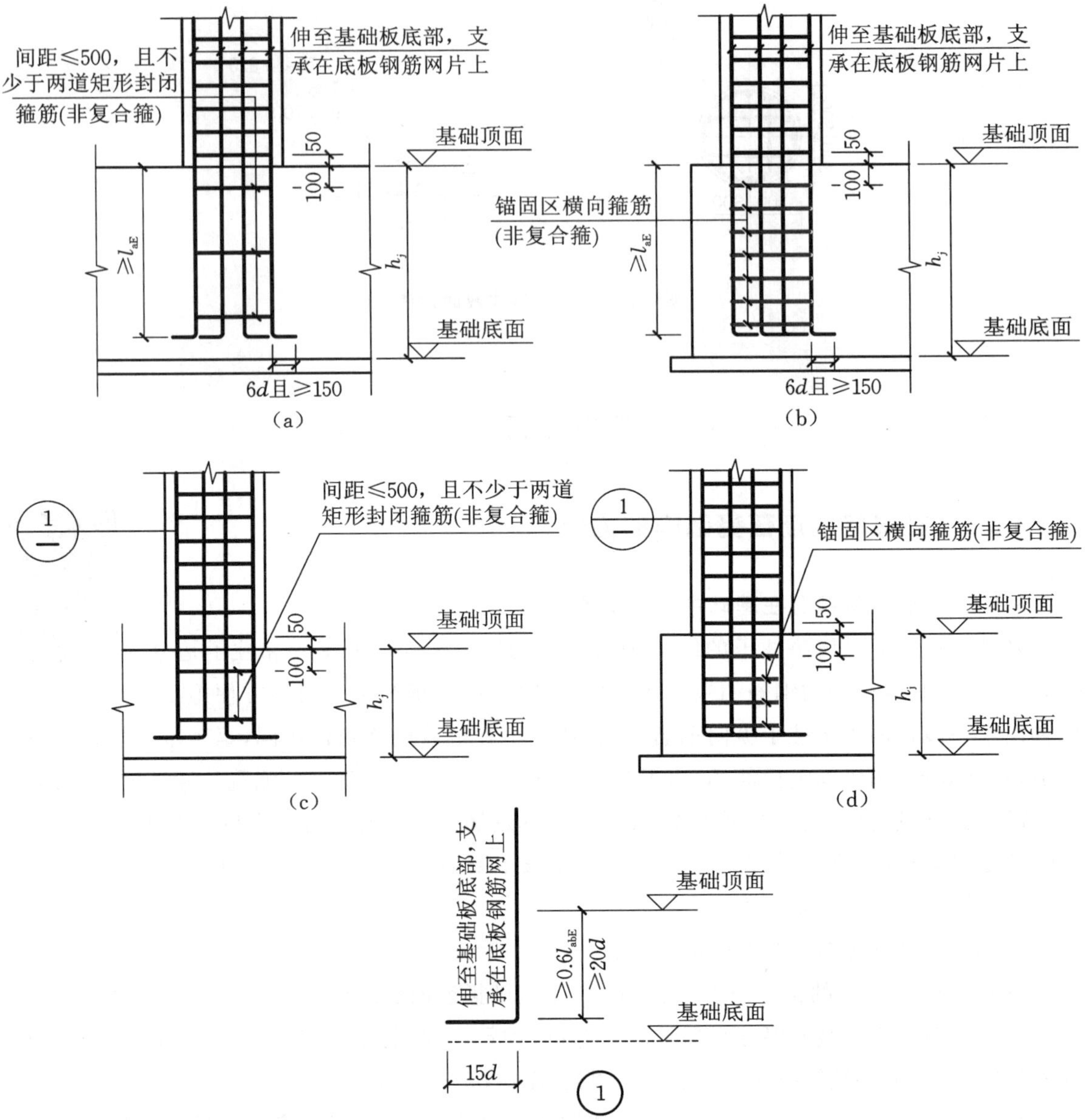

图 3-11 柱插筋的构造

(a)保护层厚度>5d，基础高度满足直锚；(b)保护层厚度≤5d，基础高度满足直锚

(c)保护层厚度>5d，基础高度不满足直锚；(d)保护层厚度≤5d，基础高度不满足直锚

(3) 柱相邻纵向钢筋连接接头相互错开，同一连接区段内钢筋接头面积百分率不宜大于50%。其中同一连接区段长度，绑扎搭接为1.3l_l或者l_{lE}；机械连接为35d；焊接连接为35d、500 mm两者取大值。

(4) 当采用绑扎搭接时，若某层连接区的高度小于纵筋分两批搭接所需要的高度时，应该改用机械连接或者焊接。

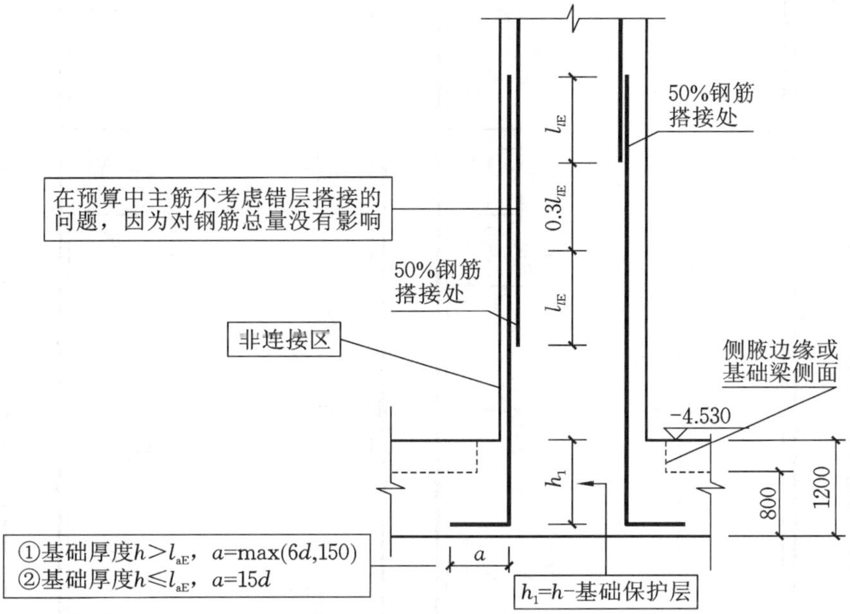

图 3-12 基础插筋的长度计算

3.3.2.2 一般连接构造钢筋计算

底层柱纵筋长度＝底层柱高－本层非连接区长度＋伸到上一层的非连接区长度＋与上一层纵筋搭接长度 l_{lE}(如采用焊接,搭接长度为 0)。

中间层纵筋长度＝本层层高－本层非连接区长度＋上一层非连接区长度＋搭接长度 l_{lE}(如采用焊接,搭接长度为 0)。

3.3.3 钢筋数量变化构造

(1) 当柱中钢筋数量发生变化时,数量多的钢筋应伸入数量少的一层进行连接,其长度为 $1.2l_{aE}$(图 3-15)。

(2) 柱相邻纵向钢筋连接接头相互错开,同一连接区段内钢筋接头面积百分率不宜大于 50%。其中同一连接区段长度,绑扎搭接为 $1.3l_l$ 或者 l_{lE};机械连接为 $35d$;焊接连接为 $35d$、500 mm 两者取大值。

(3) 当采用绑扎搭接时,若某层连接区的高度小于纵筋分两批搭接所需要的高度时,应该改用机械连接或者焊接。

扫一扫

柱纵向钢筋构造要求(2)

3.3.4 钢筋直径变化构造

(1) 当钢筋直径发生变化时,直径大的钢筋伸入直径小的钢筋的一层进行连接(图 3-16)。

(2) 柱相邻纵向钢筋连接接头相互错开,同一连接区段内钢筋接头面积百分率不宜大于 50%。其中同一连接区段长度,绑扎搭接为 $1.3l_l$ 或者 l_{lE};机械连接为 $35d$;焊接连接为 $35d$、500 mm 两者取大值。

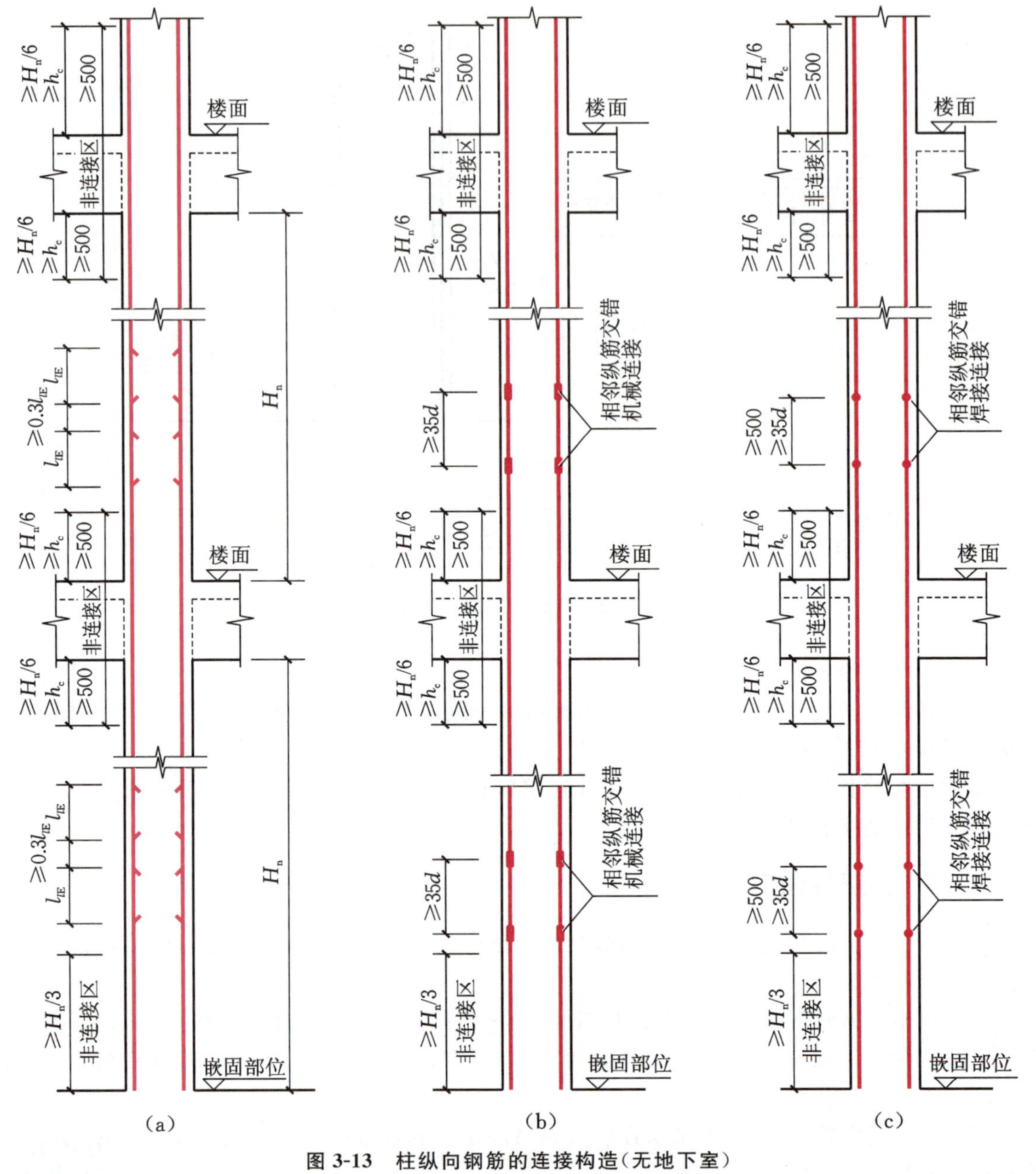

图 3-13　柱纵向钢筋的连接构造(无地下室)

(a)绑扎搭接;(b)机械连接;(c)焊接连接

(3) 当采用绑扎搭接时,若某层连接区的高度小于纵筋分两批搭接所需要的高度时,应该改用机械连接或者焊接。

3.3.5　KZ 变截面位置纵向钢筋构造

3.3.5.1　变截面位置纵向钢筋构造要求

(1) 变截面纵向钢筋的构造根据变截面情况而确定,当 $\Delta/h_b \leqslant 1/6$ 时,截面变化比较小,

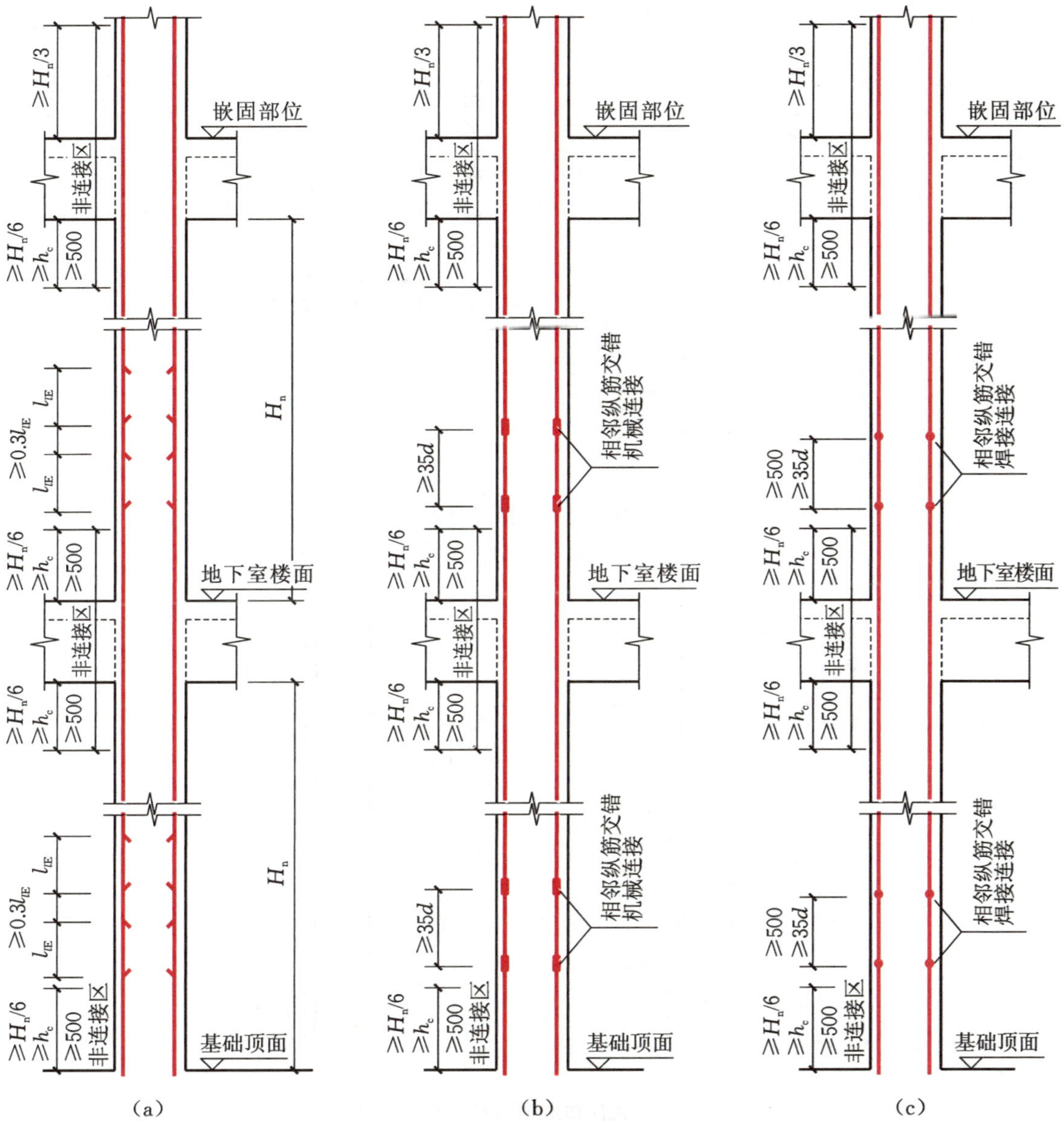

图 3-14 柱纵向钢筋的连接构造(有地下室)

(a)绑扎搭接;(b)机械连接;(c)焊接连接

纵向钢筋斜弯通过即可[图 3-17(b)]。

(2) 当 $\Delta/h_b>1/6$ 时,截面变化比较大,不能斜弯通过,底层的钢筋伸入长度为[$0.5l_{abE}$,h_b-c],弯折长度为 $12d$。上层钢筋伸入长度为 $1.2l_{aE}$[图 3-17(a)]。

(3) 而对于边柱而言,底层的钢筋伸入长度为最大值 h_b-c,弯折长度为 $\Delta-c+l_{aE}$。上层钢筋伸入长度为 $1.2l_{aE}$[图 3-17(c)、(d)、(e)]。

3.3.5.2 变截面位置纵向钢筋长度计算

(1) $\Delta/h_b\leqslant1/6$ 情况

纵筋长度计算同非变截面柱纵筋长度的计算。可忽略变截面导致的纵向钢筋长度变化。

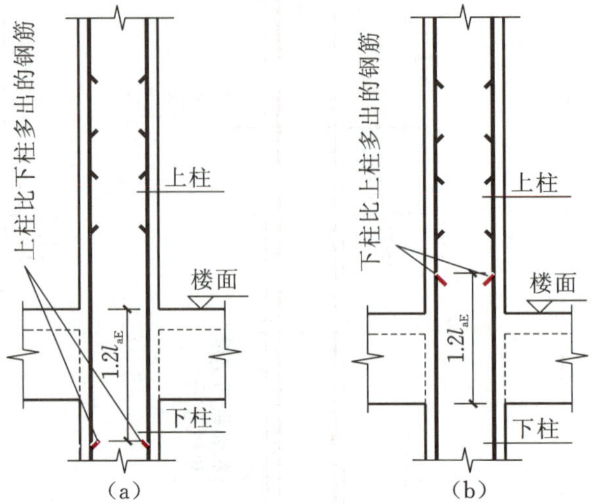

图 3-15 柱纵向钢筋数量变化的构造

(a)上柱钢筋比下柱钢筋多;(b)下柱钢筋比上柱钢筋多

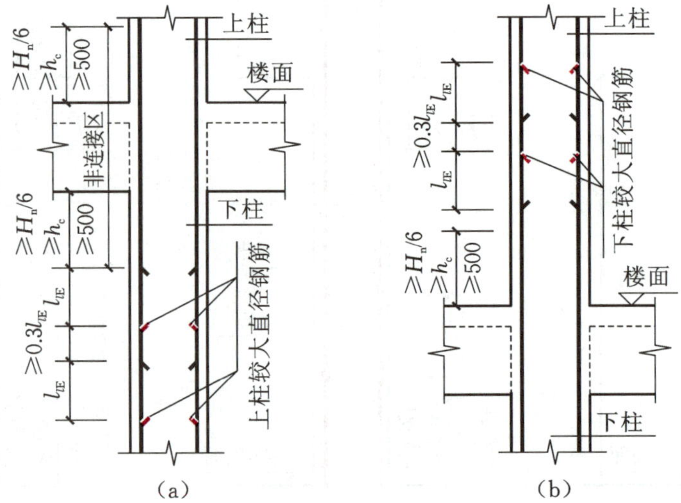

图 3-16 柱纵向钢筋直径变化的构造

(a)上柱钢筋比下柱钢筋大;(b)下柱钢筋比上柱钢筋大

(2) $\Delta/h_b>1/6$ 情况

柱下层纵向钢筋长度=层高－下层钢筋露出长度－保护层厚度＋12d

柱上层纵向钢筋长度=1.2l_{aE}＋本层露出长度＋上层钢筋搭接长度

(3) 对于边柱

柱下层纵向钢筋长度=层高－下层钢筋露出长度－保护层厚度＋Δ－保护层厚度＋l_{aE}

柱上层纵向钢筋长度=1.2l_{aE}＋本层露出长度＋上层钢筋搭接长度

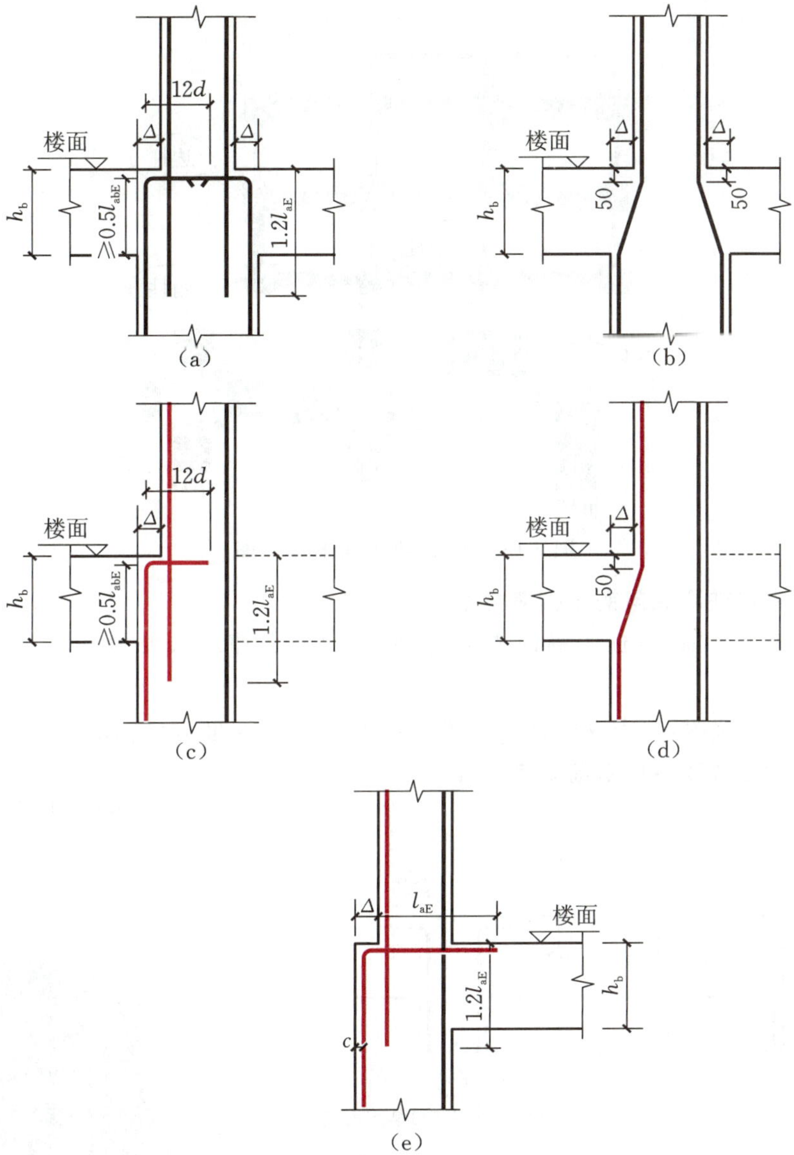

图 3-17 柱变截面位置钢筋构造

(a)$\Delta/h_b>1/6$(两侧);(b)$\Delta/h_b\leqslant 1/6$(两侧);(c)$\Delta/h_b>1/6$(内侧);(d)$\Delta/h_b\leqslant 1/6$(内侧);(e)柱截面外侧尺寸发生变化

3.3.6 KZ中柱柱顶纵向钢筋构造

扫一扫

柱纵向钢筋构造要求(3)

3.3.6.1 中柱、边柱、角柱(图 3-18)

(1) 中柱:多跨框架结构平面图中,中间的柱都叫作中柱,也可以简单地认为中柱就是位于中间位置的柱。

(2) 边柱:单跨框架中除了角柱都是边柱,也可以简单地认为边柱就是处于边缘位置的柱。

(3) 角柱:位于房屋前檐、后檐的柱就是边柱及角柱,也可以简单地认为角柱就是位于角落里的柱。

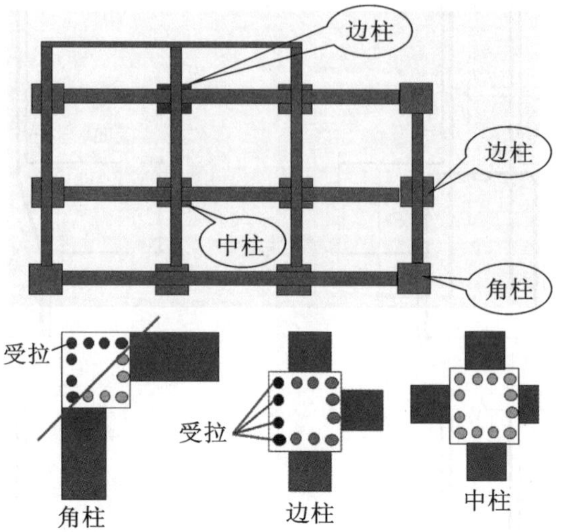

图 3-18　中柱、边柱、角柱示意图

3.3.6.2　中柱柱顶纵向钢筋构造要求

（1）当不满足直锚时，柱中纵向钢筋直接伸入柱顶，伸入长度为[$0.5l_{abE}$，h_b-c]，并弯折 12d。

（2）当满足直锚时，柱中纵向钢筋直接伸入柱顶，伸入长度为[l_{aE}，h_b-c]。

3.3.6.3　中柱柱顶纵向钢筋长度计算

如图 3-19、图 3-20 所示，根据 16G101—1 的构造要求，中柱柱顶纵向钢筋长度计算为：

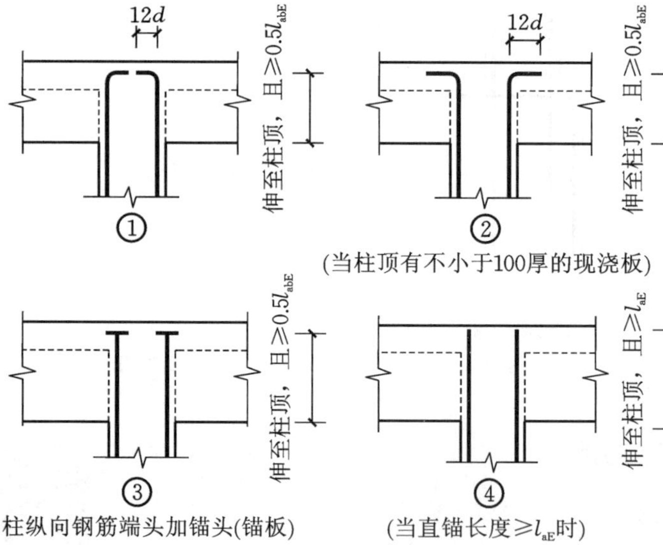

图 3-19　中柱柱顶纵向钢筋构造要求

图 3-20　中柱柱顶纵向钢筋构造示意图

中柱柱顶纵向钢筋长度＝顶层层高－下层纵筋露出长度－梁高＋锚固长度

当柱纵向钢筋伸入梁内的直段长≥l_{aE}时，采用直锚。

锚固长度＝梁高－保护层(柱纵筋伸至柱顶后截断)。

当柱纵向钢筋伸入梁内的直段长<l_{aE}时，采用弯锚。

锚固长度=梁高−保护层+12d(柱纵向钢筋伸至柱顶后弯折12d)

3.3.7 KZ边柱和角柱柱顶纵向钢筋构造

3.3.7.1 边柱和角柱柱顶纵向钢筋构造要求

(1) 在边柱、角柱的外侧须增加角部附加钢筋，规格为300 mm×300 mm，在柱宽范围的柱箍筋内侧设置，间距小于或等于150 mm，数量不少于3根，直径不小于10 mm。

(2) 角柱、边柱的内侧纵筋构造要求与中柱纵筋构造要求相同。

(3) 角柱、边柱外侧纵筋构造要求有5种做法，如图3-21所示。5种节点做法应相互配合使用。

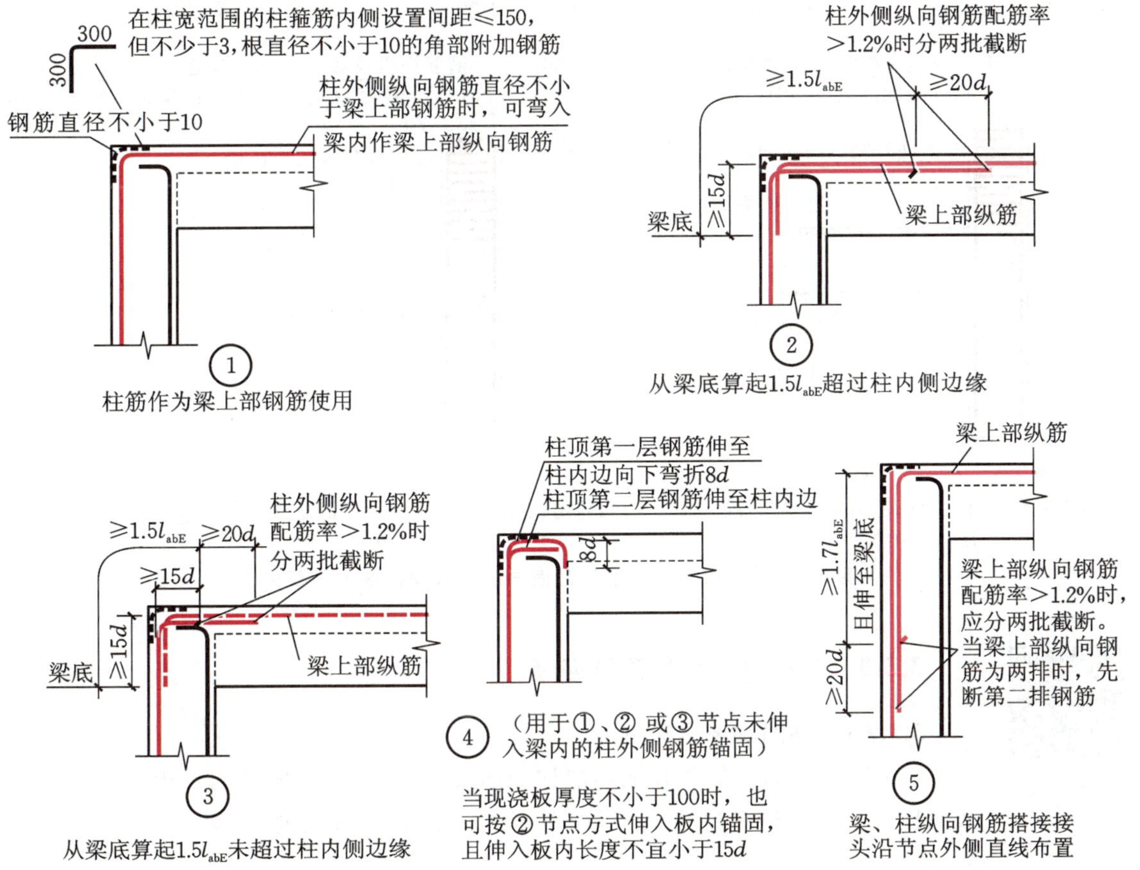

图3-21 边柱、角柱柱顶纵向钢筋构造要求

3.3.7.2 边柱和角柱柱顶纵向钢筋长度计算

角柱、边柱的内侧纵筋长度与中柱纵筋长度相同，二者的外侧纵筋长度相同。

角柱和边柱外侧纵向钢筋长度=顶层层高−下层纵向钢筋露出长度−梁高+锚固长度

以角柱为例，KZ(框架柱)边柱和角柱柱顶纵向钢筋构造有5种节点(图3-21)，以常见的②、③节点为例：

如果从梁底算起，$1.5l_{abE}$超过柱内侧边缘，取②节点；未超过柱内侧边缘，取③节点。

②节点：

$$50\%纵向钢筋锚固长度=1.5l_{abE}$$

$$50\%纵向钢筋锚固长度=1.5l_{abE}+20d$$

③节点：

$$50\%纵向钢筋锚固长度=\max(梁高-保护层+15d,1.5l_{abE})$$

$$50\%纵向钢筋锚固长度=\max(梁高-保护层+15d,1.5l_{abE})+20d$$

角柱和边柱内侧纵向钢筋长度=中柱纵向钢筋长度

3.3.8　KZ边柱和角柱柱顶等截面伸出时纵向钢筋构造

(1) 边柱和角柱柱顶等截面伸出时，纵向钢筋满足直锚时[图3-22(a)]，伸入柱顶减掉保护层。

(2) 边柱和角柱柱顶等截面伸出时，纵向钢筋不满足直锚时[图3-22(b)]，则弯锚，伸入长度为[$0.6l_{abE}$，伸入柱顶减掉保护层]。弯折长度为：外侧钢筋15d，内侧钢筋12d。

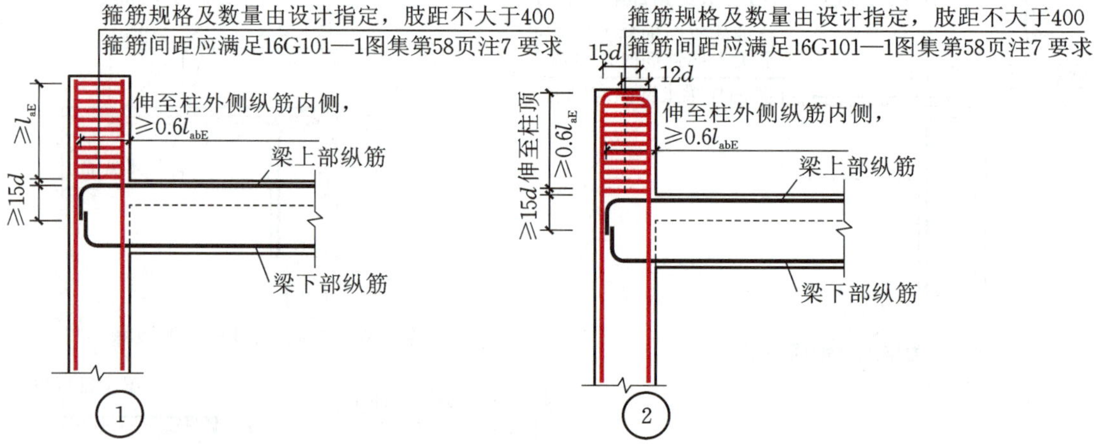

(当伸出长度自梁顶算起满足直锚长度l_{aE}时)
(a)

(当伸出长度自梁顶算起不能满足直锚长度l_{aE}时)
(b)

图3-22　边柱、角柱柱顶等截面伸出时纵向钢筋构造要求

扫一扫

柱箍筋构造及计算

3.3.9　KZ、QZ、LZ箍筋构造

3.3.9.1　箍筋加密区范围

(1) 底层柱的上端和其他各层柱的两端，应取矩形截面柱的长边尺寸(或圆形截面柱的直径)、柱净高的1/6和500mm三者最大值范围(即纵向钢筋一般构造中的非连接区)；

(2) 底层柱刚性地面上、下各500 mm的范围(图3-23)；

(3) 底层柱柱根(嵌固位置)以上1/3净高的范围(即纵向钢筋一般构造中的非连接区)；

(4) 因填充墙等形成的柱净高与截面高度之比不大于4的柱全高范围；

(5) 小墙肢即墙肢长度不大于墙厚4倍的剪力墙，矩形小墙肢的厚度不大于300 mm时，全高范围；

(6) 按设计需要提高变形能力的柱的全高范围。

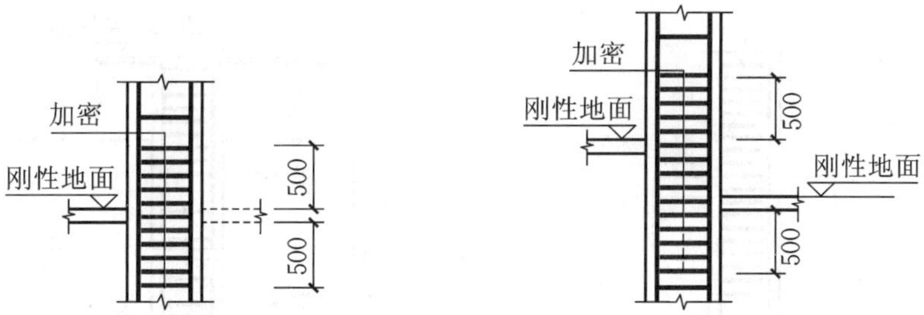

图 3-23　箍筋加密区构造要求(底层刚性地面上下各加密 500)

箍筋加密区高度选用见表 3-2 和图 3-24。

表 3-2　抗震框架柱和小墙肢箍筋加密区高度选用表

柱净高 H_n(mm)	柱截面长边尺寸 h_c 或圆柱直径 D																		
	400	450	500	550	600	650	700	750	800	850	900	950	1000	1050	1100	1150	1200	1250	1300
1500																			
1800	500																		
2100	500	500	500																
2400	500	500	500	550															
2700	500	500	500	550	600	650						箍筋全高加密							
3000	500	500	500	550	600	650	700												
3300	550	550	550	550	600	650	700	750	800										
3600	600	600	600	600	600	650	700	750	800	850									
3900	650	650	650	650	650	650	700	750	800	850	900	950							
4200	700	700	700	700	700	700	700	750	800	850	900	950	1000						
4500	750	750	750	750	750	750	750	750	800	850	900	950	1000	1050	1100				
4800	800	800	800	800	800	800	800	800	800	850	900	950	1000	1050	1100	1150			
5100	850	850	850	850	850	850	850	850	850	850	900	950	1000	1050	1100	1150	1200	1250	
5400	900	900	900	900	900	900	900	900	900	900	900	950	1000	1050	1100	1150	1200	1250	1300
5700	950	950	950	950	950	950	950	950	950	950	950	950	1000	1050	1100	1150	1200	1250	1300
6000	1000	1000	1000	1000	1000	1000	1000	1000	1000	1000	1000	1000	1000	1050	1100	1150	1200	1250	1300
6300	1050	1050	1050	1050	1050	1050	1050	1050	1050	1050	1050	1050	1050	1050	1100	1150	1200	1250	1300
6600	1100	1100	1100	1100	1100	1100	1100	1100	1100	1100	1100	1100	1100	1100	1100	1150	1200	1250	1300
6900	1150	1150	1150	1150	1150	1150	1150	1150	1150	1150	1150	1150	1150	1150	1150	1150	1200	1250	1300
7200	1200	1200	1200	1200	1200	1200	1200	1200	1200	1200	1200	1200	1200	1200	1200	1200	1200	1250	1300

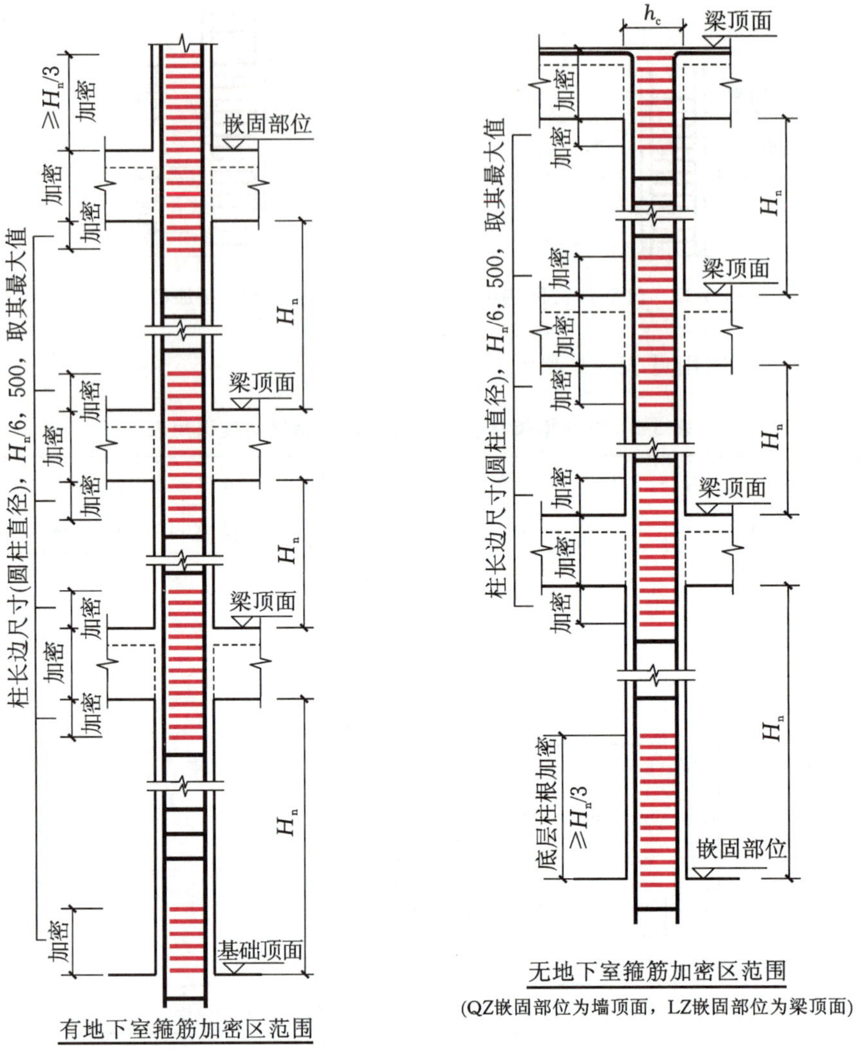

图 3-24　箍筋加密区范围

3.3.9.2　箍筋长度计算

对于外围大箍筋计算比较简单，柱构件外围尺寸减去保护层厚度即可，相对困难的是里面小箍筋的计算，下面举例计算小箍筋的长度。如图 3-25 所示，计算 3 号箍筋的长度：

$$3\text{号箍筋长度}=[(h-2c-2d-D)/(N-1)\times A+D+2d]\times 2+(b-2c-2d)\times 2+2[\max(10d,75)+1.9d]$$

式中　D——h 边纵筋直径；

N——h 边纵筋根数；

d——箍筋直径；

c——保护层厚度；

h——h 边构件边长；

b——b 边构件边长；

A——间距数量。

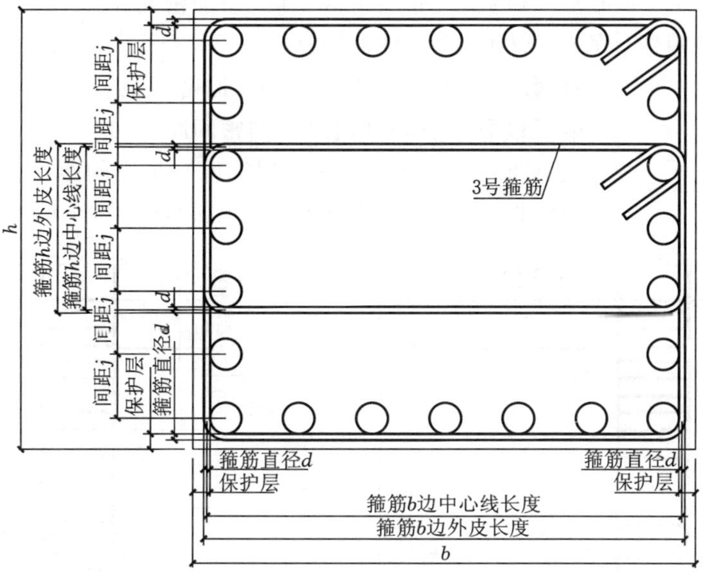

图 3-25 柱箍筋

3.3.9.3 箍筋根数计算

箍筋起步距离，基础顶点以下为 100 mm，基础以上为 50 mm。

(1) 基础内箍筋根数计算

根数=(基础高度−基础保护层−100)/间距+1

当插筋保护层厚度>5d 时，应布置间距≤500 mm 且不少于两道非复合封闭箍筋。

当插筋保护层厚度≤5d 时，应布置间距≤10d 且≤100 mm 非复合封闭箍筋。

(2) 一层箍筋根数计算(按焊接计算，图 3-26)

根部根数=[(根部加密区长度−50)/加密间距]+1

梁下根数=(加密区长度/加密间距)+1

梁高范围根数=梁高/加密间距

非加密区根数=(非加密区长度/非加密间距)−1

(3) 一层箍筋根数计算(按绑扎连接计算，图 3-27)

根部根数=[(根部加密区长度−50)/加密间距]+1

搭接范围根数=($l_{lE}+0.3l_{lE}+l_{lE}$)/加密区间距

梁下根数=加密区长度/加密间距+1

梁高范围根数=梁高/加密间距

前三项长度加起来若大于层高，则沿柱子全高加密。

非加密区根数=[非加密区长度/非加密间距]−1

(4) 中间层箍筋根数计算(按焊接计算，图 3-28)

根部根数=[(加密区长度−50)/加密间距]+1

梁下根数=(加密区长度/加密间距)+1

梁高范围根数=梁高/加密间距

非加密区根数=(非加密区长度/非加密间距)－1

(5) 顶层箍筋根数计算(按焊接计算,图 3-29)

根部根数=[(加密区长度－50)/加密间距]＋1

梁下根数=(加密区长度/加密间距)＋1

梁高范围根数=(梁高－保护层厚度)/加密间距

非加密区根数=(非加密区长度/非加密间距)－1

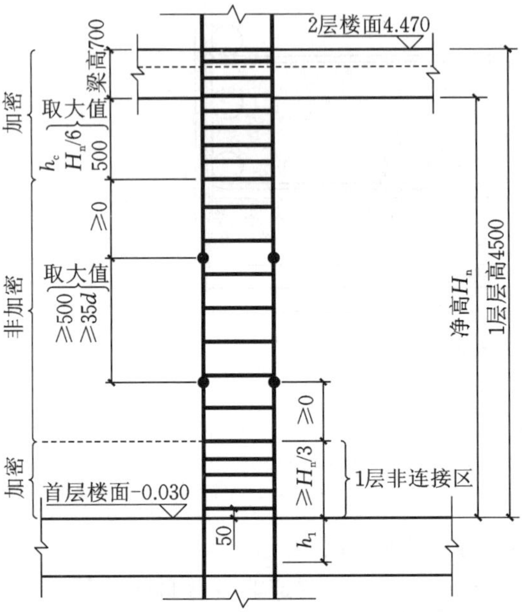

图 3-26　一层柱箍筋计算示意图(焊接)

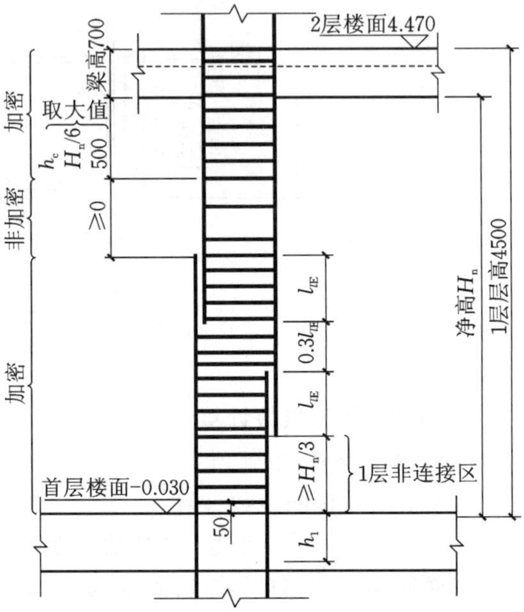

图 3-27　一层柱箍筋计算示意图(绑扎)

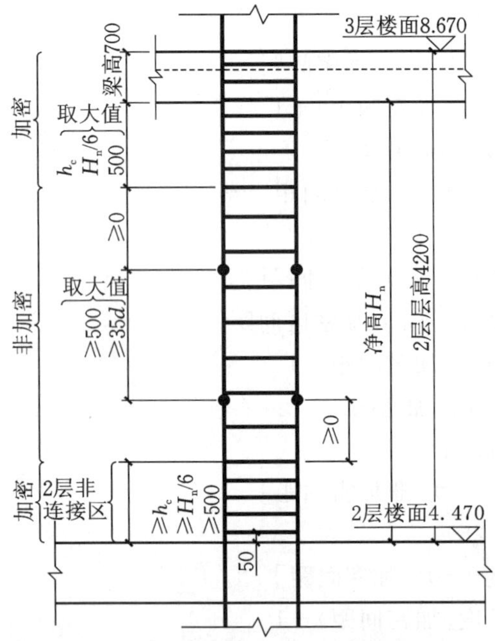

图 3-28　中间柱箍筋计算示意图(焊接)

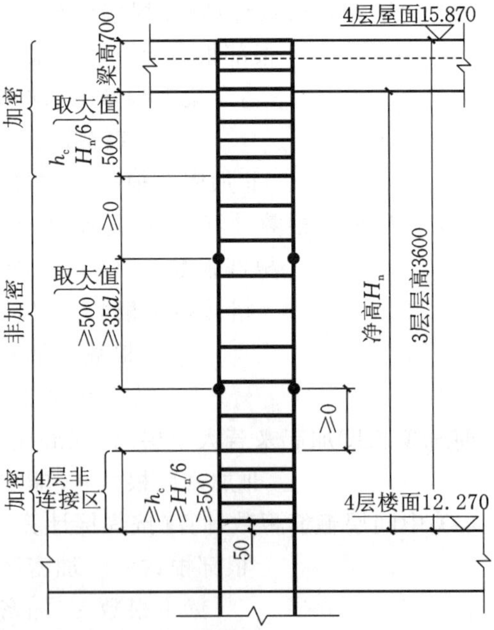

图 3-29　顶层柱箍筋计算示意图(焊接)

3.4 柱构件钢筋长度计算实例

某建筑工程项目，部分基础及柱数据见表 3-3，其中基础保护层厚度 $c=40$ mm，基础及地下室混凝土强度等级为 C35，环境类别为一，设计抗震等级为二级。柱截面为 650 mm×600 mm，柱为中柱。钢筋连接考虑为焊接。试计算图 3-30 中 KZ3 整根柱的纵向钢筋长度，以及二层的箍筋长度。

表 3-3 某建筑物参数

层号	顶标高(m)	层高(m)	梁高(mm)
3	10.8	3.6	700
2	7.2	3.6	700
1	3.6	4.2	700
−1	0	4.2	700
筏板基础	−4.2	基础厚度 800 mm	嵌固部位在地下室顶面

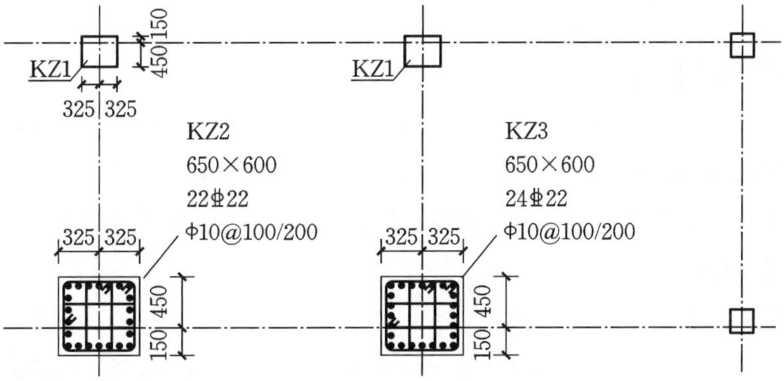

图 3-30 柱截面示意图

【解】 (1) 计算所有纵筋

① 基础插筋

根据已知条件，查表 1-6 得：$l_{aE}=37d=37\times22=814\text{ mm}>800-40=760\text{ mm}$，因此，不满足直锚。

$$\begin{aligned} l_1 &=800-40+15d+\max[(4200-700)/6,650,500] \\ &=760+330+650 \\ &=1740\text{ mm} \end{aligned}$$

② 负一层纵筋

$l_2 = 4200 - \max[(4200-700)/6, 650, 500] + (4200-700)/3$
$= 4200 - 650 + 1167$
$= 4717$ mm

③ 一层纵筋

$l_3 = 4200 - (4200-700)/3 + \max[(3600-700)/6, 650, 500]$
$= 4200 - 1167 + 650$
$= 3683$ mm

④ 二层纵筋

$l_4 = 3600 - \max[(3600-700)/6, 650, 500] + \max[(3600-700)/6, 650, 500]$
$= 3600 - 650 + 650$
$= 3600$ mm

⑤ 顶层纵筋

由于 $l_{aE} = 37d = 37 \times 22 = 814$ mm > 700 mm，因此不满足直锚，查表 1-1 得柱保护层厚度为 20 mm。

$l_5 = 3600 - 20 - \max[(3600-700)/6, 650, 500] + 12d$
$= 3580 - 650 + 12 \times 22$
$= 3194$ mm

一根纵向钢筋的总长为：

$l = l_1 + l_2 + l_3 + l_4 + l_5 = 1740 + 4717 + 3683 + 3600 + 3194 = 16934$ mm

整根柱子纵向钢筋长度 $= 24 \times 16934 = 406416$ mm $= 406.4$ m

此外，整根柱所有纵筋还可以按绑扎搭接计算，请同学们思考怎么计算。

(2) 计算二层的箍筋

① 计算大箍筋长度

$l'_1 = (650-20-20+600-20-20) \times 2 + 2[\max(10d, 75) + 1.9d]$
$= 1170 \times 2 + 2 \times 11.9 \times 10 = 2340 + 238 = 2578$

② 横向小箍筋长度

$l'_2 = (650-20\times 2) \times 2 + \{[(600-20\times 2-22-2\times 10)/(7-1)] \times 2 + 22 + 2\times 10\} \times 2$
$+ 2[\max(10d, 75) + 1.9d]$
$= 610 \times 2 + \{[518/6] \times 2 + 42\} \times 2 + 11.9 \times 10 \times 2$
$= 1887$ mm

③ 竖向小箍筋长度

$l'_3 = (600-20\times 2) \times 2 + \{[(650-20\times 2-22-2\times 10)/(7-1)] \times 2 + 22 + 2\times 10\} \times 2 +$
$2[\max(10d, 75) + 1.9d]$

$=1120+231.33+11.9\times10\times2$

$=1589\text{ mm}$

④ 总的一道箍筋的长度

$$l'_{总}=l'_1+l'_2+l'_3=2578+1887+1589$$
$$=6054\text{ mm}$$

(3) 计算二层箍筋的数量

$$加密区长度\ L_1=\max[(3600-700)/6,650,500]=650\text{ mm}$$
$$N_1=(650-50)/100+1=7$$
$$加密区长度\ L_2=\max[(3600-700)/6,650,500]+700=1350\text{ mm}$$
$$N_2=(1350-50)/100+1=14\ 根$$
$$非加密区长度\ L_3=3600—650-1350=1600\text{ mm}$$
$$N_3=1600/200-1=7\ 根$$

计算二层总箍筋数量

$$N_{总}=N_1+N_2+N_3=28\ 根$$

即二层箍筋总长度$=L_{总}\times N_{总}=6054\times28=169512\text{ mm}$

4 剪力墙构件平法识图

【学习目标】

1. 掌握剪力墙平法施工图的表示方法。
2. 掌握剪力墙内主要钢筋的构造要求。
3. 掌握剪力墙钢筋工程量的计算。

扫一扫

剪力墙基本知识

剪力墙结构是最近十多年来才大量应用的结构，例如电梯间的墙就是剪力墙；框架结构中有时把框架梁柱之间的矩形空间设置一道现浇钢筋混凝土墙，用以加强框架的空间刚度和抗剪能力，这面墙就是剪力墙。剪力墙的主要作用是抵抗水平地震作用。我们知道，地震冲击波是以震源为中心的球面波，因此地震作用包括水平地震作用和垂直地震作用。在震中附近，地震作用以垂直地震作用为主，在离开震中较远的地方，地震作用以水平地震作用为主，这是一般抗震设计的基本出发点。

以抵抗水平地震作用设计的剪力墙，其主要受力钢筋是水平分布筋。前文讲述梁、柱保护层时说过，保护层是针对梁、柱的主要受力钢筋（即梁、柱纵筋）而言的，因此，剪力墙的保护层是针对水平分布筋而言的。

从分析剪力墙承受水平地震作用的过程来看，剪力墙受水平地震作用来回摆动时，基本上以墙肢的垂直中线为拉压零点线，墙肢中线的一侧受拉、另一侧受压且周期性变化，拉应力或压应力值越往外越大，至边缘达到最大值。为了加强墙肢抵抗水平地震作用的能力，需要在墙肢边缘处对剪力墙身进行加强，这就是为什么要在墙肢边缘设置“边缘构件”（暗柱或端柱）的原因。所以说，暗柱或端柱不是墙身的支座，相反地，暗柱和端柱这些边缘构件与墙身本身是一个共同工作的整体（属于同一个墙肢）。

剪力墙构件平法施工图的表示方法：

（1）在平法施工图中，通常会将剪力墙分为剪力墙柱（简称墙柱）、剪力墙身（简称墙身）、剪力墙梁（简称墙梁），即“一墙、二柱、三梁”。

（2）剪力墙平法施工图是在剪力墙平面布置图上采用列表注写方式或截面注写方式表达。

列表注写方式，是指分别在剪力墙柱表、剪力墙身表和剪力墙梁表中，对应于剪力墙平面布置图上的编号，用绘制截面配筋图并注写几何尺寸与配筋具体数值的方式，来表达剪力墙平法施工图。

截面注写方式，是在分标准层绘制的剪力墙平面布置图上，以直接在墙柱、墙身、墙梁上注写截面尺寸和配筋具体数值的方式，来表达剪力墙平法施工图。

（3）在剪力墙平法施工图中，应注明各结构层的楼面标高、结构层高及相应的结构层号，还应注明上部结构嵌固部位位置。

(4) 对于轴线未居中的剪力墙(包括端柱),应标注其偏心定位尺寸。

(5) 剪力墙平面布置图可采用适当比例单独绘制,也可与柱或梁平面布置图合并绘制。当剪力墙较复杂或采用截面注写方式时,应按标准层分别绘制剪力墙平面布置图。

4.1 剪力墙列表注写方式

4.1.1 剪力墙编号

扫一扫

剪力墙平法注写方式

(1) 剪力墙柱编号

墙柱编号由墙柱类型、代号和序号等组成,其具体表达形式应符合表 4-1 的规定。

表 4-1 墙柱编号

墙柱类型	代号	序号
约束边缘构件	YBZ	××
构造边缘构件	GBZ	××
非边缘暗柱	AZ	××
扶壁柱	FBZ	××

注:约束边缘构件包括约束边缘暗柱、约束边缘端柱、约束边缘翼墙、约束边缘转角墙四种(图 4-1)。构造边缘构件包括构造边缘暗柱、构造边缘端柱、构造边缘翼墙、构造边缘转角墙四种(图 4-2)。

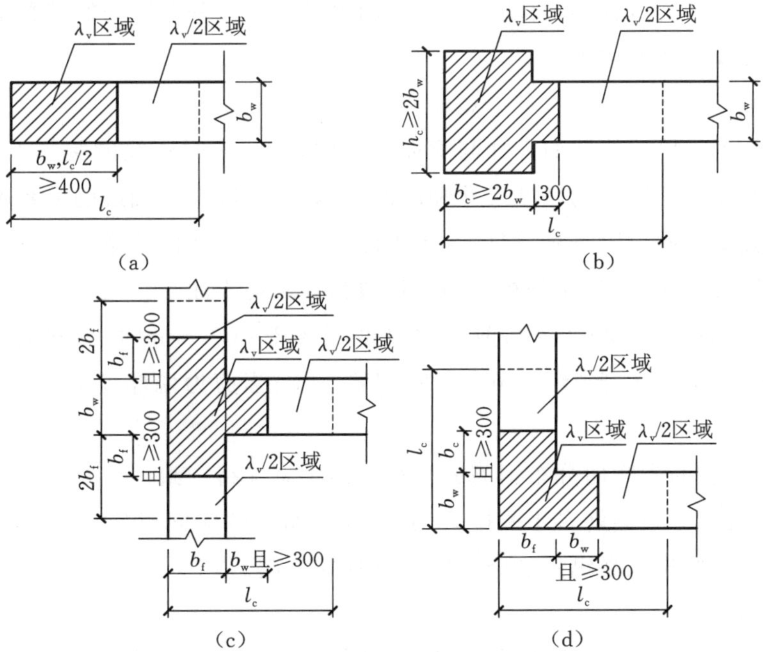

图 4-1 约束边缘构件

(a)约束边缘暗柱;(b)约束边缘柱端;(c)约束边缘翼墙;(d)约束边缘转角墙

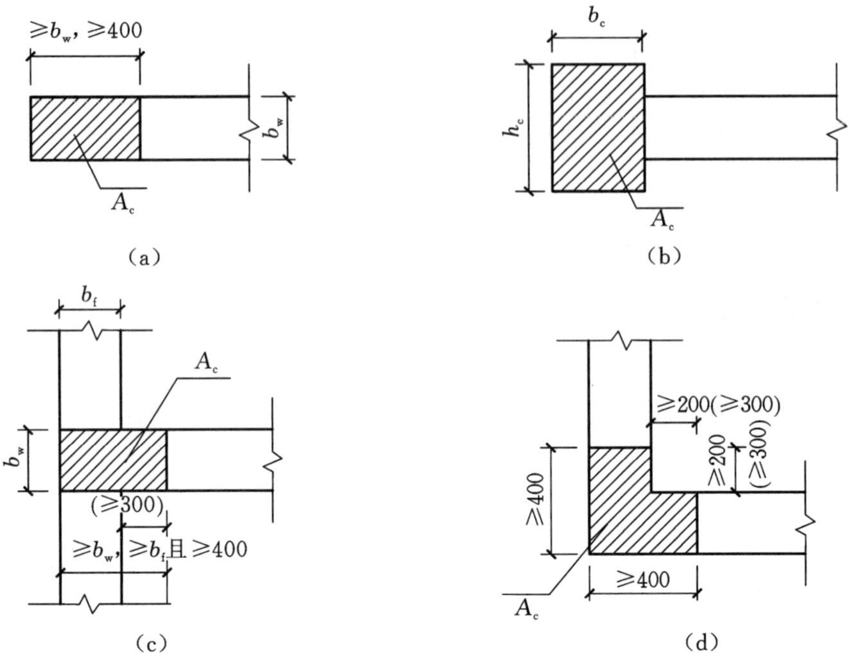

图 4-2 构造边缘构件

(a)构造边缘暗柱;(b)构造边缘柱端;(c)构造边缘翼墙(括号内数值用于高层建筑);
(d)构造边缘转角墙(括号内数值用于高层建筑)

(2) 剪力墙身编号

墙身编号,由墙身代号、序号及墙身所配置的水平与竖向分布钢筋的排数组成,其中,排数注写在括号内,具体表达形式为:

Q××(××排)

在编号中,如若干墙柱的截面尺寸与配筋均相同,仅截面与轴线的关系不同时,可将其编为同一墙柱号;又如若干墙身的厚度尺寸和配筋均相同,仅墙厚与轴线的关系不同或墙身长度不同时,也可将其编为同一墙身号,但应在图中注明与轴线的几何关系。

当墙身所设置的水平与竖向分布钢筋的排数为 2 时可不注。

对于分布钢筋网的排数规定:当剪力墙厚度不大于 400 mm 时,应设置双排;当剪力墙厚度大于 400 mm,但不大于 700 mm 时,宜配置三排;当剪力墙厚度大于 700 mm 时,宜配置四排。

各排水平分布钢筋和竖向分布钢筋的直径与间距宜保持一致。

当剪力墙配置的分布钢筋多于两排时,剪力墙拉筋两端应同时勾住外排水平纵筋和竖向纵筋,还应与剪力墙内排水平纵筋和竖向纵筋绑扎在一起。

(3) 剪力墙梁编号

墙梁的编号,主要由墙梁类型代号和序号等组成,其具体表达形式应符合表 4-2 的规定。

表 4-2 墙梁编号

墙梁类型	代号	序号
连梁	LL	××
连梁(对角暗撑配筋)	LL(JC)	××
连梁(交叉斜筋配筋)	LL(JX)	××
连梁(集中对角斜筋配筋)	LL(DX)	××
暗梁	AL	××
边框梁	BKL	××

注:① 在具体工程中,当某些墙身需设置暗梁或边框梁时,宜在剪力墙平法施工图中绘制暗梁或边框梁的平面布置图并编号,以明确其具体位置。

② 跨高比不小于 5 的连梁按框架梁设计时,代号为 LLk。

4.1.2 剪力墙柱列表注写方式

(1) 注写墙柱编号,绘制该柱的截面配筋图,标注墙柱几何尺寸。

① 约束边缘构件需注明阴影部分尺寸,如图 4-1 所示。

② 构造边缘构件需注明阴影部分尺寸,如图 4-2 所示。

③ 扶壁柱及非边缘暗柱需注明标注几何尺寸。

(2) 注写各段墙柱的起止标高,自墙柱根部往上以变截面位置或截面未变但配筋改变处为界分段注写。墙柱根部标高一般指基础顶面标高(部分框支剪力墙结构则为框支梁顶面标高)。

(3) 注写各段墙柱的纵向钢筋和箍筋,注写值应与在表中绘制的截面配筋图对应一致。纵向钢筋注总配筋值;墙柱箍筋的注写方式与柱箍筋相同。

4.1.3 剪力墙身列表注写方式

(1) 注写墙身编号(含水平与竖向分布钢筋的排数)。

(2) 注写各段墙身起止标高,自墙身根部往上以变截面位置或截面未变但配筋改变处为界分段注写。墙身根部标高一般指基础顶面标高(部分框架剪力墙结构则为框支梁的顶面标高)。

(3) 注写水平分布钢筋、竖向分布钢筋和拉筋的具体数值。注写数值为一排水平分布钢筋和竖向分布钢筋的规格与间距,具体设置几排已经在墙身编号后面表达。拉结筋应注明布置方式“矩形”或“梅花”布置,用于剪力墙分布钢筋的拉结,如图 4-3 所示。

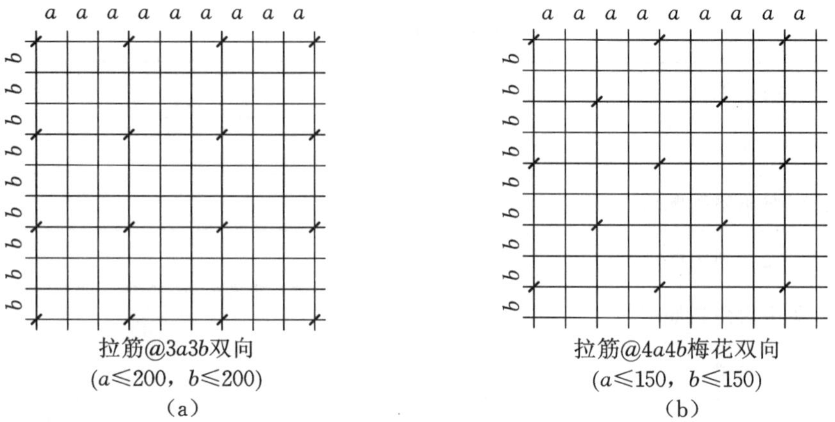

图 4-3 拉结筋设置示意图

4.1.4 剪力墙梁列表注写方式

(1) 注写墙梁编号。

(2) 注写墙梁所在楼层号。

(3) 注写墙梁顶面标高高差，是指墙梁顶面标高相对于墙梁所在结构层楼面标高的高差值。高于者为正值，低于者为负值，当无高差时不注。

(4) 注写墙梁截面尺寸 $b \times h$，上部纵筋、下部纵筋和箍筋的具体数值。

(5) 当连梁设有对角暗撑时[代号为 LL(JC)××]，注写暗撑的截面尺寸(箍筋外皮尺寸)；注写一根暗撑的全部纵筋，并标注×2 表明有两根暗撑相互交叉；注写暗撑箍筋的具体数值。

(6) 当连梁设有交叉斜筋时[代号为 LL(JX)××]，注写连梁一侧对角斜筋的配筋值，并标注×2 表明对称设置；注写对角斜筋在连梁端部设置的拉筋根数、规格及直径，并标注×4 表示四个角都设置；注写连梁一侧折线筋配筋值，并标注×2 表明对称设置。

(7) 当连梁设有集中对角斜筋时[代号为 LL(DX)××]，注写一条对角线上的对角斜筋，并标注×2 表明对称设置。

(8) 跨高比不小于 5 的连梁，按框架梁设计(代号为 LLk××)，采用平面注写方式，注写规则与框架梁相同，可采用适当比例单独绘制，也可与剪力墙平法施工图合并绘制。

墙梁侧面纵筋的配置，当墙身水平分布钢筋满足连梁、暗梁及边框梁的梁侧面纵向构造钢筋的要求时，该筋配置同墙身水平分布钢筋，表中不注，施工按标准构造详图的要求即可。当墙身水平分布钢筋不满足连梁、暗梁及边框梁的梁侧面纵向构造钢筋的要求时，应在表中补充注明梁侧面纵筋的具体数值；当为 LLk 时，平面注写方式以大写字母“N”打头。梁侧面纵向钢筋在支座内锚固要求同连梁中受力钢筋。

剪力墙平法施工图列表注写方法示例如图 4-4、图 4-5 所示。

屋面2	65.670	
塔层2	62.370	3.30
屋面1(塔层1)	59.070	3.30
16	55.470	3.60
15	51.870	3.60
14	48.270	3.60
13	44.670	3.60
12	41.070	3.60
11	37.470	3.60
10	33.870	3.60
9	30.270	3.60
8	26.670	3.60
7	23.070	3.60
6	19.470	3.60
5	15.870	3.60
4	12.270	3.60
3	8.670	3.60
2	4.470	4.20
1	-0.030	4.50
-1	-4.530	4.50
-2	-9.030	4.50
层号	标高(m)	层高(m)

底部加强部位（1~3层）

结构层楼面标高
结 构 层 高

上部结构嵌固部位：
-0.030

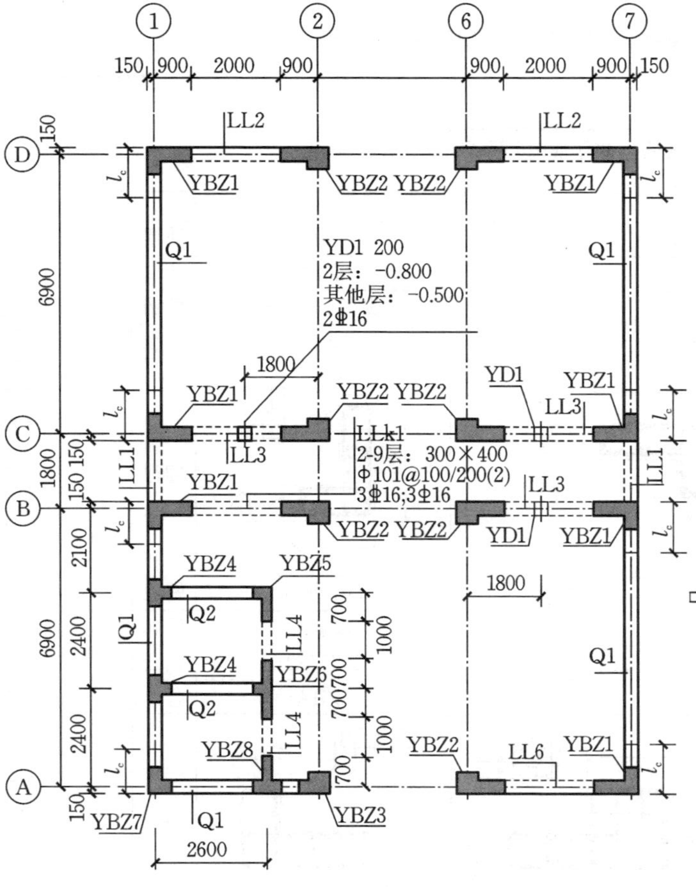

-0.030~12.270剪力墙平法施工图

剪力墙梁表

编号	所在楼层号	梁顶相对标高高差	梁截面 $b\times h$	上部纵筋	下部纵筋	箍筋
LL1	2~9	0.800	300×2000	4⌀25	4⌀25	⌀10@100(2)
	10~16	0.800	250×2000	4⌀22	4⌀22	⌀10@100(2)
	屋面1		250×1200	4⌀20	4⌀20	⌀10@100(2)
LL2	3	-1.200	300×2520	4⌀25	4⌀25	⌀10@150(2)
	4	-0.900	300×2070	4⌀25	4⌀25	⌀10@150(2)
	5~9	-0.900	300×1770	4⌀25	4⌀25	⌀10@150(2)
	10~屋面1	-0.900	250×1770	3⌀22	3⌀22	⌀10@150(2)
LL3	3		300×2070	4⌀25	4⌀25	⌀10@100(2)
	4		300×1770	4⌀25	4⌀25	⌀10@100(2)
	4~9		300×1170	4⌀25	4⌀25	⌀10@100(2)
	10~屋面1		250×1170	4⌀22	4⌀22	⌀10@100(2)
LL4	2		250×2070	4⌀20	4⌀20	⌀10@120(2)
	3		250×1770	4⌀20	4⌀20	⌀10@120(2)
	4~屋面1		250×1170	4⌀20	4⌀20	⌀10@120(2)
AL1	2~9		300×600	3⌀20	3⌀20	⌀8@150(2)
	10~16		250×500	3⌀18	3⌀18	⌀8@150(2)
BKL1	屋面1		500×750	4⌀22	4⌀22	⌀10@150(2)

剪力墙身表

编号	标高	墙厚	水平分布筋	垂直分布筋	拉筋(矩形)
Q1	-0.030~30.270	300	⌀12@200	⌀12@200	⌀6@600@600
	30.270~59.070	250	⌀10@200	⌀10@200	⌀6@600@600
Q2	-0.030~30.270	250	⌀10@200	⌀10@200	⌀6@600@600
	30.270~59.070	200	⌀10@200	⌀10@200	⌀6@600@600

图 4-4 剪力墙梁、剪力墙身列表注写方式示例

层号	标高(m)	层高(m)
屋面2	65.670	
塔层2	62.370	3.30
屋面1(塔层1)	59.070	3.30
16	55.470	3.60
15	51.870	3.60
14	48.270	3.60
13	44.670	3.60
12	41.070	3.60
11	37.470	3.60
10	33.870	3.60
9	30.270	3.60
8	26.670	3.60
7	23.070	3.60
6	19.470	3.60
5	15.870	3.60
4	12.270	3.60
3	8.670	3.60
2	4.470	4.20
1	-0.030	4.50
-1	-4.530	4.50
-2	-9.030	4.50

底部加强部位：1～3层

结构层楼面标高
结 构 层 高

上部结构嵌固部位：
-0.030

剪力墙柱表

截面	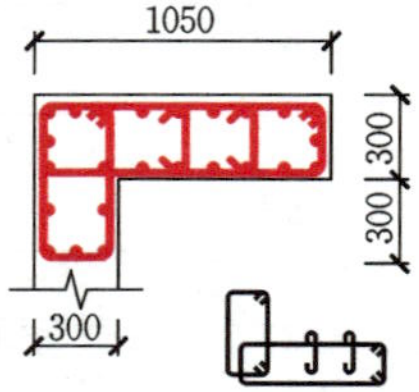	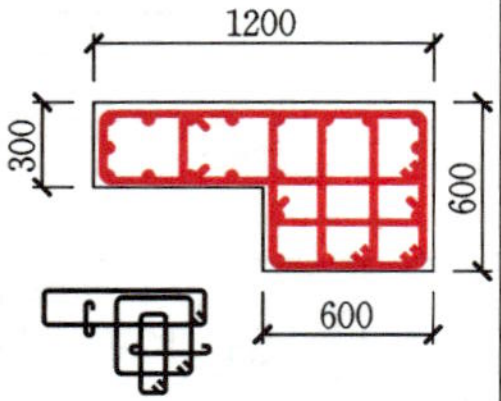	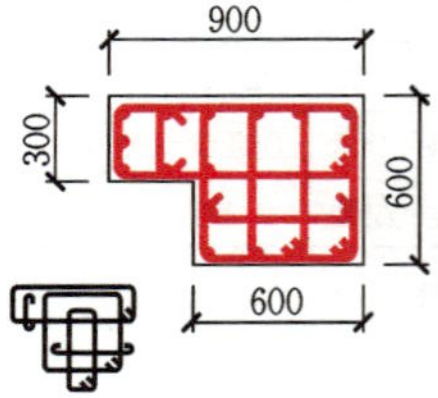	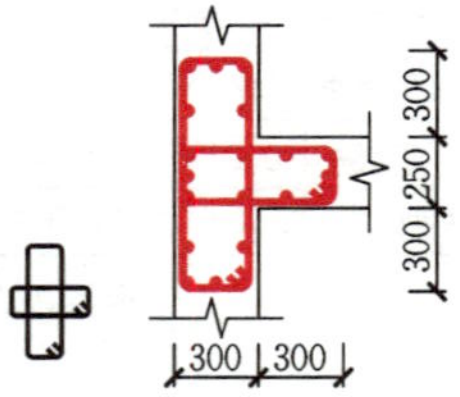
编号	YBZ1	YBZ2	YBZ3	YBZ4
标高	-0.030~12.270	-0.030~12.270	-0.030~12.270	-0.030~12.270
纵筋	24⌀20	22⌀20	18⌀22	20⌀20
箍筋	ϕ10@100	ϕ10@100	ϕ10@100	ϕ10@100

截面	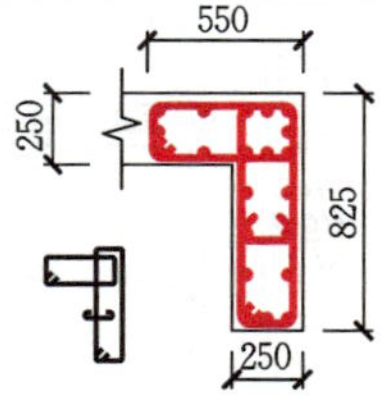	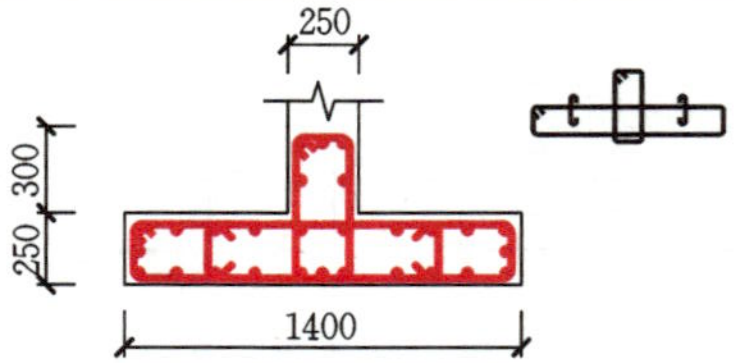	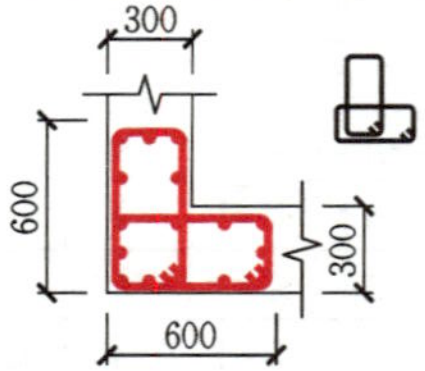
编号	YBZ5	YBZ6	YBZ7
标高	-0.030~12.270	-0.030~12.270	-0.030~12.270
纵筋	20⌀20	28⌀20	16⌀20
箍筋	ϕ10@100	ϕ10@100	ϕ10@100

-0.030~12.270剪力墙平法施工图 (部分剪力墙柱表)

图 4-5 剪力墙柱列表注写方式示例

4.2 剪力墙截面注写方式

4.2.1 剪力墙柱截面注写方式

在剪力墙柱截面注写方式中，应从相同编号的墙柱中选择一个截面，注明几何尺寸，标注全部纵筋及箍筋的具体数值。

约束边缘构件除需注明阴影部分具体尺寸外，还需注明约束边缘构件沿墙肢长度 l_c，约束边缘翼墙中沿墙肢长度尺寸为 $2b_f$时可不注。

4.2.2 剪力墙身截面注写方式

在剪力墙身的截面注写方式中，可从相同编号的墙身中选择一道墙身，按顺序引注的内容为：墙身编号（应包括注写在括号内墙身所配置的水平与竖向分布钢筋的排数）、墙厚尺寸、水平分布钢筋、竖向分布钢筋和拉筋的具体数值。

4.2.3 剪力墙梁截面注写方式

在剪力墙梁的截面注写方式中，可从相同编号的墙梁中选择一道墙梁，按顺序引注的内容包括：墙梁编号、墙梁截面尺寸 $b \times h$、墙梁箍筋、上部纵筋、下部纵筋和墙梁顶面标高高差的具体数值。

当连梁设有对角暗撑[代号为 LL(JC)××]、交叉斜筋[代号为 LL(JX)××]、集中对角斜筋[代号为 LL(DX)××]，跨高比不小于 5 的连梁按框架梁设计（代号为 LLk ××）时，注写要求与列表注写方式要求一致。

当墙身水平分布钢筋不能满足连梁、暗梁及边框梁的梁侧面纵向构造钢筋的要求时，应补充注明梁侧面纵筋的具体数值；注写时，以大写字母“N”打头，接续注写直径与间距。其在支座内的锚固要求同连梁中受力钢筋。

剪力墙平法施工图截面注写方式示例如图 4-6 所示。

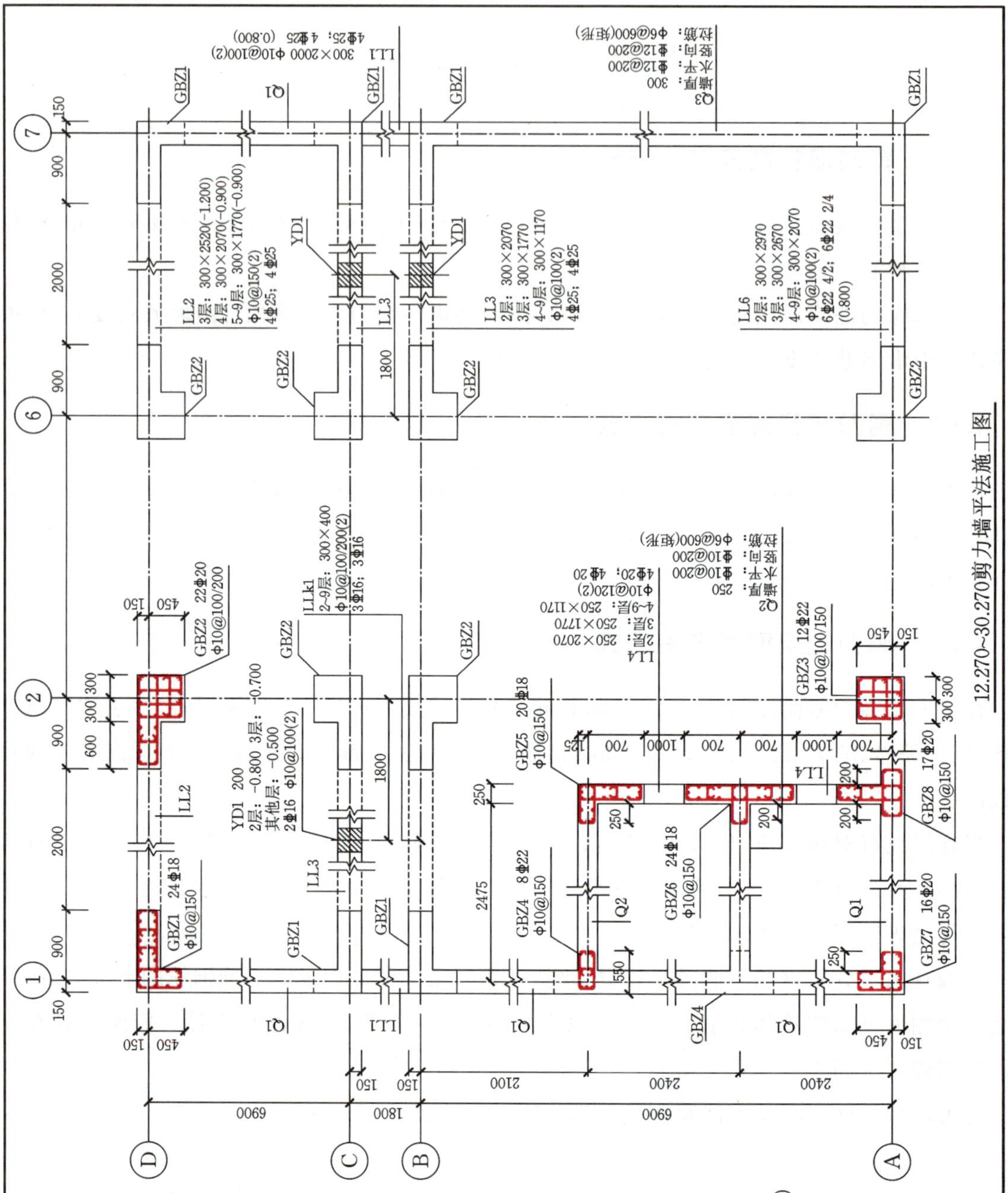

层号	标高(m)	层高(m)	
屋面2	65.670		
塔层2	62.370	3.30	
屋面1(塔层1)	59.070	3.30	
16	55.470	3.60	
15	51.870	3.60	
14	48.270	3.60	
13	44.670	3.60	
12	41.070	3.60	
11	37.470	3.60	
10	33.870	3.60	
9	30.270	3.60	
8	26.670	3.60	
7	23.070	3.60	
6	19.470	3.60	
5	15.870	3.60	
4	12.270	3.60	
3	8.670	3.60	底部加强部位
2	4.470	4.20	底部加强部位
1	-0.030	4.50	底部加强部位
-1	-4.530	4.50	
-2	-9.030	4.50	

结构层楼面标高
结构层高
上部结构嵌固部位：
-0.030

图 4-6 剪力墙平法施工图截面注写方式示例

4.3 剪力墙洞口的表示方法

扫一扫

剪力墙洞口表示方法

(1) 无论采用列表注写方式还是截面注写方式，剪力墙上的洞口均可在剪力墙平面布置图上原位表达。

(2) 在剪力墙平面布置图上绘制洞口示意，并标注洞口中心的平面定位尺寸。

(3) 在洞口中心位置引注如下四项内容：

① 洞口编号：矩形洞口为JD××(××为序号)，圆形洞口为YD××(××为序号)。

② 洞口几何尺寸：矩形洞口为洞宽×洞高($b \times h$)，圆形洞口为洞口直径D。

③ 洞口中心相对标高，是相对于结构层楼(地)面标高的洞口中心高度。当其高于结构层楼面时为正值，低于结构层楼面时为负值。

④ 洞口每边补强钢筋，分以下几种不同情况。

A.当矩形洞口的洞宽、洞高均不大于800 mm时，此项注写为洞口每边补强钢筋的具体数值。当洞宽、洞高方向补强钢筋不一致时，分别注写洞宽方向、洞高方向补强钢筋，以“/”分隔。

B.当矩形或圆形洞口的洞宽或直径大于800 mm时，在洞口的上、下需设置补强暗梁，此项注写为洞口上、下每边暗梁的纵筋与箍筋的具体数值(在标准构造详图中，补强暗梁梁高不一致时，应另行注明)，圆形洞口时还需注明环向加强钢筋的具体数值；当洞口上、下边为剪力墙连梁时，此项免注；洞口竖向两侧设置边缘构件时，亦不在此项表达(当洞口两侧不设置边缘构件时，设计者应给出具体做法)。

C.当圆形洞口设置在连梁中部1/3范围(且圆洞直径不应大于1/3梁高)时，需注写圆洞上下水平设置的每边补强纵筋与箍筋。

D.当圆形洞口设置在墙身或暗梁、边框梁位置，且洞口直径不大于300 mm时，此项注写为洞口上下左右每边布置的补强纵筋的具体数值。当圆形洞口直径大于300 mm，但不大于800 mm时，此项注写为洞口上下左右每边布置的补强纵筋的具体数值，以及环向加强钢筋的具体数值。

4.4 地下室外墙的表示方法

(1) 地下室外墙编号，由墙身代号、序号组成。表达为DWQ××。

(2) 地下室外墙平面注写方式，包括集中标注墙体编号、厚度、贯通筋、拉筋等和原位标注附加非贯通筋等两部分内容。当仅设置贯通筋，未设置附加非贯通筋时，则仅做集中标注。

（3）地下室外墙的集中标注，规定如下：

① 注写地下室外墙编号，包括代号、序号、墙身长度（注为××～××轴）。

② 注写地下室外墙厚度 b_w=×××。

③ 注写地下室外墙的外侧、内侧贯通筋和拉筋。

A. 以 OS 代表外墙外侧贯通筋。其中，外侧水平贯通筋以“H”打头注写，外侧竖向贯通筋以“V”打头注写。

B. 以 IS 代表外墙内侧贯通筋。其中，内侧水平贯通筋以“H”打头注写，内侧竖向贯通筋以“V”打头注写。

C. 以“tb”打头注写拉筋直径、强度等级及间距，并注明“矩形”或“梅花”。

（4）地下室外墙的原位标注，主要表示外墙外侧配置的水平非贯通筋或竖向非贯通筋。

当配置水平非贯通筋时，在地下室墙体平面图上原位标注。在地下室外墙外侧绘制粗实线段代表水平非贯通筋，在其上注写钢筋编号并以“H”打头注写钢筋强度等级、直径、分布间距，以及自支座中线向两边跨内的伸出长度值。当自支座中线向两侧对称伸出时，可仅在单侧标注跨内伸出长度，另一侧不注，此种情况下非贯通筋总长度为标注长度的 2 倍。边支座处非贯通钢筋的伸出长度值从支座外边缘算起。

地下室外墙外侧非贯通筋通常采用“隔一布一”方式与集中标注的贯通筋间隔布置，其标注间距应与贯通筋相同，两者组合后的实际分布间距为各自标注间距的 1/2。

当在地下室外墙外侧底部、顶部、中层楼板位置配置竖向非贯通筋时，应补充绘制地下室外墙竖向剖面图并在其上原位标注。表示方法为在地下室外墙竖向剖面图外侧绘制粗实线段代表竖向非贯通筋，在其上注写钢筋编号并以“V”打头注写钢筋强度等级、直径、分布间距，以及向上（下）层的伸出长度值，并在外墙竖向截面图名下注明分布范围（××～××轴）。

竖向非贯通筋向层内的伸出长度值注写方式：

① 地下室外墙底部非贯通钢筋向层内的伸出长度值从基础底板顶面算起。

② 地下室外墙顶部非贯通钢筋向层内的伸出长度值从顶板底面算起。

③ 中层楼板处非贯通钢筋向层内的伸出长度值从板中间算起，当上下两侧伸出长度值相同时可仅注写一侧。

地下室外墙外侧水平、竖向非贯通筋配置相同者，可仅选择一处注写，其他可仅注写编号。当在地下室外墙顶部设置通长加强钢筋时应注明。

地下室外墙平法施工图平面注写示例如图 4-7 所示。

层号	标高(m)	层高(m)
屋面2	65.670	
塔层2	62.370	3.30
屋面1(塔层1)	59.070	3.30
16	55.470	3.60
15	51.870	3.60
14	48.270	3.60
13	44.670	3.60
12	41.070	3.60
11	37.470	3.60
10	33.870	3.60
9	30.270	3.60
8	26.670	3.60
7	23.070	3.60
6	19.470	3.60
5	15.870	3.60
4	12.270	3.60
3	8.670	3.60
2	4.470	4.20
1	-0.030	4.50
-1	-4.530	4.50
-2	-9.030	4.50

结构层楼面标高
结 构 层 高

上部结构嵌固部位：
-0.030

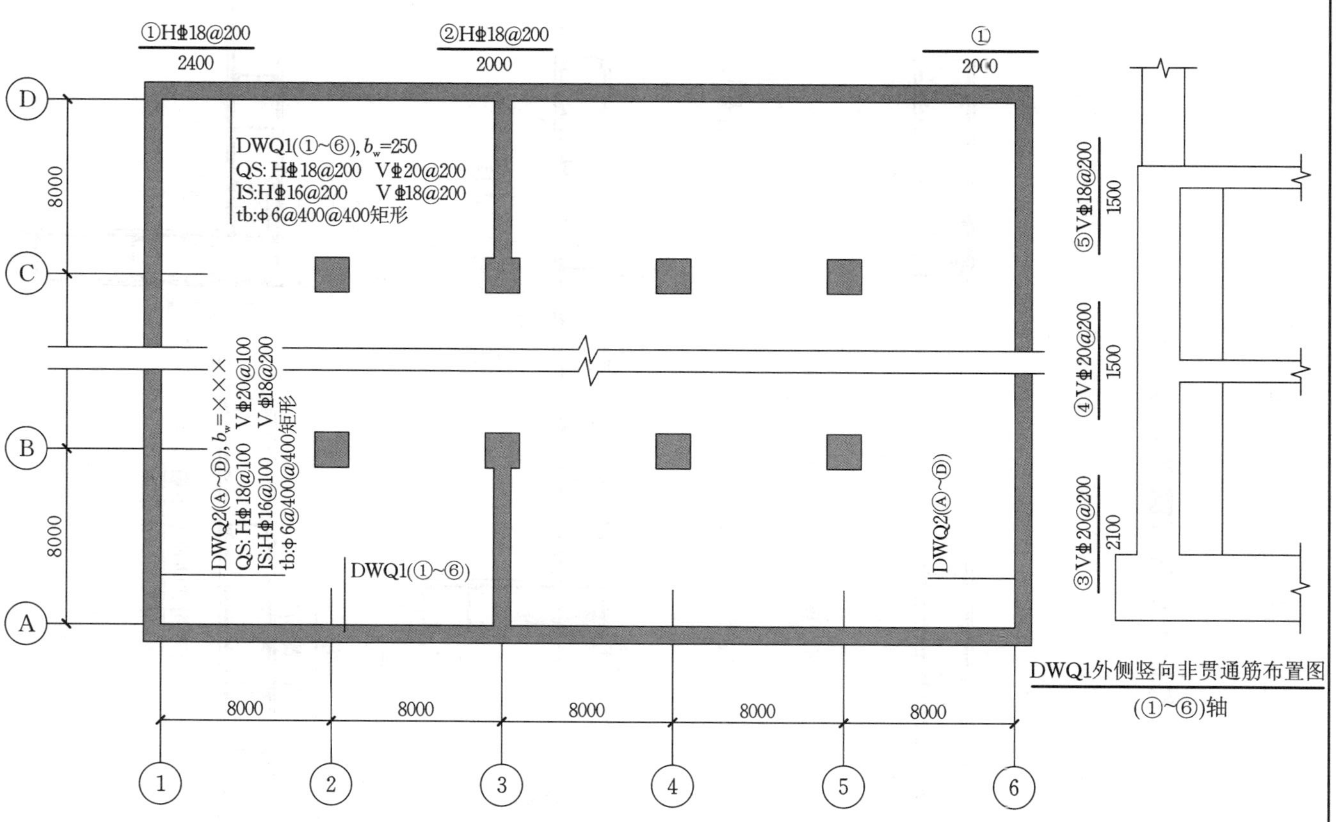

-9.030~-4.530地下室外墙平法施工图

图 4-7 地下室外墙平法施工图平面注写示例

4.5 剪力墙构件钢筋构造

扫一扫

剪力墙构件钢筋构造

4.5.1 剪力墙水平分布钢筋构造

(1) 端部无暗柱[图 4-8(a)]或者有暗柱[图 4-8(b)]时，剪力墙水平分布钢筋端部做法如图 4-8 所示。

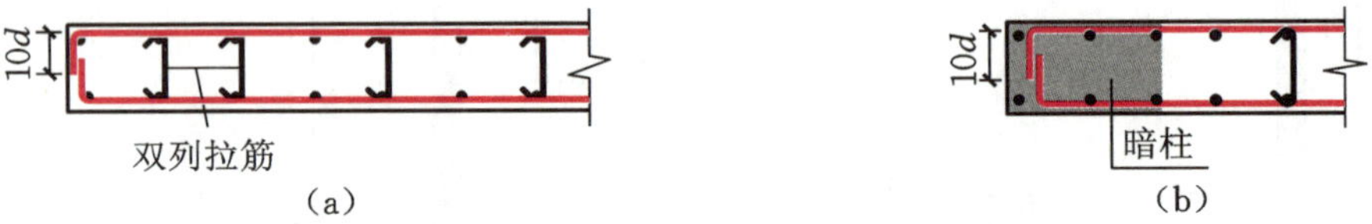

图 4-8 剪力墙端部水平分布钢筋构造做法

(2) 斜交转角墙[图 4-9(a)]、转角墙[图 4-9(b)至(d)]水平分布钢筋构造如图 4-9 所示。

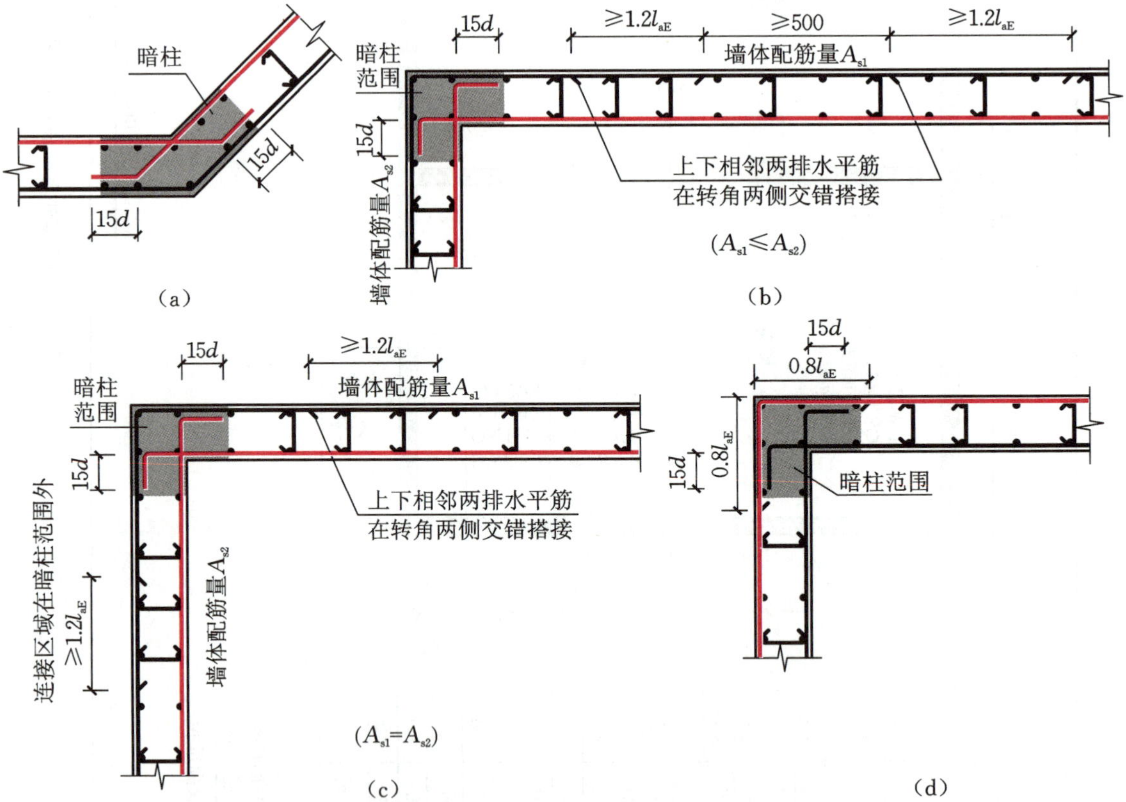

图 4-9 剪力墙斜交转角墙、转角墙水平分布钢筋构造做法

(3) 剪力墙水平分布钢筋交错搭接如图 4-10 所示。

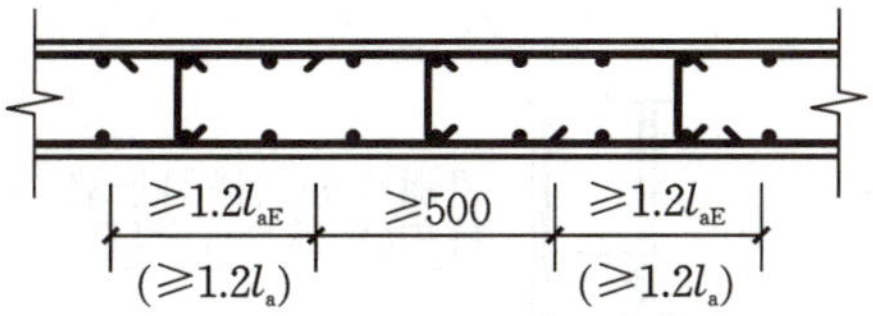

图 4-10 剪力墙水平分布钢筋交错搭接

（4）剪力墙翼墙、斜交翼墙水平分布钢筋构造如图 4-11 所示。

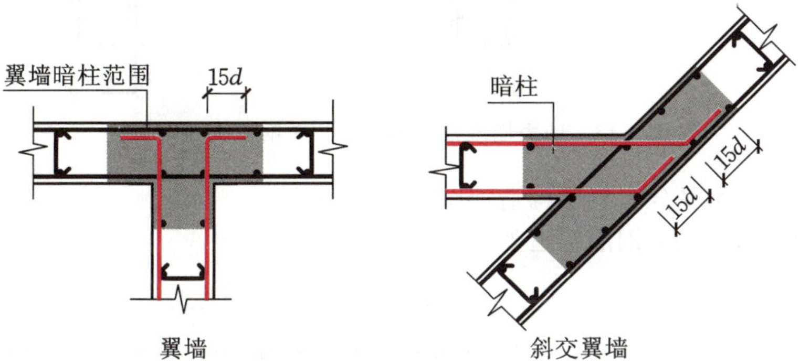

图 4-11 剪力墙翼墙、斜交翼墙水平分布钢筋构造做法

注：剪力墙分布钢筋配置若多余两排，中间排水平钢筋端部构造同内侧钢筋。水平分布筋宜均匀放置，竖向分布钢筋在保持相同配筋率条件下外排筋直径宜大于内排筋直径。

（5）端柱转角墙水平分布钢筋构造如图 4-12 所示。

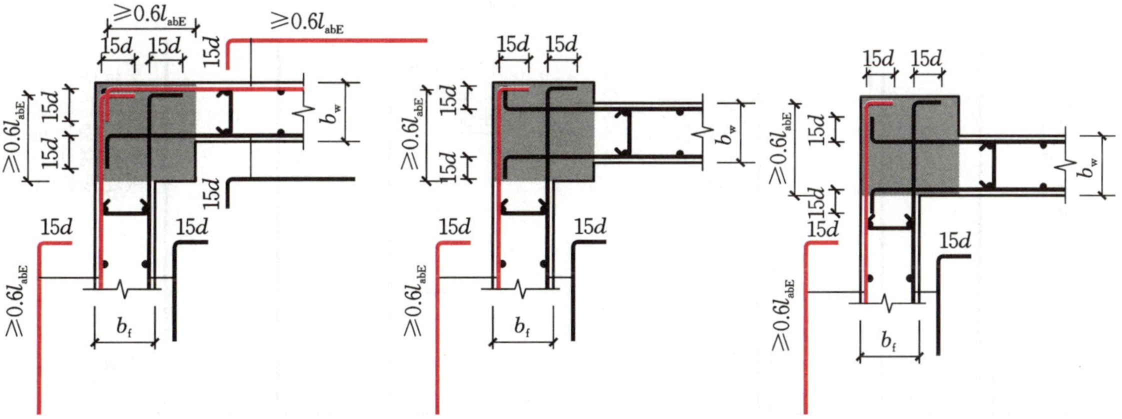

图 4-12 剪力墙端柱转角墙水平分布钢筋构造做法

(6) 端部翼墙水平分布钢筋构造如图 4-13 所示。

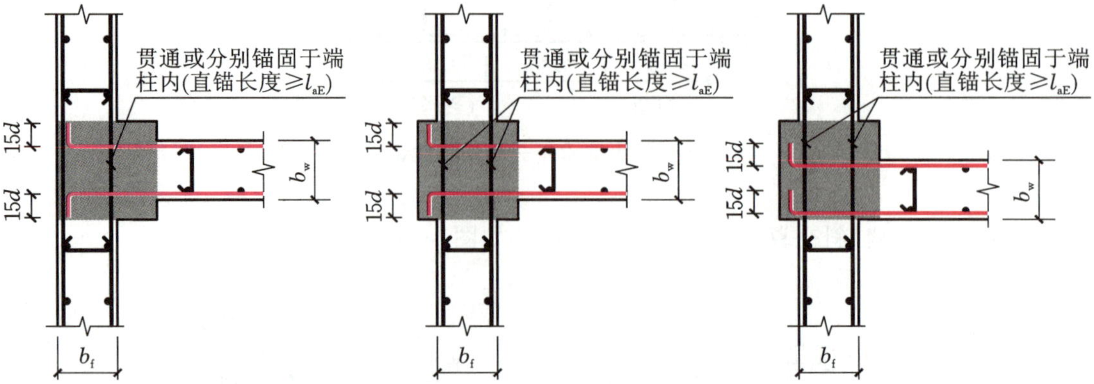

图 4-13　剪力墙端柱翼墙水平分布钢筋构造做法

(7) 端柱端部墙水平分布钢筋构造如图 4-14 所示。

(8) 水平变截面墙水平钢筋构造如图 4-15 所示。

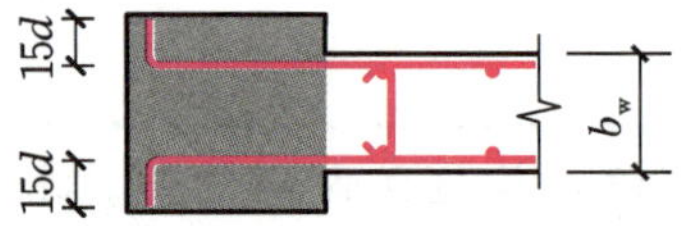

图 4-14　剪力墙端柱端部墙水平分布钢筋构造做法

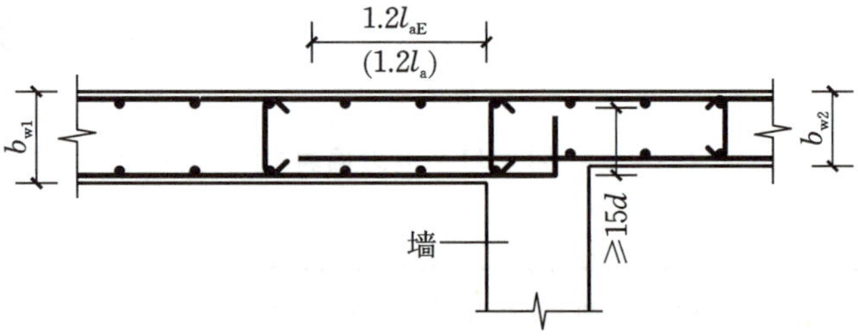

图 4-15　水平变截面墙水平钢筋构造做法

4.5.2　剪力墙竖向钢筋构造

(1) 剪力墙竖向分布钢筋连接构造如图 4-16 所示。

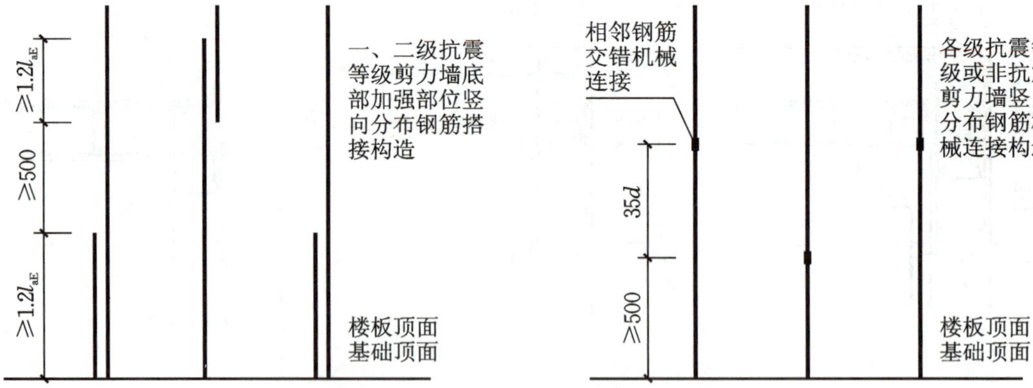

(a)

图 4-16　剪力墙身竖向分布钢筋连接构造做法

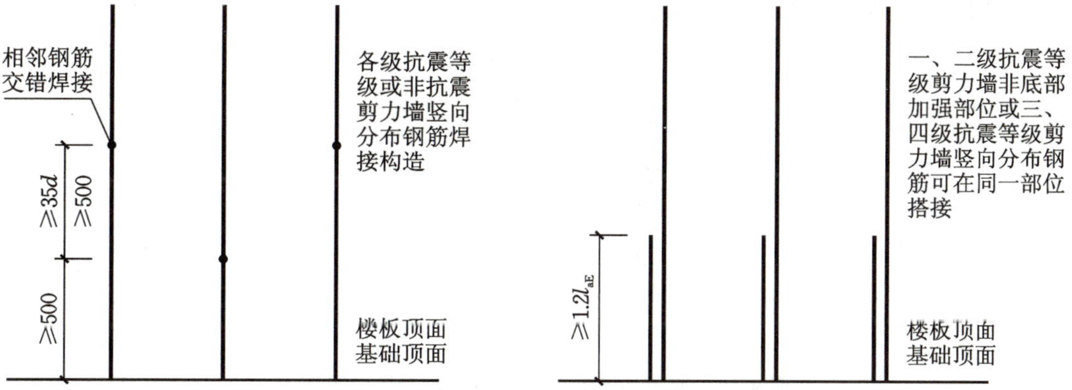

(b)

图 4-16　剪力墙身竖向分布钢筋连接构造做法(续)

(2) 剪力墙竖向配筋构造如图 4-17 所示，水平、竖向钢筋均匀分布，拉筋需与各排分布筋绑扎。

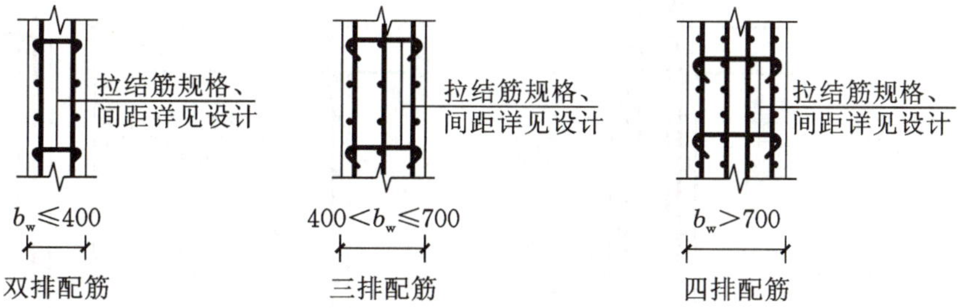

图 4-17　剪力墙竖向配筋构造

(3) 剪力墙竖向钢筋顶部构造如图 4-18 所示。

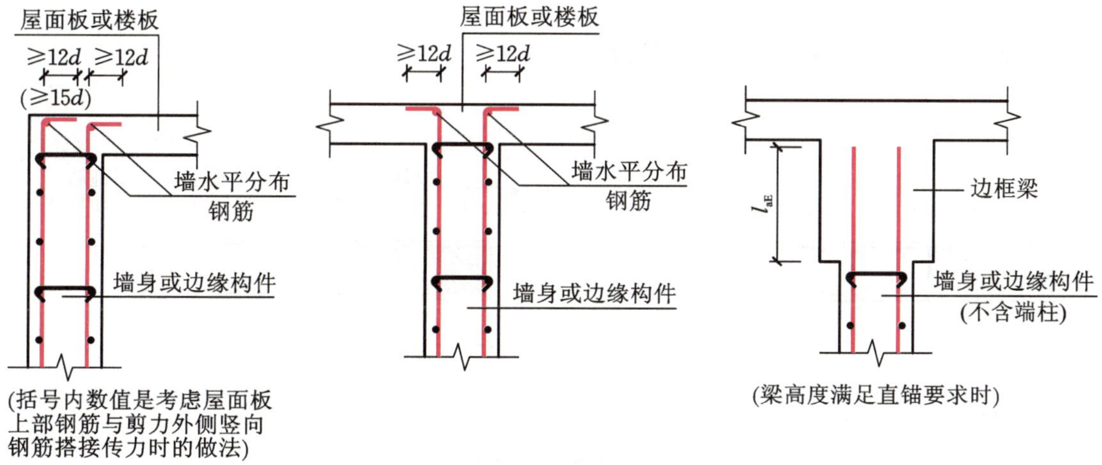

图 4-18　剪力墙竖向钢筋顶部构造做法

(4) 剪力墙竖向分布钢筋锚入连梁构造如图 4-19 所示。

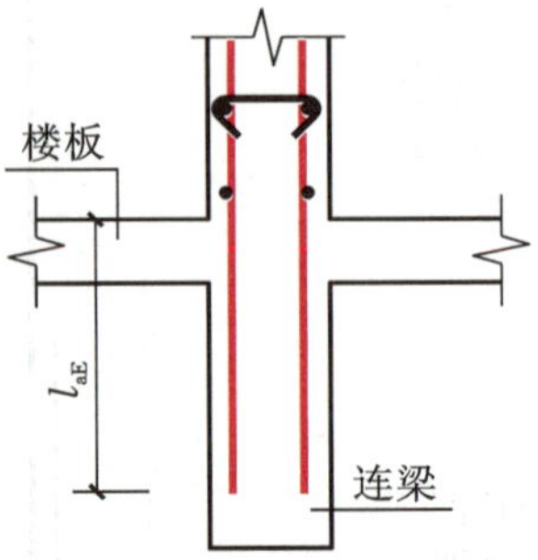

图 4-19　剪力墙竖向分布钢筋锚入连梁构造做法

(5) 剪力墙变截面处竖向分布钢筋构造如图 4-20 所示。

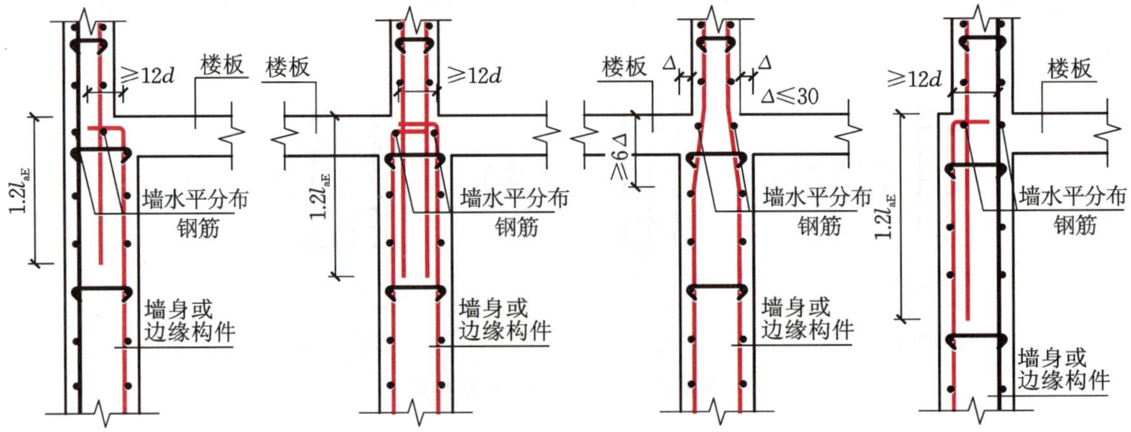

图 4-20　剪力墙变截面处竖向分布钢筋构造做法

4.5.3　剪力墙约束边缘构件构造

(1) 约束边缘暗柱构造如图 4-21 所示。

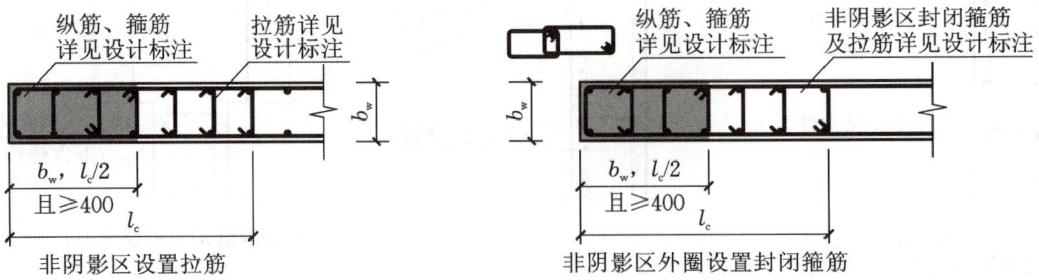

图 4-21　剪力墙约束边缘暗柱构造做法

（2）约束边缘端柱构造如图 4-22 所示。

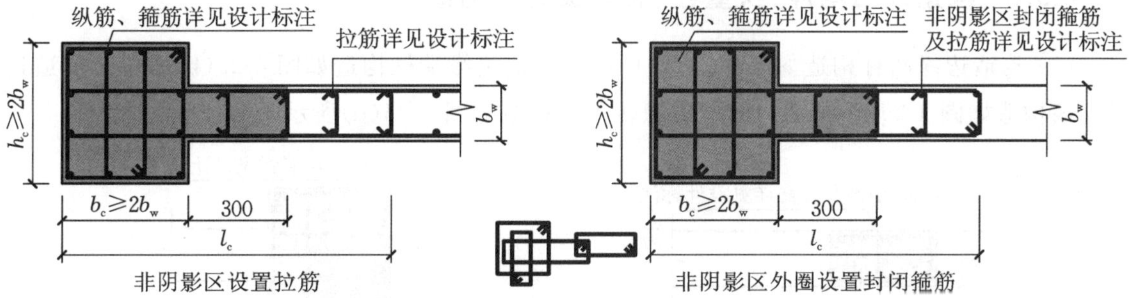

图 4-22　剪力墙约束边缘端柱构造做法

（3）约束边缘翼墙构造如图 4-23 所示。

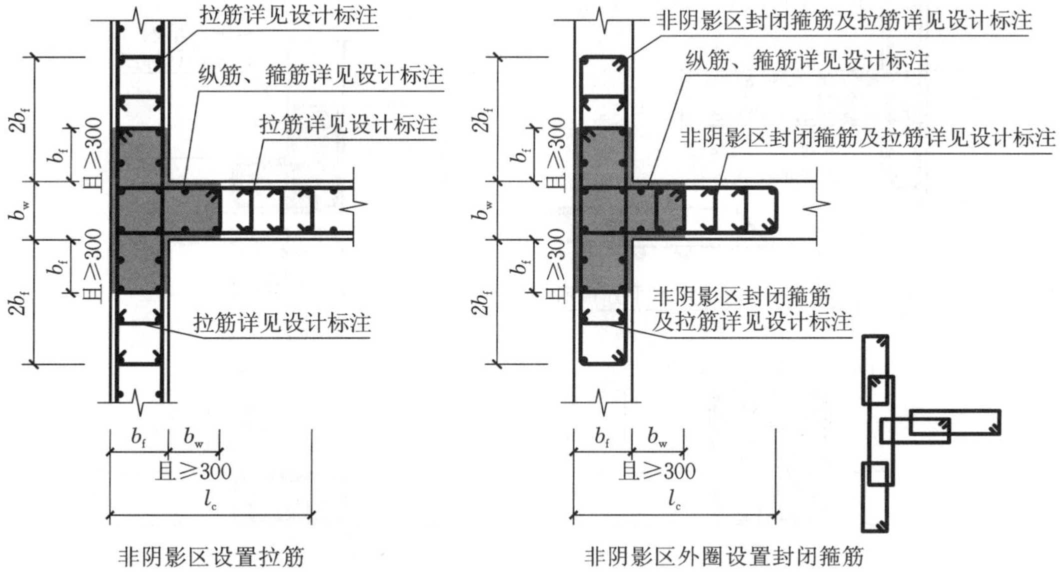

图 4-23　剪力墙约束边缘翼墙构造做法

（4）约束边缘转角墙构造如图 4-24 所示。

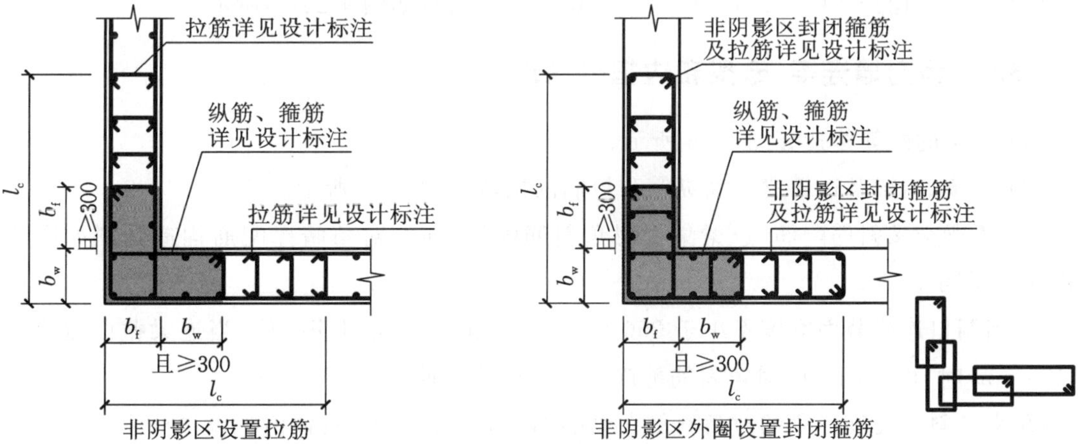

图 4-24　剪力墙约束边缘转角墙构造做法

4.5.4 构造边缘构件、扶壁柱、非边缘暗柱构造

(1) 构造边缘暗柱构造如图 4-25(a)所示。构造边缘端柱构造如图 4-25(b)所示。构造边缘翼墙构造如图 4-25(c)所示。构造边缘转角墙构造如图 4-25(d)所示。

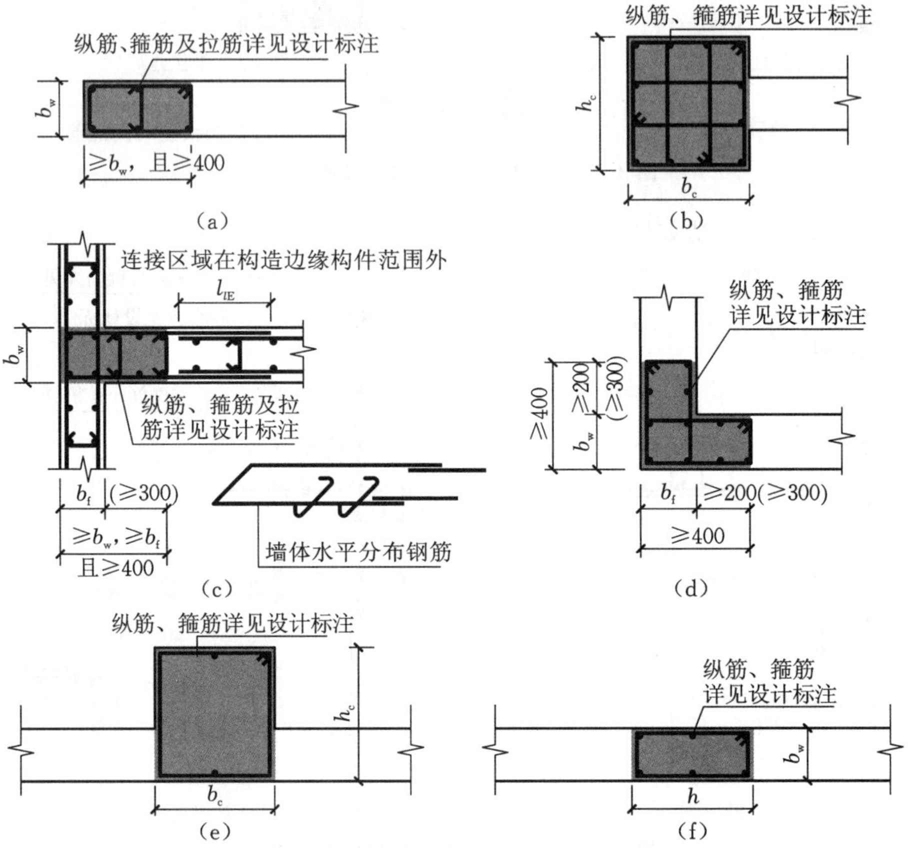

图 4-25 构造边缘构件、扶壁柱、非边缘暗柱构造做法

(2) 扶壁柱构造如图 4-25(e)所示。非边缘暗柱构造如图 4-25(f)所示。

4.5.5 剪力墙连梁、暗梁和边框梁构造

(1) 连梁的配筋构造如图 4-26 所示。

(2) 连梁、暗梁及边框梁侧面纵筋和拉筋的构造如图 4-27 所示。

(3) 连梁交叉斜筋配筋、连梁集中对角斜筋配筋、连梁对角暗撑配筋构造分别如图 4-28 至图 4-30 所示。

① 当洞口连梁截面宽度不小于 250 mm 时，可采用交叉斜筋配筋；当连梁截面宽度不小于 400 mm 时，可采用集中对角斜筋配筋或对角暗撑配筋。

② 交叉斜筋配筋连梁的对角斜筋在梁端部位应设置拉筋，具体值见设计标注。

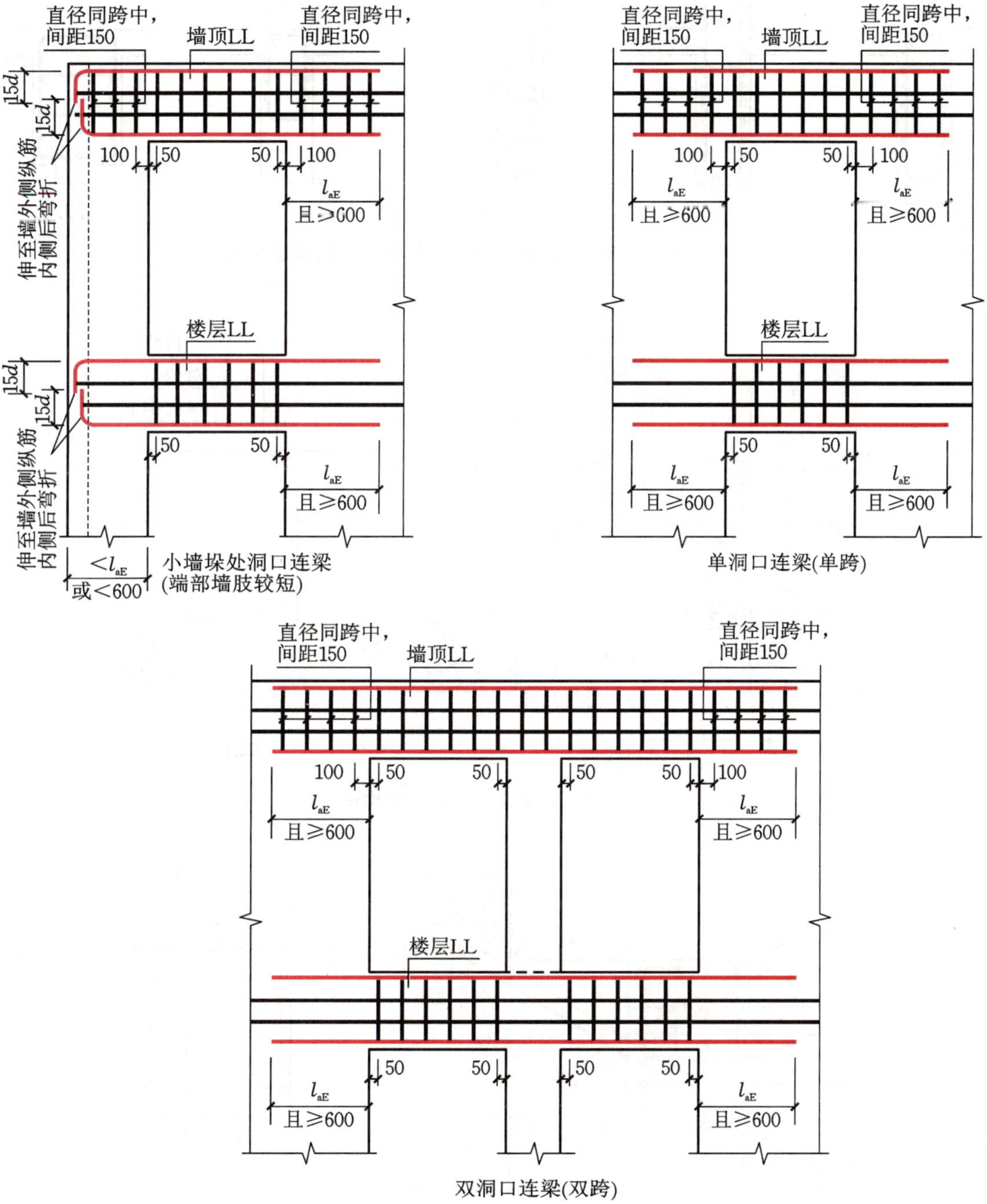

图 4-26　剪力墙连梁的配筋构造做法

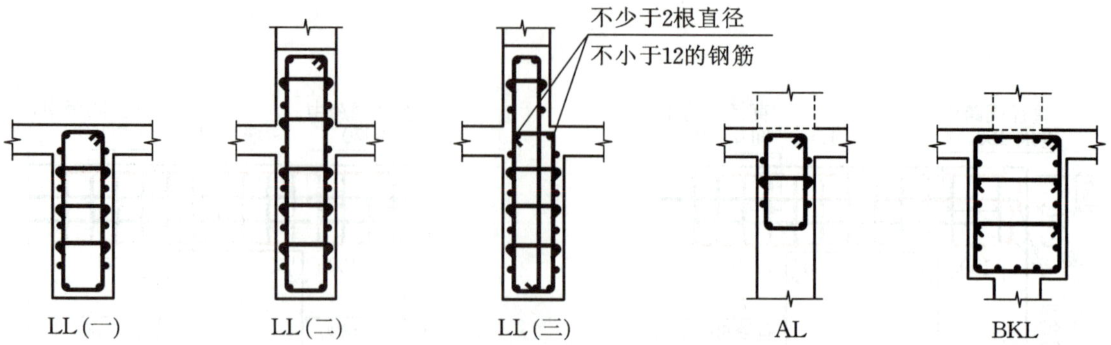

图 4-27 连梁、暗梁及边框梁侧面纵筋和拉筋的构造做法

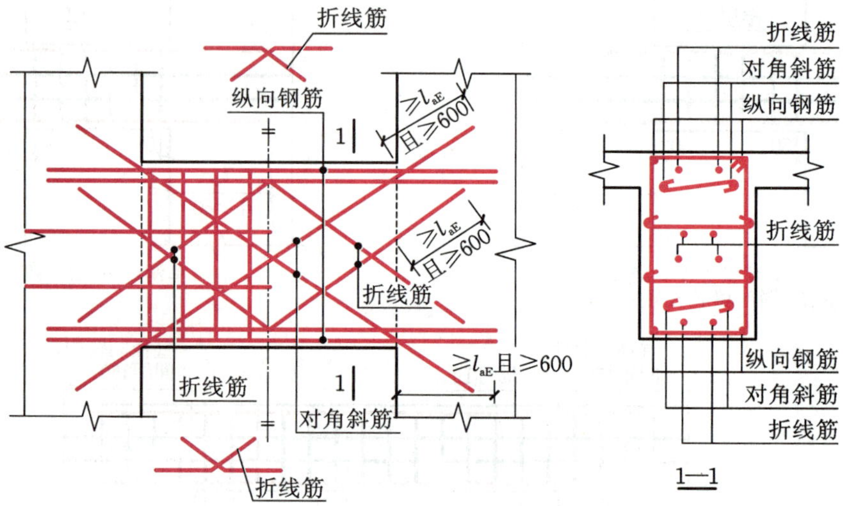

图 4-28 连梁交叉斜筋配筋构造

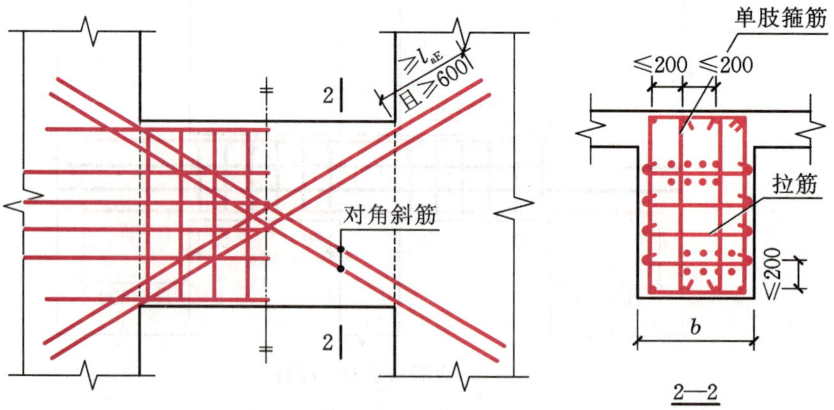

图 4-29 连梁集中对角斜筋配筋构造

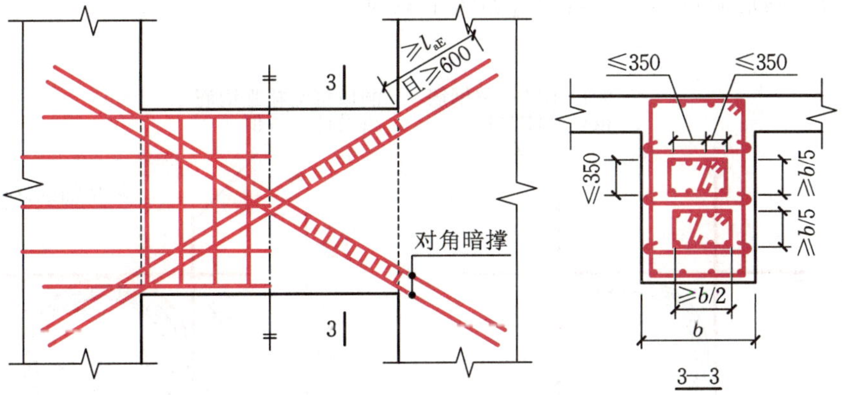

图 4-30 连梁对角暗撑配筋构造

③ 集中对角斜筋配筋连梁应在梁截面内沿水平方向及竖向方向设置双向拉筋，拉筋应勾住外侧纵筋钢筋，间距不应大于 200 mm，直径不应大于 8 mm。

④ 对角暗撑配筋连梁中暗撑箍筋的外缘沿梁截面宽度方向不宜小于梁宽的 1/2，另一方向不宜小于梁宽的 1/5；对角暗撑约束箍筋肢距不应大于 350 mm。

⑤交叉斜筋配筋连梁、对角暗撑配筋连梁的水平钢筋及箍筋形成的钢筋网之间应采用拉筋拉结，拉筋直径不宜小于 6 mm，间距不宜大于 400 mm。

4.5.6 剪力墙洞口补强构造

(1) 矩形洞宽和洞高均不大于 800 mm 时，洞口补强纵筋构造如图 4-31(a)所示。矩形洞宽和洞高均大于 800 mm 时，洞口补强暗梁构造如图 4-31(b)所示。

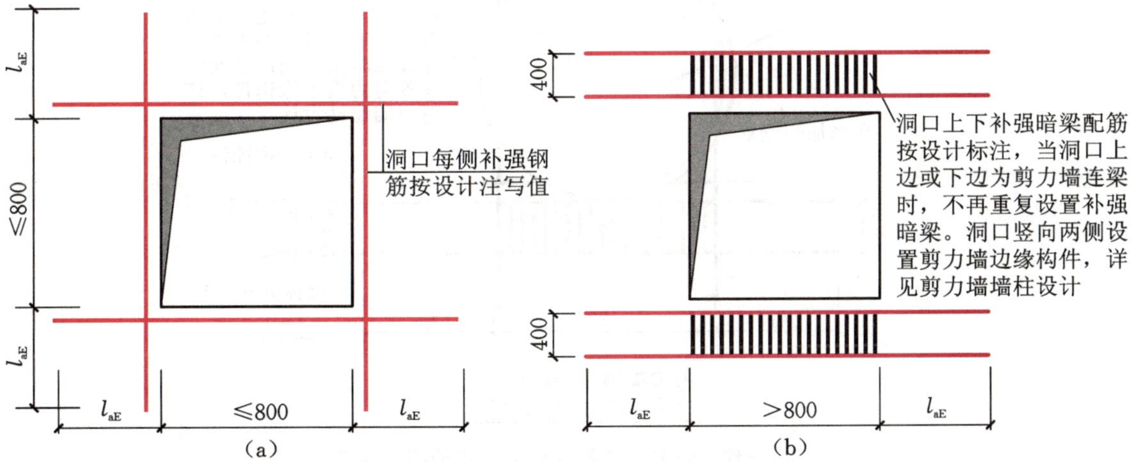

图 4-31 剪力墙矩形洞口补强钢筋构造做法

(a)矩形洞宽和洞高均不大于 800 mm 时洞口补强纵筋构造；(b)矩形洞宽和洞高均大于 800 mm 时洞口补强暗梁构造

(2) 剪力墙圆形洞口补强纵筋构造如图 4-32 所示。

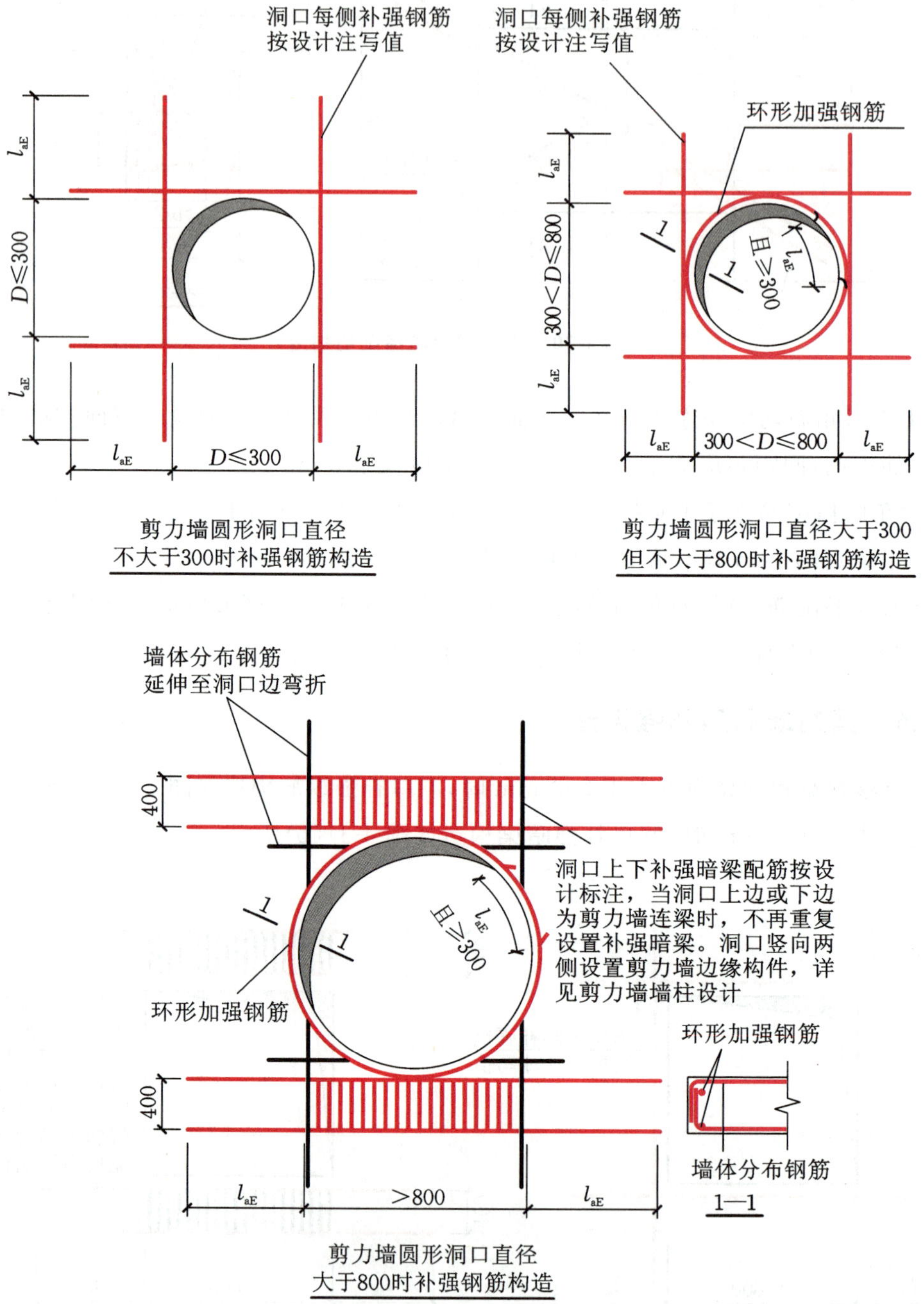

图 4-32　剪力墙圆形洞口补强纵筋构造做法

(3) 连梁中部圆形洞口补强纵筋构造如图 4-33 所示。

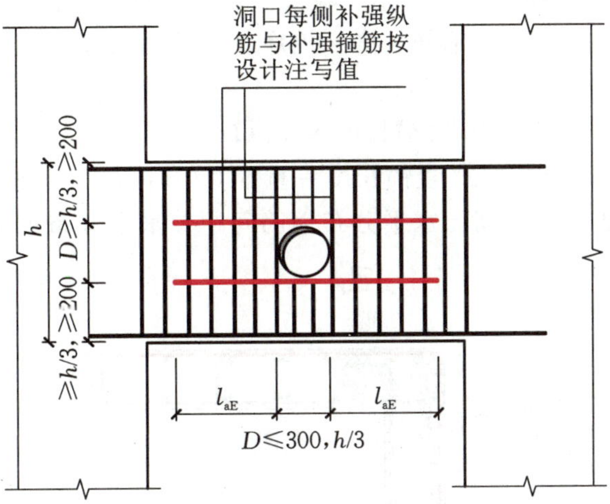

图 4-33　连梁中部圆形洞口补强纵筋构造做法

4.6 剪力墙钢筋的翻样与计算

4.6.1 剪力墙钢筋计算

(1) 剪力墙身水平分布钢筋工程量的计算

① 墙端为暗柱时(外侧钢筋连续通过，如图 4-34 所示)

外侧钢筋长度＝墙长－2×保护层厚度

内侧钢筋＝墙长－2×保护层厚度＋2×弯折长度(15d/个)

外/内侧水平分布钢筋根数＝(层高－水平分布钢筋间距)/水平分布钢筋间距＋1

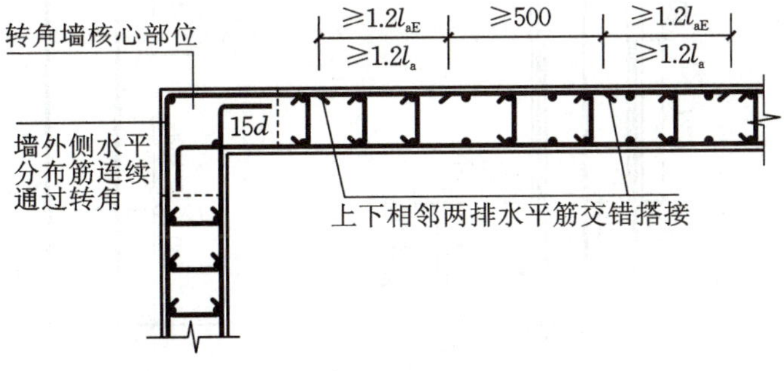

图 4-34　外侧水平分布筋连续通过转角

② 墙端为端柱时(如图 4-35 所示)

外侧钢筋长度=墙长-2×保护层厚度

内侧钢筋长度=墙净长+锚固长度

锚固长度:

若端柱净宽≥L_{aE}(L_a)时直锚,直锚长度=L_{aE}(L_a)。

若端柱净宽< L_{aE}(L_a)时弯锚,直锚长度=直锚 0.6L_{aE}(L_a) +弯锚 15d。

水平分布钢筋根数=[(层高-水平分布钢筋间距)/水平分布钢筋间距+1]×排数

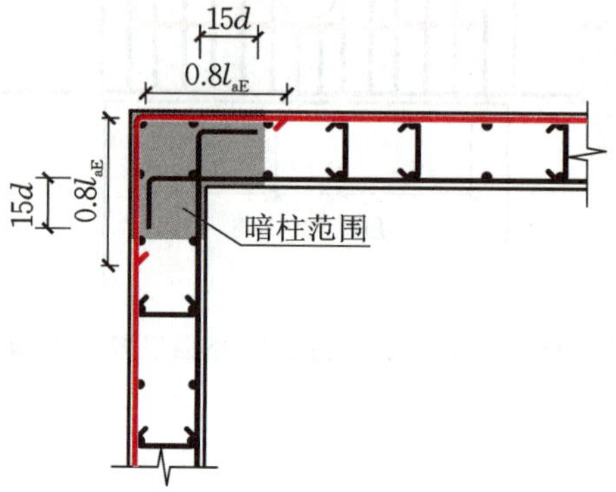

图 4-35　墙端为端柱时水平钢筋构造

(2) 剪力墙身竖向钢筋工程量的计算

① 基础插筋计算(如图 4-36 所示)

绑扎搭接:基础插筋长度=max(6d,150)+基础高度-保护层厚度+伸入上层的搭接长度(1.2L_{aE})

机械、焊接连接:基础插筋长度=max(6d,150)+基础高度-保护层厚度+500 mm

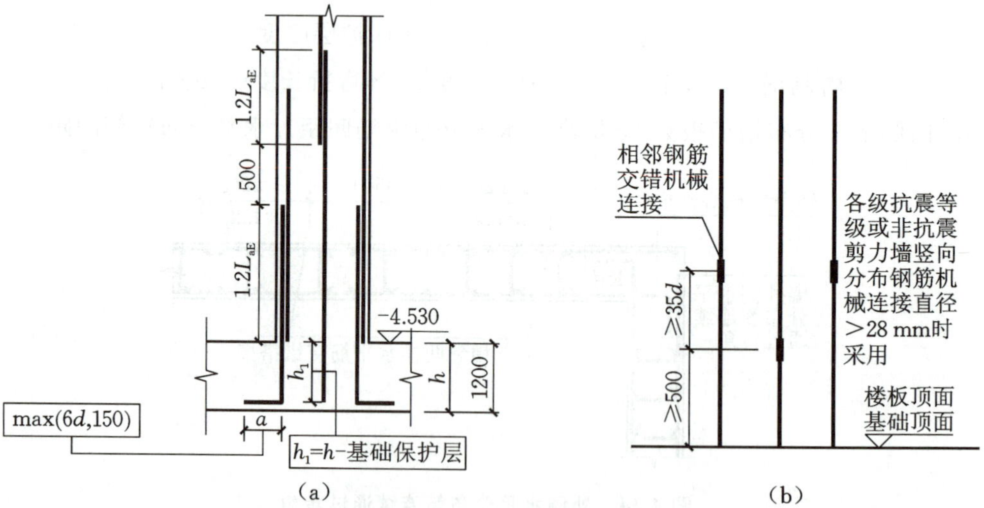

图 4-36　剪力墙竖向钢筋

(a)绑扎搭接;(b)机械、焊接连接

② 竖向钢筋计算(如图 4-36、图 4-18 所示)

绑扎搭接:首层墙身纵筋长度=首层层高+伸入上层的搭接长度($1.2L_{aE}$)

机械、焊接连接:首层墙身纵筋长度=首层层高

绑扎搭接:中间层墙身纵筋长度=本层层高+伸入上层的搭接长度($1.2L_{aE}$)

机械、焊接连接:中间层墙身纵筋长度=本层层高

绑扎搭接:顶层墙身纵筋长度=顶层层高-保护层厚度+顶层锚固长度

机械、焊接连接:顶层墙身纵筋长度=顶层层高-500-保护层厚度+顶层锚固长度

锚固长度取值:墙顶为板时取 $12d$。

墙身竖向分布钢筋根数=(墙净长-竖向分布钢筋间距)/竖向分布钢筋间距+1

(3) 剪力墙身拉结筋工程量的计算(如图 4-37 所示)

$$长度=墙厚-2\times保护层+2d + 2\times弯钩长度$$

$$根数=墙净面积/拉筋的布置面积$$

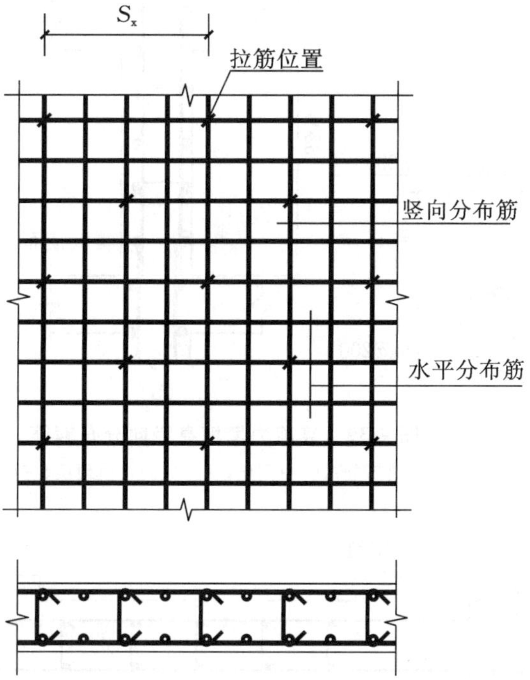

图 4-37 剪力墙拉筋梅花形排布

4.6.2 计算实例

图 4-38 所示是用截面注写方式表达的某建筑物的剪力墙施工图,三级抗震,剪力墙和基础混凝土强度等级均为 C25,剪力墙和板的保护层厚度均为 15 mm,基础保护层厚度为 40 mm。各层楼板厚度均为 100 mm,基础厚度为 1200 mm。图 4-39 和图 4-40 所示为剪力墙墙身竖向分布筋和水平分布筋构造。试计算该剪力墙墙身钢筋。

屋面	9.570	
3	6.370	3.200
2	3.170	3.200
1	-0.030	3.200
层号	标高(m)	层宽(m)

结构层楼面标高
结　构　层　高

上部结构
嵌固部位：-0.030

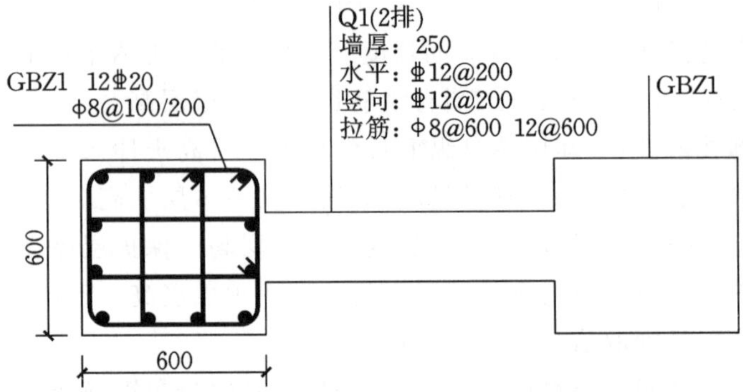

图 4-38　某剪力墙平法施工图

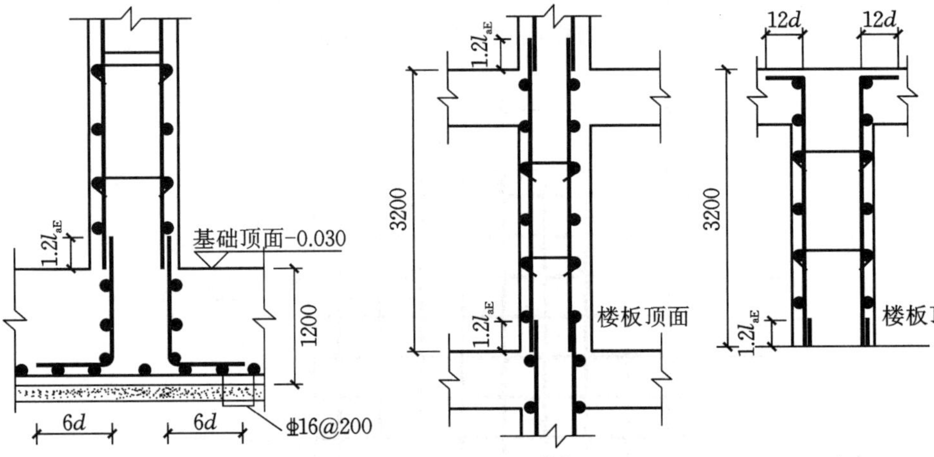

图 4-39　某剪力墙墙身竖向分布钢筋

(a)基础部分；(b)中间层(一、二层)；(c)顶层(三层)

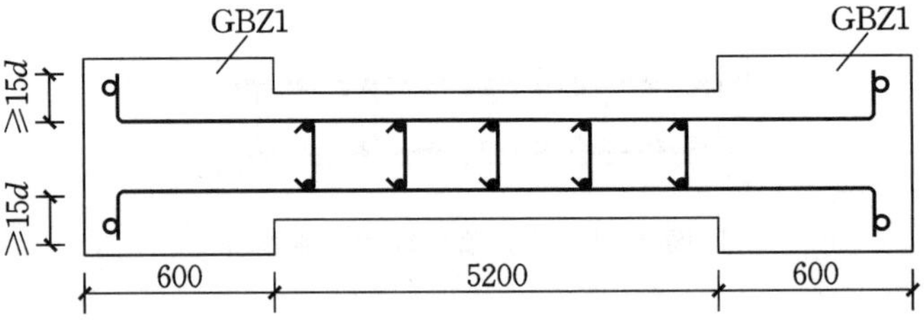

图 4-40　某剪力墙墙身水平分布钢筋

【解】　(1)基础部分[图 4-39(a)]。

① 竖向插筋

剪力墙在基础内锚固区保护层厚度按≥5d 考虑。查相关表可得：

$$l_{aE}=\zeta_{aE}\cdot l_a=\zeta_{aE}\cdot\zeta_a\cdot l_{ab}=1.05\times0.7\times40\times12=352.8\ \text{mm}<h_j=1200\ \text{mm}$$

$$弯折长度=\max(6d,150)=150\ \text{mm}$$

长度＝基础内高度＋基础内弯钩长度＋搭接长度

$$=1200-40-16\times2+150+1.2\times352.8=1701.4\ \text{mm}$$

$$根数=排数\times\frac{墙净长-\frac{1}{2}竖向筋间距\times2}{竖向筋间距}+1$$

$$=2\times\left(\frac{5200-\frac{1}{2}\times200\times2}{200}+1\right)=52\ 根$$

② 水平分布筋

长度＝(端柱截面尺寸－保护层厚度－端柱箍筋直径－端柱外侧纵筋直径)×2

＋墙净长＋弯折长度×2

$$=(600-20-8-20)\times2+5200+15\times12\times2=6664\ \text{mm}$$

弯折长度为 $15d$。

由于基础内设置水平分布筋与拉筋的要求是间距不大于 500 mm，且不少于两道，故基础内水平筋根数＝2×3＝6 根。

③ 拉筋(按中心线计算)

$$长度=墙厚-保护层厚度\times2-d+11.9d\times2=250-15\times2-8+11.9\times8\times2=402.4\ \text{mm}$$

$$根数=墙净面积/拉筋的布置面积=\frac{1200\times5200}{600\times600}=18\ 根$$

(2) 中间层[一层，图 4-39(b)]。

① 竖向分布筋

$$长度=层高+上面搭接长度=3200+1.2\times352.8=3623.4\ \text{mm}$$

$$根数=排数\times\frac{墙净长-\frac{1}{2}竖向分布筋间距\times2}{竖向分布筋间距}+1$$

$$=2\times\left(\frac{5200-\frac{1}{2}\times200\times2}{200}+1\right)=52\ 根$$

② 水平分布筋

长度＝(端柱截面尺寸－保护层厚度－端柱箍筋直径－端柱外侧纵筋直径)×2

＋墙净长＋弯折长度×2

$$=(600-20-8-20)\times2+5200+15\times12\times2=6664\ \text{mm}$$

$$根数=排数\times\frac{墙净高-\frac{1}{2}水平分布筋间距\times2}{水平分布筋间距}+1$$

$$=2\times\left(\frac{3200-\frac{1}{2}\times200\times2}{200}+1\right)=32\ 根$$

③ 拉筋

长度＝墙厚－保护层厚度×2＋2d＋11.9d×2＝250－15×2＋2×8＋11.9×8×2＝426.4 mm

$$根数=\frac{一层墙净面积}{拉筋的布置面积}=\frac{(3200-100)\times 5200}{600\times 600}=45 根$$

(3) 中间层[二层，图 4-39(b)]

计算与中间层(一层)一致。

(4) 顶层[三层，图 4-39(c)]

① 竖向钢筋

长度＝层高－保护层厚度＋12d＝3200－15＋12×12＝3329 mm

根数与中间层一致。

② 水平钢筋

长度和根数与中间层一致。

③ 拉筋

长度和根数与中间层一致。

5 梁构件平法识图

【学习目标】

1. 掌握梁构件的平法表达方式。
2. 掌握梁平法施工图的平面注写方式。
3. 掌握梁平法施工图的截面注写方式。
4. 理解梁构件的钢筋构造要求。
5. 掌握梁平法施工图的识读方法。
6. 掌握梁构件钢筋工程量的计算方法。

梁是建筑物的主要受弯构件。建筑工程中常见的梁有框架梁、非框架梁、框支梁、井字梁、悬挑梁、过梁、圈梁、楼梯梁、基础梁、吊车梁和连系梁等。由于外力作用方式和支承方式的不同，各种梁的弯曲变形情况也不同，所以不同类型梁内配置钢筋的种类、形状及数量也不相同。但是，各种梁内配置钢筋的类别及作用却基本相同。如图 5-1 所示，梁内钢筋主要有以下类型：

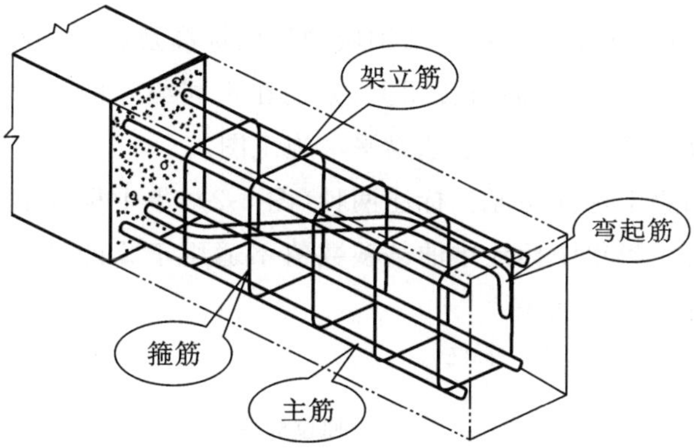

图 5-1　梁内部分钢筋示意图

(1) 纵向受力钢筋(主筋)

纵向受力钢筋的主要作用是承受外力作用下梁内产生的拉力。因此，纵向受力钢筋应配置在梁的受拉区。

(2) 弯起钢筋

弯起钢筋通常是由纵向钢筋弯起形成的。其主要作用是除在梁跨中承受正弯矩产生的拉力外,在梁靠近支座的弯起段还用来承受弯矩和剪力共同作用产生的主拉应力。

平法图集中的构造没有采用弯起钢筋。

(3) 架立钢筋

架立钢筋的主要作用是固定箍筋保证其正确位置和满足箍筋肢数的要求,并形成一定刚度的钢筋骨架。同时,架立钢筋还能承受因温度变化和混凝土收缩而产生的应力,防止裂缝产生。架立钢筋一般平行于纵向受力钢筋,放置在梁的受压区箍筋内的两侧。

(4) 腰筋

配置在梁的两个侧面(俗称“腰部”),主要起构造作用或者抗扭作用。

(5) 箍筋

箍筋的主要作用是承受剪力。此外,箍筋与其他钢筋通过绑扎或焊接形成一个整体性良好的空间骨架。箍筋一般垂直于纵向受力钢筋,有封闭箍和单肢箍两种。

(6) 拉筋

拉筋主要是拉住腰筋或者同时拉住腰筋和箍筋,主要是为提高钢筋骨架的整体性,起稳定腰筋的作用。

5.1 梁的平面注写方式

梁平法施工图是在梁平面布置图上采用平面注写方式或截面注写方式表达。梁平面布置图,应分别按梁的不同结构层(标准层),将全部梁和其相关联的柱、墙、板一起采用适当比例绘制。在梁平法施工图中,应按规定注明各结构层的顶面标高及相应的结构层号。

梁的平面注写方式,是在梁平面布置图上,分别在不同编号的梁中各选一根梁,在其上注写截面尺寸和配筋具体数值的方式来表达梁平法施工图。

平面注写方式包括集中标注与原位标注两种(图 5-2),集中标注表达梁的通用数值,原位标注表达梁的特殊数值。当集中标注中的某项数值不适用于梁的某部位时,则将该项数值原位标注,施工时,原位标注取值优先。

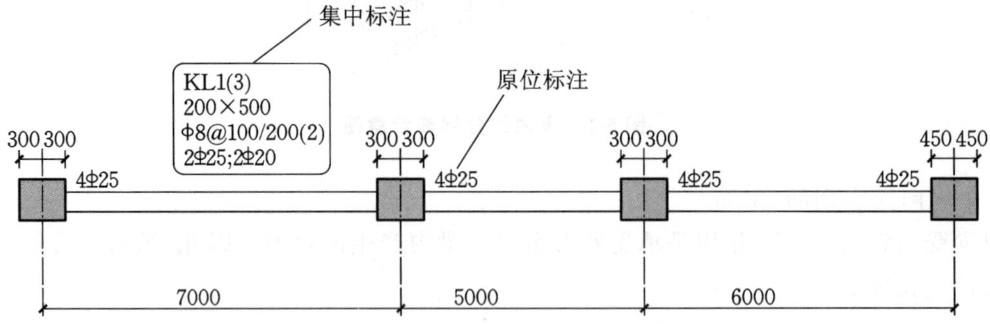

图 5-2 梁平面注写方式示例

16G101—1 图集第 37 页给出了梁平法施工图平面注写方式示例，如图 5-3 所示。

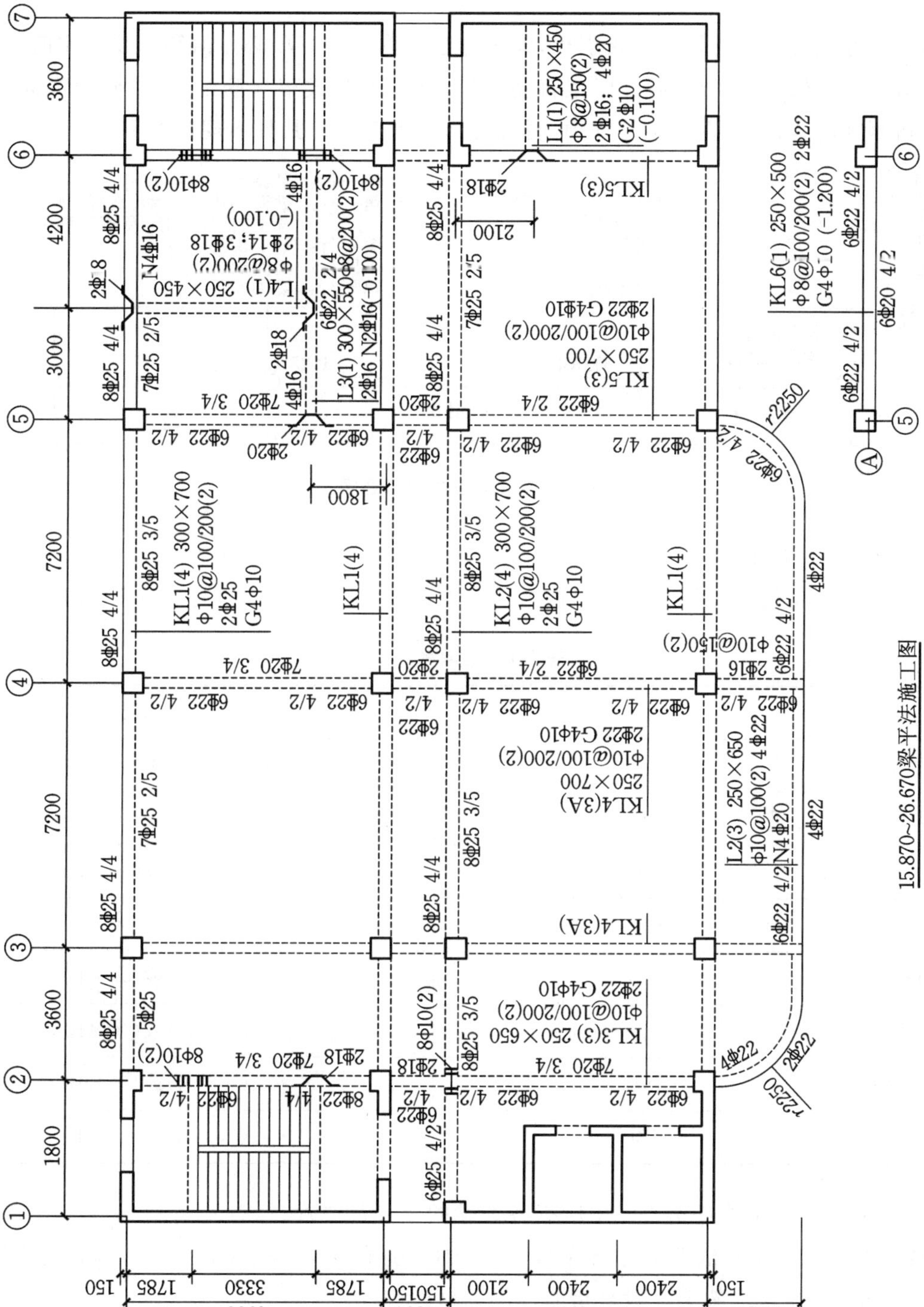

图 5-3 梁平法施工图平面注写方式示例

5.1.1 集中标注

梁的集中标注可从梁的任意一跨引出，集中标注的内容由五项必注值和一项选注值组成，五项必注值包括：梁编号、梁截面尺寸、梁箍筋、梁上部通长筋或架立筋配置、梁侧面纵向构造钢筋或受扭钢筋配置；一项选注值为梁顶面标高高差(图 5-4)。其具体规定如下：

扫一扫

梁平面注写方式-集中标注

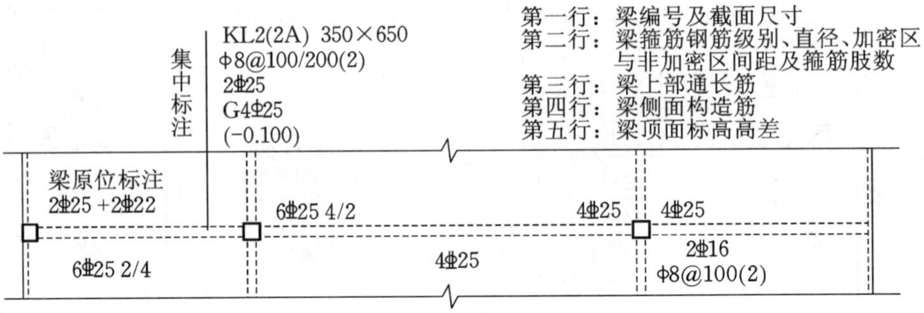

图 5-4 梁集中标注内容示意图

(1) 梁编号(必注项)

梁编号由梁类型代号、序号、跨数及有无悬挑代号四项组成，并应符合表 5-1 的规定。

表 5-1 梁编号

梁类型	代号	序号	跨数及是否带有悬挑
楼层框架梁	KL	××	(××)、(××A)或(××B)
楼层框架扁梁	KBL	××	(××)、(××A)或(××B)
屋面框架梁	WKL	××	(××)、(××A)或(××B)
框支梁	KZL	××	(××)、(××A)或(××B)
托柱转换梁	TZL	××	(××)、(××A)或(××B)
非框架梁	L	××	(××)、(××A)或(××B)
悬挑梁	XL	××	(××)、(××A)或(××B)
井字梁	JZL	××	(××)、(××A)或(××B)

为便于掌握，下面先介绍表 5-1 中所指各类梁的定义及位置。

① 楼层框架梁(KL)：框架梁是指两端与框架柱相连的梁，或者两端与剪力墙相连但跨高比不小于 5 的梁。楼层框架梁一般是指非顶层的框架梁。

② 楼层框架扁梁(KBL)：楼层框架扁梁是指截面宽度比截面高度大的楼层框架梁。一般框架扁梁的截面宽高比不宜超过 3。扁梁可以有效地降低层高和建筑的总高度，从而减小由风荷载和地震作用产生的结构内力，节省房屋经常性的耗能量和结构工程造价。如图 5-5 所示。

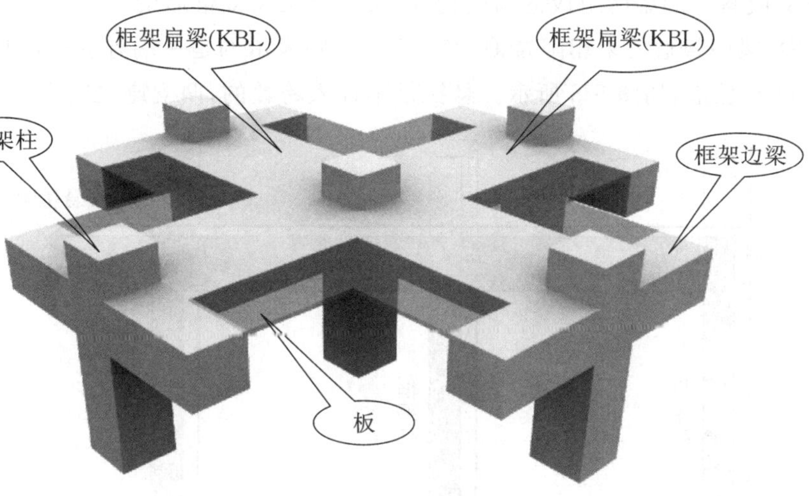

图 5-5 框架扁梁示意

③ 屋面框架梁(WKL):一般是指顶层的框架梁,主要作用是承受屋架的自重和屋面活荷载。

④ 框支梁(KZL):框支剪力墙结构通过在某些楼层的剪力墙上开洞获得需要的大空间,上部楼层的部分剪力墙不能直接连续贯通落地,需设置结构转换构件,其中的转换梁叫框支梁,如图 5-6 所示。

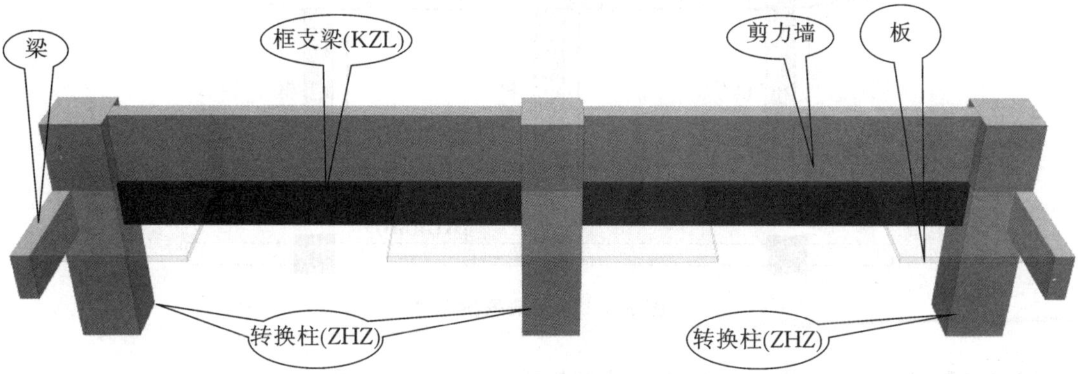

图 5-6 框支梁示意

⑤ 托柱转换梁(TZL):上部承托柱构件的梁称为托柱转换梁。

⑥ 非框架梁(L):在框架结构中框架梁之间设置的将楼板的质量先传给框架梁的其他梁就是非框架梁,没有与框架柱或剪力墙端柱等相连的一般楼面或屋面梁。

⑦ 悬挑梁(XL):不是两端都有支撑的,一端埋在或者浇筑在支撑物上,另一端伸出挑出支撑物的梁称为悬挑梁。

⑧ 井字梁(JZL):井字梁就是不分主次,高度相当的梁,同位相交,呈井字形。这种一般用在楼板是正方形或者长宽比小于 1.5 的矩形楼板,大厅比较多见,梁间距 3 m 左右。由同一平

面内相互正交或斜交的梁所组成的结构构件，又称交叉梁或格形梁。

表 5-1 中，梁序号通常采用阿拉伯数字，(××A)表示的是一端有悬挑，如图 5-7 所示；(××B)表示两端有悬挑，如图 5-8 所示。悬挑是不计入跨数的，两支座之间为一跨。

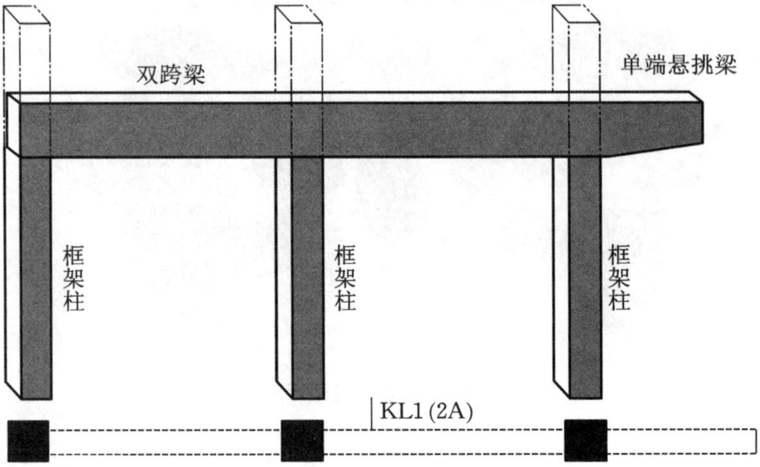

图 5-7　梁一端悬挑示意

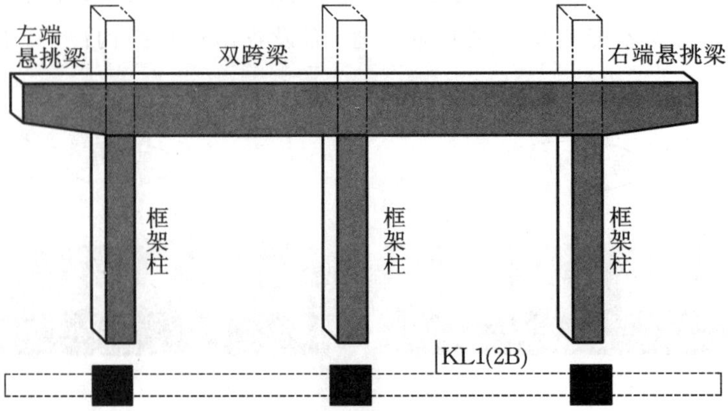

图 5-8　梁两端悬挑示意

【例 5-1】 KL7(5A)表示第 7 号楼层框架梁，5 跨，一端有悬挑。

【例 5-2】 L9(7B)表示第 9 号非框架梁，7 跨，两端有悬挑。

【例 5-3】 KL2(2A)表示第 2 号楼层框架梁，2 跨，一端有悬挑。

【例 5-4】 XL3 表示第 3 号悬挑梁。

(2) 梁截面尺寸(必注项)

① 当为等截面梁时，用 $b \times h$ 表示。

② 当为竖向加腋梁时，用 $b \times h$　$Yc_1 \times c_2$ 表示，其中 c_1 为腋长，c_2 为腋高。

③ 当为水平加腋梁时，一侧加腋时用 $b \times h$　$PYc_1 \times c_2$ 表示，其中 c_1 为腋长，c_2 为腋宽，加腋部位应在平面图中绘制，如图 5-9、图 5-10 所示。

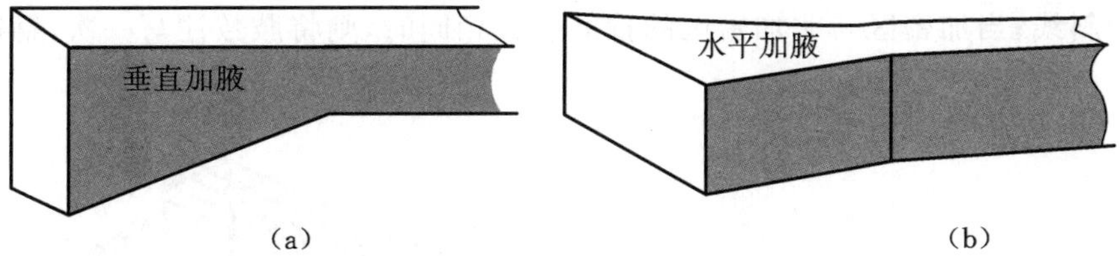

图 5-9 竖向加腋梁与水平加腋梁示意

加腋梁截面注写方式见图 5-10。

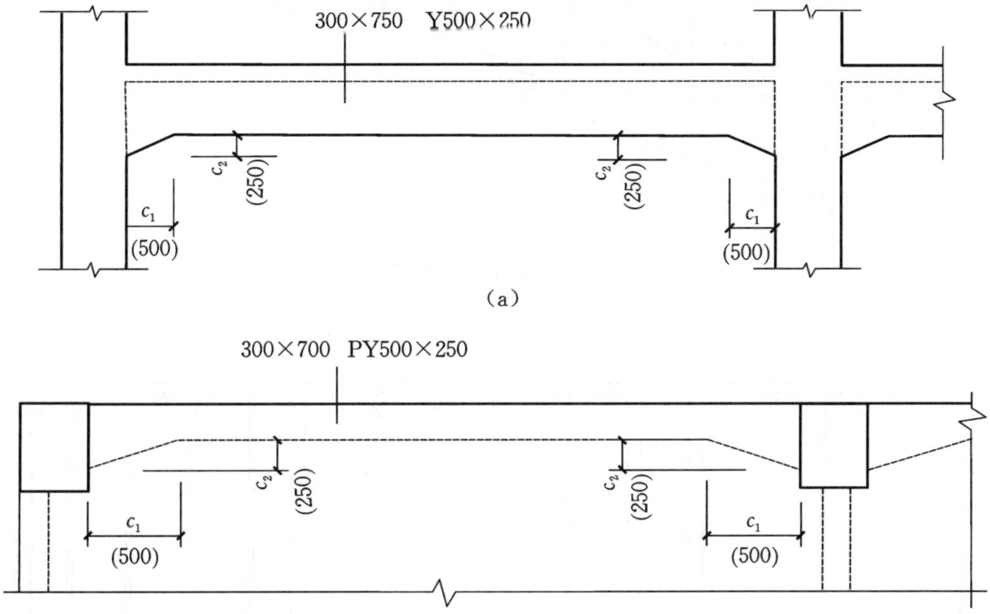

图 5-10 加腋梁截面注写示意

(a)竖向加腋截面注写方式;(b)水平加腋截面注写方式

④ 当有悬挑梁且根部和端部的高度不同时,用斜线分隔根部与端部的高度值,即为 $b\times h_1/h_2$(其中 h_1 为根部高,h_2 为端部高),如图 5-11 所示。

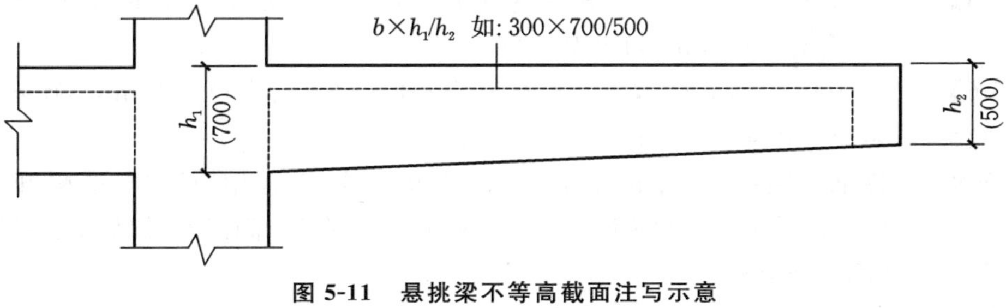

图 5-11 悬挑梁不等高截面注写示意

(3) 梁箍筋(必注值)

梁箍筋构造详见图 5-12。梁箍筋必须注写钢筋级别、直径、加密区与非加密区间距及肢数。箍筋加密区与非加密区的不同间距及肢数需用"/"分隔;当梁箍筋为同一种间距及肢数时，则不需用斜线；当加密区与非加密区的箍筋肢数相同时，则将肢数注写一次；箍筋肢数应写在括号内。

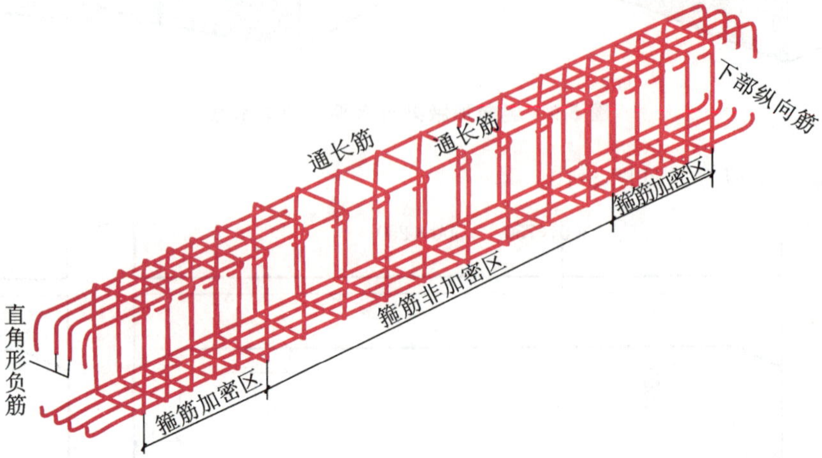

图 5-12　梁箍筋构造示意

箍筋的肢数是指梁同一截面内在高度方向箍筋的根数，如图 5-13 所示。

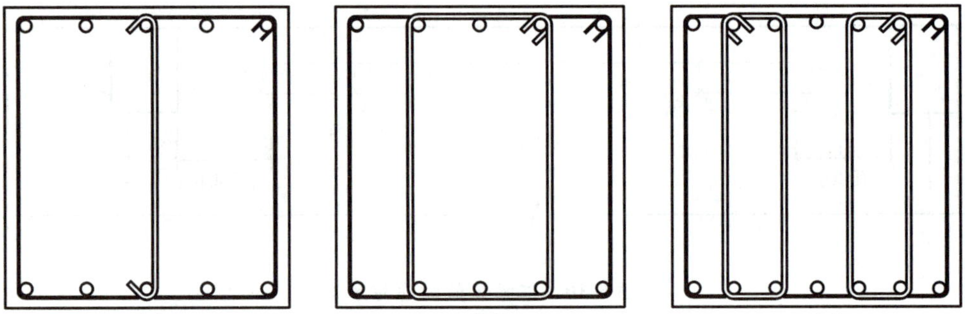

图 5-13　箍筋肢数示意

(a)三肢箍；(b)四肢箍；(c)六肢箍

【例 5-5】　ϕ10@100/200(4)，表示箍筋为 HPB300 钢筋，直径为 10 mm，加密区间距为 100 mm，非加密区间距为 200 mm，均为四肢箍。

【例 5-6】　ϕ8@100(4)/150(2)，表示箍筋为 HPB300 钢筋，直径为 8 mm，加密区间距为 100 mm，四肢箍；非加密区间距为 150 mm，两肢箍。

非框架梁、悬挑梁、井字梁采用不同的箍筋间距及肢数时，也用“/”将其分隔开来。注写时，先注写梁支座端部的箍筋(包括箍筋的箍数、钢筋级别、直径、间距与肢数)，在斜线后注写梁跨中部分的箍筋间距及肢数。

【例 5-7】　13ϕ10@150/200(4)，表示箍筋为 HPB300 钢筋，直径为 10 mm；梁的两端各有 13 个四肢箍，间距为 150 mm；梁跨中部分间距为 200 mm，四肢箍。

【例 5-8】　18ϕ12@150(4)/200(2)，表示箍筋为 HPB300 钢筋，直径为 12 mm；梁的两端各有 18 个四肢箍，间距为 150 mm；梁跨中部分间距为 200 mm，两肢箍。

(4) 梁上部通长筋或架立筋配置(必注值)

通长筋是受力钢筋,主要用于抗震设计的框架结构的框架梁中或设计人员认为需要设置通长筋的非框架结构的连续梁中。通长筋可以是相同或不同直径采用搭接、机械连接或者焊接的钢筋。

架立筋是一种构造钢筋,是为解决箍筋的绑扎问题而设的,计算中架立筋不受力,一般布置在梁的受压区且直径较小。通长筋在梁上部和底部均有布置;架立筋只在梁上部布置,所注规格及根数应根据结构受力要求及箍筋肢数等构造要求而定。通长筋与架立筋示意图可见图 5-14。

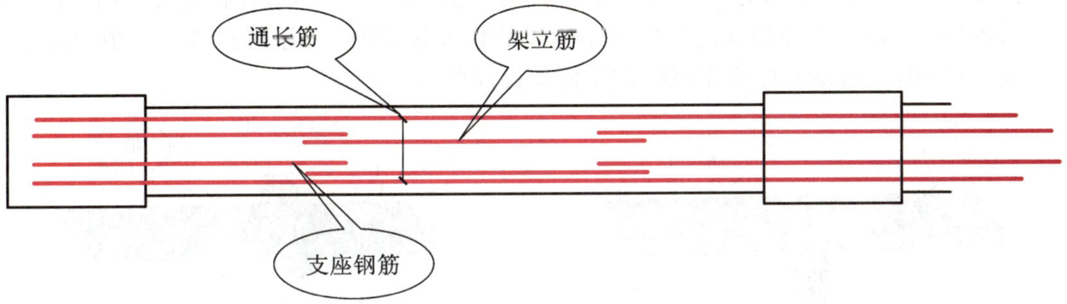

图 5-14 通长筋与架立筋示意图

① 当同排纵筋中既有通长筋又有架立筋时,应用"+"将通长筋和架立筋相连。注写时需将角部钢筋写在加号的前面,架立筋写在加号后面的括号内,以此来与通长筋进行区分。当全部采用架立筋时,则将其写入括号内。

【例 5-9】 2⌀22+(2⌀12),表示该梁通长筋为 2⌀22,架立筋为 2⌀12。

② 当梁的上部纵筋和下部纵筋为全跨相同,且多数跨配筋相同时,此项可加注下部纵筋的配筋值,用";"将上部与下部纵筋的配筋值分隔开来,少数跨不同者,可采用原位标注的表示方式。

【例 5-10】 2⌀20+(1⌀12);3⌀20:表示该梁上部通长筋为 2⌀20,架立筋为 1⌀12;下部配置 3⌀20 的通长筋。如图 5-15 所示。

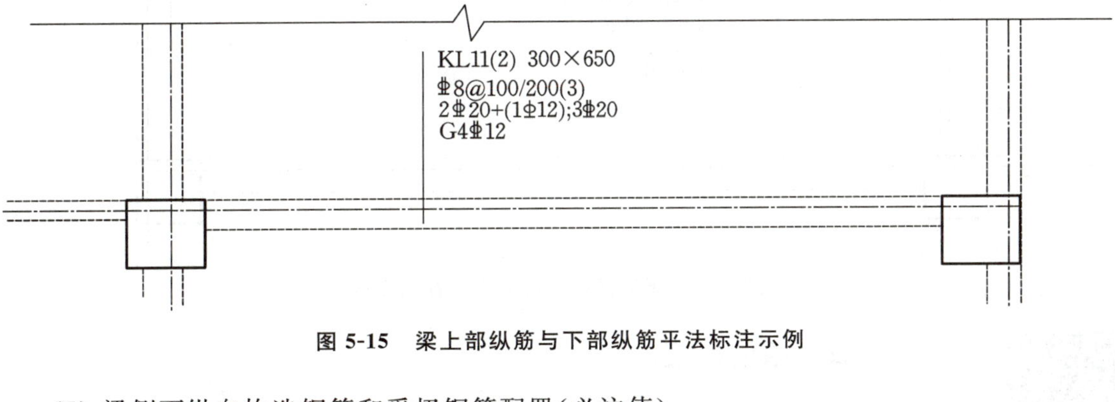

图 5-15 梁上部纵筋与下部纵筋平法标注示例

(5) 梁侧面纵向构造钢筋和受扭钢筋配置(必注值)

① 当梁腹板高度 h_w>450 mm 时,需配置纵向构造钢筋,所注规格与根数应符合规范规定。此项注写值以大写字母"G"打头,接着注写设置在梁两个侧面的总配筋值,且对称配置。构造钢筋的搭接与锚固长度可取 $15d$。

【例 5-11】 图 5-15 中，G4Φ12 表示梁的两个侧面共配置 4Φ12 的纵向构造钢筋，每侧各配置 2Φ12。

② 当梁侧面需配置受扭钢筋时，此项注写值以大写字母“N”打头，接着注写配置在梁两个侧面的总配筋值，且对称配置。受扭纵向钢筋应满足梁侧面纵向构造钢筋的间距要求，且不再重复配置纵向构造钢筋。受扭纵向钢筋，其搭接长度为 l_l 或 l_{lE}，锚固长度为 l_a 或 l_{aE}。

【例 5-12】 N6Φ20 表示梁的两个侧面共配置 6Φ20 的纵向受扭钢筋，每侧各配置 3Φ20。

(6) 梁顶面标高高差(选注值)

梁顶面标高高差是指相对于结构层楼面标高的高差值(图 5-16)，有高差时，需将其写入括号内，无高差时不注。当梁顶面高于所在结构层的楼面标高时，其标高高差为正值，反之为负值。如(－0.100)表示梁面标高比该结构层楼面标高低 0.1 m。

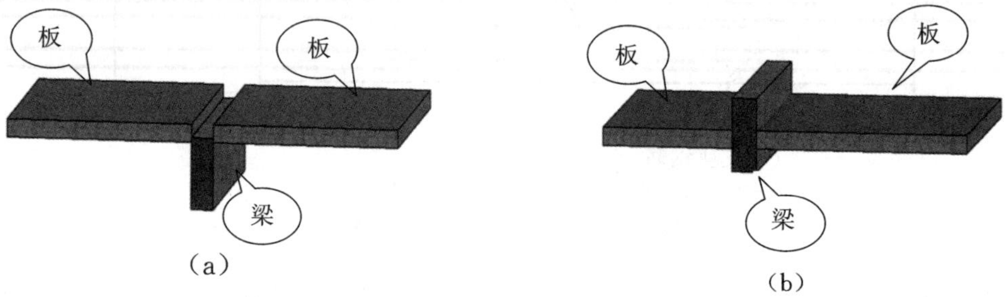

图 5-16 梁顶面标高高差示意

(a)梁顶面低于板顶面；(b)梁顶面高于板顶面

【例 5-13】 某结构标准层的楼面标高分别为 44.950 m 和 48.250 m，当这两个标准层中某梁的梁顶面标高高差注写为(－0.060)时，即表明该梁顶面标高下分别相对于 44.950 和 48.250 低 0.06 m。如图 5-17 所示。

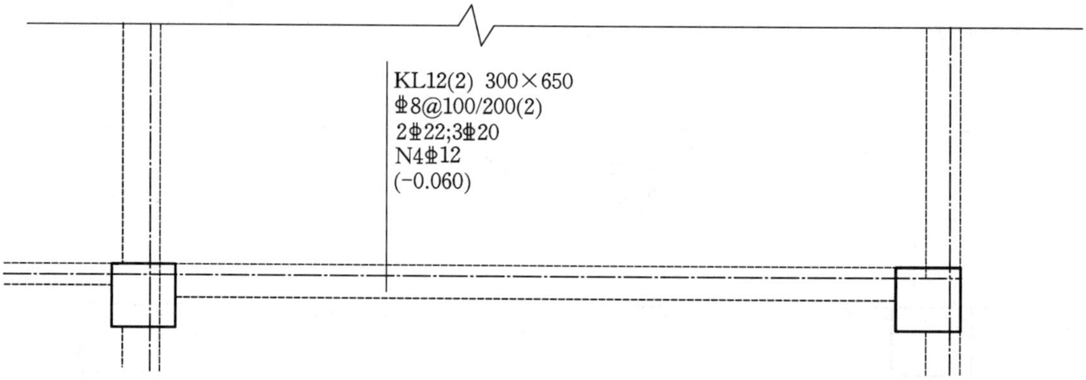

图 5-17 梁顶面标高高差平法标注示例

扫一扫

梁平面注写方式-原位标注及截面注写方式

5.1.2 原位标注

原位标注指在梁跨的局部，截面、标高、配筋信息有不同于集中标注的单独标注，在梁的上部标明支座筋和架立筋，在梁的下部标明下部筋、箍筋、拉筋、腰筋、梁跨截面变化、位置变化、标高变化，还包含其他特殊改变的数值及文字说明。

原位标注在施工时优先于集中标注。

（1）梁支座上部纵筋（含通长筋）

① 当上部纵筋多于一排时，用“/”将各排纵筋自上而下分开。

【例 5-14】 梁支座上部纵筋注写为 6ф25 4/2，表示上一排纵筋为 4ф25，下一排纵筋为 2ф25。

② 当同排纵筋有两种直径时，用加号“＋”将两种直径的纵筋相连，注写时将角部纵筋写在前面。

【例 5-15】 梁支座上部有四根纵筋，2ф25 放在角部，2ф22 放在中部，在梁支座上部应注写为 2ф25＋2ф22。

③ 当梁中间支座两边的上部纵筋不同时，需在支座两边分别标注；当梁中间支座两边的上部钢筋相同时，可仅在支座的一边标注配筋值，另一边省去不注。如图 5-18 所示。

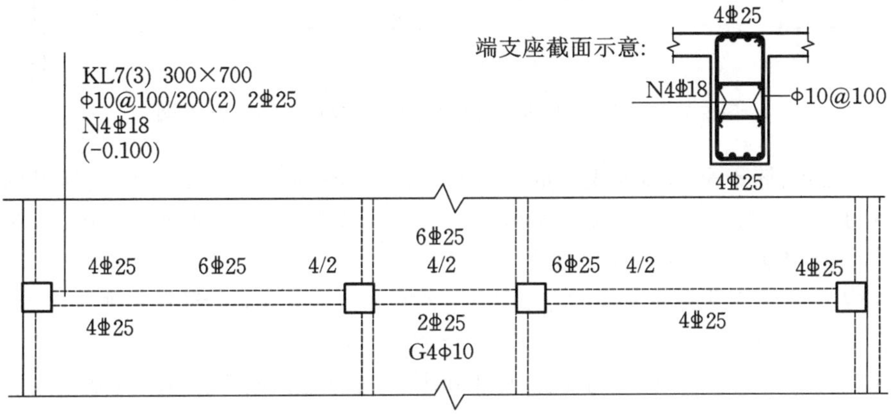

图 5-18　梁原位标注示意图

（注意：支座上部的原位标注钢筋包含集中标注的上部通长筋）

（2）梁下部钢筋

① 当下部纵筋多于一排时，用“/”将各排纵筋自上而下分开。

【例 5-16】 梁下部纵筋注写为 6ф25 2/4，表示上一排纵筋为 2ф25，下一排纵筋为 4ф25，全部伸入支座，如图 5-19 所示。

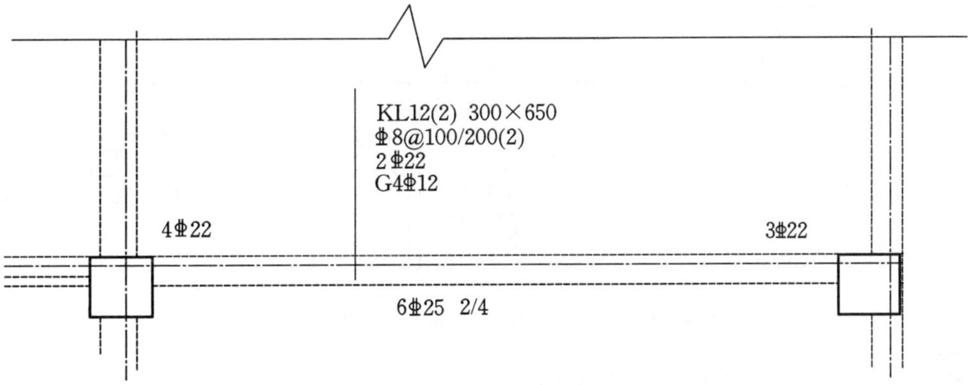

图 5-19　梁下部纵筋原位标注示例

② 当同排纵筋有两种直径时，用“＋”将两种直径的纵筋相连，注写时角部钢筋写在前面，

中部钢筋写在后面。如图 5-20 所示，梁下部纵筋注写为 2Φ25+2Φ22，其中角部钢筋直径为 25 mm，中部钢筋直径为 22 mm。

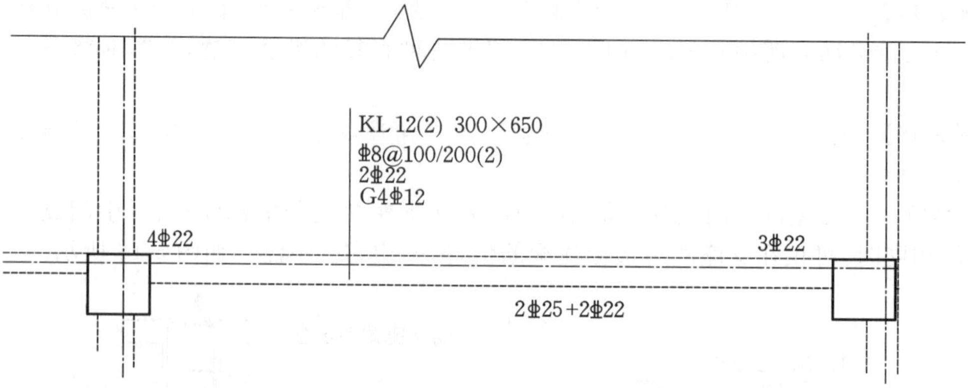

图 5-20　梁下部纵筋同排两种钢筋直径的原位标注示例

③ 当梁下部纵筋不全部伸入支座时，将梁支座下部纵筋减少的数量写在括号内。

【例 5-17】 梁下部纵筋注写为 6Φ25 2(−2)/4，表示上一排纵筋为 2Φ25，且不伸入支座；下一排纵筋为 4Φ25，全部伸入支座。

【例 5-18】 梁下部纵筋注写为 2Φ25+3Φ22(−3)/5Φ25，表示上一排纵筋为 2Φ25 和 3Φ22，其中 3Φ22 不伸入支座；下一排纵筋为 5Φ25，全部伸入支座。

④ 当梁的集中标注中分别注写了梁上部和下部均为通长的纵筋值时，则不需在梁下部重复做原位标注。

⑤ 当梁设置竖向加腋时，加腋部位下部斜纵筋应在支座下部以“Y”打头注写在括号内。当梁设置水平加腋时，水平加腋内上、下部斜纵筋应在加腋支座上部以“Y”打头注写在括号内，上下部斜纵筋之间用“/”分隔。16G101—1 图集第 30～31 页给出了如图 5-21 和 5-22 所示图示。

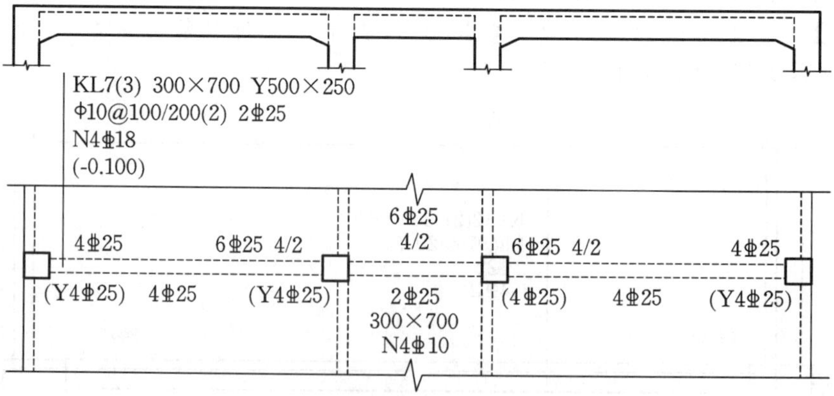

图 5-21　梁竖向加腋平面注写方式表达示例

扫一扫

梁平法识图注意事项

(3) 梁平法标注的注意事项

① 当在梁上集中标注的内容(即梁截面尺寸、箍筋、上部通长筋或架立筋、梁侧面纵向构造钢筋或受扭纵向钢筋，以及梁顶面标高高差中的某一项或几项数值)不适用于某跨或某悬挑部分时，则将其不同数值原位标注在该跨或该悬挑部

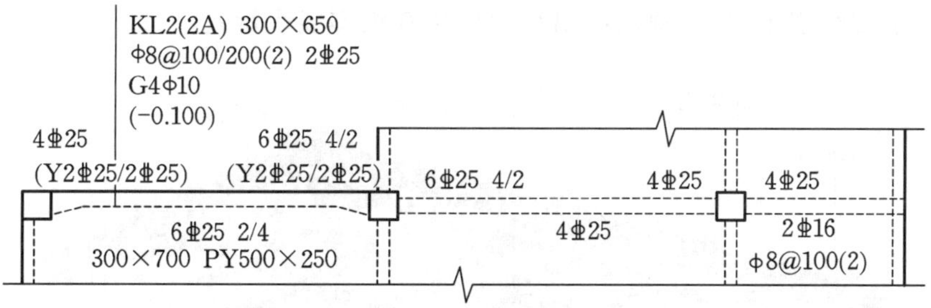

图 5-22 梁水平加腋平面注写方式表达示例

位，施工时应按原位标注数值取用。

② 附加箍筋或吊筋，将其直接画在平面图中的主梁上，用线引注总配筋值(附加箍筋的肢数注在括号内)(图 5-23)。当多数附加箍筋或吊筋相同时，可在梁平法施工图上统一注明，少数与统一注明值不同时，再原位引注。

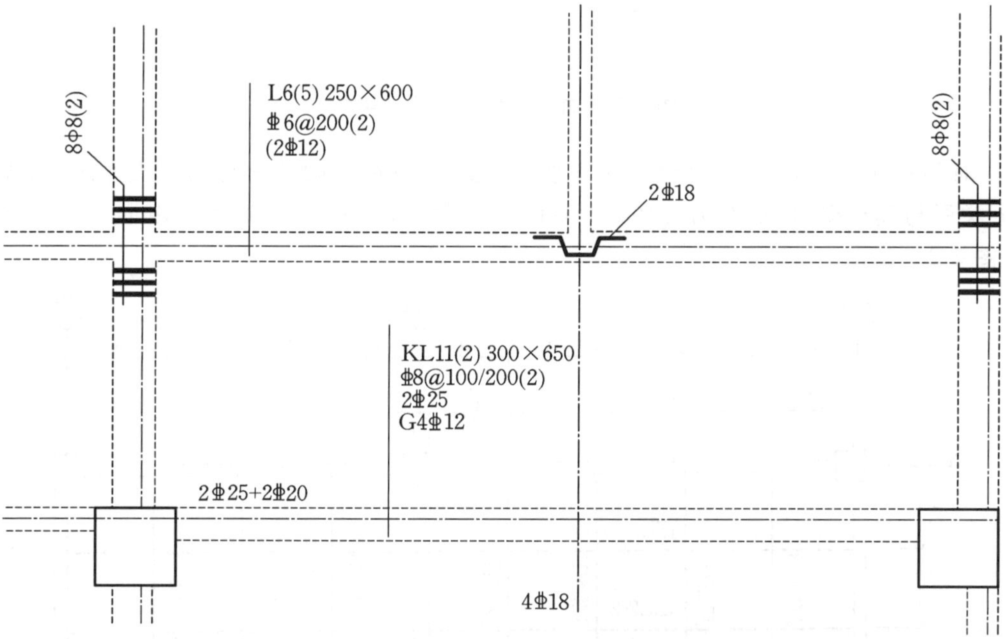

图 5-23 附加箍筋和吊筋的画法示例

(4) 井字梁

井字梁通常由非框架梁构成，并以框架梁为支座(特殊情况下以专门设置的非框架大梁为支座)，如图 5-24、图 5-25 所示。16G101—1 图集中所规定的井字梁是指同一矩形平面内相互正交所组成的结构构件，井字梁所分布范围称为“矩形平面网格区域”(简称“网格区域”)。为明确区分井字梁与作为井字梁支座的梁，井字梁用单粗线虚线表示(当井字梁顶面高出板面可用单粗线表示)，作为井字梁

图 5-24 井字梁实例

支座的梁用双细虚线表示(当梁顶面高出板面可用双细实线表示)。

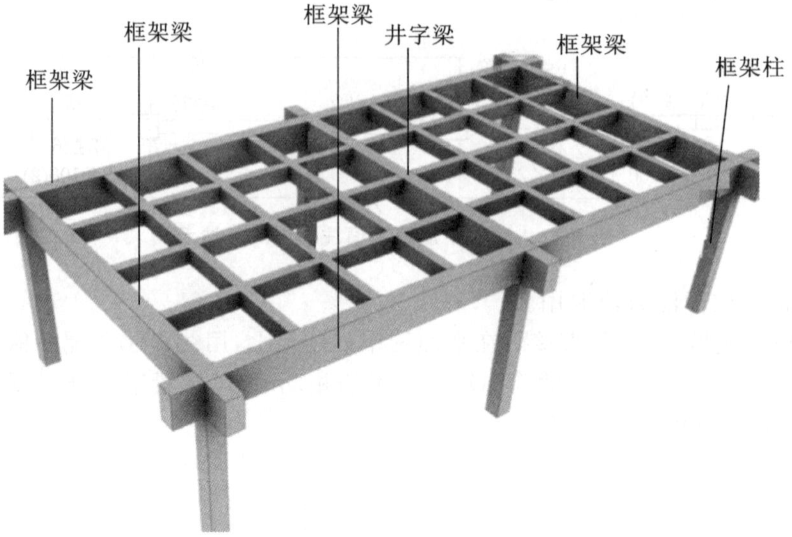

图 5-25　井字梁空间位置示意图

① 对某根井字梁编号时,其跨数为其总支座数减 1;在该梁的任意两个支座之间,无论有几根同类梁与其相交,均不作为支座。16G101—1 第 33 页给出了井字梁矩形平面网格示意图,如图 5-26 所示。

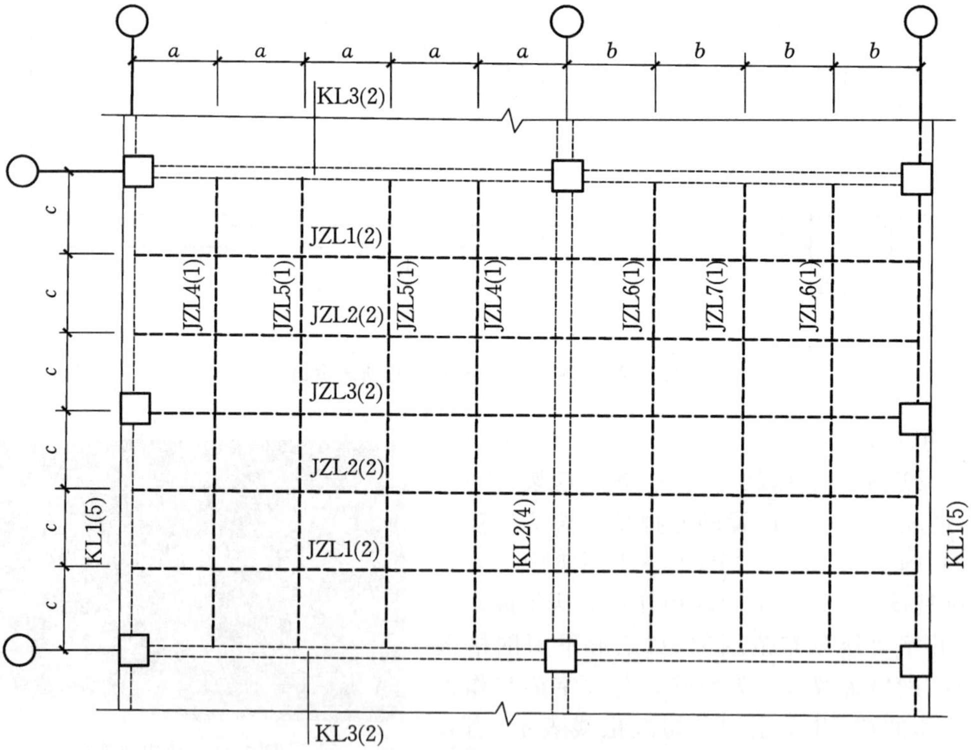

图 5-26　井字梁矩形平面网格示意图

② 井字梁的标注规则除了应遵循梁平面标注方式外，还要注意纵横两个方向梁相交处同一层面钢筋的上下交错关系（指梁上部或下部的同层面交错钢筋，何梁在上何梁在下），以及在该相交处两方向梁箍筋的布置要求。

③ 井字梁的端部支座和中间支座上部纵筋的伸出长度应在原位标注注明具体数值。如图 5-27 所示。

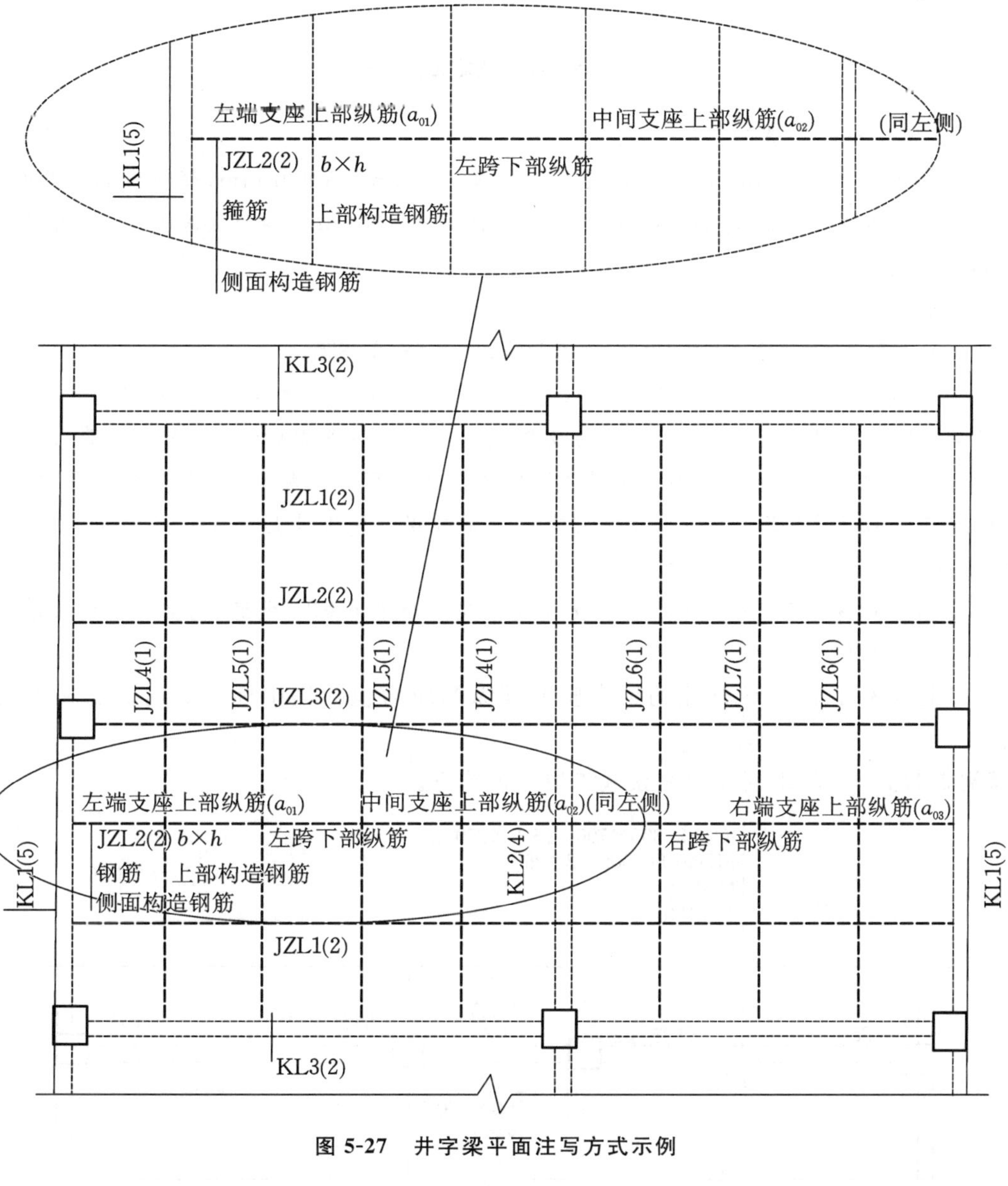

图 5-27　井字梁平面注写方式示例

【例 5-19】 贯通两片网格区域采用平面注写方式的某井字梁，其中间支座上部纵筋注写为 6⏀20 4/2（3200/2400），表示该位置上部纵筋设置两排，上一排纵筋为 4⏀20，自支座边缘向跨内伸出长度 3200 mm；下一排纵筋为 2⏀20，自支座边缘向跨内伸出长度 2400 mm。

【例 5-20】 图 5-28 所示梁平法施工图识读练习。

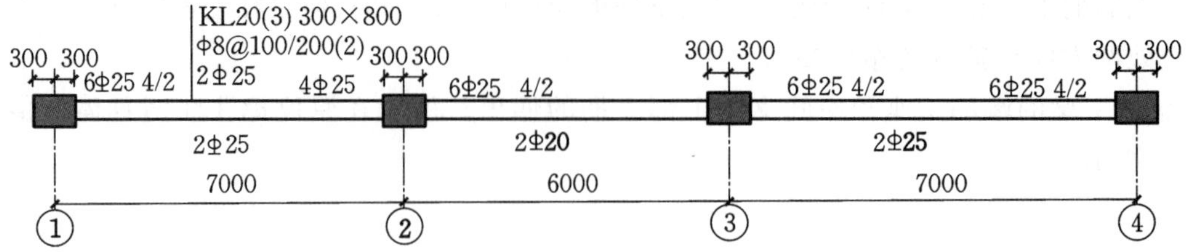

图 5-28 梁平法施工图(一)

(1) 从集中标注中读到：

第 20 号楼层框架梁，3 跨，矩形截面尺寸是宽 300 mm，高 800 mm；箍筋为 HPB300 钢筋，直径为 8 mm，加密区间距是 100 mm，非加密区间距是 200 mm，均为双肢箍；上部两根通长筋为 HRB335 钢筋，直径为 25 mm。

(2) 从原位标注中读到：

从左至右两个框架柱之间依次称为第 1 跨、第 2 跨、第 3 跨。

① 第 1 跨左支座上部有 6Φ25 纵筋(包括 2 根通长筋)，共两排，上排 4Φ25，下排 2Φ25；第 1 跨跨中底部有 2Φ25 纵筋；第 1 跨右支座上部有 4Φ25 纵筋(包括 2 根通长筋)。

② 第 2 跨左支座上部有 6Φ25 纵筋(包括 2 根通长筋)，共两排，上排 4Φ25，下排 2Φ25；第 2 跨跨中底部有 2Φ20 纵筋；第 2 跨右支座上部和第 3 跨左支座上部配筋相同，配有 6Φ25 纵筋(包括 2 根通长筋)，上排 4Φ25，下排 2Φ25。

③ 第 3 跨跨中底部有 2Φ25 纵筋；第 3 跨右支座配有 6Φ25 纵筋(包括 2 根通长筋)，上排 4Φ25，下排 2Φ25。

从以上叙述可知，原位标注的梁支座上部纵筋应为包括集中标注的通长筋在内的所有钢筋。

【例 5-21】 图 5-29 所示梁平法施工图识读练习。

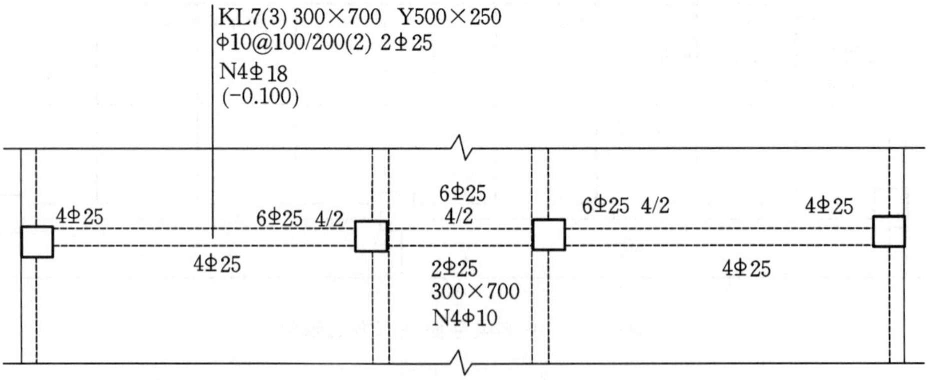

图 5-29 梁平法施工图(二)

(1) 从集中标注中读到：

第 7 号楼层框架梁，3 跨，矩形截面尺寸宽为 300 mm，高为 700 mm，竖向加腋部分，腋长为 500 mm，腋高为 250 mm；箍筋为 HPB300 钢筋，直径为 10 mm，加密区间距为 100 mm，非加密区间距为 200 mm，均为双肢箍；上部两根通长筋，为 HRB335 钢筋，直径为 25 mm。梁中部侧面配有 4Φ18 的受扭纵筋，即两边各配 2Φ18；梁顶面标高比该结构层的楼面标高低 0.1 m。

(2) 从原位标注中读到：

① 第 1 跨左支座上部配有 4Φ25 纵筋；跨中底部配有 4Φ25 纵筋；右支座配有 6Φ25 纵筋，其中上排 4 根，下排 2 根；

② 第 2 跨全跨上部配筋相同，皆为 6Φ25，上排 4 根，下排 2 根；侧面配有 4ϕ10 的受扭钢筋，两边各配 2ϕ10；第 2 跨底部配有 2Φ25 的纵筋；截面尺寸是 300 mm×700 mm(不加腋)。

③ 第 3 跨和第 1 跨配筋对称，此处不再赘述。

本例中梁平法施工图所对应的梁立面图如图 5-30 所示。从以上叙述可知，当集中标注不适合某跨时，该跨要以原位标注为准。

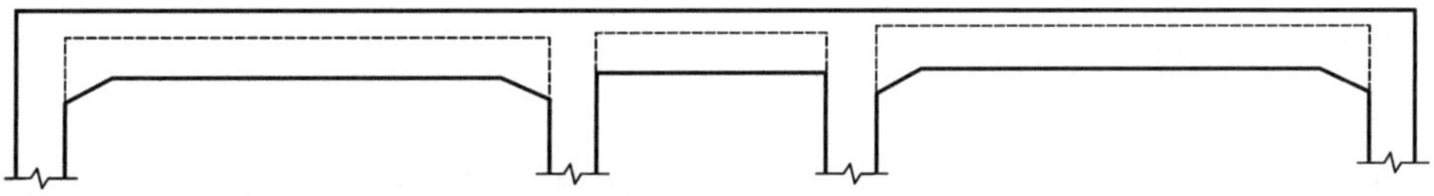

图 5-30　梁立面示意图

【例 5-22】　图 5-31 梁平法施工图识读练习。

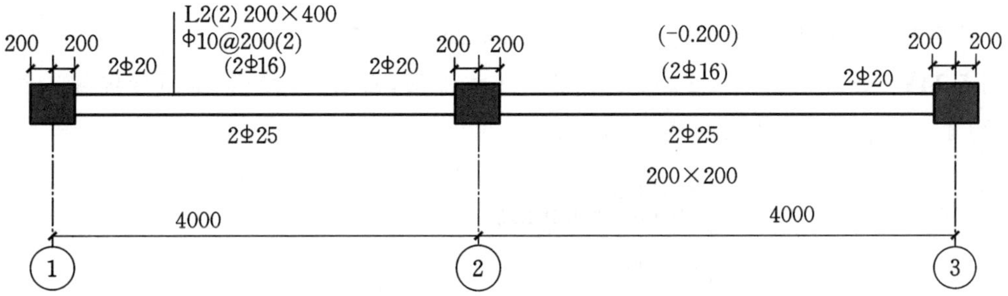

图 5-31　梁平法施工图(三)

(1) 从集中标注中读到：

第 2 号非框架梁，2 跨；截面尺寸为宽 200 mm，高 400 mm；箍筋为直径 10 mm 的 HPB300 钢筋，间距 200 mm，双肢箍。

(2) 从原位标注中读到：

① 第 1 跨左支座上部配有 2Φ20 纵筋，跨中上部配有 2Φ16 的架立筋；跨中下部配有 2Φ25 的纵筋；右支座上部配有 2Φ20 的纵筋。

② 第 2 跨配筋与第 1 跨相同，截面尺寸为 200 mm×200 mm；顶面标高比该结构层的楼面标高低 0.2 m。

【例 5-23】 图 5-32 所示梁平法施工图识读练习。

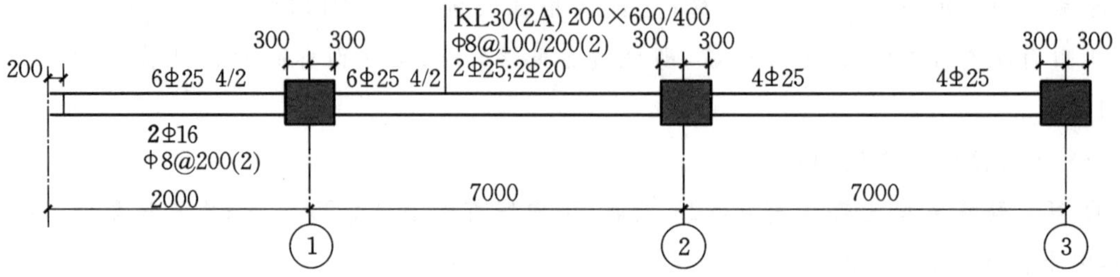

图 5-32　梁平法施工图(四)

(1) 从集中标注中读到：

第 30 号楼层框架梁，2 跨，一端有悬挑；截面尺寸为宽 200 mm，高 600 mm，悬挑端部宽 200 mm，高 400 mm；箍筋是直径为 8 mm 的 HPB300 钢筋，加密区间距为 100 mm，非加密区间距为 200 mm，均为双肢箍；梁的上部配有 2 根直径为 25 mm 的通长筋，为 HRB335 钢筋；下部配有 2 根直径为 20 mm 的通长筋，为 HRB335 钢筋。

(2) 从原位标注中读到：

① 悬挑部分全跨上部配有 6Φ25 的纵筋，其中上排 4 根，下排 2 根；下部配有 2Φ16 的纵筋；箍筋是直径 8 mm，间距 200mm，双肢箍。

② 第 1 跨左支座上部配有 6Φ25 的纵筋，其中上排 4 根，下排 2 根，右支座上部配有 4Φ25 的纵筋。跨中下部配有 2Φ20 的纵筋。

③ 第 2 跨左支座和右支座的上部皆配有 4Φ25 的纵筋。

【例 5-24】 通过识读图 5-33 所示的梁平法施工图，画出所对应的采用传统施工图表达方法表示的 4 个梁截面图(结果如图 5-34 所示)。

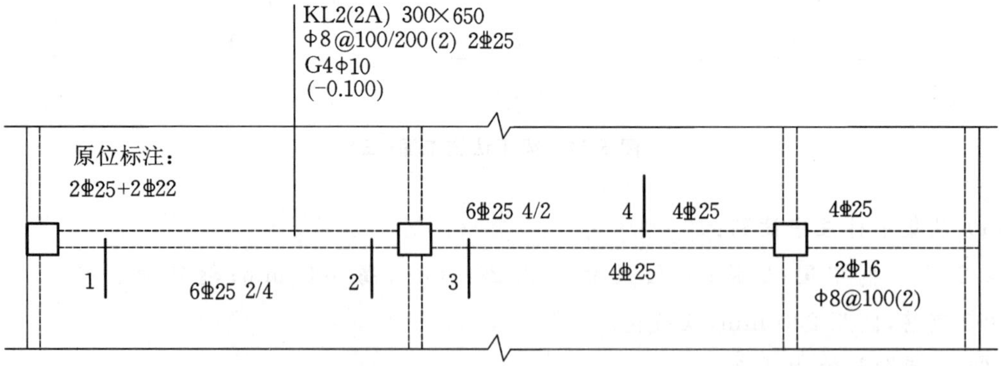

图 5-33　梁平法施工图(五)

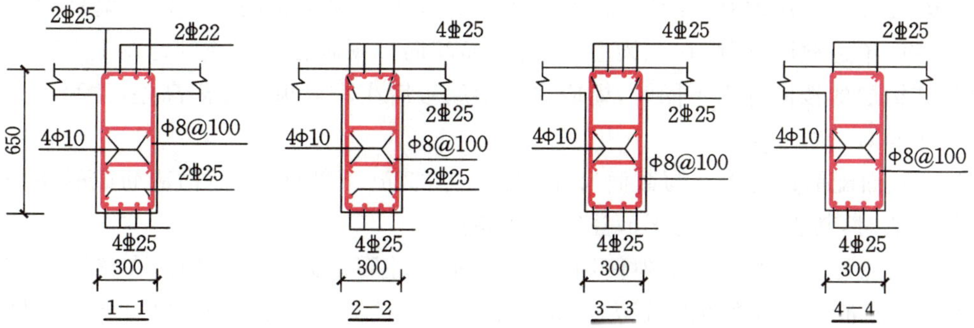

图 5-34　传统表达方式绘制的梁截面图

5.2　梁的截面注写方式

截面注写方式，是在分标准层绘制的梁平面布置图上，分别在不同编号的梁中各选择一根梁用剖面号引出配筋图，并在其上注写截面尺寸和配筋具体数值的方式来表达梁平法施工图。如图 5-35 所示。

层号	标高(m)	层高(m)
屋面2	65.670	
塔层2	62.370	3.30
屋面1(塔层1)	59.070	3.30
16	55.470	3.60
15	51.870	3.60
14	48.270	3.60
13	44.670	3.60
12	41.070	3.60
11	37.470	3.60
10	33.870	3.60
9	30.270	3.60
8	26.670	3.60
7	23.070	3.60
6	19.470	3.60
5	15.870	3.60
4	12.270	3.60
3	8.670	3.60
2	4.470	4.20
1	-0.030	4.50
-1	-4.530	4.50
-2	-9.030	4.50

结构层楼面标高
结　构　层　高

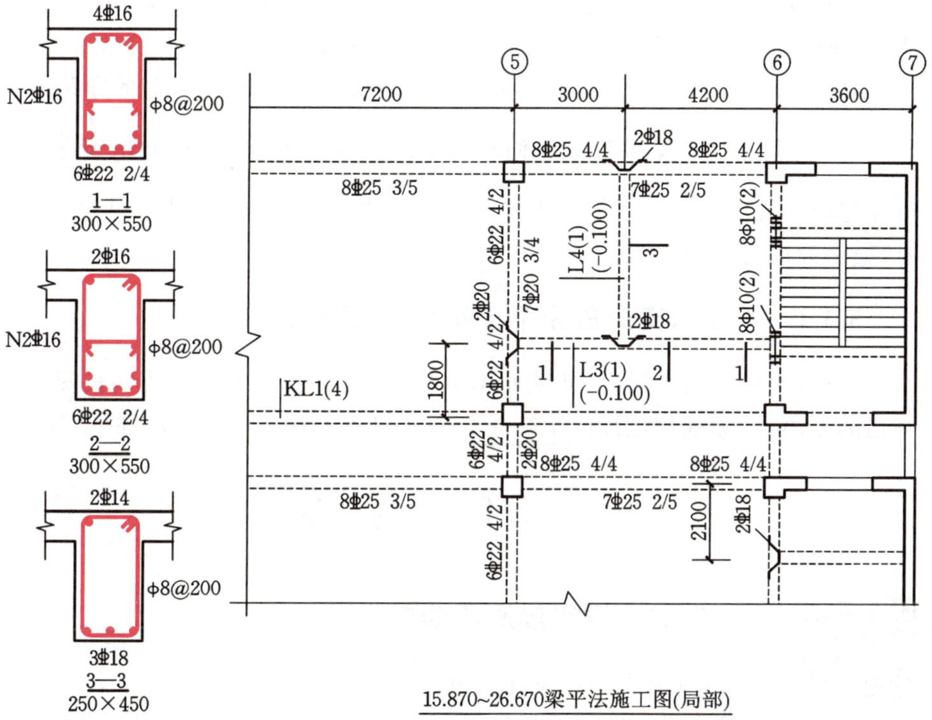

15.870~26.670梁平法施工图(局部)

图 5-35　梁平法施工图截面注写方式示例

（1）梁截面注写方式中，梁编号和平面注写方式中的规定相同。从相同编号的梁中选择一根梁，先将"单边截面号"画在该梁上，再将截面配筋详图画在本图或其他图上。当某梁的顶面标高与结构层的楼面标高不同时，尚应在其梁编号后注写梁顶面标高高差(注写方式与平面注写方式相同)。

（2）在截面配筋详图上注写截面尺寸 $b \times h$、上部筋、下部筋、侧面构造筋或受扭筋以及箍筋的具体数值时，其表达形式与平面注写方式相同。

（3）截面注写方式既可以单独使用，也可与平面注写方式结合使用。在梁平法施工图的平面图中，当局部区域的梁布置过密时，除了采用截面注写方式表达外，也可将过密区虚线框出，适当放大比例后再用平面注写方式表达。当表达异形截面梁的尺寸与配筋时，用截面注写方式相对比较方便。

5.3 梁纵筋设置的其他规定

5.3.1 梁支座上部纵筋的长度规定

（1）为方便施工，凡框架梁的所有支座和非框架梁(不包括井字梁)的中间支座上部纵筋的伸出长度 a_0 值在标准构造详图中统一取值为：第一排非通长筋及与跨中直径不同的通长筋从柱(或梁)边起伸出至 $l_n/3$ 位置；第二排非通长筋伸出至 $l_n/4$ 位置。l_n 的取值规定：对于端支座，l_n 为本跨的净跨值；对于中间支座，l_n 为支座两边较大一跨的净跨值。

（2）悬挑梁上部第一排纵筋伸出至梁端头并下弯，第二排伸出至 $\frac{3}{4}l$ 位置，l 为自柱(梁)边算起的悬挑净长。当具体工程需要将悬挑梁中的部分上部钢筋从悬挑梁根部开始斜向弯下时，应由设计者另加注明。

5.3.2 不伸入支座的梁下部纵筋长度规定

当梁(不包括框支梁)下部纵筋不全部伸入支座时，不伸入支座的梁下部纵筋截断点距支座边的距离，在标准构造详图中统一取为 $0.1l_{ni}$(其中 l_{ni} 为本跨梁的净跨值)。

5.4 梁构件钢筋构造

扫一扫

梁构件钢筋构造(1)

5.4.1 梁纵筋间距要求

《混凝土结构设计规范》(GB 50010—2010)中第 9.2.1 条第 3 款规定：梁上部钢筋水平方向的净间距不应小于 30 mm 和 $1.5d$；梁下部钢筋水平方向的净间距不应小于 25 mm 和 d。当下部钢筋多于 2 层时，2 层以上钢筋水平方向的中距应比下面 2 层的中距增大一倍；各层钢筋之间的净间距不应小于 25 mm 和 d，d 为钢筋的最大直径。如图 5-36 和图 5-37 所示。梁并筋等效直径、最小净距详见表 5-2。

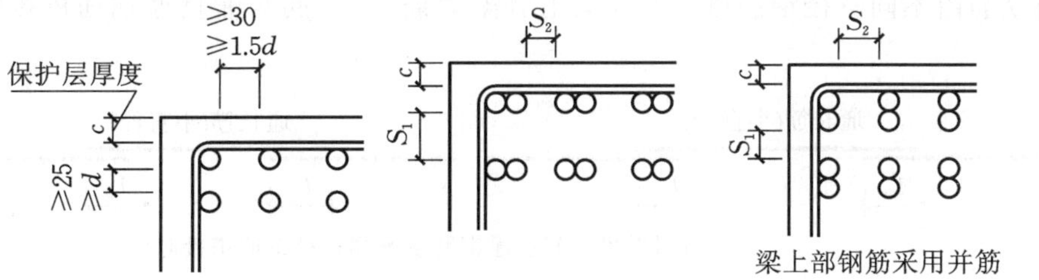

图 5-36 梁上部纵筋间距要求

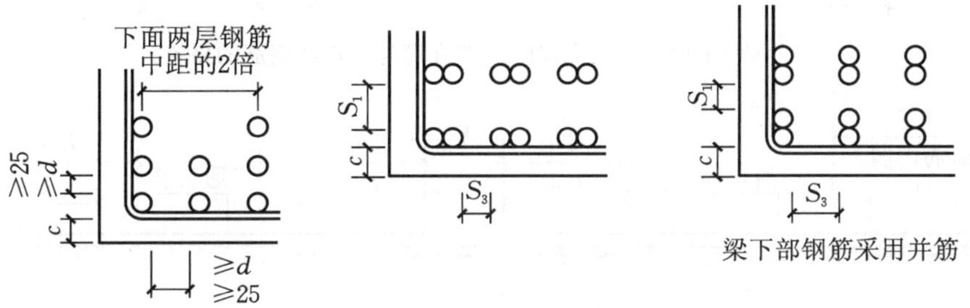

图 5-37 梁下部纵筋间距要求

表 5-2 梁并筋等效直径、最小净距(mm)

单筋直径 d	25	28	32
并筋根数	2	2	2
等效直径 d_{eq}	35	39	45
层净距 S_1	35	39	45
上部钢筋净距 S_2	53	59	68
下部钢筋净距 S_3	35	39	45

注:① 当采用 16G101—1 图集未涉及的并筋形式时,由设计确定,并筋等效直径的概念可用于 16G101—1 图集中钢筋间距、保护层厚度、钢筋锚固长度等的计算中。

② 并筋连接接头宜按每根单筋错开,接头面积百分率应按同一连接区段内所有的单根钢筋计算。钢筋的搭接长度应按单筋分别计算。

③ 机械连接套筒的横向净间距不宜小于 25 mm。

并筋:在《混凝土结构设计规范》(GB 50010—2010)中,并筋指为解决无法获得足够直径钢筋及配筋密集引起设计、施工的困难,将几根钢筋并在一起的布置方式。也指用此种布置方式布置的钢筋束。在《混凝土结构设计规范》(GB 50010—2010)中对适用于并筋的钢筋最大直径及钢筋数量进行了限制:直径 28 mm 及以下的钢筋并筋数量不应超过 3 根;直径 32 mm 的钢筋并筋数量宜为 2 根;直径 36 mm 及以上的钢筋不应采用并筋。

5.4.2 楼层框架梁(KL)纵向钢筋构造

(1) 楼层框架梁(KL)的纵向钢筋构造详见图 5-38。施工时应注意梁上部钢筋的构成,梁上部贯通纵筋由不同直径钢筋搭接时与梁上有架立筋，架立筋与非贯通钢筋搭接时的搭接长度不同。

(用于梁上部贯通钢筋由不同直径钢筋搭接时)

（用于梁上有架立筋时，架立筋与非贯通钢筋的搭接）

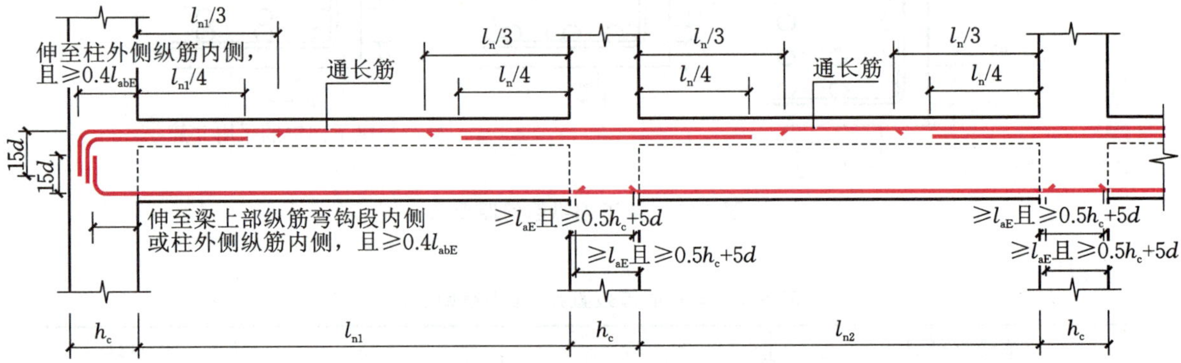

图 5-38　楼层框架梁(KL)纵向钢筋构造

注：① 跨度值 l_n 为左跨 l_{ni} 和右跨 l_{ni+1} 的较大值，其中 $i=1,2,3,\cdots$。

② 图中 h_c 为柱截面沿框架方向的高度。

③ 梁上部通长钢筋与非贯通钢筋直径相同时，连接位置位于跨中 $l_{ni}/3$ 范围内；梁下部钢筋连接位置宜位于支座 $l_{ni}/3$ 范围内；且在同一连接区段内钢筋接头面积百分率不宜大于 50%。

④ 钢筋连接要求见 16G101—1 图集第 59 页。

⑤ 当梁纵筋(不包括侧面"G"打头的构造筋及架立筋)采用绑扎搭接接长时，搭接区内箍筋直径及间距要求见 16G101—1 图集第 59 页。

⑥ 梁侧面构造钢筋要求见 16G101—1 图集第 90 页。

⑦ 当上柱截面尺寸小于下柱截面尺寸时，梁上部钢筋的锚固长度起算位置应为上柱内边缘，梁下纵筋的锚固长度起算位置为下柱内边缘。

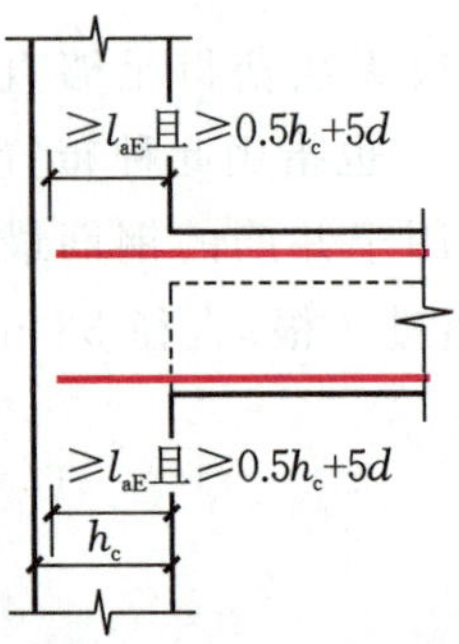

图 5-39　端支座直锚

(2) 楼层框架梁(KL)端支座锚固构造

楼层框架梁(KL)在端支座部位的锚固分为直锚(图 5-39)和弯锚(图 5-40)、加锚头(锚板)锚固(图 5-41)。

抗震楼层框架梁端支座的锚固规定：

① h_c(柱沿梁方向的宽度)$-c$(柱的保护层厚度)≥l_{aE}时，则可以直锚，直锚长度必须满足受力钢筋最小锚固长度 l_{aE}(非抗震构造中为 l_a，下同)，且要超过柱中线 $5d$(d 为钢筋直径)，即直锚长度$=\max(l_{aE},0.5h_c+5d)$。

② h_c（柱沿梁方向的高度）$-c$（柱的保护层厚度）$<l_{aE}$时，则采用弯锚，钢筋伸至支座边（柱纵筋内侧）再往下弯 $15d$，即：弯锚长度＝端支座宽度 h_c-c（柱的保护层厚度）$+15d$。

注：① 弯锚时，平直段长度应$\geqslant 0.4l_{abE}$，否则应修改设计保证满足此条件。

② 当上柱截面尺寸小于下柱截面尺寸时，梁上部钢筋的锚固长度起算位置应为上柱内边缘，梁下纵筋的锚固长度起算位置为下柱内边缘。

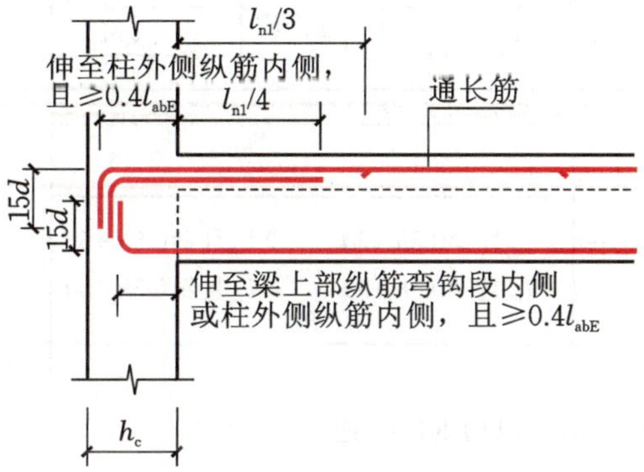

图 5-40 端支座弯锚

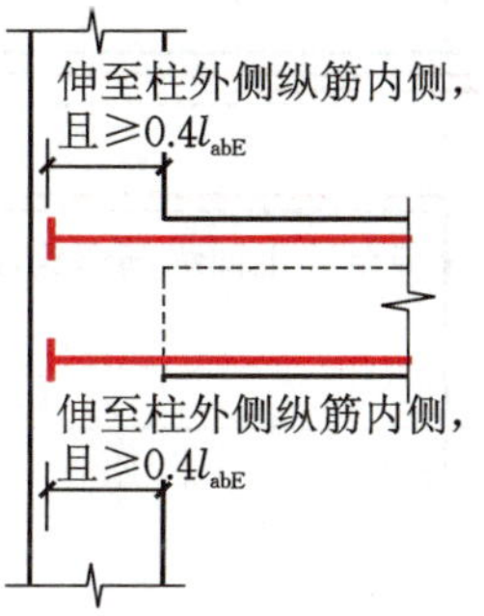

图 5-41 端支座加锚头（锚板）锚固

（3）中间层中间节点梁下部筋在节点外搭接做法

梁下部钢筋不能在柱内锚固时，可在节点外搭接，相邻跨钢筋直径不同时，搭接位置位于较小直径一跨。如图 5-42 所示。

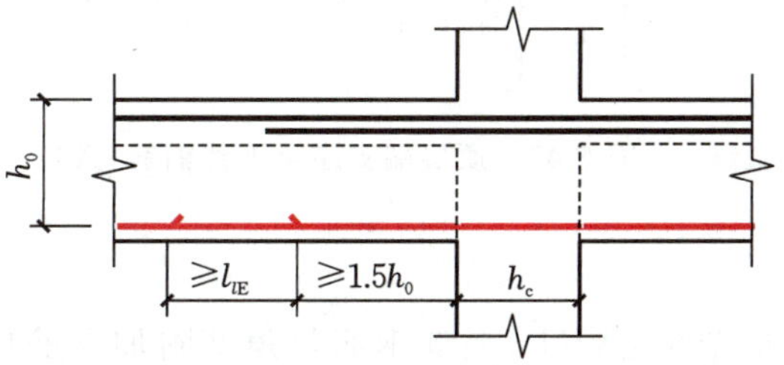

图 5-42 中间层中间节点梁下部筋在节点外搭接

5.4.3 屋面框架梁（WKL）纵向钢筋构造

（1）屋面框架梁（WKL）纵向钢筋构造详见图 5-43。其中跨度值 l_n 为左跨 l_{ni} 和右跨 l_{ni+1} 的较大值，$i=1,2,3,\cdots$。h_c 为柱截面沿框架方向的高度。梁上部通长钢筋与非贯通钢筋直径相同时，连接位置位于跨中 $l_{ni}/3$ 范围内；梁下部钢筋连接位置宜位于支座 $l_{ni}/3$ 范围内；且在同一连接区段内钢筋接头面积百分率不宜大于 50%。

（2）顶层端节点屋面框架梁（WKL）下部钢筋锚固构造与楼层框架梁端支座的锚固规定相同，此处不再赘述，详见图 5-44、图 5-45 和图 5-46。

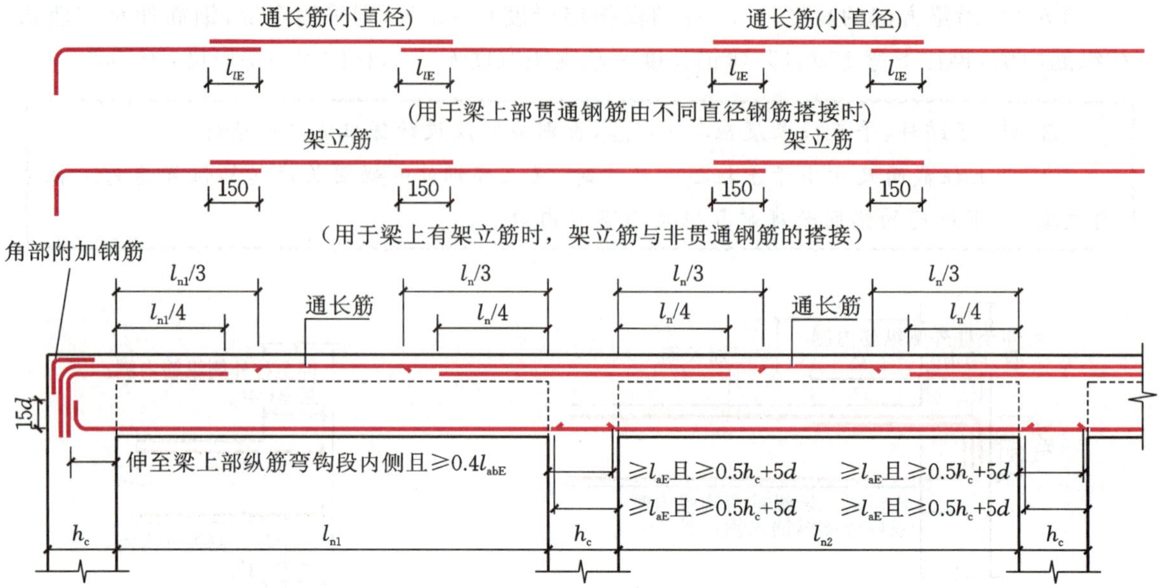

图 5-43 屋面框架梁(WKL)纵向钢筋构造

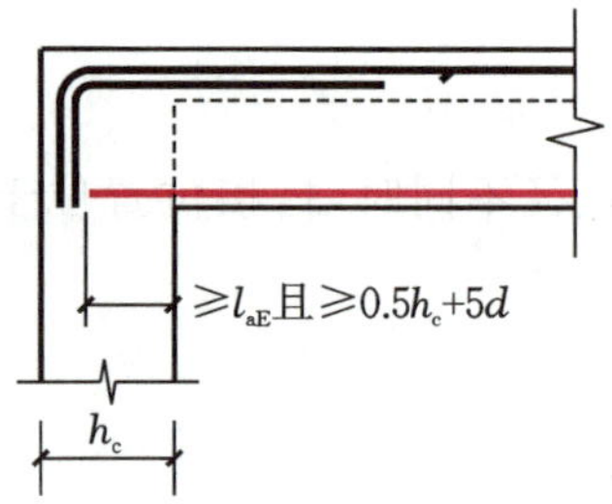

图 5-44 顶层端支座梁下部钢筋直锚

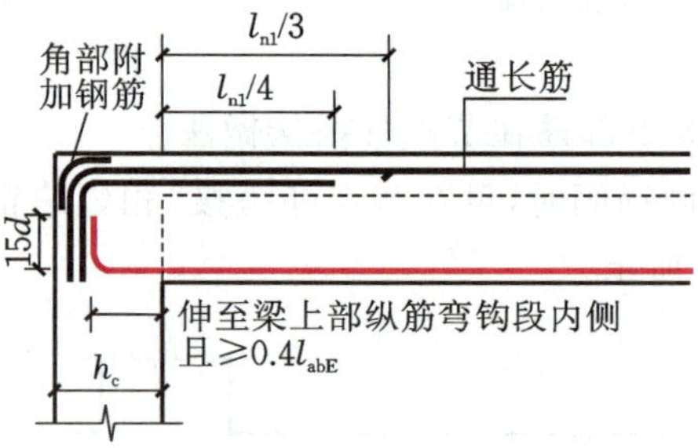

图 5-45 顶层端支座梁下部钢筋弯锚

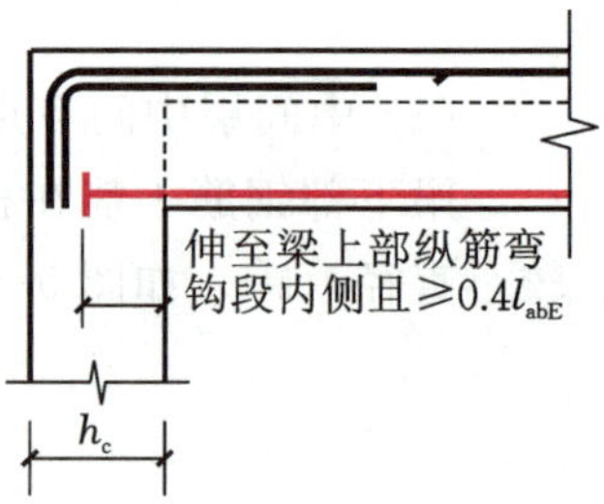

图 5-46 顶层端支座梁下部钢筋端头加锚头(锚板)锚固

(3) 顶层端节点屋面框架梁(WKL)上部钢筋与角部附加钢筋构造参考 16G101—1 图集第 67 页框架柱(KZ)边柱和角柱柱顶纵向钢筋构造做法。如图 3-21 所示，各节点做法之间应配合使用，节点④不应单独使用，可选择②+④或③+④或①+②+④或①+③+④的做法。节点⑤用于梁、柱纵向钢筋接头沿节点柱顶外侧直线布置的情况，可与节点①组合使用。图 3-21 中，d 为纵向钢筋直径，l_{abE} 是抗震设计时受拉钢筋基本锚固长度。

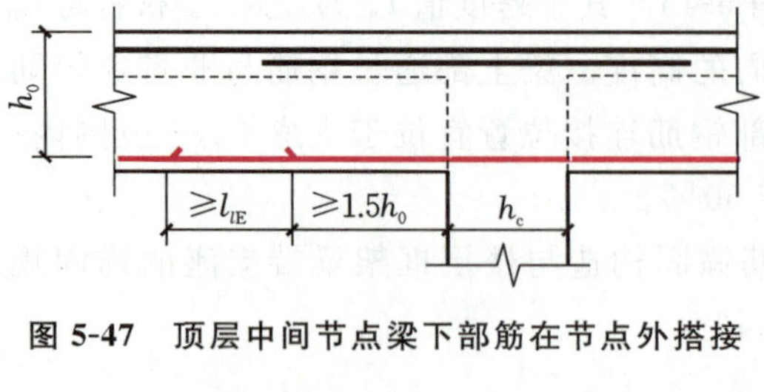

图 5-47 顶层中间节点梁下部筋在节点外搭接

(4) 顶层中间节点屋面框架(WKL)下部筋在节点外搭接做法：梁下部钢筋不能在柱内锚固时，可在节点外搭接。相邻跨钢筋直径不同时，搭接位置位于较小直径一跨。做法详见图 5-47。

5.4.4 框架梁水平、竖向加腋构造

框架梁水平、竖向加腋构造详见图 5-48 和图 5-49。

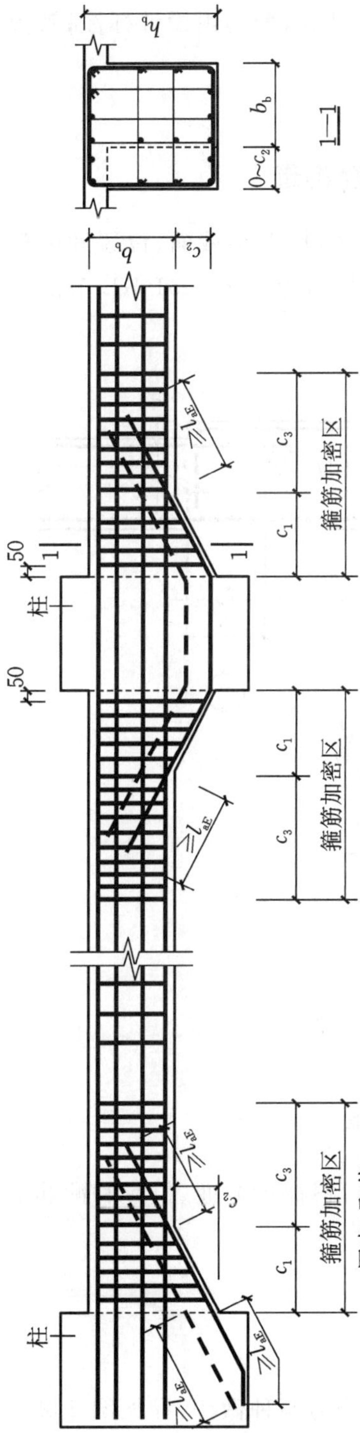

图中c_3取值：
抗震等级为一级：$\geq 2.0h_b \geq 500$
抗震等级为二至四级：$\geq 1.5h_b$且≥ 500

图 5-48 框架梁水平加腋构造

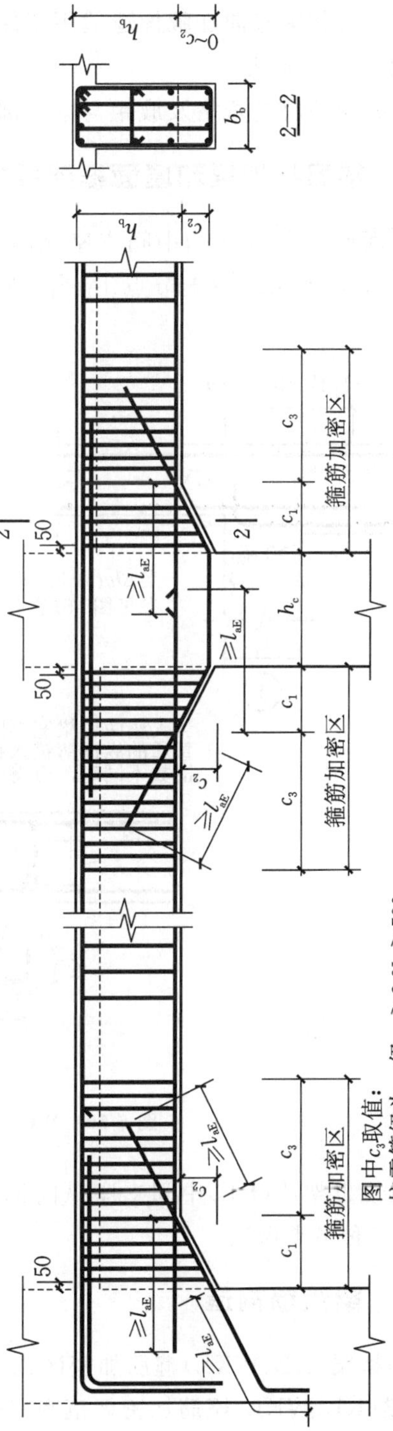

图中c_3取值：
抗震等级为一级：$\geq 2.0h_b \geq 500$
抗震等级为二至四级：$\geq 1.5h_b$且≥ 500

图 5-49 框架梁竖向加腋构造

(1) 当梁结构平法施工图中，水平加腋部位的配筋设计未给出时，其梁腋上下部斜纵筋（仅设置第一排）直径分别同梁内上下纵筋，水平间距不宜大于 200 mm。水平加腋部位侧面纵向构造筋的设置及构造要求同梁内侧面纵向构造筋，见 16G101—1 图集第 90 页。

(2) 图中框架梁竖向加腋构造适用于加腋部分参与框架梁计算，配筋由设计标注；其他情况设计应另行给出做法。

(3) 加腋部位箍筋规格及肢距与梁端部的箍筋相同。

5.4.5 楼层框架梁和屋面框架梁中间支座纵向钢筋构造

(1) 屋面框架梁（WKL）中间支座纵向钢筋构造详见图 5-50，根据梁截面、位置和配筋的不同分三种节点做法。对于节点①，当 $\Delta h/(h_c-50)\leqslant 1/6$ 时，可参照图 5-51 KL 节点⑤的做法。

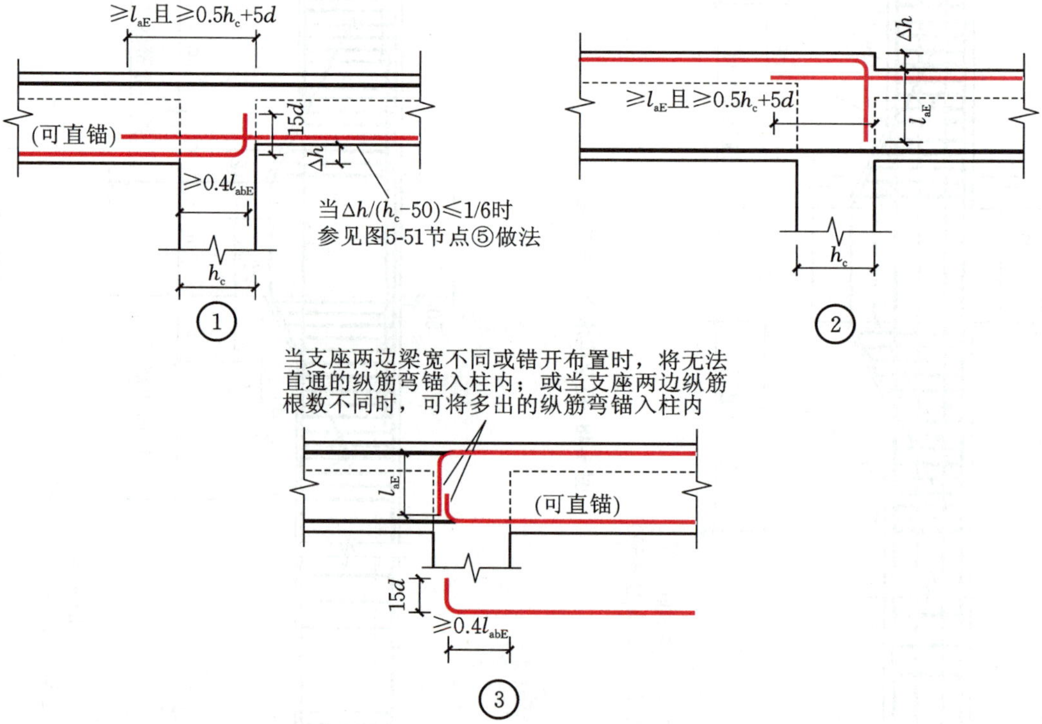

图 5-50 WKL 中间支座纵向钢筋构造

(2) 楼层框架梁（KL）中间支座纵向钢筋构造详见图 5-51，根据梁截面、位置和配筋的不同，同样有三种节点做法。

5.4.6 梁箍筋构造

(1) 框架梁（KL、WKL）箍筋加密区范围

框架梁（KL、WKL）箍筋加密区范围根据梁支座形式不同分为两种做法，详见图 5-52。其中 h_b 为梁截面高度。

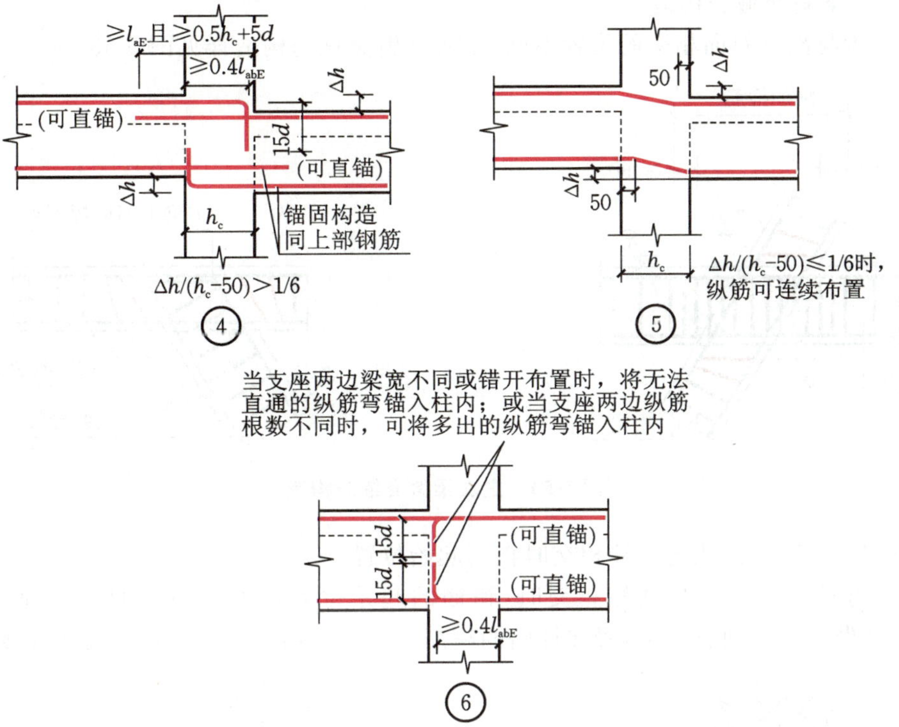

图 5-51　KL 中间支座纵向钢筋构造

注：图中标注可直锚的钢筋，当支座宽度满足直锚要求时可直锚，具体构造要求见 16G101—1 图集第 84、85 页。

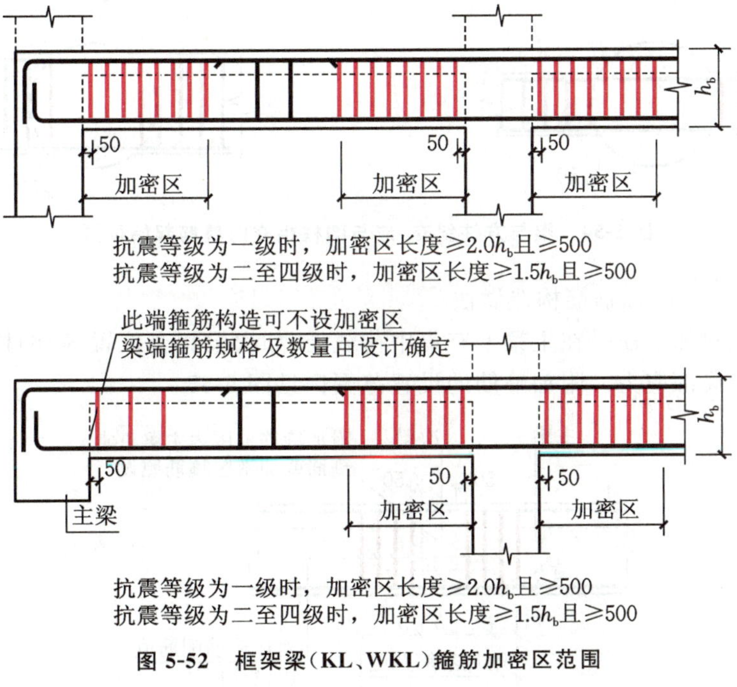

图 5-52　框架梁(KL、WKL)箍筋加密区范围

(2) 主次梁斜交箍筋构造

根据主梁与次梁斜向相交的位置不同，主次梁斜交箍筋构造详见图 5-53。

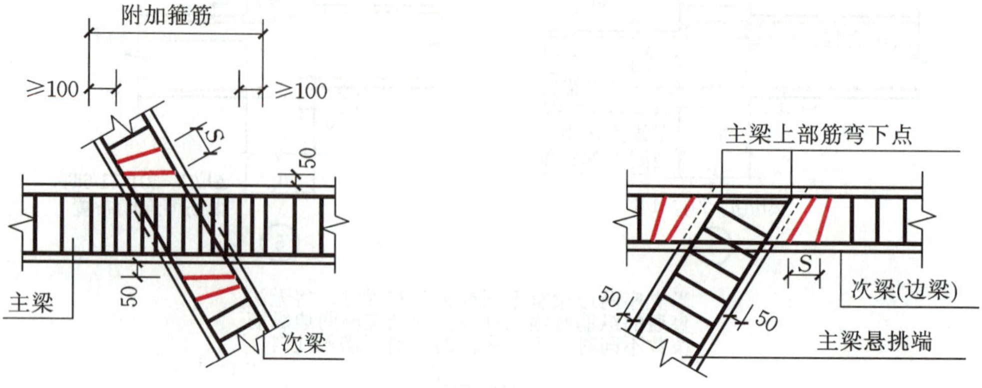

图 5-53　主次梁斜交箍筋构造

(3) 梁与方柱斜交，或与圆柱相交时箍筋起始位置

当梁与方柱斜交或梁与圆柱相交时，箍筋的起始位置依据梁与柱的相交面积不同，有图 5-54 几种做法。为便于施工，梁在柱内的箍筋在现场可用两个半套箍搭接或焊接。

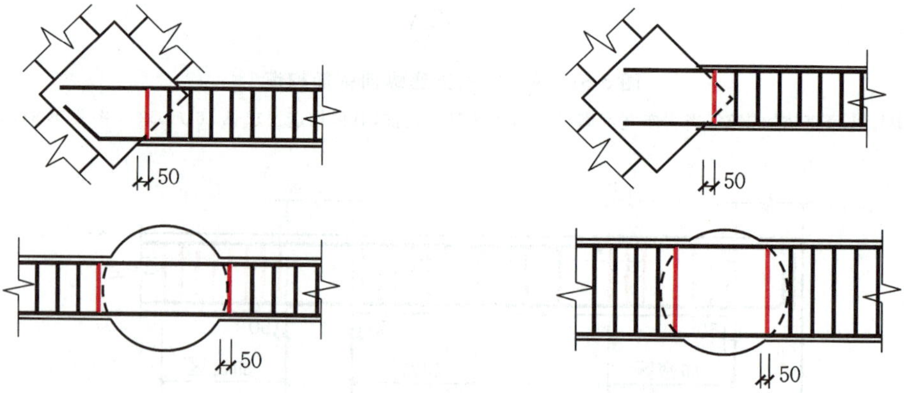

图 5-54　梁与方柱斜交，或与圆柱相交时箍筋起始位置

扫一扫

梁构件钢筋构造(2)

(4) 附加箍筋构造做法

附加箍筋是在主梁上有集中荷载处(如次梁相交位置等)的构造钢筋，作用是承担局部应力。附加箍筋的设置范围详见图 5-55。

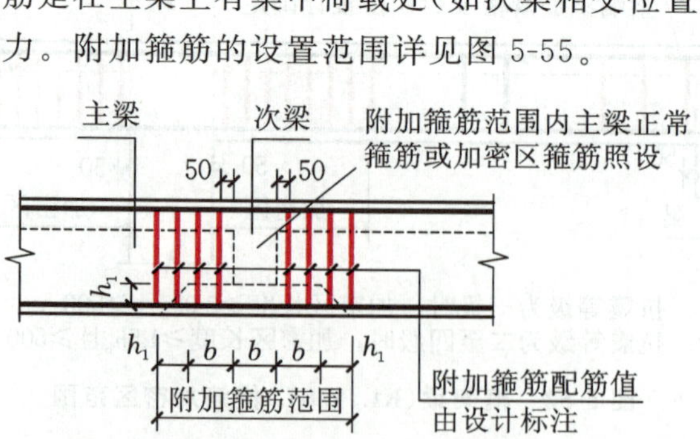

图 5-55　附加箍筋范围

(5) 附加吊筋构造做法

附加吊筋是将作用于混凝土主梁底部的集中力传递至顶部，提高梁承受集中荷载抗剪能力的一种钢筋，形状如元宝，又称为元宝筋(图 5-56)。附加吊筋的作用：由于梁的某部位受到大的集中荷载作用，为了使梁体不产生局部严重破坏，同时使梁体的材料发挥各自的作用而设置的，主要布置在剪力有大幅突变的部位，防止该部位产生过大的裂缝，引起结构的破坏。其构造做法详见图 5-57。

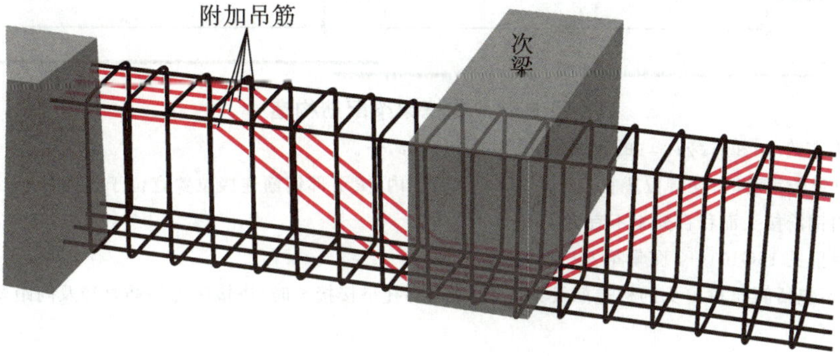

图 5-56 附加吊筋示意图

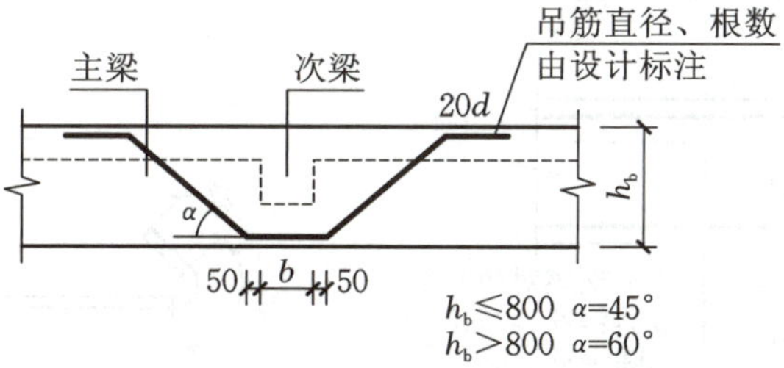

图 5-57 附加吊筋构造

5.4.7 非框架梁配筋构造

(1) 非框架梁配筋构造

在框架结构建筑中，结构的传力形式为：楼板→非框架梁→框架梁→框架柱→基础。非框架梁是在框架结构中框架梁之间设置的将楼板的荷载先传给框架梁的其他梁。非框架梁的配筋构造详见图 5-58。

(2) 端支座非框架梁下部纵筋弯锚构造

下部纵筋伸入边支座长度不满足直锚 12*d*(15*d*)要求时，非框架梁端支座下部纵筋弯锚构造详见图 5-59。

(3) 非框架梁侧面钢筋构造

梁侧面构造钢筋要求见 16G101—1 图集第 90 页。当非框架梁侧配有受扭钢筋时，受扭纵向钢筋构造详见图 5-60。纵筋伸入端支座直段长度满足 l_a 时可用直锚。图中“受扭非框架梁纵筋构造”用于梁侧配有受扭钢筋时，当梁侧未配受扭钢筋的非框架梁需采用此构造时，设计应明确指定。

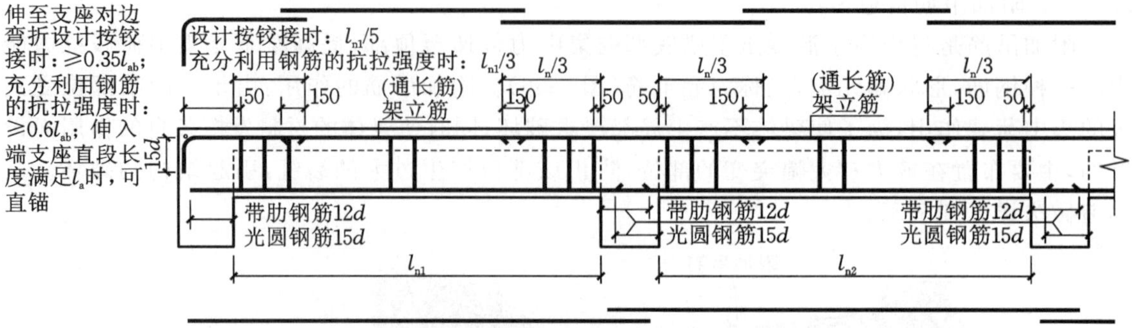

图 5-58　非框架梁配筋构造

注：① 跨度值 l_n 为左跨 l_{ni} 和右跨 l_{ni+1} 的较大值，其中 $i=1,2,3,\cdots$。

② 当梁上部有通长钢筋时，连接位置宜位于跨中 $l_{ni}/3$ 范围内；梁下部钢筋连接位置宜位于支座 $l_{ni}/4$ 范围内；且在同一连接区段内钢筋接头面积百分率不宜大于 50%。

③ 钢筋连接要求见 16G101—1 图集第 59 页。

④ 当梁纵筋（不包括侧面 G 打头的构造筋及架立筋）采用绑扎搭接接长时，搭接区内箍筋直径及间距要求见 16G101—1 图集第 59 页。

⑤ 当梁纵筋兼作温度应力筋时，梁下部钢筋锚入支座长度由设计确定。

⑥ 图中“设计按铰接时”用于代号为 L 的非框架梁，“充分利用钢筋的抗拉强度时”用于代号为 Lg 的非框架梁。

⑦ 弧形非框架梁的箍筋间距沿梁凸面线度量。

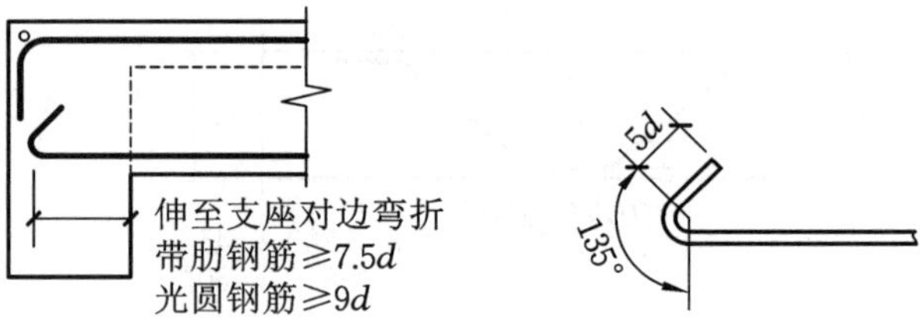

图 5-59　端支座非框架梁下部纵筋弯锚构造

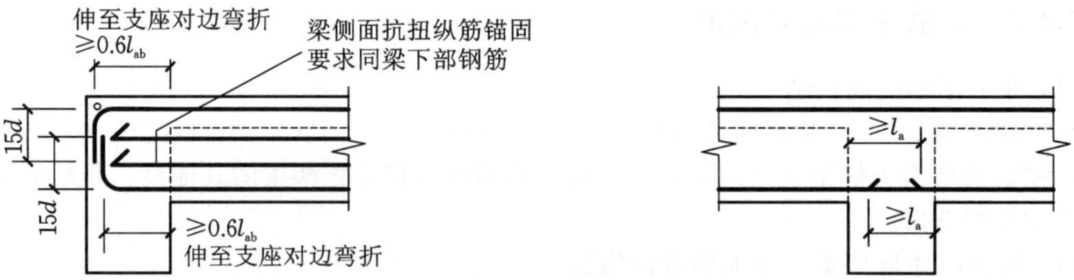

图 5-60　受扭非框架梁纵筋构造

5.4.8　不伸入支座的梁下部纵向钢筋断点位置

不伸入支座的梁下部纵向钢筋断点位置详见图 5-61，但此构造详图不适用于框支梁、框架扁梁。

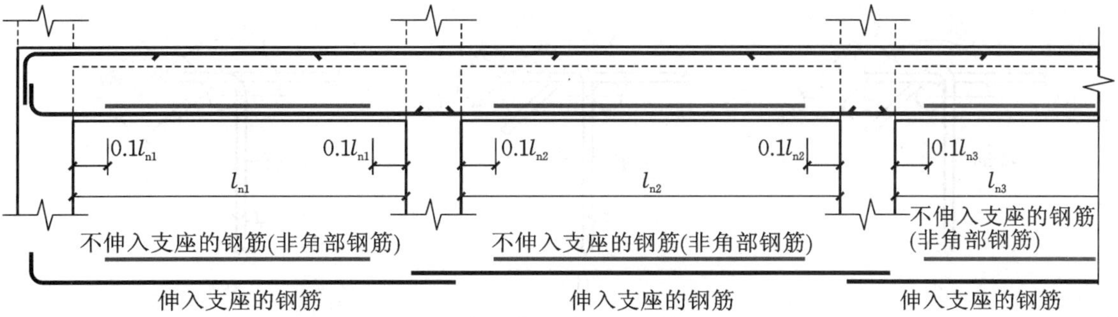

图 5-61 不伸入支座的梁下部纵向钢筋断点位置

5.4.9 梁侧面纵向构造筋和拉筋

梁侧面纵向构造筋和拉筋的构造详图见图 5-62。梁侧面配置纵向构造筋和拉筋需要遵循以下规则：

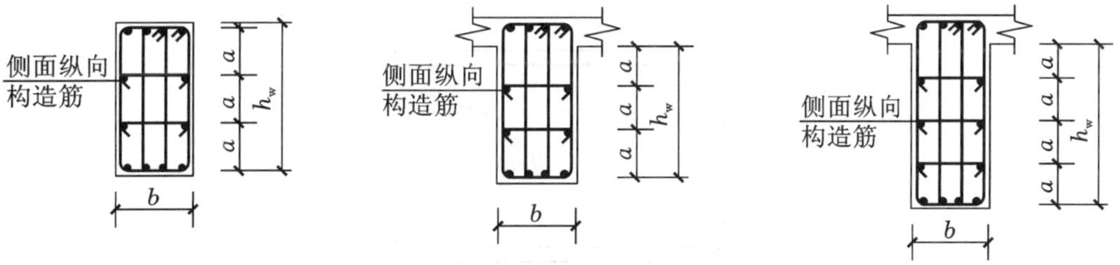

图 5-62 梁侧面纵向构造筋和拉筋

(1) 当 $h_w \geqslant 450$ mm 时，在梁的两个侧面应沿高度配置纵向构造筋；纵向构造筋间距 $a \leqslant 200$ mm。

(2) 当梁侧面配有直径不小于构造筋的受扭纵筋时，受扭钢筋可以代替构造筋。

(3) 梁侧面构造纵筋的搭接与锚固长度可取 15d。梁侧面受扭纵筋的搭接长度为 l_{lE} 或 l_l，其锚固长度为 l_{aE} 或 l_a，锚固方式同框架梁下部纵筋。

(4) 当梁宽≤350 mm 时，拉筋直径为 6 mm；梁宽＞350 mm 时，拉筋直径为 8 mm。拉筋间距为非加密区箍筋间距的 2 倍。当设有多排拉筋时，上下两排拉筋竖向错开设置(图 5-63)。

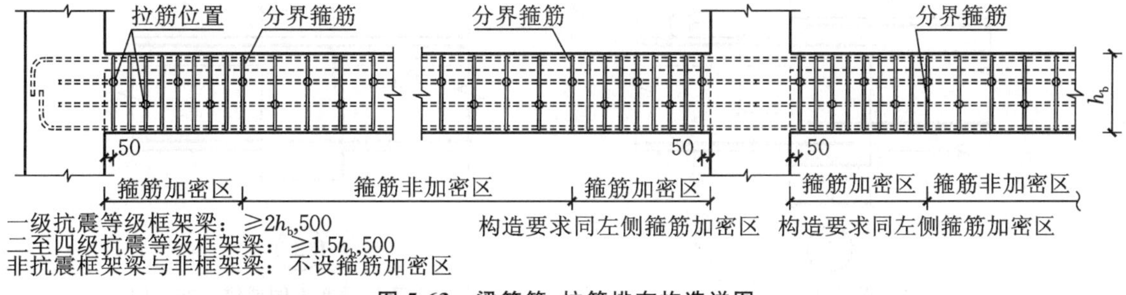

图 5-63 梁箍筋、拉筋排布构造详图

(5) 拉筋弯钩构造如图 5-64 所示有三种做法，其中最常用的是拉筋同时勾住纵筋与箍筋(图 5-65)，拉筋弯钩的长度要求与箍筋相同。

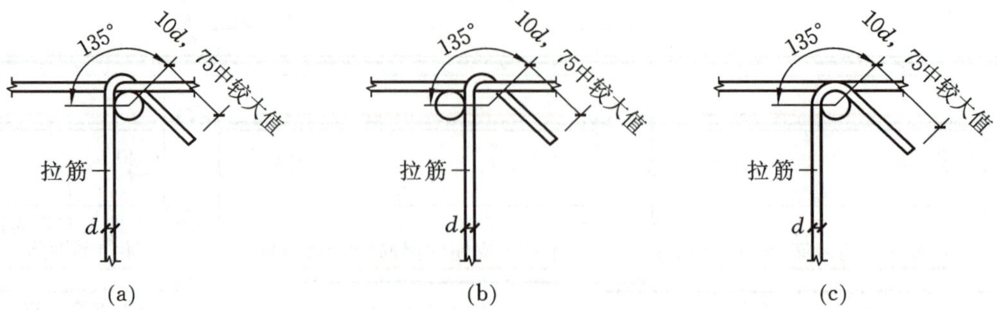

图 5-64　拉筋弯钩构造

(a)拉筋同时勾住纵筋和箍筋;(b)拉筋紧靠纵向钢筋并勾住箍筋;(c)拉筋紧靠箍筋并勾住纵筋

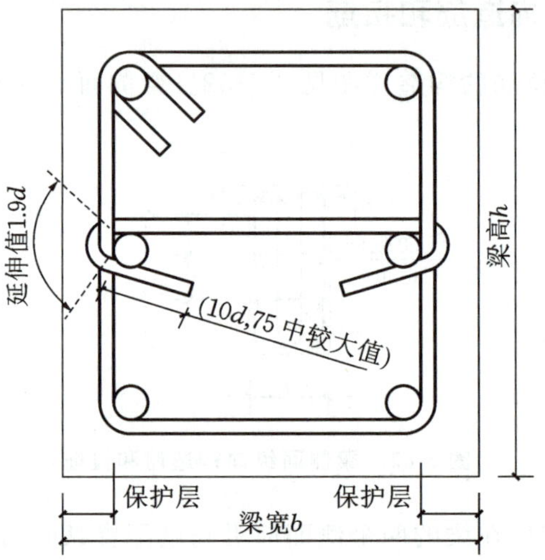

图 5-65　拉筋示意图

5.4.10　非框架梁中间支座纵向钢筋构造

非框架梁中间支座纵向钢筋构造做法详见图 5-66。

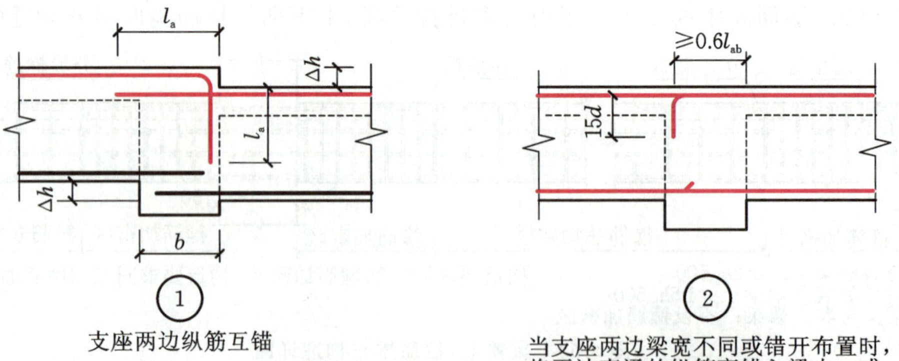

图 5-66　非框架梁中间支座纵向钢筋构造

5.4.11 纯悬挑梁(XL)及各类梁的悬挑端配筋构造

悬挑梁是指不是两端都有支撑的,一端埋在或者浇筑在支撑物上,另一端伸出挑出支撑物的梁叫作悬挑梁。纯悬挑梁与悬挑梁的区别在于支撑的另一侧梁是否还有。其构造详见图 5-67。

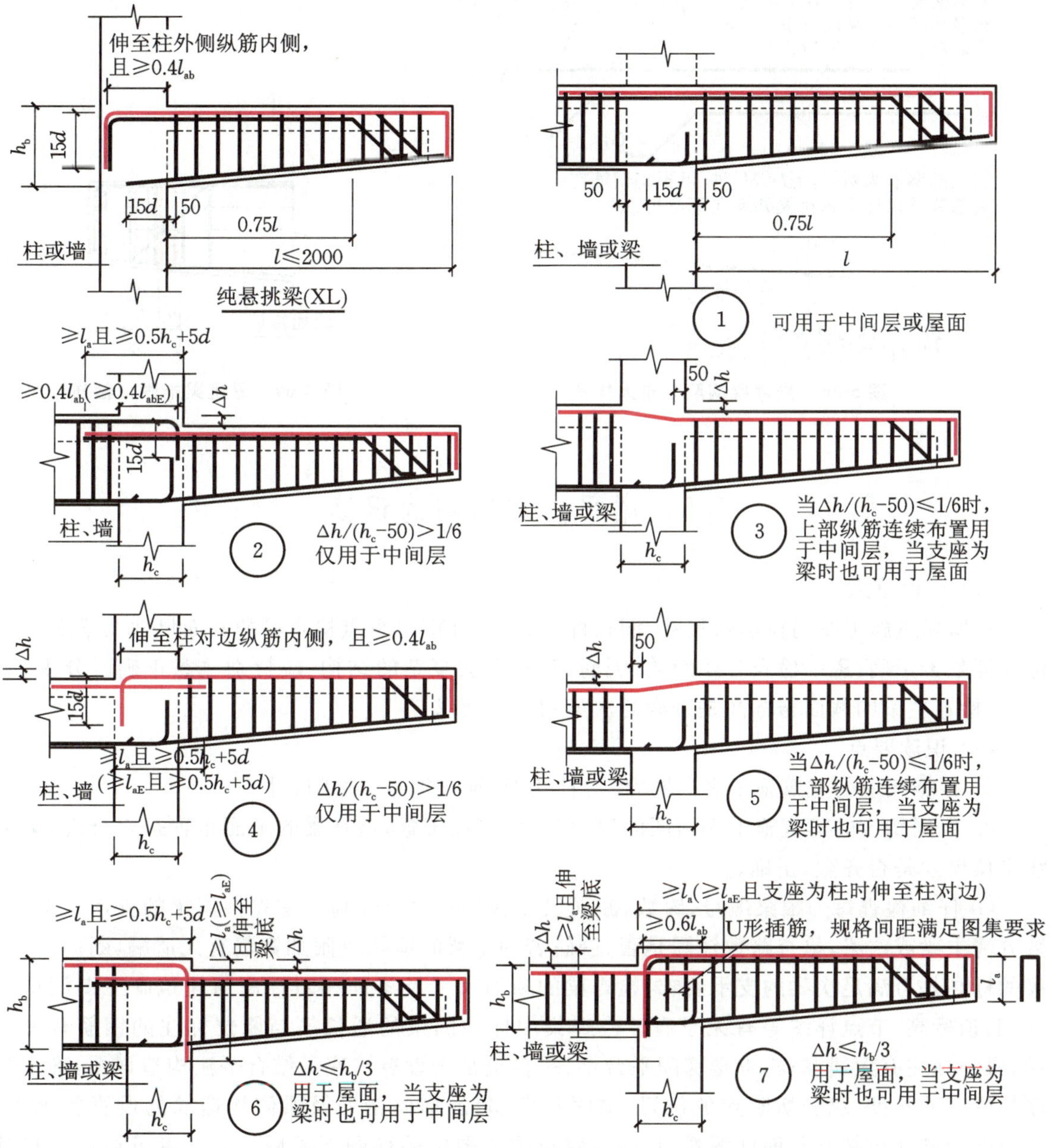

图 5-67 纯悬挑梁(XL)及各类梁的悬挑端配筋构造

注:① 括号内数值为框架梁纵筋锚固长度,当悬挑梁考虑竖向地震作用时(由设计明确),图中悬挑梁中钢筋锚固长度 l_a、l_{ab}应改为 l_{aE}、l_{abE},悬挑梁下部钢筋伸入支座长度也应采用 l_{aE}。

② ①、⑥、⑦节点,当屋面框架梁与悬挑端根部底平,且下部纵筋通长设置时,框架柱中纵向钢筋锚固要求可按中柱柱顶节点(见 16G101—1 图集第 68 页)。

③ 当梁上部设有第三排钢筋时,其伸出长度应由设计者注明。

悬挑梁中，钢筋的分布大样可参照图 5-68。

悬挑梁端附加箍筋范围详见图 5-69。图中虚线为楼板和边梁内边，h_1 为边梁梁底和悬挑梁端部梁底高差，b 为边梁梁宽。S 为附加箍筋范围。

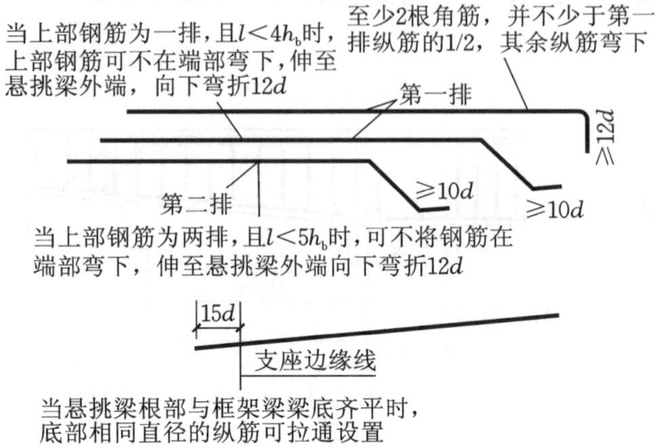

图 5-68　悬挑梁钢筋分布大样图

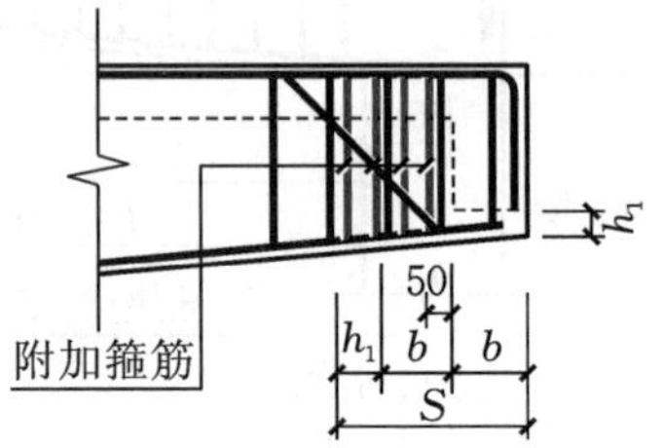

图 5-69　悬挑梁端附加箍筋范围

5.5　梁平法施工图的识读

(1) 识读重点

根据建筑施工图门窗洞口尺寸、洞顶标高、节点详图等重点检查梁的断面尺寸及梁面相对标高等是否正确；逐一检查各梁跨数、配筋；对于平面复杂的结构，应特别注意正确区分主、次梁，并检查主梁的截面与标高是否满足次梁的支承要求。

(2) 识读要点

① 根据相应的建筑施工平面图，校对轴线网、轴线编号、轴线尺寸。

② 根据相应的建筑施工平面图的房间分隔、墙柱布置，检查梁的平面布置是否合理，梁轴线定位尺寸是否齐全、正确。

③ 仔细检查每一根梁编号、跨数、断面尺寸、配筋、相对标高。首先根据梁的支承情况、跨数分清主梁或次梁，检查跨数注写是否正确；若为主梁时应检查附加钢筋有无遗漏，断面尺寸、梁的标高是否满足次梁的支承要求；检查梁的断面尺寸及梁面相对标高与建筑施工图洞口尺寸、洞顶标高、节点详图等有无矛盾。检查集中标注的梁的通长筋与原位标注的钢筋有无矛盾；梁的标注有无遗漏；检查楼梯间平台梁、平台板是否设有支座。结合平法构造详图，确定箍筋加密区的长度、纵筋切断点的位置、锚固长度、附加横向钢筋及梁侧构造筋的设置要求等。异形断面梁还应结合断面详图看，且应与建筑施工图中的详图无矛盾。初学者可通过亲自翻样，画出梁的配筋立面图、剖面、模板图，甚至画出各种钢筋的形状、计算钢筋的下料长度，加深对梁施工图的理解。

④ 检查各设备工种的管道、设备安装与梁平法施工图有无矛盾，大型设备的基础下一般均应设置梁。若有管道穿梁，则应预留套管，并满足构造要求。

⑤ 根据结构设计(特别是节点设计),施工有无困难,是否能保证工程质量,并提出合理化建议。

⑥ 注意梁的预埋件是否有遗漏(如有设备或外墙有装修要求时)。

5.6 梁钢筋的翻样与计算

根据梁构件的钢筋所在位置及功能不同,通常按照梁的上部纵筋、侧面纵筋、下部纵筋、其他钢筋的顺序进行计算,总结一下梁中主要需要计算的钢筋种类及参数,见表 5-3。

表 5-3 梁构件中的钢筋汇总表

钢筋部位	钢筋名称	钢筋计算参数
梁上部纵筋	上部通长筋	上部通长筋长度
	支座负筋	端支座负筋长度,中间支座负筋长度
	架立筋	架立筋长度
梁侧面纵筋	构造筋	构造筋长度
	抗扭筋	抗扭筋长度
梁下部纵筋	下部通长筋	下部通长筋长度
	下部非通长筋	多跨梁中,在本跨左右支座直接锚固的下部非通长筋长度
	不伸入支座的下部纵筋	不伸入支座的下部纵筋长度
梁其他钢筋	箍筋	箍筋长度,箍筋根数
	拉筋	拉筋长度,拉筋根数
	附加吊筋	吊筋长度,根数看图纸标注
	附加箍筋	长度同箍筋,根数看图纸标注

5.6.1 梁上部纵筋计算

扫一扫

梁钢筋的翻样与计算(1)

(1) 上部通长筋计算

框架梁上部通长筋(图 5-70,亦称“贯通筋”)在整根梁内全线贯通(当钢筋不够长时可以接长,连接接头的个数与连接长度的计算方法同柱纵筋,此处我们暂不计,实际工程的计算中需根据连接方式按要求计算,并锚入左右两端支座内(柱为梁的支座)。

上部通长筋长度=梁净跨长+左支座锚固长度+右支座锚固长度

左右支座锚固长度的取值判断:

① 当 h_c(柱宽)一柱的保护层厚度≥l_{aE}时,直锚(图 5-71),锚固长度=$\max(l_{aE},0.5h_c+5d)$。

② 当 h_c(柱宽)一柱的保护层厚度<l_{aE}时,弯锚(图 5-72),锚固长度=h_c一保护层厚度+$15d$。

A. 当为屋面框架梁时,上部通长筋伸入支座端弯折至梁底。

B. 当为非框架梁时,上部通长筋伸入支座端弯折 $15d$;

当按设计铰接时,伸入支座内平直段长度≥$0.35l_{ab}$。

当充分利用钢筋抗拉强度时，伸入支座内平直段长度$\geqslant 0.6l_{ab}$。

C. 当为框支梁时，纵筋伸入支座对边向下弯锚，通过梁底线后再下插 $l_{aE}(l_a)$。

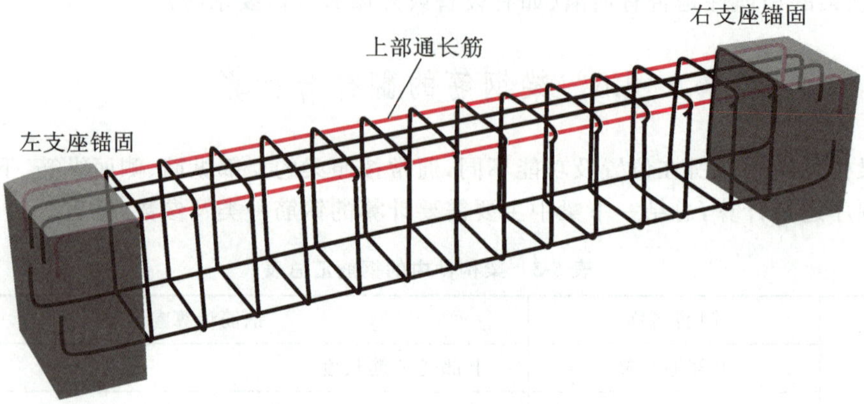

图 5-70 上部通长筋示意图

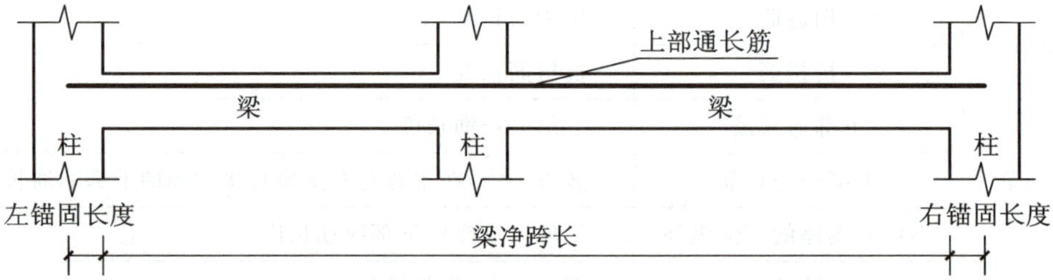

图 5-71 上部通长筋直锚示意图

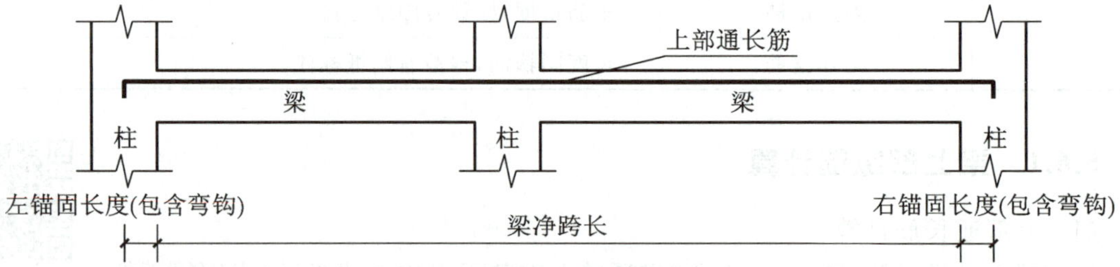

图 5-72 上部通长筋弯锚示意图

(2) 支座负筋计算

支座负筋按照部位分为左右端支座负筋和中间支座负筋，如图 5-73 所示。

从图 5-38 中可以看出：

$$支座负筋长度=伸入支座内的长度+伸入跨内的长度$$

① 端支座负筋

$$第一排端支座负筋长度=\frac{1}{3}l_{ni}+边支座锚固长度$$

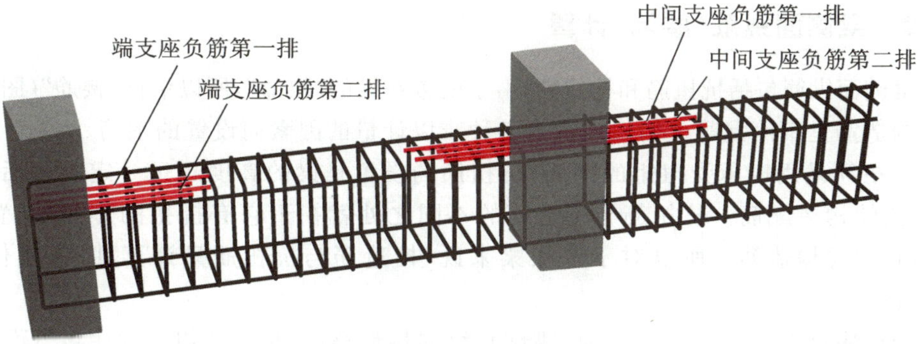

图 5-73 端支座负筋示意图

$$第二排端支座负筋长度=\frac{1}{4}l_{ni}+边支座锚固长度$$

其中 l_{ni} 为当前跨的净跨长，端支座内的锚固形式判断与锚固长度计算同上部通长筋。

② 中间支座负筋

$$第一排中间支座负筋长度=2\times\frac{1}{3}l_n+中间支座宽度$$

$$第二排中间支座负筋长度=2\times\frac{1}{3}l_n+中间支座宽度$$

其中 l_n 为相邻左右两跨的净跨较大值。

(3) 架立筋计算

架立筋是与两边的支座负筋搭接，起到架立箍筋的作用(图 5-74)。

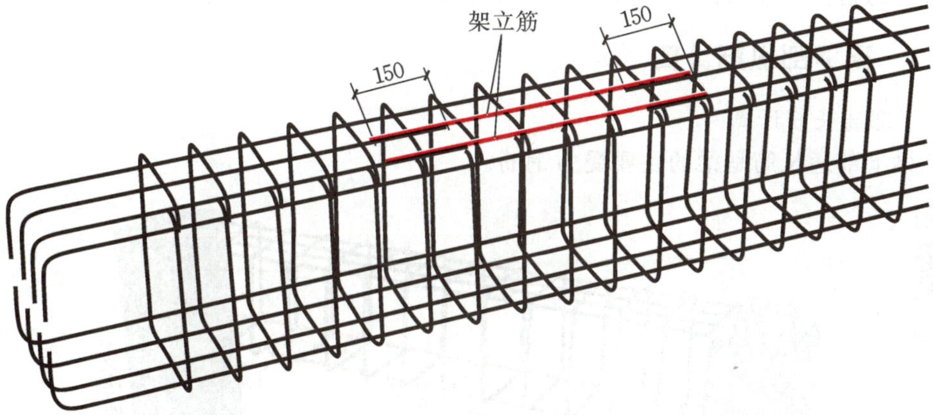

图 5-74 架立筋示意图

架立筋长度=本跨净跨长−左支座负筋净长−右支座负筋净长+2×搭接长度

当梁的上部既有通长筋又有架立筋时，其中架立筋的搭接长度取 150 mm。

当梁的上部没有通长筋，都是架立筋时，架立筋与支座负筋的连接长度取 l_{lE}(抗震搭接长度)，如图 5-38 所示。

5.6.2 梁侧面纵筋(腰筋)计算

(1) 梁侧面纵筋包括抗扭筋和构造筋,由于配置在梁的“腰部”,所以俗称“腰筋”(图 5-75)。

(2) 构造筋是钢筋混凝土构件内考虑各种难以计量的因素而设置的钢筋。

(3) 抗扭筋是用以承受扭矩的钢筋,抗扭筋的设置是梁的高度超过一定高度后,为防止梁侧向扭曲的构造配筋。抗扭筋与构造筋的不同之处就在于它有抗扭的作用,配置了抗扭筋后就不必配置构造筋。所以对于一根梁来说,构造筋与抗扭筋只计算其一(具体看设计图如何配置)。

(4) 当梁腹高度 $h_w \geqslant 450$ mm 时,需配置纵向构造钢筋,标注值以大写字母“G”打头。当梁侧面配置受扭纵向钢筋时,以大写字母“N”打头。

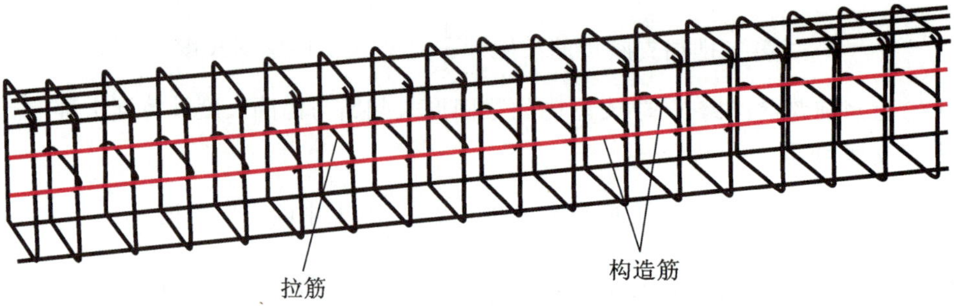

图 5-75 梁侧面纵筋示意图

$$构造筋长度=梁净跨长+2\times 15d$$

$$抗扭筋长度=梁净跨长+2\times 锚固长度$$

构造筋的搭接和锚固长度均为 $15d$,抗扭筋锚固长度为 l_{aE}(抗震)或 l_a(非抗震)。

5.6.3 梁下部纵筋计算

(1) 下部通长筋计算

框架梁下部通长筋是梁的主要受力钢筋。

扫一扫

梁钢筋的翻样与计算(2)

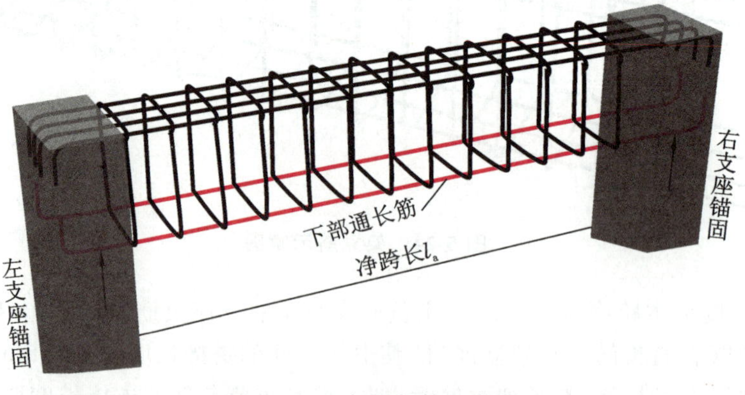

图 5-76 下部通长筋示意图

$$下部通长筋长度=梁净跨长+左支座锚固长度+右支座锚固长度$$

注：下部钢筋不论分排与否，计算的结果都是一样的，所以我们在标注梁的下部纵筋时可以不输入分排信息。

左右支座锚固长度的取值判断：

① 当 h_c(柱宽)－柱的保护层厚度≥l_{aE}且≥$0.5h_c+5d$ 时，直锚，锚固长度＝$\max(l_{aE}, 0.5h_c+5d)$。

② 当 h_c(柱宽)－柱的保护层厚度＜l_{aE}时，必须弯锚，锚固长度＝h_c－保护层厚度＋$15d$。

(2) 下部非通长筋计算

在设计时，对于支座两边不同配筋值的下部纵筋，宜尽可能选用相同直径(不同根数)，使其贯穿其支座，避免支座两边不同直径的下部纵筋均在支座内锚固。所以，当设计图中下部通长筋为集中标注时，均按贯通中间支座计算；当有原位标注且中间支座的左右两跨下部纵筋直径不同时，宜按照非通长筋计算，即按照在本支座内锚固计算。锚固形式与长度同上部通长筋，中间支座一般可以采用直锚。

下部非通长筋长度＝本跨净跨长＋左支座锚固长度＋右支座锚固长度

中间支座锚固长度＝$\max(l_{aE}, 0.5h_c+5d)$(直锚)

(3) 不伸入支座的下部纵筋计算

如图 5-61 所示，不伸入支座的下部纵筋长度为：

不伸入支座的下部纵筋长度＝本跨净跨长－左边 0.1×净跨长－右边 0.1×净跨长
＝0.8×本跨净跨长

5.6.4 梁其他钢筋计算

(1) 箍筋计算

如图 5-77 所示大箍筋，箍筋长度为：

箍筋长度＝(梁宽－2×梁保护层厚度＋梁高－2×梁保护层厚度)×2
＋$1.9d$×2＋2×max($10d$,75 mm)

单肢箍与大箍内的小箍，计算原理同大箍，因为构造方式多样，应根据具体设计文件来计算，可参考柱构件中小箍的计算方法。

如图 5-52 所示，箍筋根数按下式计算：

箍筋根数＝[(加密区长度－50)/加密区间距＋1]×2＋(非加密区长度/非加密区间距－1)

(2) 拉筋计算

如果没有在平法施工图中直接给定拉筋的布筋间距，则拉筋布筋间距按箍筋非加密区间距的两倍计算。如果布置有两排或多排拉筋，则上下相邻两排拉筋需要错位布置。由图 5-78 可知：

拉筋长度＝(梁宽－2×梁保护层厚度)＋2×$1.9d$＋2×max($10d$,75 mm)

拉筋的根数＝[(净跨长－2×50)/拉筋布筋间距＋1]×拉筋排数

拉筋布筋间距＝箍筋非加密区间距×2

拉筋排数＝构造筋根数/2

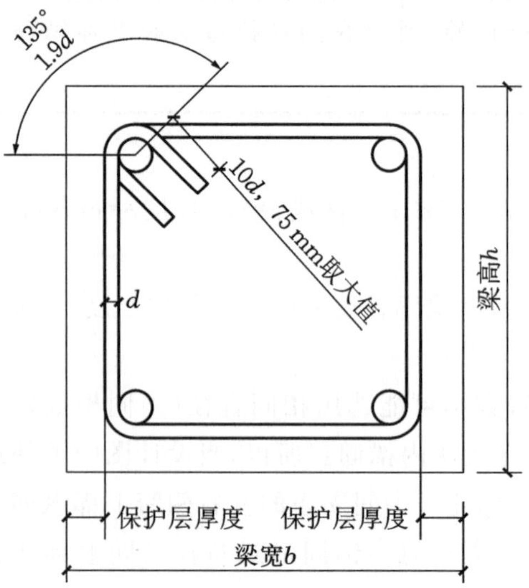

图 5-77　箍筋长度计算示意图

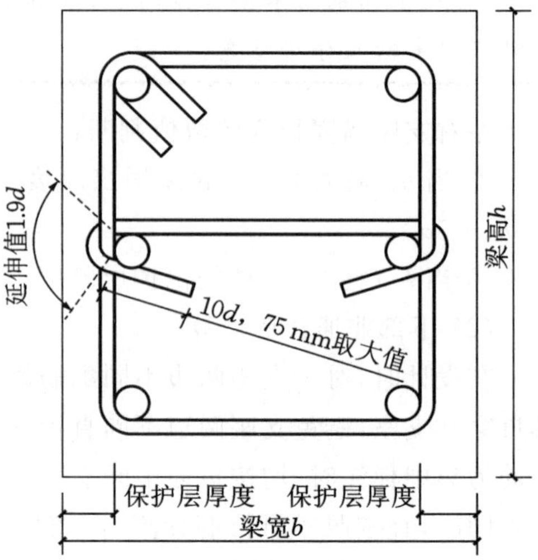

图 5-78　拉筋计算示意

(3) 附加吊筋计算

主梁梁高不同，附加吊筋的起弯角不同：主梁高≤800 mm 时，起弯角为 45°；主梁高＞800 mm 时，起弯角为 60°(图 5-79)。当设计文件采用其他构造形式时，按照具体设计计算，计算原理相同。

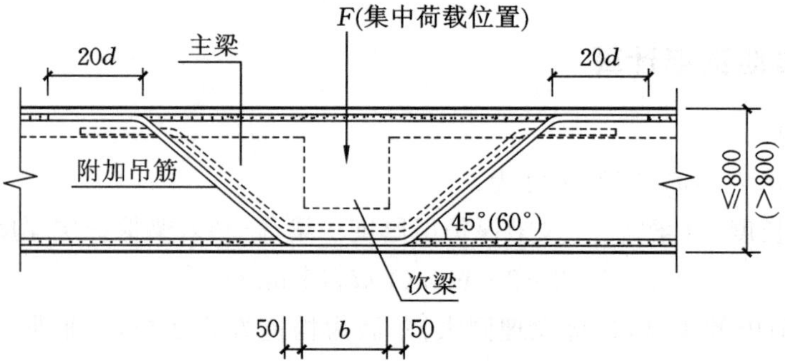

图 5-79　附加吊筋计算示意图

吊筋长度＝次梁宽 b＋2×50＋2×斜段长度＋2×锚固长度

　　＝次梁宽 b＋2×50＋2×(主梁高 h－2×主梁保护层厚度 c)/sin45°(sin60°)＋2×20d

吊筋根数根据图纸原位标注确定。

(4) 附加箍筋计算

附加箍筋的长度同梁内其他箍筋，根数根据图纸原位标注确定。

5.6.5　梁钢筋计算实例

【例 5-25】　如图 5-80 所示，某工程框架梁一级抗震，混凝土等级 C30，环境类别二 a，钢筋定尺长度为 9000 mm，绑扎搭接，求上部通长筋的长度。

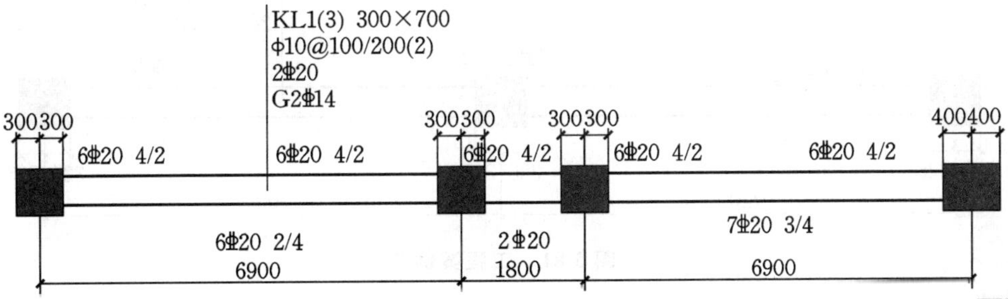

图 5-80 工程案例一

【解】

(1) 计算受拉钢筋抗震锚固长度 l_{aE}

根据题目已知条件：一级抗震，混凝土等级 C30，上部通长筋为Φ 20，查 16G101—1 图集第 58 页可得

$$l_{aE}=40d=40\times20=800\ \text{mm}$$

(2) 判断在端支座的锚固

环境类别二 a，查 16G101—1 图集第 56 页可得保护层厚度为 25 mm。

左支座 $h_c-c=600-25=575\ \text{mm}<800\ \text{mm}$，故弯锚。

右支座 $h_c-c=800-25=775\ \text{mm}<800\ \text{mm}$，故弯锚。

(3) 计算在端支座锚固长度

$$\text{左支座弯锚长度}=h_c-c+15d=600-25+15\times20=875\ \text{mm}$$

$$\text{右支座弯锚长度}=h_c-c+15d=800-25+15\times20=1075\ \text{mm}$$

(4) 求上部通长筋长度

上部通长筋长度＝左支座弯锚长＋第一跨净长＋支座宽＋第二跨净长＋支座宽＋第三跨净长＋右支座弯锚长

$=875+(6900-600)+600+(1800-600)+600+(6900-300-400)+1075$

$=16850\ \text{mm}$

(5) 求受拉钢筋抗震搭接长度及个数

查 16G101—1 图集第 61 页可得(按 50%的接头百分率计算)

$$l_{lE}=56d=56\times20=1120\ \text{mm}$$

$$\text{个数}\ n=[16850/9000](\text{向上取整})-1=1\ \text{个}$$

(6) 求上部通长筋单根总长

$$l=16850+1120=17970\ \text{mm}=17.97\ \text{m}$$

【例 5-26】 如图 5-81 所示，某工程框架梁一级抗震，混凝土等级 C30，保护层厚度 25 mm，钢筋定尺长度为 9000 mm，绑扎搭接，求中间支座负筋的长度。

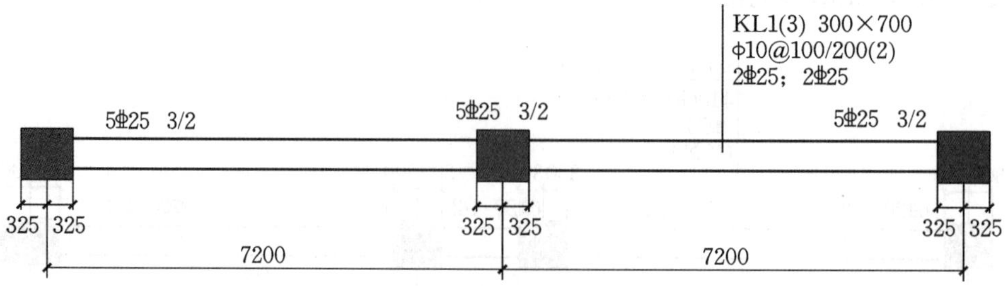

图 5-81 工程案例二

【解】

(1) 判断中间支座负筋分布情况(特别注意中间某跨长度较小时,支座负筋可能贯穿该较小跨)

根据题目条件,本梁中间支座分为两排钢筋,上排 3 根直径 25 mm 钢筋(包括集中标注处 2 根通长筋),下排 2 根直径 25 mm 钢筋。

(2) 计算支座负筋长度

$$\text{第一排中间支座负筋长度}=2\times\frac{1}{3}l_n+\text{支座宽度}$$

$$=2\times\frac{1}{3}\times\max(\text{第一跨净长,第二跨净长})+\text{支座宽度}$$

$$=2\times\frac{1}{3}\times(7200-650)+650$$

$$=2\times\frac{1}{3}\times 6550+650=5016.67\ \text{mm}$$

扫一扫

梁钢筋的翻样与计算(4)

$$\text{第二排中间支座负筋长度}=2\times\frac{1}{4}l_n+\text{支座宽度}$$

$$=2\times\frac{1}{4}\times\max(\text{第一跨净长,第二跨净长})+\text{支座宽度}$$

$$=2\times\frac{1}{4}\times(7200-650)+650$$

$$=2\times\frac{1}{4}\times 6550+650=3925\ \text{mm}$$

(3) 计算中间支座负筋的总钢筋长度

$$l=5016.67+3925\times 2=12866.67\ \text{mm}=128.7\ \text{m}$$

【例 5-27】 如图 5-80 所示,某框架梁的保护层厚度为 25 mm,钢筋定尺长度为 9000 mm,绑扎搭接,三级抗震,求箍筋的长度和根数。

【解】

(1) 计算加密区长度

由 16G101—1 图集第 88 页可知

加密区长度 $=\max(1.5h_b,500)=\max(1.5\times700,500)=1050$ mm

(2) 计算箍筋根数

第一跨加密区根数 $=[($加密区长度$-50)/100+1]\times2$
$=[(1050-50)/100+1]\times2=22$ 根

第一跨非加密区根数 $=$ 非加密区长度$/200-1$
$=(6300-1050\times2)/200-1=20$ 根

第二跨净长 $=1200$ mm $<1050\times2=2100$ mm，故按全长加密计算箍筋根数。

第二跨根数 $=(1200-50-50)/100+1=12$ 根

第三跨加密区根数 $=[($加密区长度$-50)/100+1]\times2$
$=[(1050-50)/100+1]\times2=22$ 根

第三跨非加密区根数 $=$ 非加密区长度$/200-1$
$=(6200-1050\times2)/200-1=20$ 根

(3) 计算梁箍筋总数和单个箍筋长度

梁箍筋总数 $=$ 第一跨箍筋总数 $+$ 第二跨箍筋总数 $+$ 第三跨箍筋总数
$=42+12+42=96$ 根

箍筋长度 $=($梁宽$-2\times$保护层厚度$+$梁高$-2\times$保护层厚度$)\times2+1.9d\times2+2\times\max(10d,75\text{ mm})$
$=(300-25\times2+700-25\times2)\times2+1.9\times10\times2+2\times\max(75,10\times10)$
$=2038$ mm

(4) 计算箍筋的总长度

$l=2038\times96=195648$ mm $=195.6$ m

6 板构件平法识图

【学习目标】

1. 掌握板平法施工图的表示方法。
2. 掌握板内主要钢筋的构造做法。
3. 掌握板平法施工图的识读方法。
4. 掌握板构件钢筋工程量的计算方法。

6.1 有梁楼盖平法识图

有梁楼盖是指以梁为支座的楼面与屋面板，楼面荷载通过板传给梁，梁再传给柱或墙。如图 6-1 所示。

图 6-1 有梁楼盖

有梁楼盖平法施工图是在楼面板和屋面板布置图上，采用平面注写的表达方式，直接标注板的各项数据。板平面注写主要包括板块集中标注和板支座原位标注。

为方便设计表达和施工识图，规定结构平面的坐标方向为：

（1）当两向轴网正交布置时，图面从左至右为 X 向，从下至上为 Y 向；

（2）当轴网转折时，局部坐标方向顺轴网转折角度做相应转折；

（3）当轴网向心布置时，切向为 X 向，径向为 Y 向。

此外，对于平面布置比较复杂的区域，如轴网转折交界区域、向心布置的核心区域等，其平面坐标方向应由设计者另行规定并在图上明确表示。

6.1.1 板块集中标注

扫一扫

有梁楼盖集中标注

板块集中标注的内容：板块编号，板厚，上部贯通纵筋、下部纵筋，以及当板面标高不同时的标高高差。

（1）板块编号

对于普通楼面，两向均以一跨为一板块；对于密肋楼盖，两向主梁（框架梁）均以一跨为一板块（非主梁密肋不计）。所有板块应逐一编号，相同编号的板块可择其一做集中标注，其他仅注写置于圆圈内的板编号，以及当板面标高不同时的标高高差。需要说明的是同一编号板块的类型、板厚和贯通纵筋均应相同，但板面标高、跨度、平面形状以及板支座上部非贯通纵筋可以不同，如同一编号板块的平面形状可为矩形、多边形及其他形状等。

板块编号应由代号和序号组成，见表 6-1。

表 6-1　板块编号

板类型	代号	序号
楼面板	LB	××
屋面板	WB	××
悬挑板	XB	××

（2）板厚

板厚注写为 h=×××（为垂直于板面的厚度），当悬挑板的端部改变截面厚度时，用斜线分隔根部与端部的高度值，注写为 h=×××/×××；当设计已在图注中统一注明板厚度时，此项可不注。

（3）纵筋

纵筋按板块的下部纵筋和上部贯通纵筋分别注写（当板块上部不设贯通纵筋时则不注），并以 B 代表下部纵筋，以 T 代表上部贯通纵筋。B&T 代表下部与上部；X 向纵筋以“X”打头，Y 向纵筋以“Y”打头。两向纵筋配置相同时则以“X&Y”打头。

当为单向板时，分布筋可不必注写，而在图中统一注明。

当在某些板内［例如在悬挑板（XB）的下部］配置有构造钢筋时，则 X 向以“Xc”，Y 向以“Yc”打头注写。

当Y向采用放射配筋时(切向为 X 向,径向为 Y 向),设计者应注明配筋间距的定位尺寸。

当纵筋采用两种规格钢筋“隔一布一”方式时,表达为ϕ xx/yy@×××,表示直径为 xx 的钢筋和直径为 yy 的钢筋二者之间间距为×××,直径 xx 的钢筋的间距为×××的 2 倍,直径 yy 的钢筋的间距为×××的 2 倍。

(4) 板面标高高差

板面标高高差是指相对于结构层楼面标高的高差,应将其注写在括号内,且有高差则注,无高差不注。

【例 6-1】 有一楼面板块注写为:

LB5　h=100

B:Xϕ12@120;Yϕ10@110

表示 5 号楼面板,板厚 100 mm。板下部配置的纵筋 X 向为ϕ12@120,Y 向为ϕ10@110;板上部未配置贯通纵筋。

【例 6-2】 有一楼面板块注写为:

LB5　h=110

B:XΦ10/12@100;YΦ10@110

表示 5 号楼面板,板厚 110 mm。板下部配置的纵筋 X 向为Φ10、Φ12 隔一布一,Φ10 与Φ12 之间间距为 100 mm;Y 向为Φ10@110;板上部未配置贯通纵筋。

【例 6-3】 有一悬挑板注写为:

XB2　h=150/100

B: Xc&YcΦ8@200

表示 2 号悬挑板,板根部厚 150 mm,端部厚 100 mm。板下部配置构造钢筋双向均为Φ8@200(上部受力钢筋见板支座原位标注)。

扫一扫

有梁楼盖原位标注

6.1.2　板支座原位标注

板支座原位标注的内容:板支座上部非贯通纵筋和悬挑板上部受力钢筋。

板支座原位标注的钢筋,应在配置相同跨的第一跨表达(当在梁悬挑部位单独配置时则在原位表达)。在配置相同跨的第一跨(或梁悬挑部位),垂直于板支座(梁或墙)绘制一段适宜长度的中粗实线(当该筋通长设置在悬挑板或短跨板上部时,实线段应画至对边或贯通短跨),以该线段代表支座上部非贯通纵筋,并在线段上方注写钢筋编号(如①、②等)、配筋值、横向连续布置的跨数(注写在括号内,且当为一跨时可不注),以及是否横向布置到梁的悬挑端。

板支座上部非贯通筋自支座中线向跨内的伸出长度,注写在线段的下方位置。当中间支座上部非贯通纵筋向支座两侧对称伸出时，可仅在支座一侧线段下方标注伸出长度，另一侧不注，如图 6-2 所示。当向支座两侧非对称伸出时，应分别在支座两侧线段下方注写伸出长度，如图 6-3 所示。

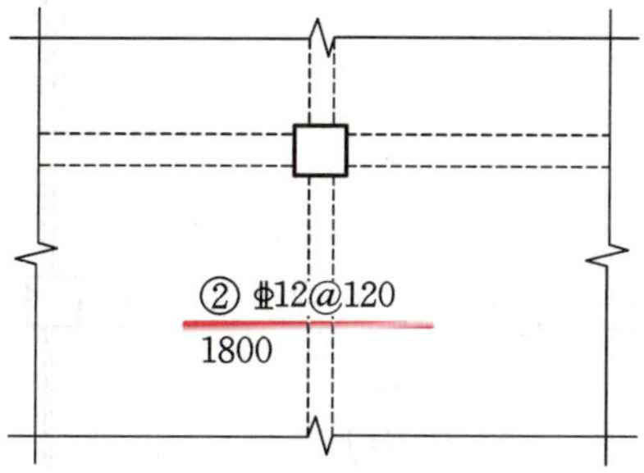

图 6-2 非贯通筋双侧对称伸出

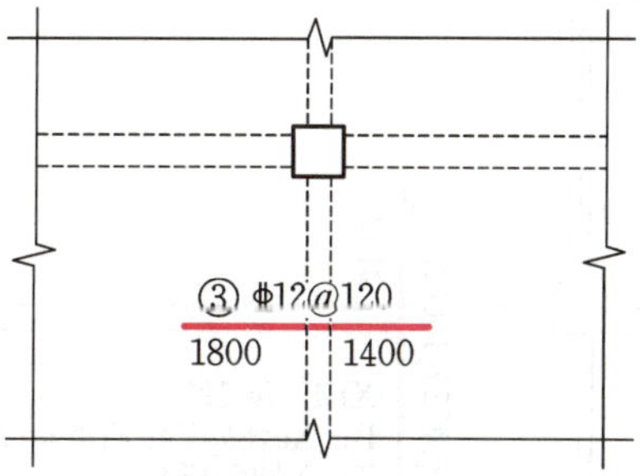

图 6-3 非贯通筋双侧非对称伸出

对线段画至对边贯通全跨或贯通全悬挑长度的上部通长纵筋，贯通全跨或伸出至全悬挑一侧的长度值不注，只注明非贯通筋另一侧的伸出长度，如图 6-4 所示。

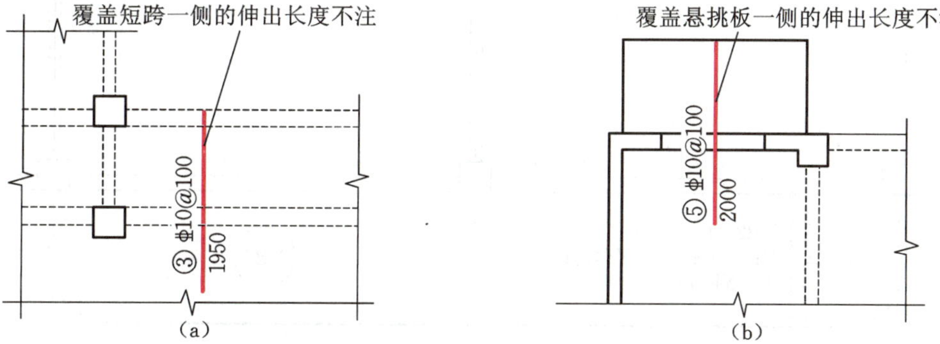

图 6-4 板支座非贯通筋贯通全跨或伸出至悬挑端

当板支座为弧形，支座上部非贯通纵筋呈放射状分布时，设计者应注明配筋间距的度量位置并加注“放射分布”四字，必要时应补绘平面配筋图，如图 6-5 所示。

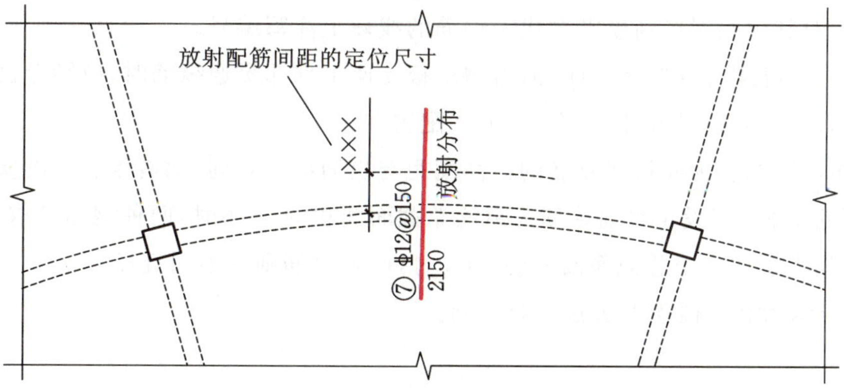

图 6-5 弧形支座处放射配筋

悬挑板非贯通筋的注写方式见图6-6。当悬挑板端部厚度不小于150 mm时，设计者应指定板端部封边构造方式。当采用U形钢筋封边时，尚应指定U形钢筋的规格、直径。

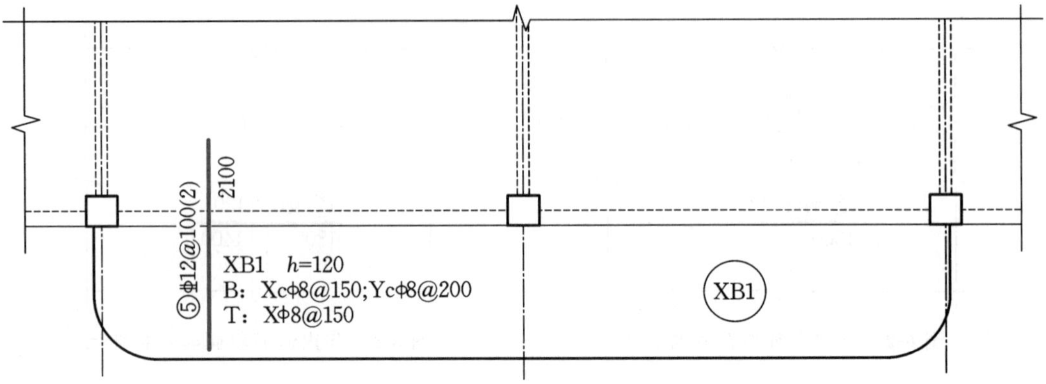

（a）

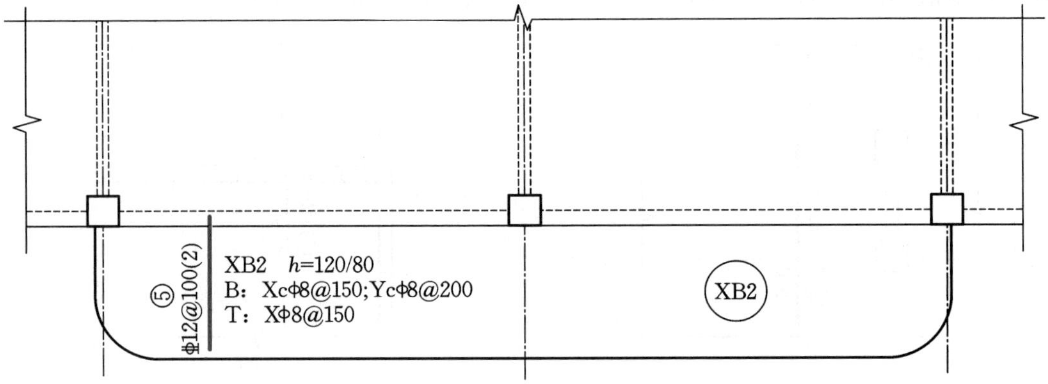

（b）

图6-6 悬挑板支座非贯通筋

在板平面布置图中，不同部位的板支座上部非贯通纵筋及悬挑板上部受力钢筋，可仅在一个部位注写，对其他相同者则仅需在代表钢筋的线段上注写编号。

当板的上部已配置有贯通纵筋，但需增配板支座上部非贯通纵筋时，应结合已配置的同向贯通纵筋的直径与间距采取"隔一布一"方式配置。

"隔一布一"方式，为非贯通纵筋的标注间距与贯通纵筋相同，两者组合后的实际间距为各自标注间距的1/2。当设定贯通纵筋为纵筋总截面面积的50%时，两种钢筋应取相同直径；当设定贯通纵筋大于或小于总截面面积的50%时，两种钢筋则取不同直径。

图6-7所示为有梁楼盖平法施工图示例。

层号	标高(m)	层高(m)
屋面2	65.670	
塔层2	62.370	3.30
屋面1 (塔层1)	59.070	3.30
16	55.470	3.60
15	51.870	3.60
14	48.270	3.60
13	44.670	3.60
12	41.070	3.60
11	37.470	3.60
10	33.870	3.60
9	30.270	3.60
8	26.670	3.60
7	23.070	3.60
6	19.470	3.60
5	15.870	3.60
4	12.270	3.60
3	8.670	3.60
2	4.470	4.20
1	-0.030	4.50
-1	-4.530	4.50
-2	-9.030	4.50

结构层楼面标高
结 构 层 高

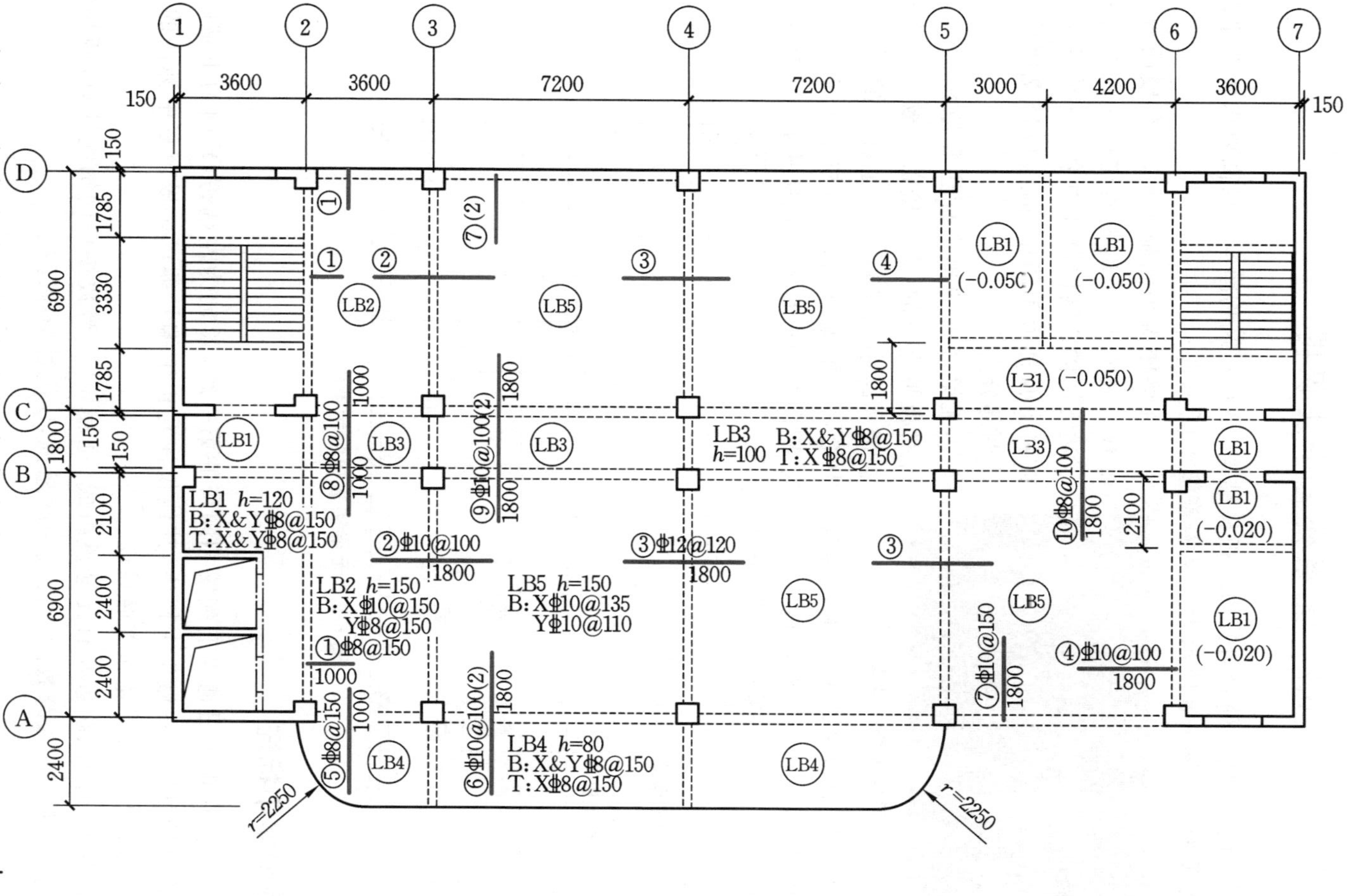

15.870~26.670板平法施工图

(未注明分布筋为⌀8@250)

图 6-7 有梁楼盖平法施工图示例

6.2 无梁楼盖平法识图

无梁楼盖板不设梁，是一种双向受力的板柱结构，是在建筑物净空与层高要求较严格时经常使用的一种楼盖形式。图 6-8 所示为无梁楼盖施工现场。

扫一扫

无梁楼盖平法识图

图 6-8　无梁楼盖施工现场

无梁楼盖平法施工图，是在楼面板和屋面板布置图上，采用平面注写的表达方式来表达无梁楼盖结构设计内容。无梁楼盖平面注写主要有板带集中标注、板带支座原位标注两部分内容。

无梁楼盖的集中标注和原位标注都是针对板带进行的，无梁楼盖的板带分为柱上板带和跨中板带两种。通过柱的板带成为柱上板带，相邻两条柱上板带之间的板带称为跨中板带。根据方向不同，柱上板带可以分为 X 向柱上板带和 Y 向柱上板带，跨中板带也可分为 X 向跨中板带和 Y 向跨中板带(图 6-9)。

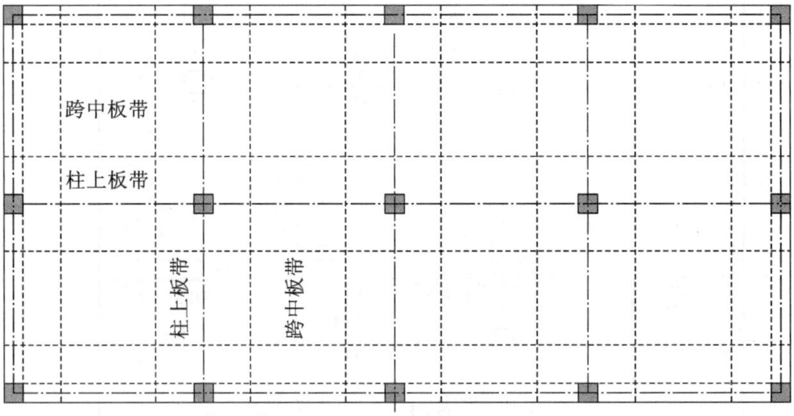

图 6-9　无梁楼盖板带示意图

6.2.1　板带集中标注

板带集中标注应在板带贯通纵筋配置相同跨的第一跨(X 向为左端跨，Y 向为下端跨)注写。相同编号的板带可择其一做集中标注，其他仅注写板带编号即可。板带集中标注的具体内容：板带编号、板带厚及板带宽和贯通纵筋。

板带编号由代号、序号、跨数及有无悬挑组成，见表 6-2。跨数按柱网轴线计算，两相邻柱轴线之间为一跨，悬挑不计入跨数。A 代表一端悬挑，B 代表两端悬挑。

表 6-2　板带编号

板带类型	代号	序号	跨数及有无悬挑
柱上板带	ZSB	××	(××)、(××A)或(××B)
跨中板带	KZB	××	(××)、(××A)或(××B)

板带厚注写为 h=×××，板带宽注写为 b=×××。当无梁楼盖整体厚度和板带宽度

已在图中注明时，此项可不注。

贯通纵筋按板带下部和板带上部分别注写，并以B代表下部，T代表上部，B&T代表下部和上部。每条板带只标注该方向的纵向钢筋，另一方向的钢筋由垂直的板带来标注。

另外，当局部区域的板面标高与整体不同时，应在无梁楼盖的板平法施工图上注明板面标高高差及分布范围。

【例6-4】 设有一板带注写为：

ZSB2(5A)　h=300　b=3000

B⌀16@100；T⌀18@200

表示2号柱上板带，有5跨且一端有悬挑；板带厚300 mm，宽3000 mm；板带配置贯通纵筋下部为⌀16@100，上部为⌀18@200。

6.2.2　板带支座原位标注

板带支座原位标注的具体内容为板带支座上部非贯通纵筋。

板带支座原位标注是以一段与板带同向的中粗实线段代表板带支座上部非贯通纵筋：对柱上板带，实线段贯穿柱上区域绘制；对跨中板带，实线段横贯柱网轴线绘制。在线段上注写钢筋编号(如①、②等)、配筋值及在线段的下方注写自支座中线向两侧跨内的伸出长度。

当板带支座非贯通纵筋自支座中线向两侧对称伸出时，其伸出长度可仅在一侧标注；当配置在有悬挑端的边柱上时，该筋伸出到悬挑尽端，设计不注。当支座上部非贯通纵筋呈放射分布时，设计者应注明配筋间距的定位位置。

不同部位的板带支座上部非贯通纵筋相同者，可仅在一个部位注写，其余则在代表非贯通纵筋的线段上注写编号。

【例6-5】 设板平面布置图的某部位，在横跨板带支座绘制的对称线段上注有⑦⌀18@250，在线段一侧的下方注有1500。系表示支座上部⑦号非贯通纵筋为⌀18@250，自支座中线向两侧跨内的伸出长度均为1500 mm。

当板带上部已经配有贯通纵筋，但需增加配置板带支座上部非贯通纵筋时，应结合已配同向贯通纵筋的直径与间距，采取“隔一布一”的方式配置。

【例6-6】 设有一板带上部已配置贯通纵筋⌀18@240，板带支座上部非贯通纵筋为⑥⌀18@240，则板带在该位置实际配置的上部纵筋为⌀18@120。其中1/2为贯通纵筋，1/2为⑥号非贯通纵筋。

6.2.3　暗梁

暗梁仅用于无柱帽的无梁楼盖，布置在柱上板带之内。

暗梁的表示方法为在施工图中的柱轴线处以中粗虚线表示。暗梁平面注写包括暗梁集中标注、暗梁支座原位标注两部分内容。

暗梁集中标注包括暗梁编号、暗梁截面尺寸(箍筋外皮宽度×板厚)、暗梁箍筋、暗梁上部通长筋或架立筋四部分内容。暗梁编号由代号、序号、跨数及有无悬挑组成，其代号为AL，其余均与板带的规定相同。

暗梁支座原位标注包括梁支座上部纵筋、梁下部纵筋。当在暗梁上集中标注的内容不适用于某跨或某悬挑端时，则将其不同数值标注在该跨或该悬挑端，施工时按原位注写取值。

当设置暗梁时，柱上板带标注的配筋仅设置在暗梁之外的柱上板带范围内。

图6-10所示为无梁楼盖平法施工图示例。

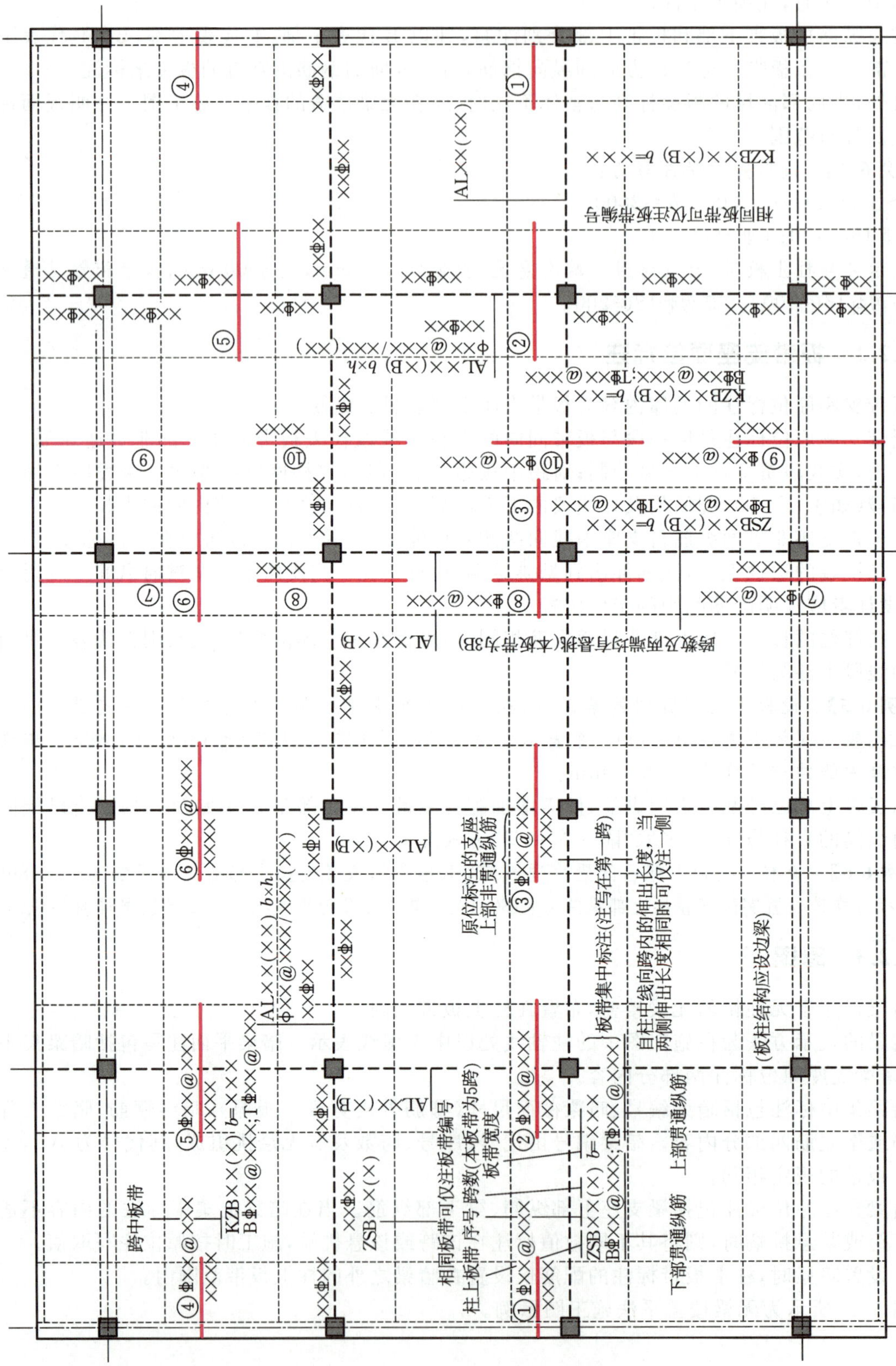

(板厚均为×××)

图 6-10 无梁楼盖平法施工图示例

6.3 楼板相关构造和配筋

6.3.1 楼板相关构造类型与表示方法

扫一扫
板的配筋构造

楼板相关构造的平法施工图是在板平法施工图上采用直接引注方式表达。楼板直接引注的构造内容主要有纵筋加强带、后浇带、局部升降板、板开洞、板翻边和角部加强筋等。

(1) 纵筋加强带 JQD 的引注

纵筋加强带的平面形状及定位由平面布置图表达，加强带内配置的加强贯通纵筋等由引注内容表达。

纵筋加强带设单项加强贯通纵筋，取代其所在位置板中原配置的同向贯通纵筋。根据受力需要，加强贯通纵筋可在板下部配置，也可在板下部和上部均设置。纵筋加强带的引注见图 6-11。

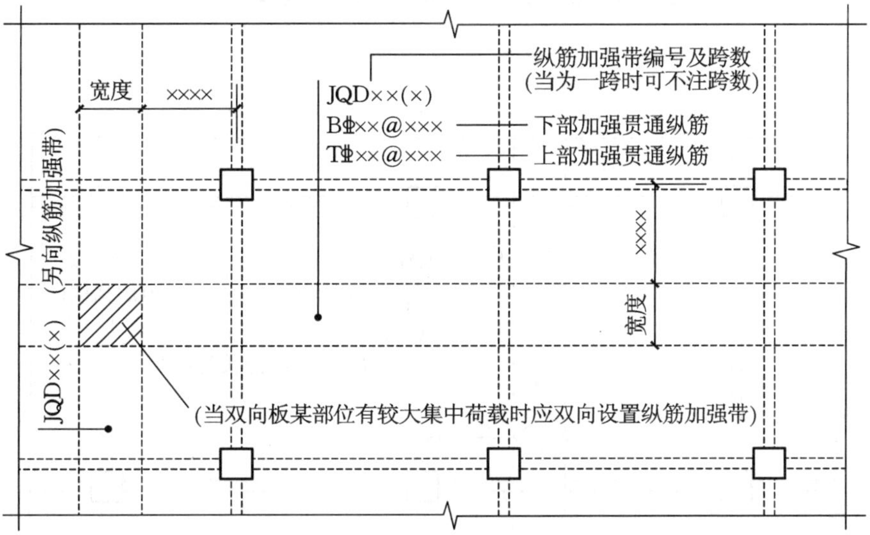

图 6-11　纵筋加强带 JQD 引注图示

当将纵筋加强带设置为暗梁形式时应注写箍筋，其引注见图 6-12。

(2) 后浇带 HJD 的引注

后浇带的平面形状及定位由平面布置图表达，后浇带留筋方式等由引注内容表达，包括：

① 后浇带编号及留筋方式代号。后浇带有两种留筋方式，分别为贯通留筋(代号 GT)和 100%搭接留筋(代号 100%)。贯通钢筋的后浇带宽度通常取大于或等于 800 mm；100%搭接留筋的后浇带宽度通常取 800 mm 与(l_l+60 mm)的较大值(l_l 为受拉钢筋搭接长度)。

② 后浇混凝土的强度等级 C××。宜采用补偿收缩混凝土，设计应注明相关施工要求。

③ 当后浇带区域留筋方式或后浇混凝土强度等级不一致时，设计者应在图中注明与图示不一致的部位及做法。

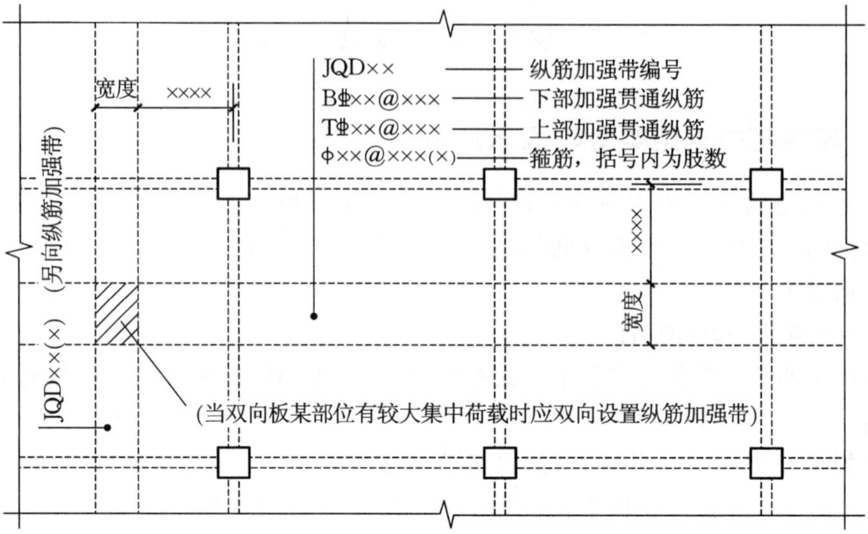

图 6-12　纵筋加强带 JQD 引注图示(暗梁形式)

后浇带引注见图 6-13。

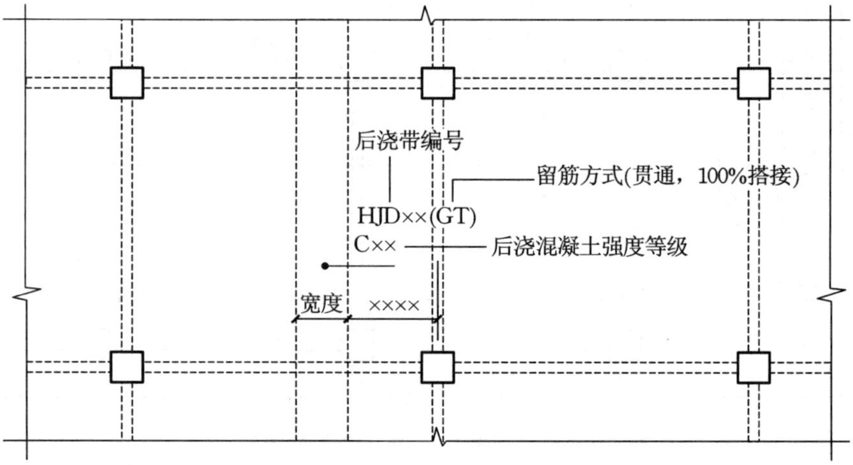

图 6-13　后浇带 HJD 引注图示

(3) 局部升降板 SJB 的引注

局部升降板的平面形状及定位由平面布置图表达，其他内容由引注内容表达，如图 6-14 所示。

局部升降板的板厚、壁厚和配筋，在标准构造详图中取与所在板块的板厚和配筋相同，设计不注；当采用不同板厚、壁厚和配筋时，设计应补充绘制截面配筋图。

局部升降板升高与降低的高度，在标准构造详图中限定为小于或等于 300 mm，当高度大于 300 mm 时，设计应补充绘制截面。

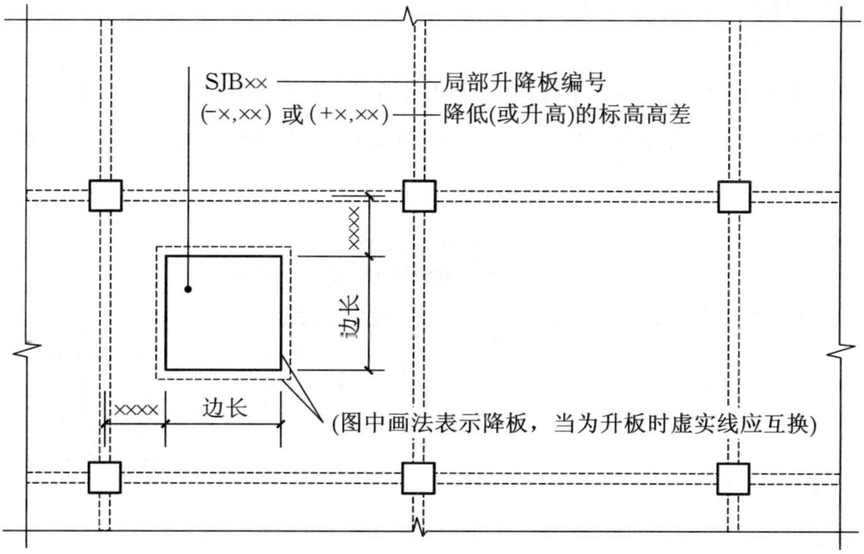

图 6-14 局部升降板 SJB 引注图示

(4) 板开洞 BD 的引注

板开洞的平面引注内容包括板开洞编号、洞口尺寸等。洞口通常有矩形和圆形两种类型。板开洞在平面图中的引注方式如图 6-15 所示。

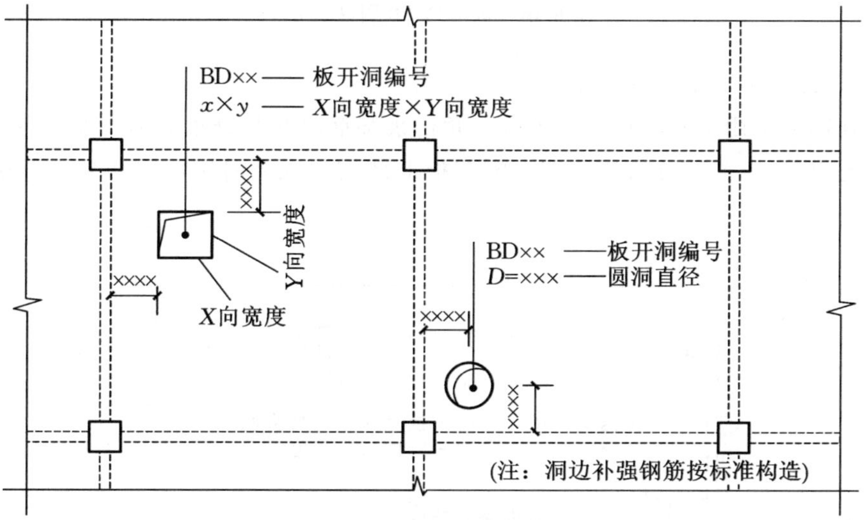

图 6-15 板开洞 BD 引注图示

当矩形洞口边长或圆形洞口直径≤1000 mm，且当洞边无集中荷载作用时，洞边补强钢筋可按标准构造的规定设置，设计不注；当洞口周边加强钢筋不伸至支座时，应在图中画出所有加强钢筋，并标注不伸至支座的钢筋长度。当具体工程所需要的补强钢筋与标准构造不同时，设计应加以注明。

当矩形洞口边长成圆形洞口直径＞1000 mm，或虽≤1000 mm 但洞边有集中荷载作用时，设计应根据具体情况采取相应的处理措施。

（5）板翻边 FB 的引注

板翻边可为上翻边也可为下翻边，翻边尺寸等在引注内容中表达，详见图 6-16。翻边高度在标准构造详图中为小于或等于 300 mm。当翻边高度大于 300 mm 时，应该由设计人员自行处理。

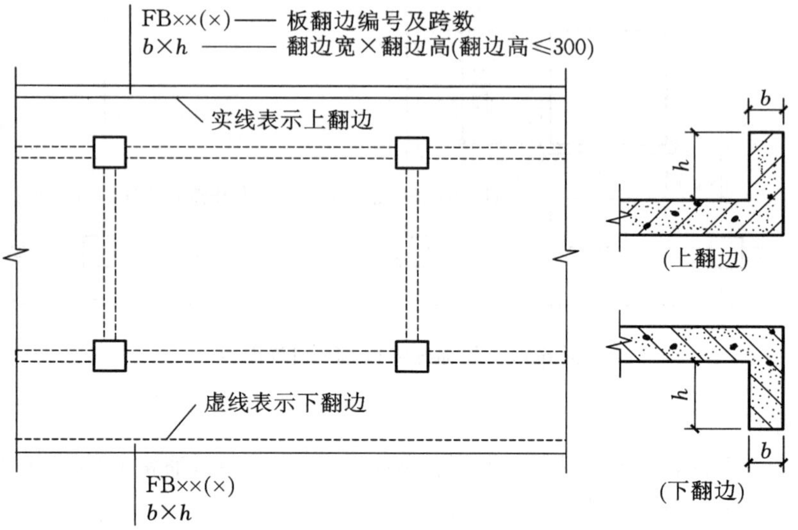

图 6-16　板翻边 FB 引注图示

（6）角部加强筋 Crs 的引注

角部加强筋通常用于板块角区的上部。角部加强筋将在其分布范围内取代原配置的板支座上部非贯通纵筋，且当其分布法范围内配有板上部贯通纵筋时则间隔布置。其引注方式如图 6-17 所示。

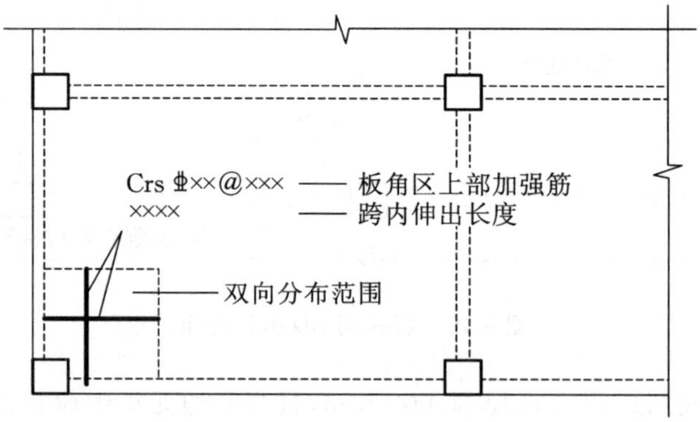

图 6-17　角部加强筋 Crs 引注图示

（7）悬挑板阳角附加筋 Ces 的引注

悬挑板阳角附加筋有延伸悬挑板和纯悬挑板两种阳角附加筋的引注方式，如图 6-18 所示。

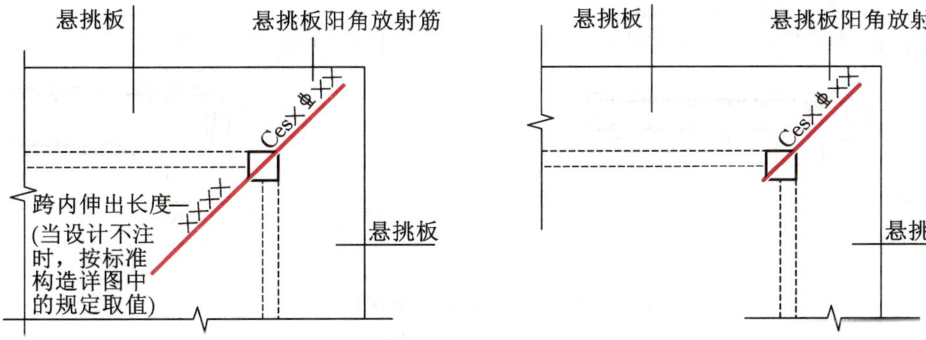

图 6-18　悬挑板阳角附加筋 Ces 引注图示

6.3.2　楼板标准构造详图

（1）有梁楼盖楼面板 LB 和屋面板 WB 钢筋构造

有梁楼盖楼面板 LB 和屋面板 WB 钢筋构造详见图 6-19。图中括号内的锚固长度 l_{aE} 用于梁板式转换层的板。当相邻等跨或不等跨的上部贯通纵筋配置不同时，应将配置较大者越过其标注的跨数终点或起点伸出至相邻跨的跨中连接区域连接。

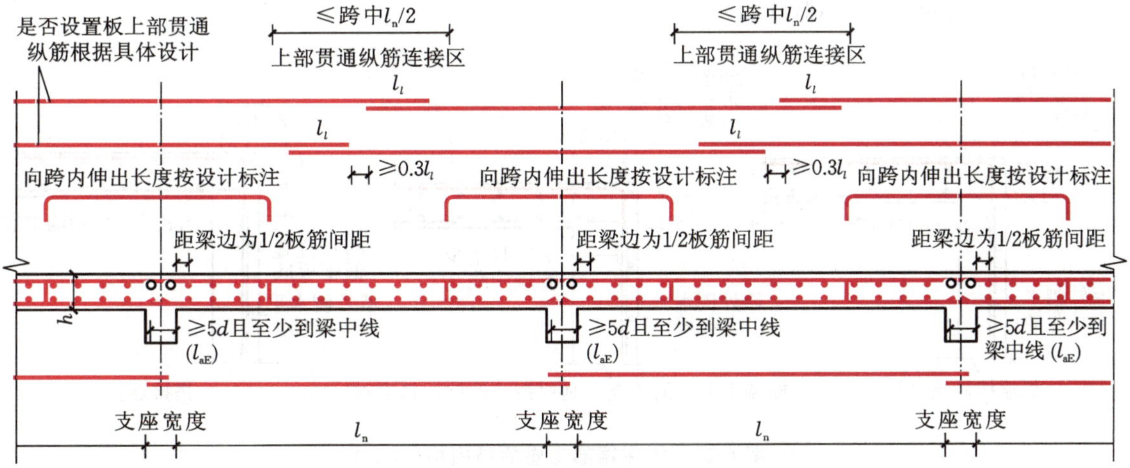

图 6-19　有梁楼盖楼面板和屋面板配筋构造

（2）板在端部支座的锚固构造

板在梁中的锚固构造如图 6-20 所示。

板在剪力墙中的锚固构造如图 6-21 所示。

（3）板翻边构造

板翻边可为上翻边也可为下翻边，翻边高度在标准构造详图中为小于或等于 300 mm。具体构造如图 6-22 所示。

（4）有梁楼盖不等跨板上部贯通纵筋连接构造

在实际工程中，依据房间属性，经常会出现连续不等跨板，此时不等跨板上部贯通纵筋连

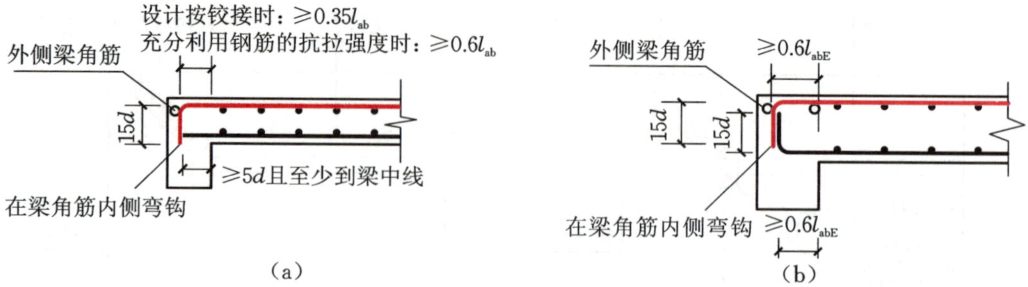

图 6-20　板在端部支座的锚固构造(一)

(a)普通楼屋面板；(b)用于梁板式转换层的楼面板

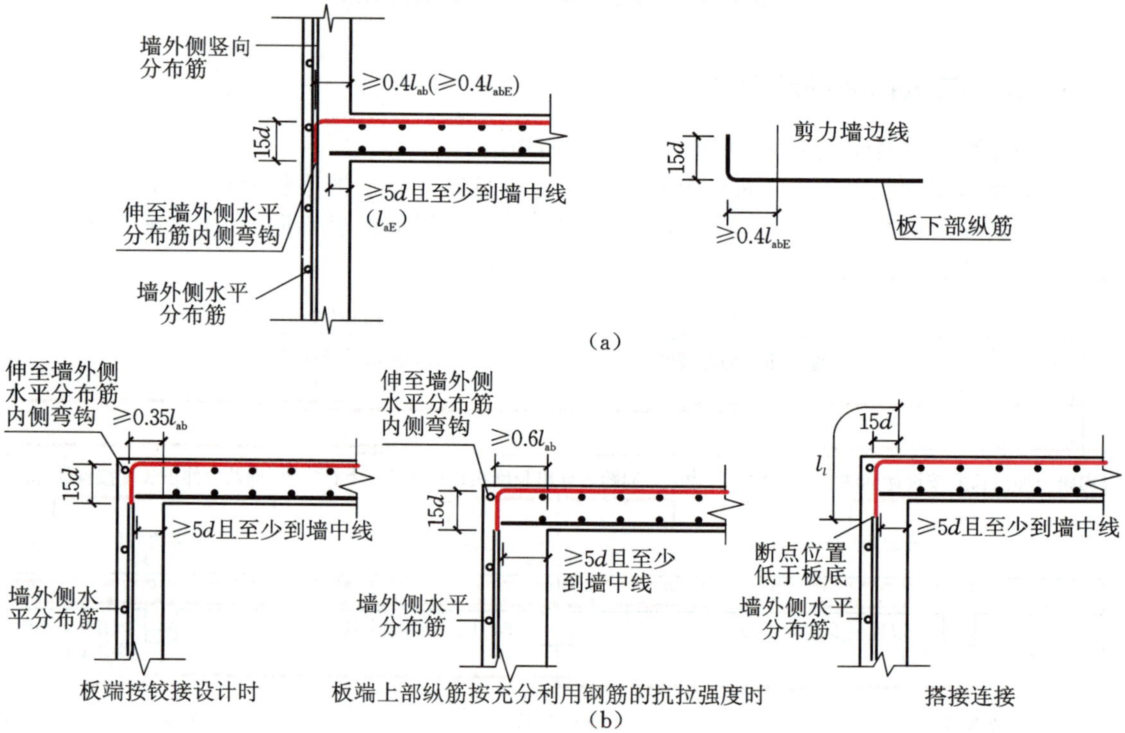

图 6-21　板在端部支座的锚固构造(二)

(括号内的数值用于梁板式转换层的板，当板下部纵筋直锚长度不足时，可弯锚)

(a)端部支座为剪力墙中间层；(b)端部支座为剪力墙墙顶

接构造可参照图 6-23 至图 6-25，要按照构造要求合理选择钢筋搭接位置。当上部贯通纵筋足够长时，能通则通。

图 6-23 至图 6-25 中，l'_{nX}是轴线Ⓐ左右两跨的较大净跨度值；l'_{nY}是轴线Ⓒ左右两跨的较大净跨度值。

(5) 单(双)向板配筋示意

单(双)向板配筋构造形式包括分离式配筋和部分贯通式配筋两种，详见图 6-26。

分布筋自身及与受力主筋、构造钢筋的搭接长度为 150 mm；当分布筋兼作抗温度筋时，

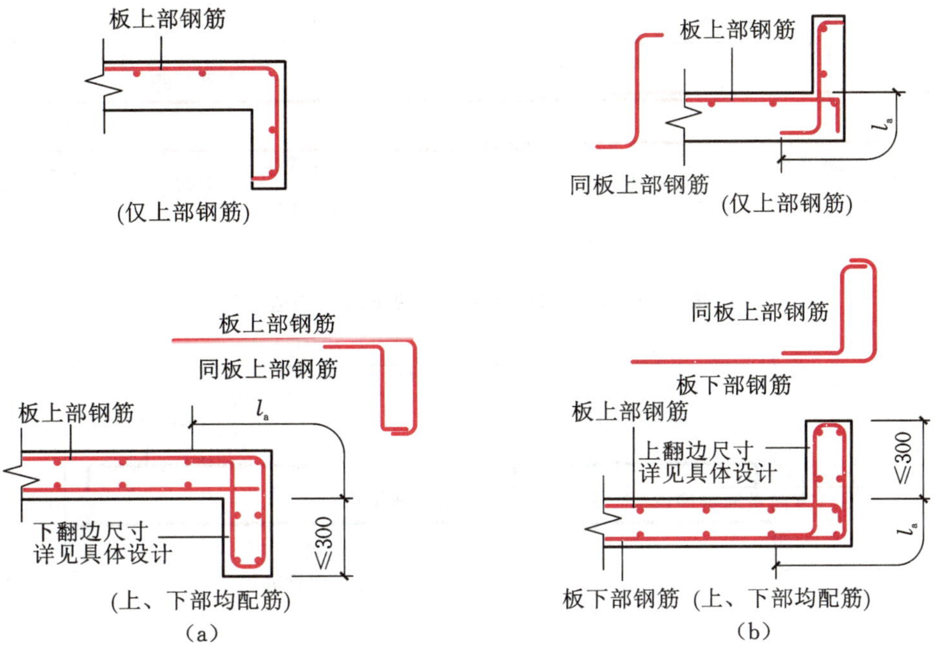

图 6-22 板翻边构造

(a)下翻;(b)上翻

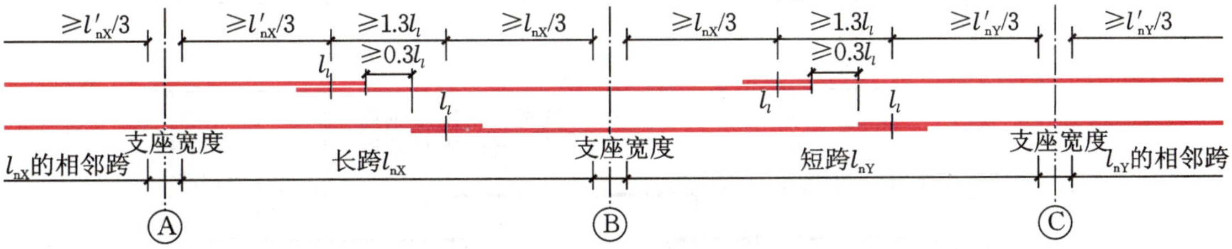

图 6-23 不等跨板上部贯通纵筋连接构造(一)

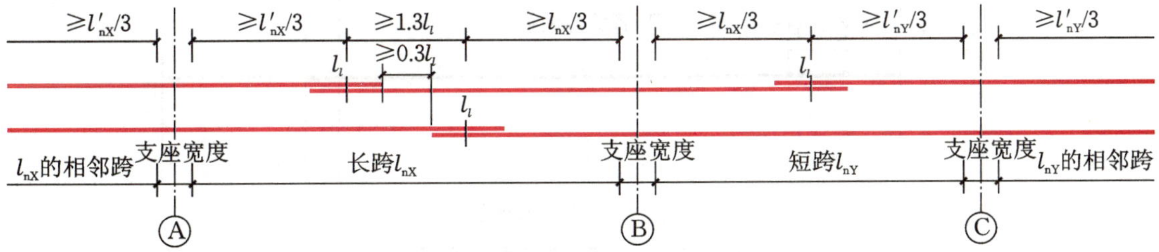

图 6-24 不等跨板上部贯通纵筋连接构造(二)

其自身及与受力主筋、构造钢筋的搭接长度为 l_l;其在支座的锚固按受拉要求考虑。

(6) 悬挑板钢筋构造

悬挑板钢筋构造如图 6-27 所示。当悬挑板端部厚度不小于 150 mm 时,其板端部封边构造方式见图 6-28。

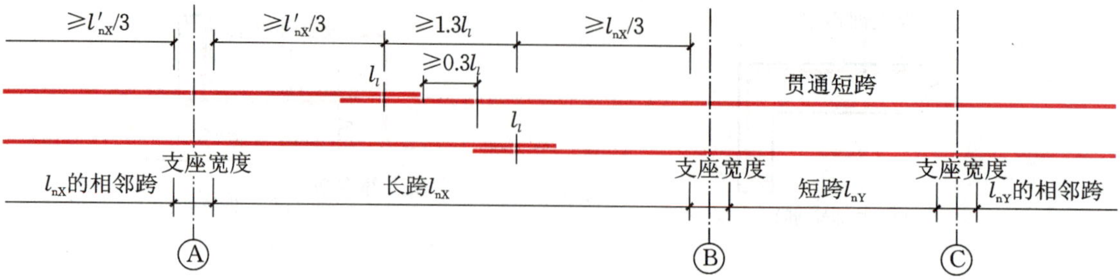

图 6-25　不等跨板上部贯通纵筋连接构造(三)

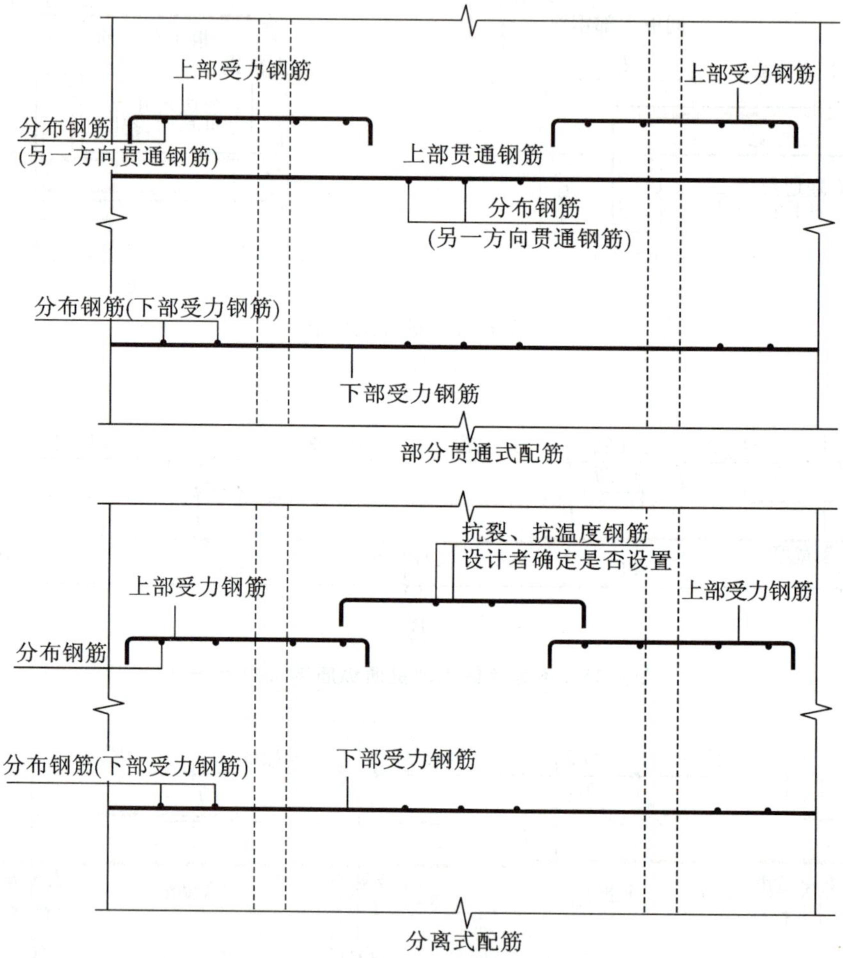

图 6-26　单(双)向板配筋示意

悬挑板阳角放射筋构造见图 6-29。

悬挑板阴角钢筋构造见图 6-30。

(7) 折板配筋构造

折板在实际工程中通常出现在坡屋顶、老虎窗等部位，其配筋构造详见图 6-31。

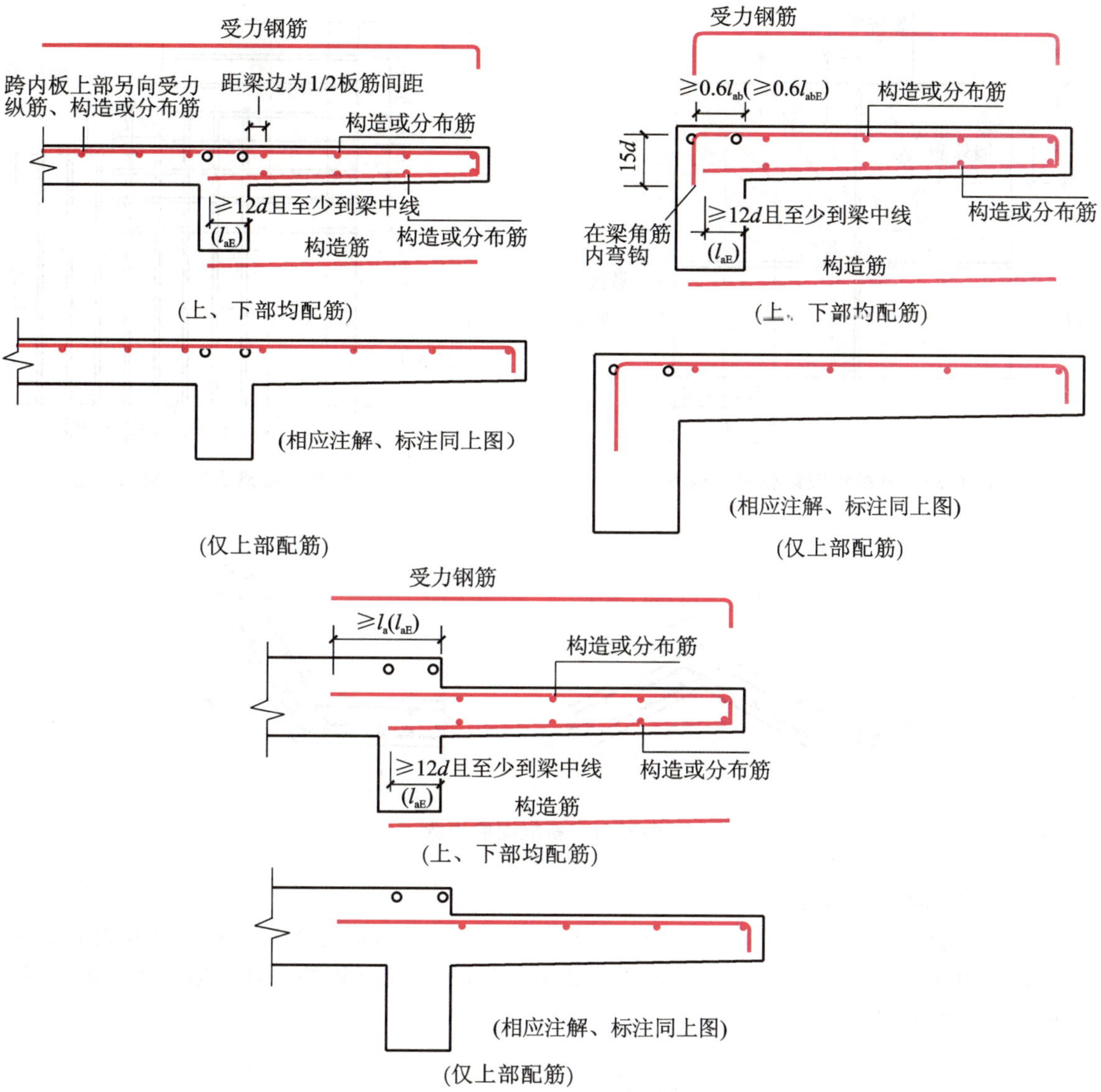

图 6-27 悬挑板钢筋构造

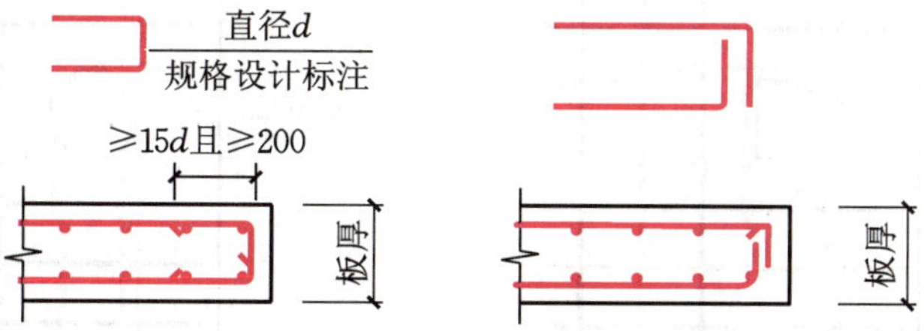

图 6-28 无支承板端部封边构造

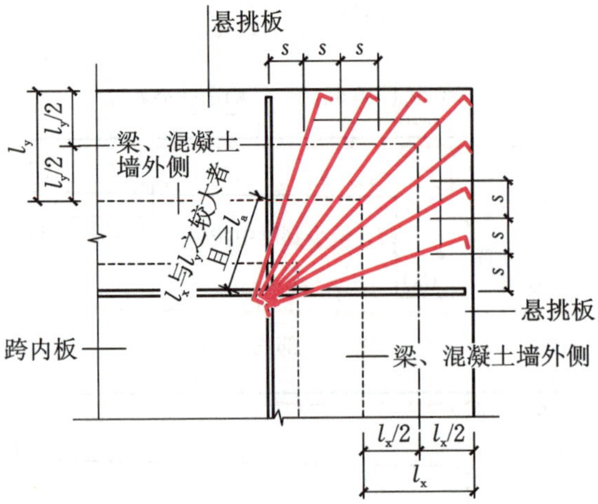

图 6-29　悬挑板阳角放射筋构造

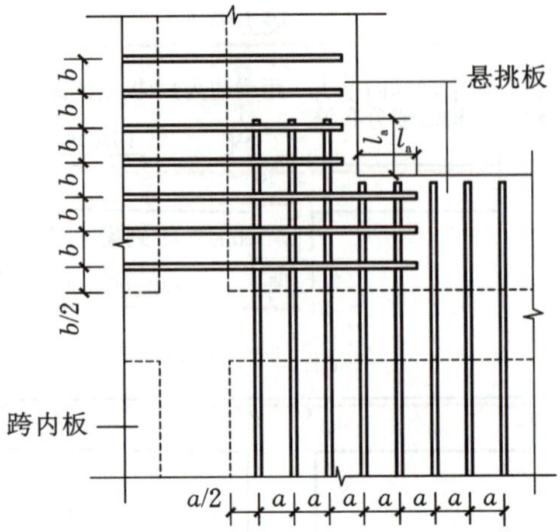

图 6-30　悬挑板阴角钢筋构造

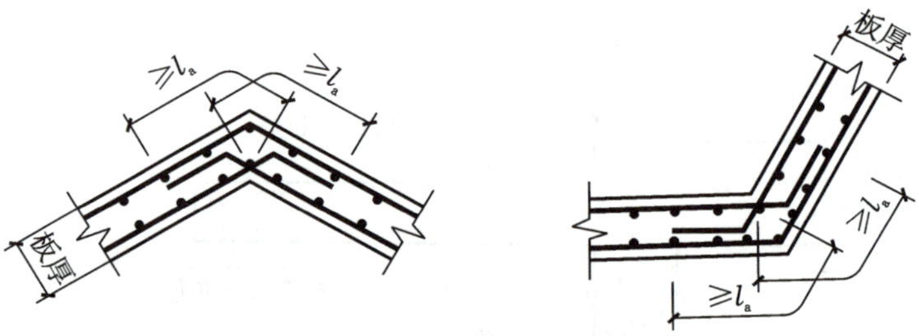

图 6-31　折板配筋构造

（8）板开洞钢筋构造

当矩形洞口边长或圆形洞口直径小于或等于 300 mm，且洞边无集中荷载作用时，其钢筋构造详见图 6-32 至图 6-34。受力钢筋绕过孔洞，不再另设补强钢筋。其洞边被切断的钢筋端部构造详见图 6-35。

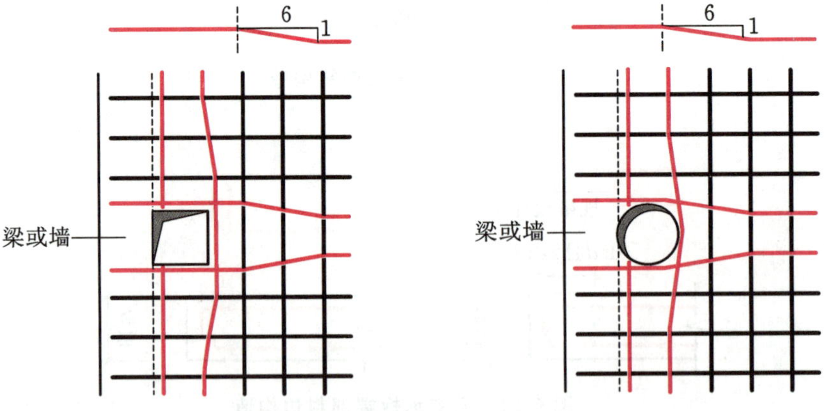

图 6-32　梁边或墙边开洞（≤300 mm）

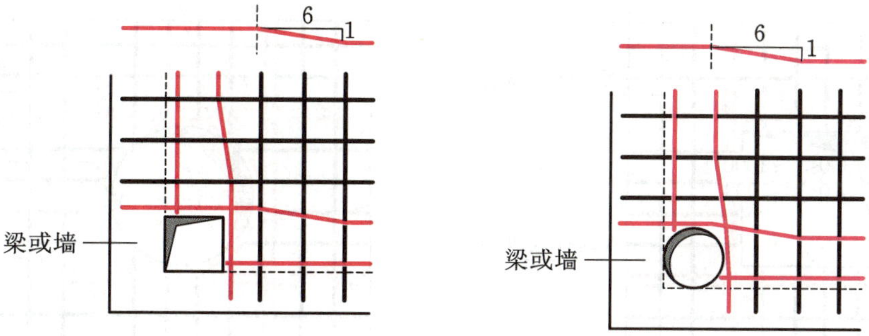

图 6-33 梁交角或墙角开洞(≤300 mm)

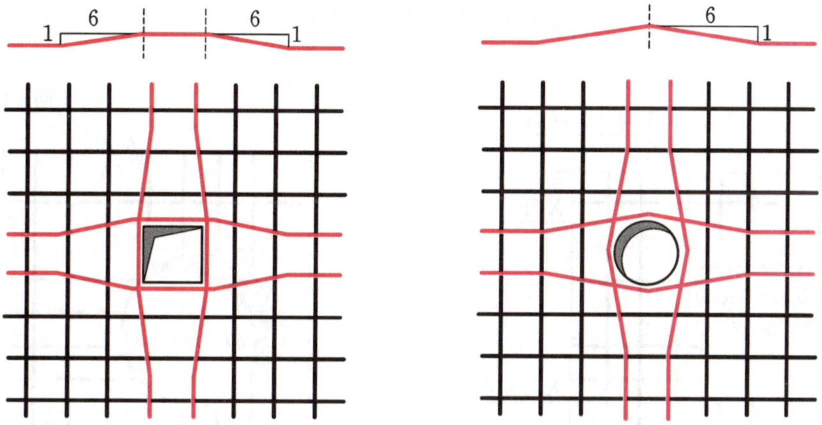

图 6-34 板中开洞(≤300 mm)

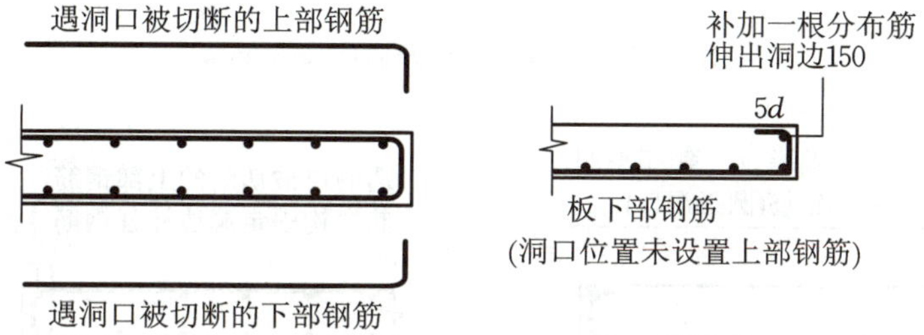

图 6-35 洞边被切断钢筋端部构造(≤300 mm)

当矩形洞口边长或圆形洞口直径大于 300 mm，小于或等于 1000 mm，且洞边无集中荷载作用时，其补强钢筋构造详见图 6-36 和图 6-37。其洞边被切断的钢筋端部构造详见图 6-38。

当设计人员在图纸中注写补强钢筋时，应按注写的规格、数量与长度补强。当设计人员未注写时，X 向、Y 向分别按每边配置两根直径不小于 12 mm 且不小于同向被切断纵向钢筋总面积的 50%补强，补强钢筋与被切断钢筋布置在同一层面，两根补强钢筋之间的净距为 30 mm；环向上下各配置一根直径不小于 10 mm 的钢筋补强，补强钢筋的强度等级与被切断钢筋相同。X 向、Y 向补强纵筋伸入支座的锚固方式同板中钢筋。

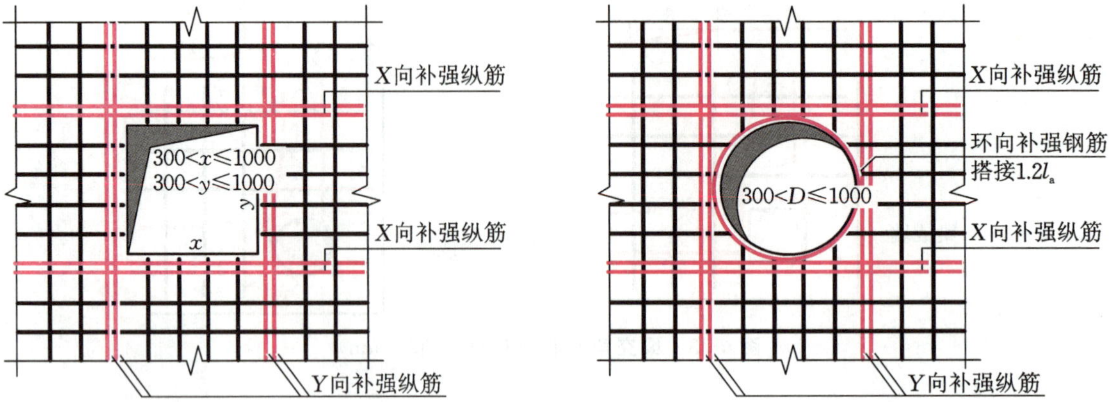

图 6-36　板中开洞(>300 mm)

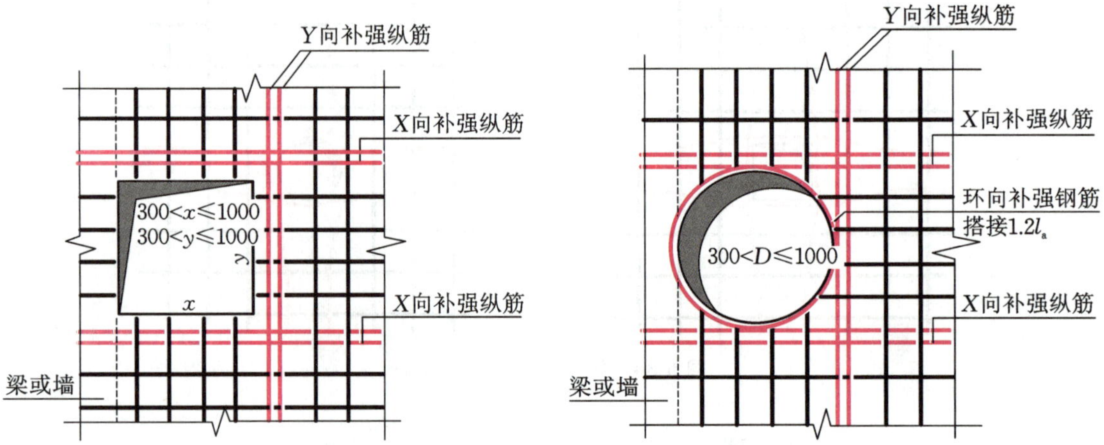

图 6-37　梁边或墙边开洞(>300 mm)

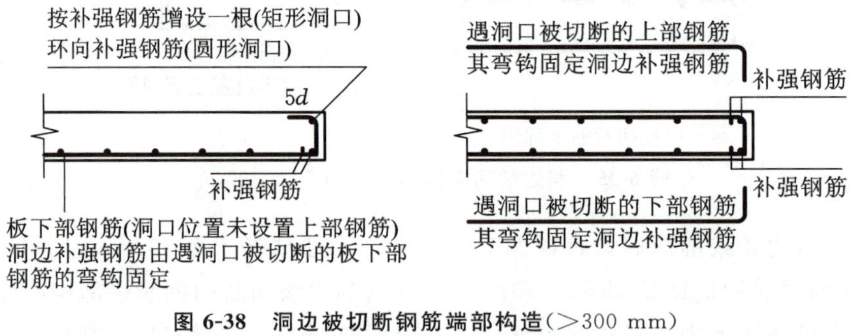

图 6-38　洞边被切断钢筋端部构造(>300 mm)

(9) 纵筋加强带构造

纵筋加强带是结构设计在考虑楼面荷载的时候，在荷载增加的部位采取的钢筋加强措施。纵筋加强带的配筋构造见图 6-39 和图 6-40。

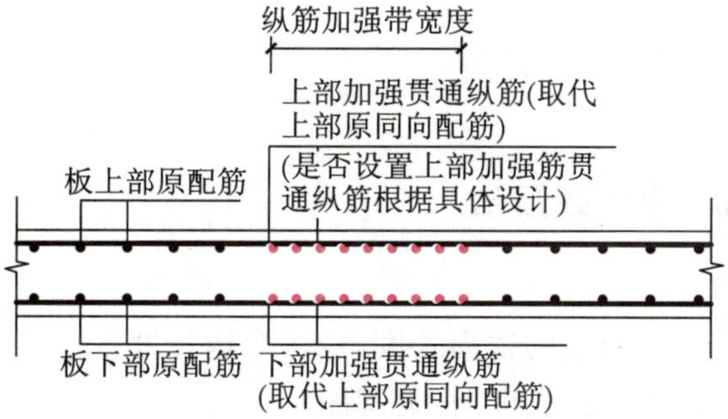

图 6-39　板内纵筋加强带配筋构造(无暗梁)

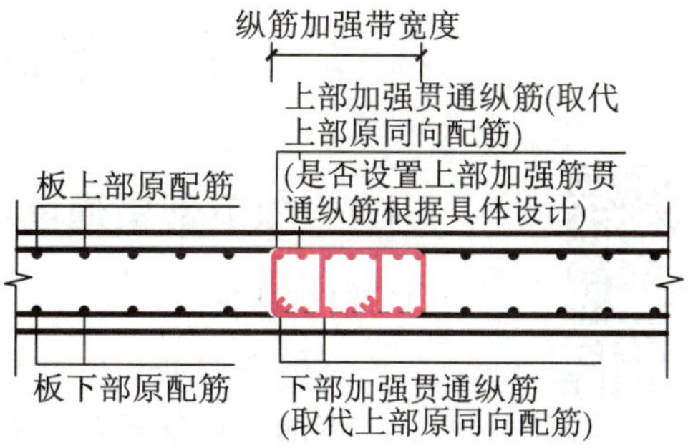

图 6-40　板内纵筋加强带配筋构造(有暗梁)

(10) 板后浇带钢筋构造

后浇带是在建筑施工中为防止现浇钢筋混凝土结构由于自身收缩不均或沉降不均可能产生的有害裂缝,按照设计或施工规范要求,在基础底板、墙、梁相应位置留设的临时施工缝。后浇带分为贯通钢筋后浇带和 100%搭接钢筋后浇带。

贯通钢筋后浇带和 100%搭接钢筋后浇带的构造做法均分为板、墙、梁三种情况,其做法见图 6-41 和图 6-42。

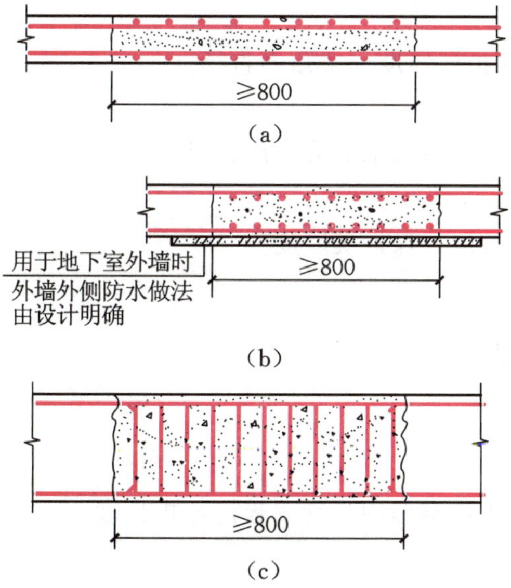

图 6-41　贯通钢筋后浇带构造做法

(a)板后浇带;(b)墙后浇带;(c)梁后浇带

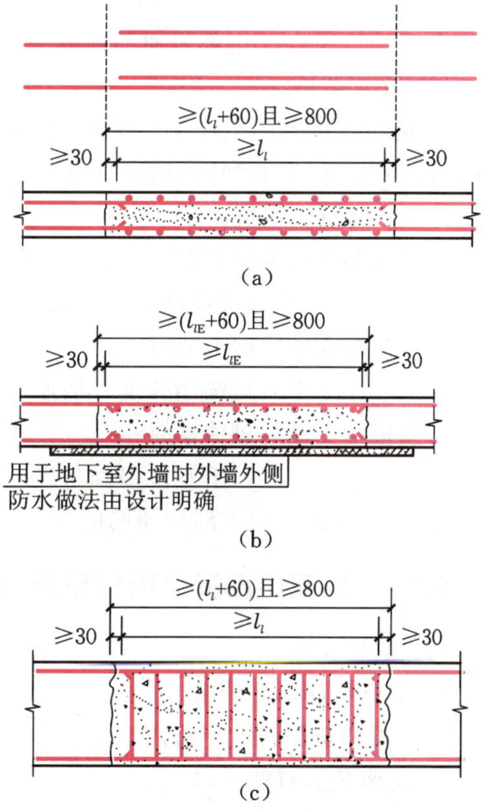

图 6-42　100%搭接钢筋构造做法

(a)板后浇带;(b)墙后浇带;(c)梁后浇带

6.4 板钢筋的翻样与计算

扫一扫

板钢筋的翻样与计算

6.4.1 板下部贯通筋(底筋)的计算方法

(1) 钢筋计算

下部贯通筋长度＝净跨长度＋两端的锚固长度＋2×弯钩长度

下部贯通筋根数＝布筋范围的净跨长度/板筋间距

(2) 要点解析

① 锚固长度：当板端支座为梁、剪力墙和圈梁时，直锚长度应取 max($5d$，1/2 的支座宽度)；端支座为砌体墙时，直锚长度应取 max(120 mm，h，1/2 的墙厚)。

② 布筋范围：板筋布置在板带净跨范围内，第一根钢筋在距梁边 1/2 板筋间距处开始设置。

6.4.2 板上部贯通筋(顶筋)的计算方法

(1) 钢筋计算

上部贯通筋长度＝净跨长度＋两端的锚固长度

上部贯通筋根数＝布筋范围的净跨长度/板筋间距

(2) 要点解析

① 锚固长度。两端伸至支座梁：剪力墙外侧纵筋的内侧(平直段根据设计注明，设计按铰接时应$\geqslant 0.35l_{ab}$，充分利用钢筋的抗拉强度时应$\geqslant 0.6l_{ab}$)，再弯折直钩 $15d$；当支座平直段长度$\geqslant l_a(l_{aE})$时可不弯折。

当板端支座为梁和圈梁时：

平直段锚固长度＝梁截面宽度－保护层厚度－梁角筋直径

当板端支座为剪力墙时：

平直段锚固长度＝墙厚－保护层厚度－墙身水平分布筋直径

当板端支座为砌体墙时：

平直段锚固长度＝板端支承长度－保护层厚度

② 布筋范围。同下部贯通筋的设置方式。

6.4.3 支座负筋及负筋分布筋的计算方法

(1) 钢筋计算

① 支座负筋单侧伸出

支座负筋长度＝跨内延伸长度－梁宽/2＋支座端锚固长度＋板内弯折长度

② 支座负筋双侧伸出

支座负筋长度＝左侧延伸长度＋右侧延伸长度＋两端弯折长度

③ 支座负筋贯通短跨

支座负筋长度＝左侧延伸长度＋两梁的中心间距＋右侧延伸长度＋两端弯折长度

④ 支座负筋伸出至悬挑端

支座负筋长度＝跨内延伸长度＋梁宽/2＋净悬挑长度－保护层厚度＋两端弯折长度

⑤ 支座负筋的分布筋

支座负筋的分布筋长度＝两侧支座的中心间距－两侧负筋延伸长度＋2×150

支座负筋及分布筋的数量：

支座负筋根数＝布筋范围的净跨长度/板筋间距

分布筋根数＝(负筋跨内延伸长度－梁宽/2－分布筋间距/2)/分布筋间距＋1

(2) 要点解析

① 支座负筋在板内的弯折长度＝板厚－2×保护层厚度；当支座负筋单侧伸出时，端部锚固长度参照板上部贯通筋的端部锚固要求。

② 布筋范围：支座负筋的布筋范围同下部贯通筋；支座负筋的分布筋布置在负筋的延伸净长度范围内，在负筋拐角处必须布置一根分布筋。

③ 关于分布筋的搭接长度：分布筋与支座负筋搭接长度为150 mm；当分布筋兼作温度筋时，其与支座负筋的搭接长度为 l_l。

【例 6-7】 LB1 采用 C30 混凝土，板内钢筋采用 HPB300 级钢筋，板保护层厚度为 15 mm，梁箍筋保护层厚度为 20 mm，板内钢筋布置如图 6-43 所示。试计算板下部贯通筋。（提示：钢筋定尺长度取 9 m）

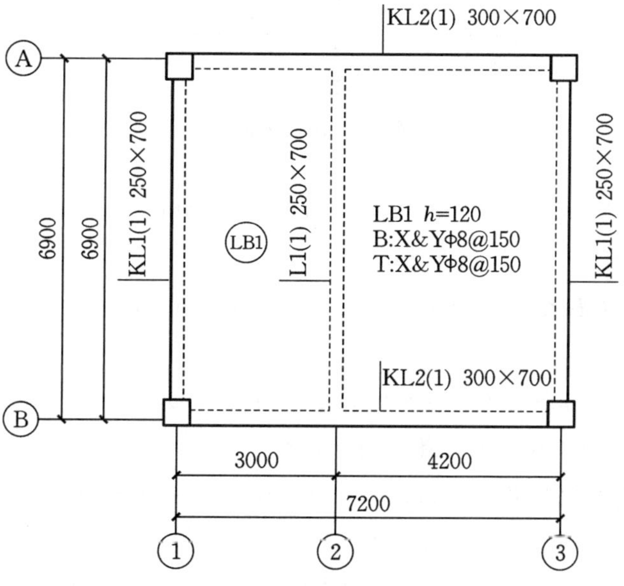

扫一扫

板下部贯通筋的翻样计算实例

图 6-43　LB1 板示意图

【解】 (1) X 向板底筋

直锚长度＝max(5 d，b_1/2)＝125 mm

X 向底筋长度＝(7200－2×125)＋2×125＋2×6.25×8＝7300 mm

X 向底筋根数=(6900−2×150)/150=44 根

(2) Y 向板底筋

直锚长度=max(5d,b_2/2)=150 mm

Y 向底筋长度=6900−2×150+2×150+2×6.25×8=7000 mm

①～②轴板 Y 向底筋根数=(3000−2×125)/150=19 根

②～③轴板 Y 向底筋根数=(4200−2×125)/150=27 根

Y 向底筋根数合计=19+27=46 根

【例 6-8】 LB2 采用 C30 混凝土，板内钢筋采用 HRB335 级钢筋，板保护层厚度为 15 mm，梁箍筋保护层厚度为 20 mm，板内钢筋布置如图 6-44 所示。试计算板上部贯通筋。（提示：锚固长度 l_a 取 29 d，搭接长度 $l_l=1.2l_a$，钢筋定尺长度取 9 m）

扫一扫

板上部贯通筋的翻样计算实例

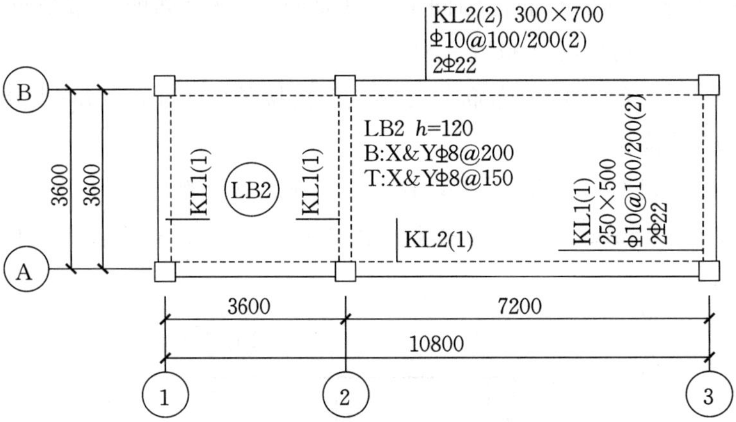

图 6-44　LB2 板示意图

【解】 $l_a=29d=29\times8=232$ mm，$l_l=1.2l_a=278$ mm

梁纵筋保护层厚度=20+10=30 mm

(1) X 向平直段锚固长度=250−30−22=198 mm<l_a=232 mm，需弯锚，弯折段取 15d=120 mm。

X 向顶筋长度=(7200+3600−2×125)+2×198+2×120=11186 mm

接头个数=11186/9000(向上取整)−1=1 个

考虑搭接后的 X 向顶筋长度=11186+1×150=11336 mm

X 向顶筋根数=(3600−2×150)/150=22 根

(2) Y 向平直段锚固长度=300−30−22=248 mm>l_a=232 mm，可直锚，锚入长度取 232 mm。

Y 向顶筋长度=(3600−2×150)+2×232=3764 mm

①～②轴板 Y 向顶筋根数=(3600−2×125)/150=23 根

②～③轴板 Y 向顶筋根数=(7200−2×125)/150=47 根

Y 向顶筋根数合计＝23＋47＝70 根。

【例 6-9】 LB3、LB4、LB5 采用 C30 混凝土，板内钢筋采用 HRB400 级钢筋，板保护层厚度为 15 mm，梁箍筋保护层厚度为 20 mm，各梁上部纵筋直径均为 22 mm，箍筋直径为 10 mm，梁截面及板内钢筋布置如图 6-45 所示，未注明分布筋为ф 8@250。试计算①、②、③、④号负筋。(提示：锚固长度 $l_a=35d$)

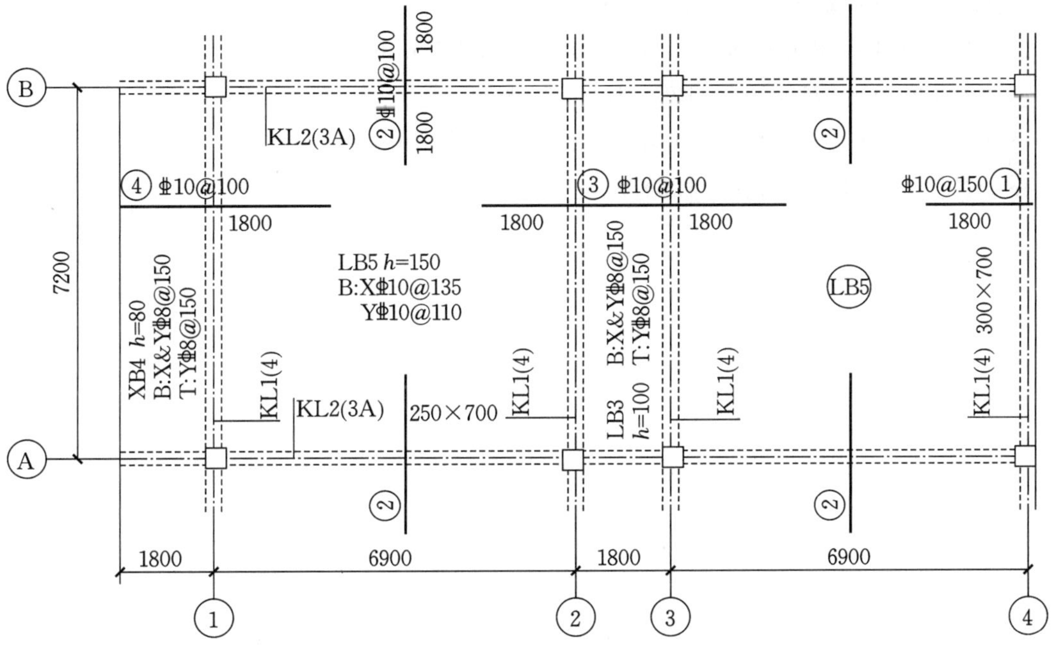

图 6-45 LB3、LB4、LB5 板示意图

【解】 $l_a=35d=350$ mm，梁纵筋保护层厚度＝20＋10＝30 mm。

(1) ①号负筋梁内平直段锚固长度＝300－30－22＝248 mm＜l_a＝350 mm，需弯锚，弯折段取 $15d$＝150 mm。

扫一扫

板的支座负筋的翻样计算实例

板内弯折长度 $h-2c$＝150－2×15＝120 mm

①号负筋长度＝1800＋248－150＋150＋120＝2168 mm

①号负筋根数＝(7200－2×125)/150＝47 根

分布筋长度＝(7200－1800－1800)＋2×150＝3900 mm

分布筋根数＝(1800－150－125)/250＋1＝8 根

(2) ②号负筋板内两端弯折长度均取 $h-2c$＝150－2×15＝120 mm。

②号负筋长度＝1800＋1800＋2×120＝3840 mm

②号负筋根数＝4×(6900－2×150)/100＝264 根

分布筋长度＝(6900－1800－1800)＋2×150＝3600 mm

分布筋根数＝8×[(1800－125－125)/250＋1]＝64 根

(3) ③号负筋板内两端弯折长度均取 $h-2c$＝150－2×15＝120 mm。

③号负筋长度＝1800＋1800＋1800＋2×120＝5640 mm

③号负筋根数＝(7200－2×125)/100＝70 根

分布筋长度＝(7200－1800－1800)＋2×150＝3900 mm

分布筋根数＝2×[(1800－150－125)/250＋1]＝16 根

(4) ④号负筋板内弯折长度取 150－2×15＝120 m。

悬挑端弯折长度取 80－2×15＝50 mm

④号负筋长度＝1800＋1800－15＋120＋50＝3755 mm

④号负筋根数＝(7200－2×125)/100＝70 根

分布筋长度＝(7200－1800－1800)＋2×150＝3900 mm

分布筋根数＝(1800－150－125)/250＋1＝8 根

7 楼梯构件平法识图

【学习目标】

1. 掌握楼梯的组成和形式，以及板式楼梯的类型。
2. 掌握板式楼梯平法施工图制图规则。
3. 掌握板式楼梯主要钢筋的构造做法。
4. 掌握板式楼梯的钢筋计算。

7.1 楼梯的分类

扫一扫
楼梯的分类

7.1.1 楼梯的组成和形式

7.1.1.1 楼梯的组成

一般楼梯主要由楼梯梯段、楼梯平台、栏杆扶手三部分组成(图 7-1)。

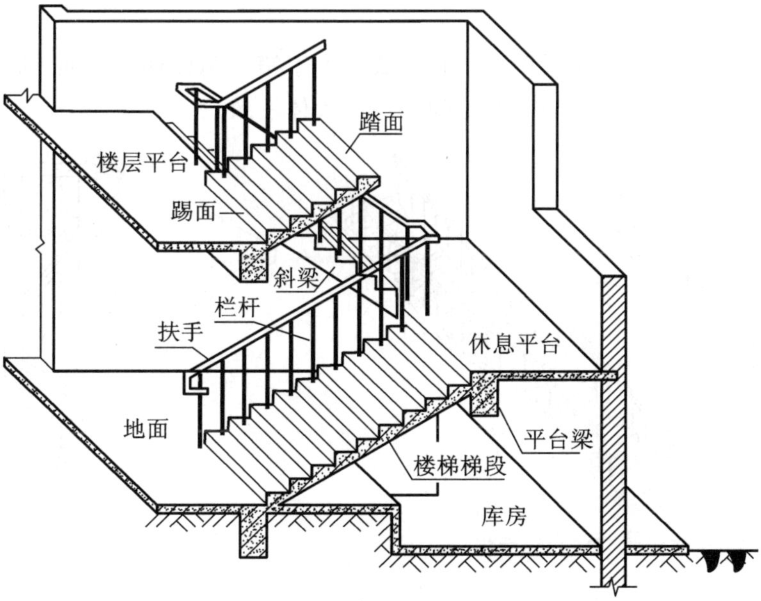

图 7-1 楼梯的组成

（1）楼梯梯段

楼梯梯段主要由踏步组成。踏步的水平面称踏步的宽度，也称踏面；踏步的垂直面称踏步的高度，也称梯面。

当人们连续上楼梯时易疲劳，为了减轻疲劳，梯段的踏步步数一般不宜超过 18 级，但也不宜少于 3 级，因为步数太少不易为人们察觉，容易摔倒。

（2）楼层平台和休息平台

楼层平台是指连续楼地面与楼梯梯段端部的水平构件，平台面标高与该层楼面标高相同。除起着中间平台的作用外，还用来分配从楼梯到达各楼层的人流。

休息平台是介于两层楼地面之间连接梯段的水平构件，也称为中间平台。用来供人们行走时调节体力和改变行进方向。

（3）栏杆扶手

栏杆扶手是设在梯段和平台临空一边的安全保护设施，保证人们在楼梯上行走的安全。

楼梯净宽在两股人流及以下时，至少一侧设扶手；楼梯净宽达三股人流时应两侧均设扶手；楼梯净宽达四股人流时应于楼梯中间加设中间扶手。

7.1.1.2 楼梯的形式

楼梯的形式主要有直跑式、双跑式、双分式、双合式、螺旋式、交叉式等。

楼梯的平面形式是根据其使用要求、建筑功能、平面和空间的特点以及楼梯在建筑的位置等因素确定的。目前在建筑中应用较多的是双跑平行楼梯（又简称为双跑式楼梯、两段式楼梯），其他如二跑楼梯、双分平行楼梯、双合平行楼梯等均是在双跑平行楼梯基础上变化而成的。

直跑式（又称单跑式，图 7-2）楼梯，所占楼梯间的宽度较小、长度较大，常用于住宅等层高较小的房屋。

双跑式楼梯（图 7-3）是普遍采用的一种形式。由于第二跑楼梯段折回，所以这种形式的楼梯所占梯间的长度（进深）较小，与一般房间的进深大体一致。

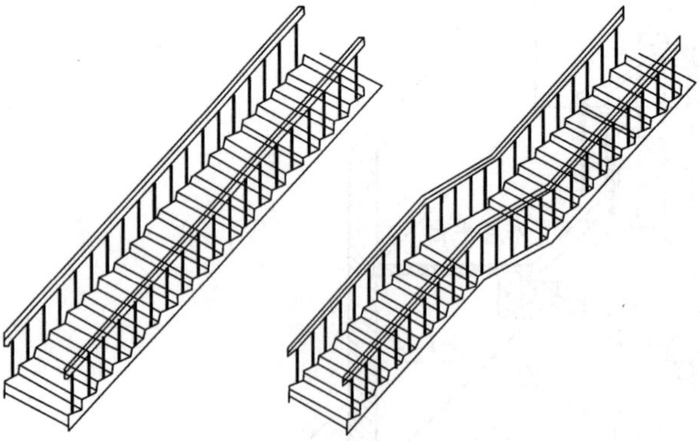

图 7-2 直跑式（单跑式）楼梯

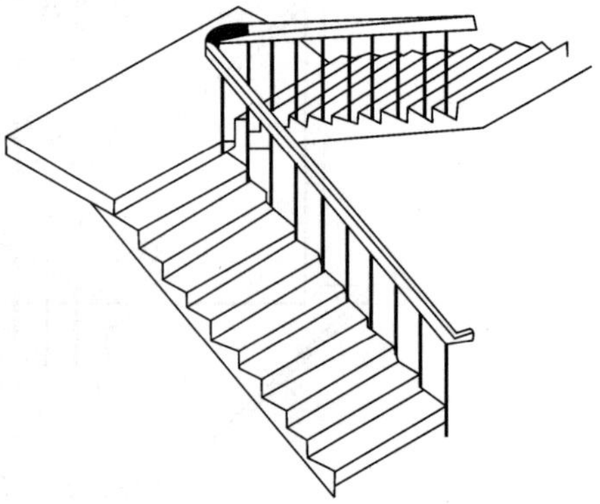

图 7-3 双跑式楼梯

螺旋形楼梯通常是围绕一根单柱布置，平面呈圆形。这种楼梯不能作为主要人流交通和疏散楼梯。

双分式楼梯是由一个较宽的楼梯段上至休息平台，再分成两个较窄的梯段上至楼层，双合式楼梯正好相反(图 7-4)。双分(合)式楼梯适合于人流较大的公共建筑。

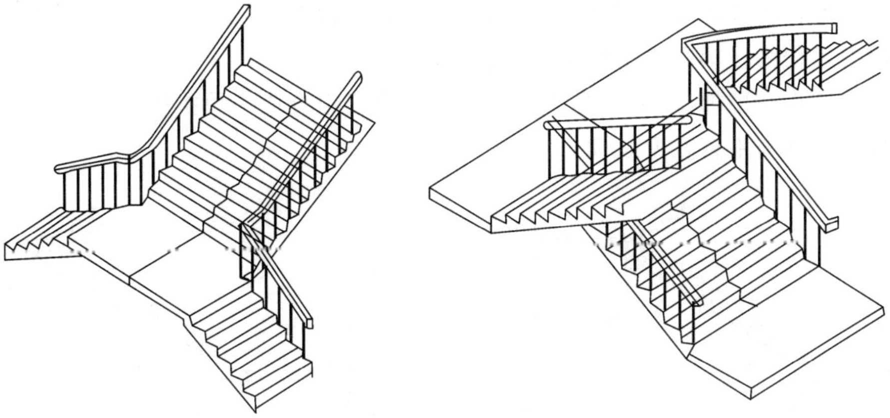

图 7-4　双分(合)式楼梯

交叉式[剪刀式(图 7-5)]楼梯是两个直行单跑楼梯交叉而成的剪刀楼梯，适合层高小的建筑。交叉式楼梯适用于层高较大且有人流多向性选择要求的建筑。

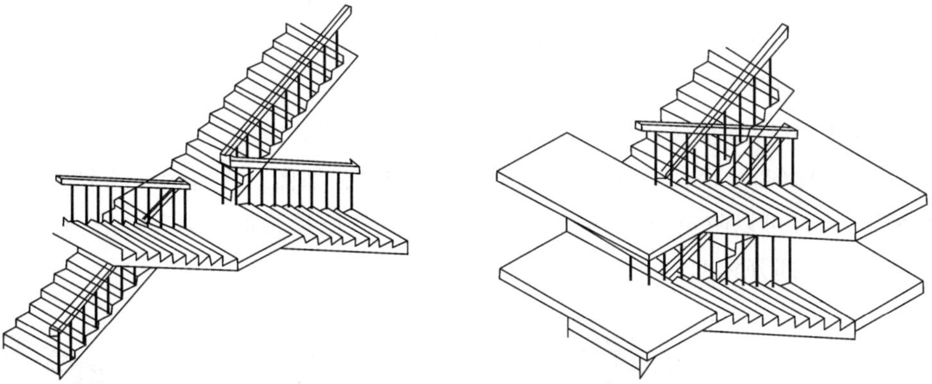

图 7-5　交叉式(剪刀式)楼梯

7.1.2　钢筋混凝土楼梯类别

钢筋混凝土的耐火性和耐久性能均比其他材料好，并且具有较高的强度和刚度，因此，在一般建筑中应用最为广泛。

钢筋混凝土楼梯有现浇式(又称整体式)和预制装配式两种。

7.1.2.1　现浇钢筋混凝土楼梯

现浇钢筋混凝土楼梯是指楼梯段(梁)和楼梯平台采用现浇方法制作的楼梯，其具有整体性能好、刚度大、抗震性能好等优点。但其施工工序多，施工进度较慢，施工周期长，模板耗费量大，故多用于工程比较大、抗震设防要求高或形式复杂的楼梯形式。现浇钢筋混凝土楼梯分为板式楼梯和梁板式楼梯两种。

(1) 板式楼梯

板式楼梯是把楼梯段看作一块斜放的板，楼梯板分为有平台梁和无平台梁两种情况。

有平台梁的板式楼梯(图 7-6)的梯段两端放置在平台梁上，平台梁之间的距离为楼梯段的跨度。其传力过程为楼梯段→平台梁→楼梯间墙。

无平台梁的板式楼梯(图 7-7)是将楼梯段和平台板组合成一块折板，这时板的跨度为楼梯段的水平投影长度与平台宽度之和。

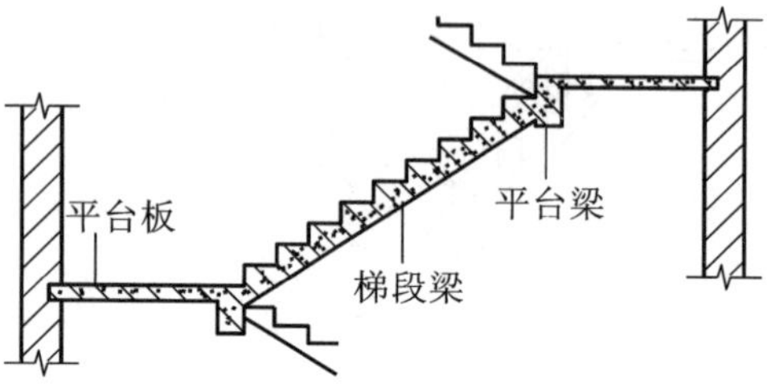

图 7-6 有平台梁的板式楼梯

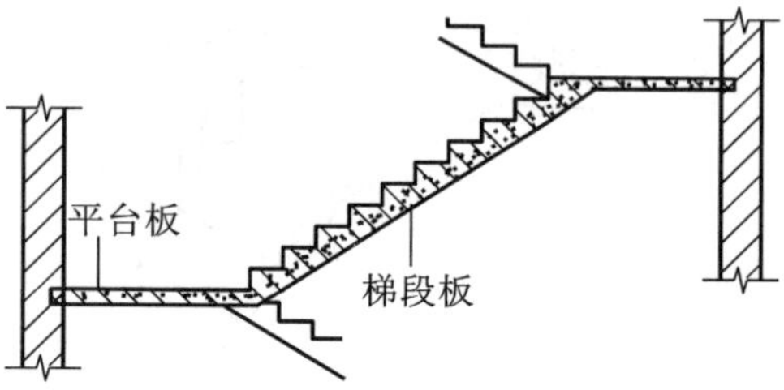

图 7-7 无平台梁的板式楼梯

(2) 梁板式楼梯

梁板式楼梯是由梯段板、平台梁、平台板外加梯段梁组成。梁式楼梯的梯段踏步板直接搁置在梯段梁上，梯段梁搁置在梯段两端的楼梯梁上。

梁板式楼梯分为两类：

① 正梁式楼梯(明步楼梯)：梯梁在踏步板下部，如图 7-8 所示。

② 反梁式楼梯(暗步楼梯)：梯梁从踏步板两侧上翻，如图 7-9 所示。这样不仅可以让梯段底表面平整，而且可以防止垃圾、灰尘从梯井落下或洗刷楼梯时污水沿踏步端头下淌，其缺点是梁占据梯段的部分宽度。

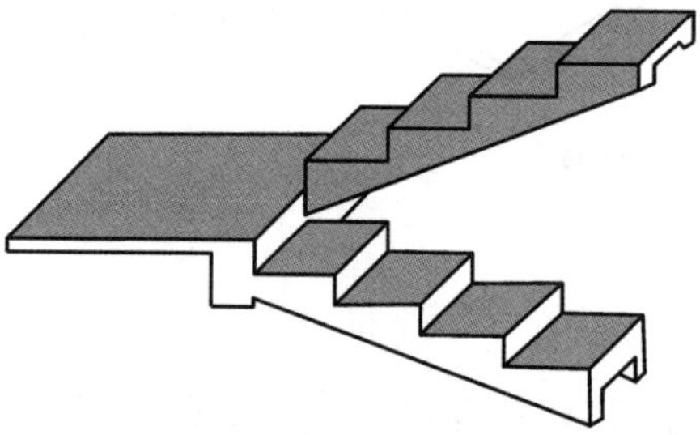

图 7-8 正梁式楼梯

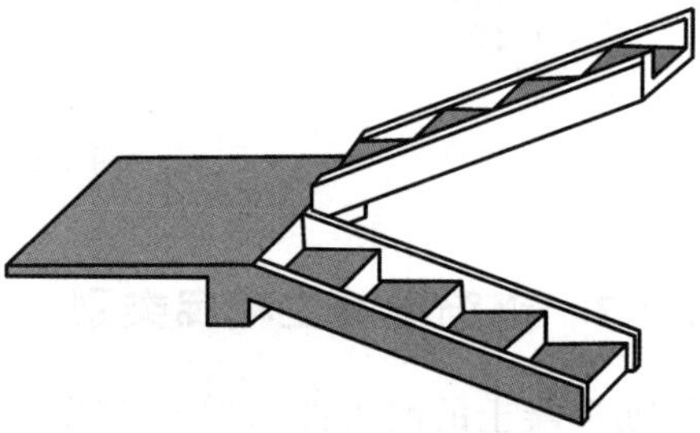

图 7-9 反梁式楼梯

7.1.2.2 预制装配式钢筋混凝土楼梯

预制装配式钢筋混凝土楼梯是将楼梯分成休息板、楼梯梁、楼梯段三个部分。将构件在加工厂或施工现场进行预制，施工时将预制构件进行装配、焊接。预制装配式钢筋混凝土楼梯根据构件尺度不同分为小型构件装配式和大、中型构件装配式两类。预制装配式钢筋混凝土楼梯按其构造方式可分为梁承式、墙承式和墙悬臂式等类型。

（1）预制装配梁承式钢筋混凝土楼梯是指梯段由平台梁支承的楼梯构造方式。由于在楼梯平台与斜向梯段交汇处设置了平台梁，避免了构件转折处受力不合理和节点处理的困难，在一般大量性民用建筑中较为常用。预制构件可按梯段（板式或梁板式梯段）、平台梁、平台板三部分进行划分。

（2）预制装配墙承式钢筋混凝土楼梯是指预制钢筋混凝土踏步板直接搁置在墙上的一种楼梯形式，其踏步板一般采用一字形、L形断面。这种楼梯由于在梯段之间有墙，搬运家具不方便，也阻挡视线，上下人流易相撞。通常在中间墙上开设观察口，以使上下人流视线流通。也可将中间墙两端靠平台部分局部收进，以使空间通透，有利于改善视线和搬运家具物品。但这种方式对抗震不利，施工也较麻烦。

（3）预制装配墙悬臂式钢筋混凝土楼梯是指预制钢筋混凝土踏步板一端嵌固于楼梯间侧墙上，另一端凌空悬挑的楼梯形式。它无平台梁和梯斜梁，也无中间墙，楼梯间空间轻巧空透，结构占空间少，在住宅建筑中使用较多。但其楼梯间整体刚度极差，不能用于有抗震设防要求的地区。由于需随着墙体砌筑安装踏步板，并需设临时支撑，施工比较麻烦。

7.1.3　板式楼梯的类型

扫一扫

板式楼梯的类型

常用的现浇混凝土板式楼梯主要有12种，它们的编号以AT～ET的字母打头，而这12种板式楼梯又分为“一跑楼梯”和“两跑楼梯”两大类，“一跑楼梯”和“两跑楼梯”中又分为两小类。不同类别的板式楼梯所包含的构件内容各不相同。

7.1.3.1　一跑楼梯

“一跑楼梯”包括AT～ET、ATa～ATc、CTa和CTb的10种板式楼梯。其中，每个代号（例如AT）代表一跑楼梯。“一跑楼梯”分为无抗震构造措施和有抗震构造措施两类。

（1）无抗震构造措施

① 一跑楼梯的共同点

只包含踏步段——低端梯梁和高端梯梁之间的一跑矩形梯板；

踏步段的每一个踏步的水平宽度相等、高度相等；

设置低端梯梁和高端梯梁，但不计入“楼梯”范围；

不包含层间平板和楼层平板；

踏步段的钢筋只锚入低端梯梁和高端梯梁，与平板不发生联系。

② 一跑楼梯的不同点

AT矩形梯板全部由踏步段构成（图7-10）。

BT矩形梯板由低端平板和踏步段构成（图7-11）。

CT矩形梯板由踏步段和高端平板构成（图7-12）。

DT矩形梯板由低端平板、踏步段和高端平板构成（图7-13）。

ET矩形梯板由低端踏步段、中位平板和高端踏步段构成（图7-14）。

其中AT至DT比较有规律，是根据有无低端平板或高端平板组合而成。只有ET比较特别，在踏步段的中间插入一块中位平板。

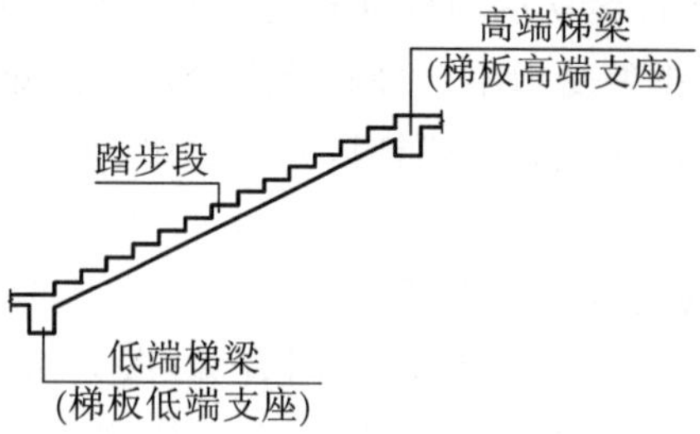

图 7-10　AT 型

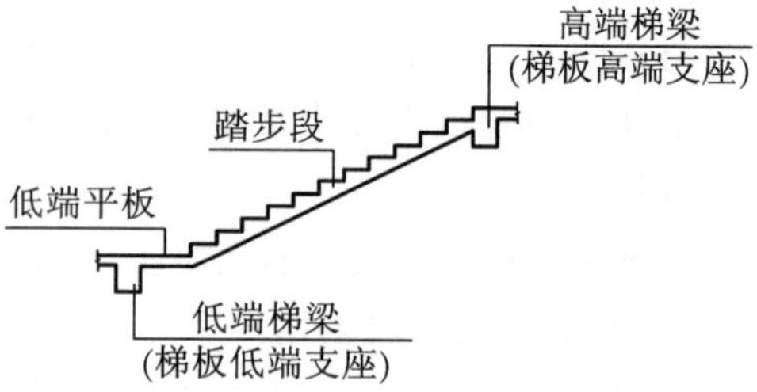

图 7-11　BT 型

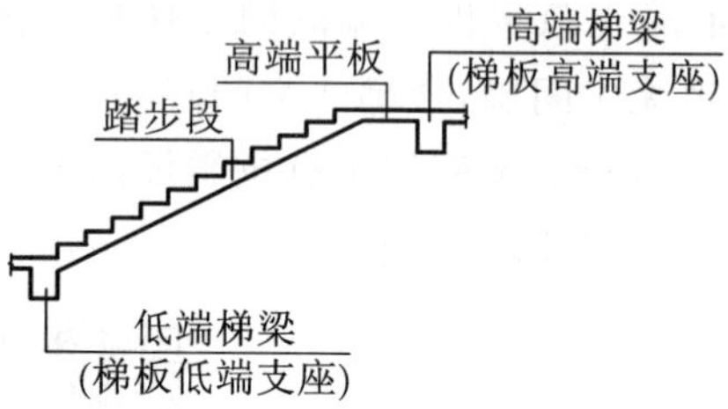

图 7-12　CT 型

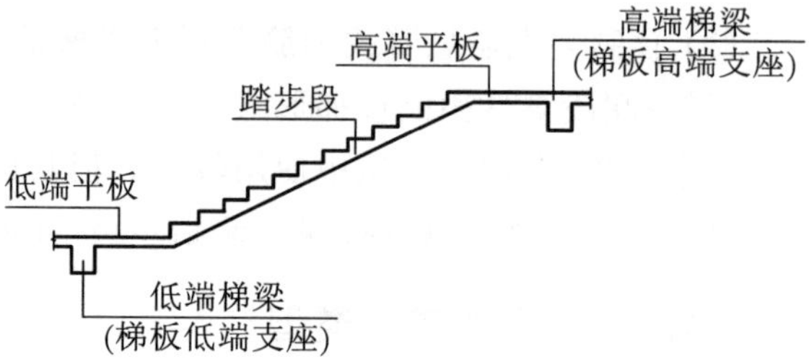

图 7-13　DT 型

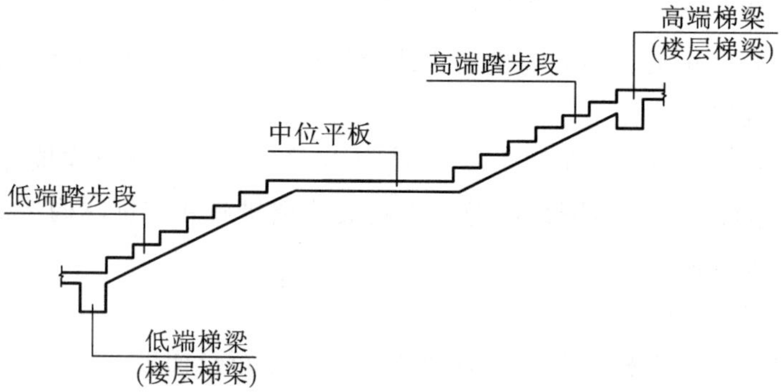

图 7-14　ET 型

(2) 有抗震构造措施

有抗震构造措施的一跑楼梯主要是 AT 型和 CT 型楼梯的改进型,增加了滑动支座或是增强了钢筋配置标准。

① AT 改进型

AT 改进型有抗震构造措施的楼梯主要有 ATa、ATb 和 ATc 三种类型,其中 ATa 型和 ATb 型为带滑动支座的板式楼梯,梯板全部由踏步段构成,其支承方式为梯板高端均支承在梯梁上,ATa 型梯板低端带滑动支座支承在梯梁上(图 7-15),ATb 型梯板低端带滑动支座支承在挑板上(图 7-16)。ATc 型梯板全部由踏步段构成,其支承方式为梯板两端均支承在梯梁上,楼梯休息平台与主体结构可连接,与 AT 型类似,但设计标准更高,要求梯板两侧设置暗梁(图 7-17)。ATa 型、ATb 型和 ATc 型梯板按双层双向配筋。

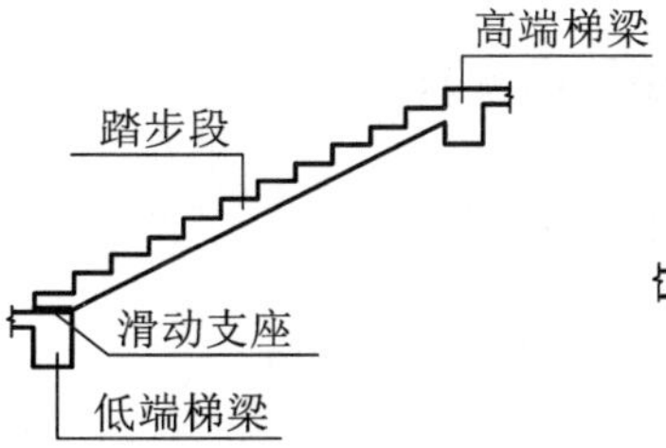

图 7-15　ATa 型

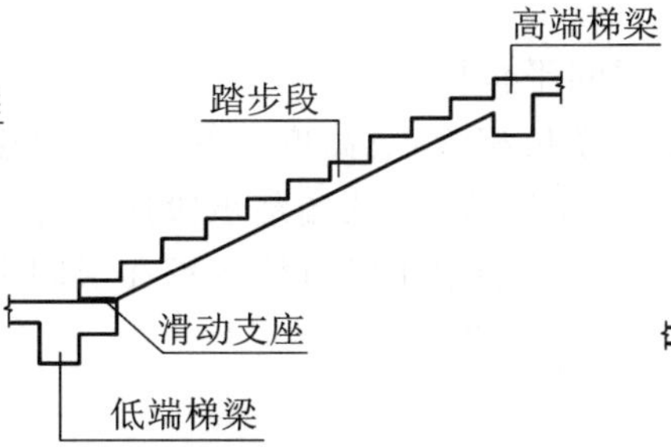

图 7-16　ATb 型

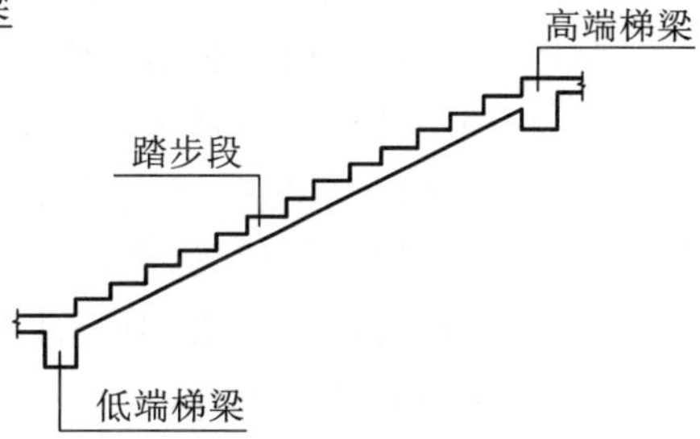

图 7-17　ATc 型

② CT 改进型

CT 改进型有抗震构造措施的楼梯主要有 CTa 和 CTb 两种类型，CTa 型和 CTb 型为带滑动支座的板式楼梯，梯板由踏步段和高端平板构成，其支承方式为梯板高端均支承在梯梁上。CTa 型梯板低端带滑动支座支承在梯梁上（图 7-18），CTb 型梯板低端带滑动支座支承在挑板上（图 7-19）。CTa 型和 CTb 梯板按双层双向配筋。

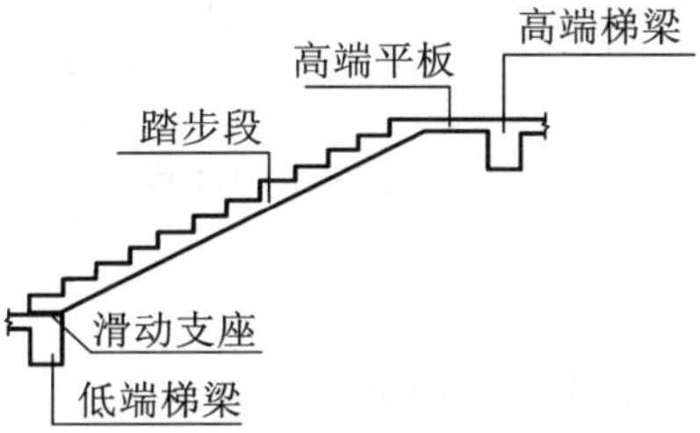

图 7-18　CTa 型

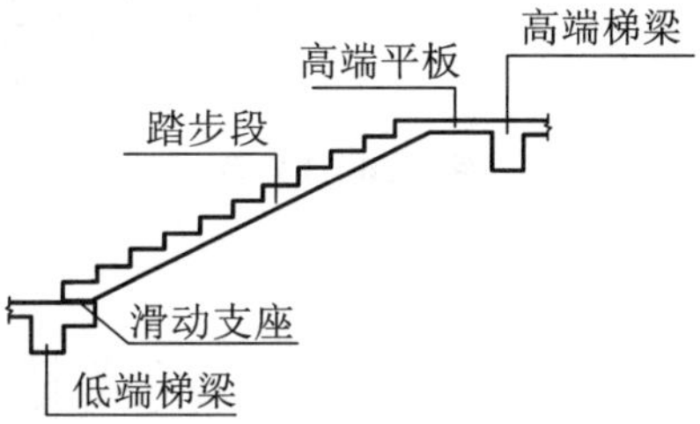

图 7-19　CTb 型

民用建筑中使用最广泛的是一跑楼梯 AT。例如，普通住宅楼的楼梯间的构成，从二楼的楼层平板经过一个踏步段，到达休息平台（层间平板），又经过一个踏步段，到达三楼的楼层平板。这个楼梯间经过了两个踏步段，似乎是“两跑楼梯”，但其实是两个“一跑楼梯”AT，这是需要注意的第一个问题。

需要注意的第二个问题：标准图集的“一跑楼梯”只包含一个踏步段斜板，不包含层间平板和楼层平板，也不包含层间梯梁和楼层梯梁，这些板和梁的钢筋都要另行计算。

7.1.3.2　两跑楼梯

标准图集的“两跑楼梯”又分为两类，FT 型楼梯为一类，GT 型楼梯为另一类。

（1）FT 型楼梯（图 7-20）

① 矩形梯板由楼层平板、两跑踏步段与层间平板构成；

② 同一楼层内各踏步段的水平净长相等，总高度相等（即等分楼层高度）；

③ 包含层间平板，层间平板与高端踏步段、低端踏步段连续配筋；

④ 不设置层间梯梁，高端踏步段、低端踏步段直接支承在层间平板上；

⑤ 包含楼层平板，楼层平板与低端踏步段、高端踏步段连续配筋；

⑥ 不设置楼层梯梁，低端踏步段、高端踏步段直接支承在楼层平板上。

(2) GT 型楼梯(图 7-21)

① 矩形梯板由两跑踏步段与层间平板构成;

② 同一楼层内各踏步段的水平净长相等,总高度相等(即等分楼层高度);

③ 包含层间平板,层间平板与高端踏步段、低端踏步段连续配筋;

④ 不设置层间梯梁,高端踏步段、低端踏步段直接支承在层间平板上;

⑤ 需设置层间梯梁,但不计入“楼梯”范围;

⑥ 不包含楼层平板;

⑦ 踏步段的钢筋只锚入楼层梯梁,与楼层平板不发生联系。

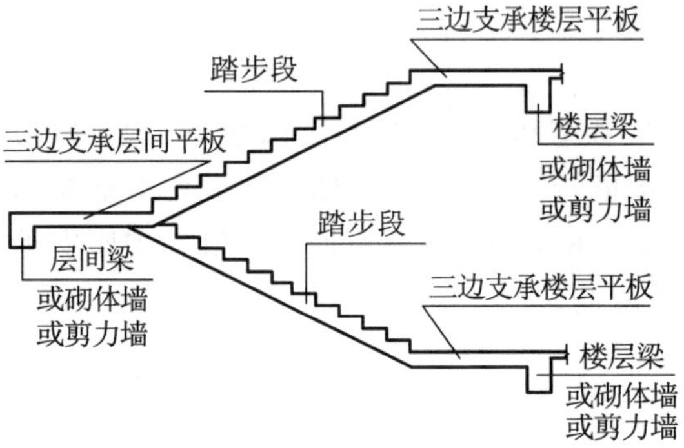

图 7-20 FT 型

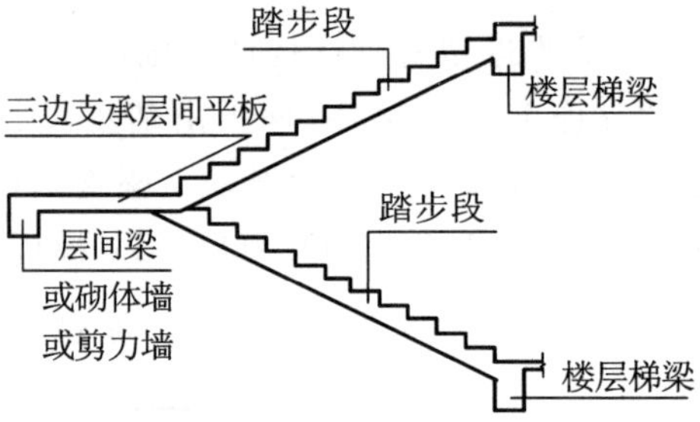

图 7-21 GT 型

7.2 板式楼梯平法施工图制图规则

扫一扫

板式楼梯制图规则

7.2.1 板式楼梯平面注写方式

板式楼梯平面标注方式是指在楼梯平面布置图上标注截面尺寸和配筋具体数值的方式来表达楼梯施工图,包括集中标注和外围标注两部分。

7.2.1.1 楼梯集中标注

楼梯集中标注的内容有五项,具体规定如下:

(1) 梯板类型代号与序号,如 AT××。

(2) 梯板厚度,标注 h=×××。当为带平板的梯板且梯段板厚度和平板厚度不同时,可在梯段板厚度后面括号内以字母 P 打头标注平板厚度。例如:h=100 (P120),100 表示梯段板厚度,120 表示梯板平板段的厚度。

(3) 踏步段总高度和踏步级数,之间以“/”分隔。

扫一扫

AT型楼梯的平面注写方式与适用条件

(4) 梯板支座上部纵筋、下部纵筋,之间以“;”分隔。

(5) 梯板分布筋,以 F 打头标注分布钢筋具体值。该项也可在图中统一说明。

(6) 对于 ATc 型楼梯尚应注明梯板两侧边缘构件纵向钢筋及箍筋。

图 7-22 中梯板类型及配筋的标注表达的内容:

AT1,h=140　表示梯板类型及编号,梯板板厚。

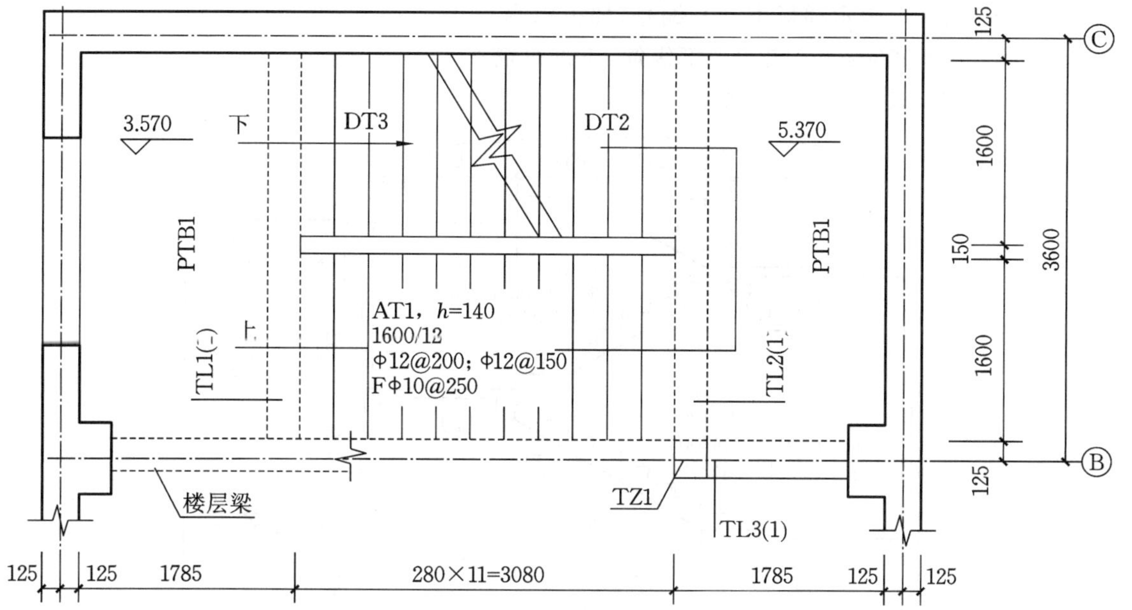

图 7-22　楼梯平面标注示意图(尺寸单位：mm)

1600/12　表示踏步段总高度/踏步级数。

ϕ12@200;ϕ12@150　表示上部纵筋、下部纵筋。

Fϕ10@250　表示梯板分布筋。

扫一扫

GT型楼梯的平面注写方式与适用条件

7.2.1.2　楼梯外围标注

楼梯外围标注的内容包括楼梯间的平面尺寸、楼层结构标高、层间结构标高、楼梯的上下方向、梯板的平面几何尺寸、平台板配筋、梯梁及梯柱配筋等。

7.2.2　板式楼梯剖面注写方式

(1) 剖面标注方式需要在楼梯平法施工图中绘制楼梯平面布置图和楼梯剖面图，标注方式分平面标注、剖面标注两部分。

(2) 楼梯平面布置图标注内容包括楼梯间的平面尺寸、楼层结构标高、层间结构标高、楼梯的上下方向、梯板的平面几何尺寸、梯板类型及编号、平台板配筋、梯梁及梯柱配筋等。

(3) 楼梯剖面图标注内容包括梯板集中标注、梯梁梯柱编号、梯板水平及竖向尺寸、楼层结构标高、层间结构标高等。

(4) 梯板集中标注的内容有四项，具体规定如下：

① 梯板类型及编号，如 AT××。

② 梯板厚度，注写为 $h=×××$。当梯板由踏步段和平板构成，且踏步段梯板厚度和平板厚度不同时，可在梯板厚度后面括号内以字母 P 打头注写平板厚度。

③ 梯板配筋。注明梯板上部纵筋和梯板下部纵筋，用分号"；"将上部与下部纵筋的配筋值分隔开来。

④ 梯板分布筋，以 F 打头注写分布钢筋具体值，该项也可在图中统一说明。

楼梯的剖面标注示意图见图 7-23。剖面图中梯板配筋完整的标注如下：

AT1,h=100　表示梯板类型及编号,梯板板厚。

⌀10@200;⌀12@200　表示上部纵筋、下部纵筋。

F⌀8@250　表示梯板分布筋。

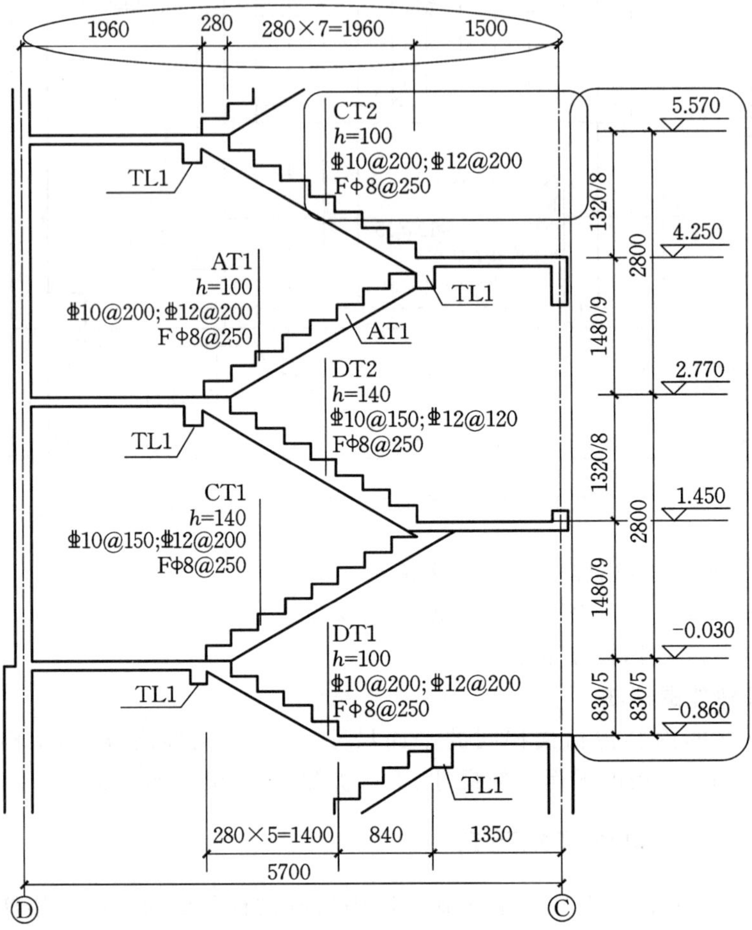

图 7-23　楼梯的剖面标注示例图

7.2.3　板式楼梯列表注写方式

(1) 列表注写方式是指用列表方式标注梯板截面尺寸和配筋具体数值的方式来表达楼梯施工图。

(2) 列表注写方式的具体要求同剖面注写方式,仅将剖面注写方式中的梯板配筋标注项改为列表注写项即可(表 7-1)。

表 7-1　梯板几何尺寸和配筋表

梯板编号	踏步段总高度/踏步级数	板厚 h	上部纵向钢筋	下部纵向钢筋	分布筋

7.3 板式楼梯的钢筋构造图解与计算

板式楼梯需要计算的钢筋按照所在位置及功能不同，可以分为梯梁钢筋、休息平台板钢筋、梯板段钢筋，其中梯梁钢筋参考梁的算法，休息平台板的钢筋参考板的算法，在此章节中只详细讲解梯板段内的钢筋计算。

楼梯板配筋构造如图 7-24 和图 7-25 所示。

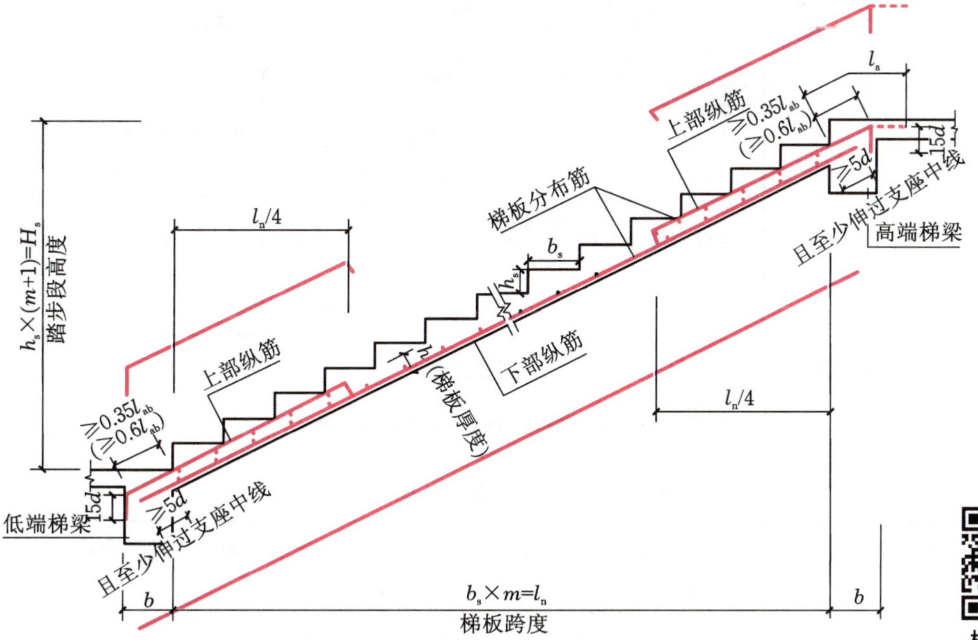

图 7-24 AT 型楼梯板配筋构造

扫一扫

板式楼梯的钢筋构造

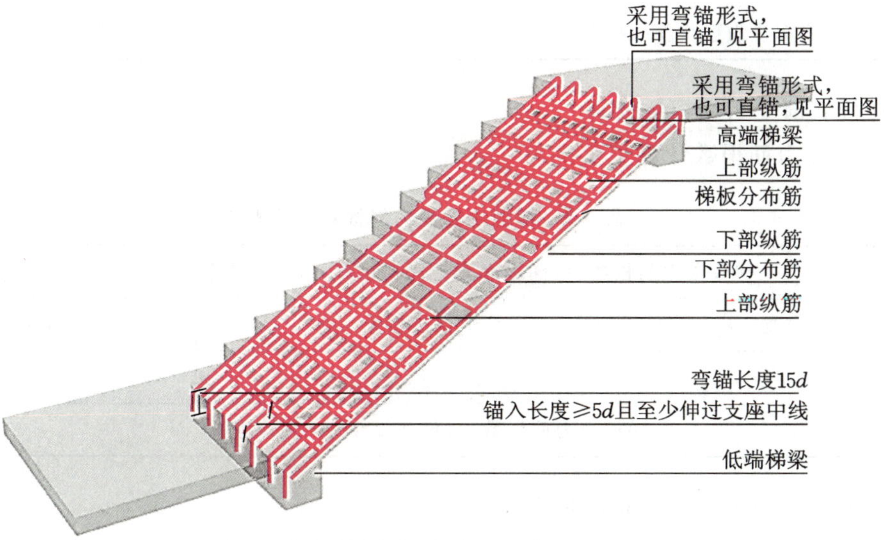

图 7-25 AT 型楼梯板配筋构造三维示意图

(1) 梯板底部受力筋长度计算

梯板底部受力筋长度见图 7-26,其长度计算见表 7-2。

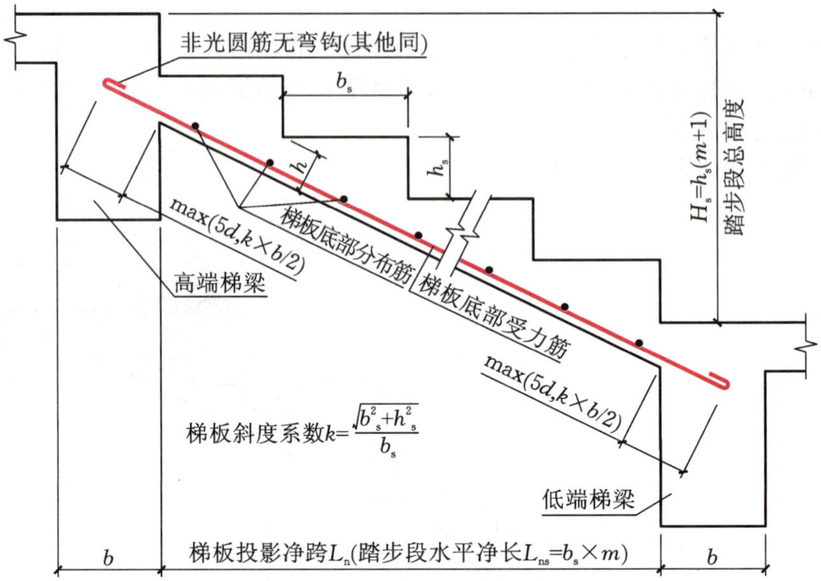

图 7-26　AT 型楼梯梯板受力筋计算图

表 7-2　梯板底部受力筋长度计算表

梯板底部受力筋长度=梯板投影净长×斜度系数+伸入左端支座内长度+伸入右端支座内长度+弯钩×2(弯钩只光圆筋有)				
梯板投影净长	斜度系数	伸入左端支座内长度	伸入右端支座内长度	弯钩
L_n	$k=\sqrt{b_s^2+h_s^2}/b_s$	$\max(5d, k\times b/2)$	$\max(5d, k\times b/2)$	$6.25d$
则: 梯板底部受力筋长度$=L_n\times k+\max(5d, k\times b/2)\times 2+6.25d\times 2$(弯钩只光圆筋有)				

(2) 梯板底部受力筋根数计算

梯板底部受力筋根数计算见表 7-3。

表 7-3　梯板底部受力筋根数计算表

梯板受力筋根数=(梯板净宽-保护层厚×2)/受力筋间距+1		
梯板净宽	保护层厚	受力筋间距
K_n	c	s
则: 梯板受力筋根数$=(K_n-2c)/s+1$(取整)		

(3) 梯板底部受力筋的分布筋长度计算

梯板底部受力筋的分布筋长度见图 7-27,其长度计算见表 7-4。

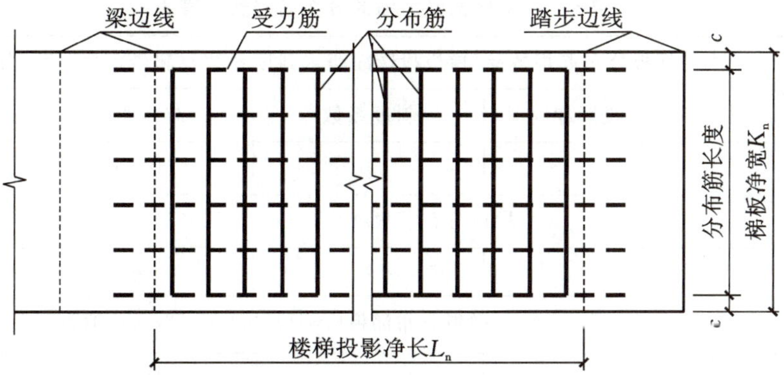

图 7-27　梯板底部受力筋的分布筋长度计算图

表 7-4　梯板底部受力筋的分布筋长度计算表

梯板底部受力筋的分布筋长度＝梯板净宽－梯板保护层厚×2＋弯钩×2		
梯板净宽	梯板保护层厚	弯钩
K_n	c	$6.25d$
则：	梯板底部受力筋的分布筋长度＝$K_n-2c+6.25d\times2$	

（4）梯板底部受力筋的分布筋根数计算

梯板底部受力筋的分布筋的根数见图 7-28，其根数计算见表 7-5。

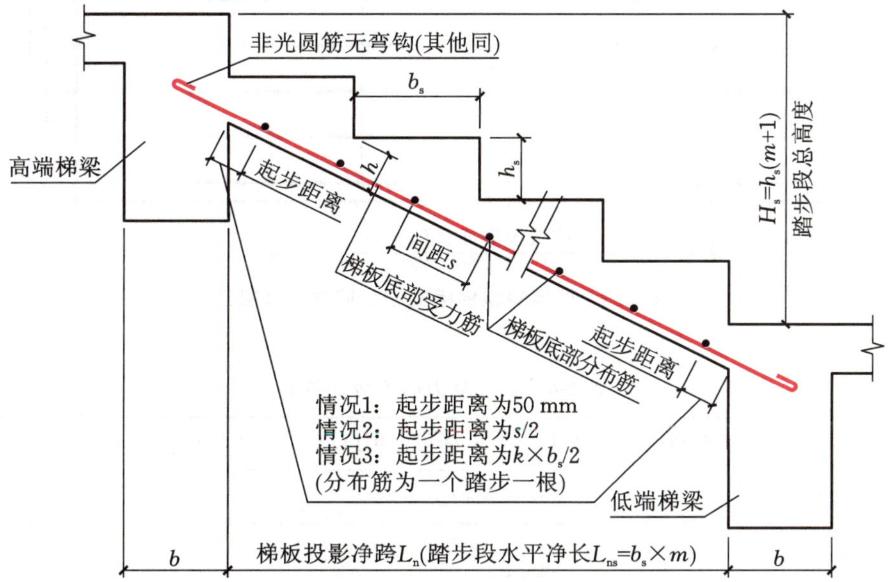

图 7-28　梯板受力筋的分布筋根数计算图

表 7-5 梯板底部受力筋的分布筋根数计算表

起步距离判断	梯板分布筋根数=(梯板投影净跨×斜度系数－起步距离×2)/分布筋间距+1			
	梯板投影净跨	斜度系数	起步距离	分布筋间距
起步距离为 50 mm	l_n	k	50 mm	s
	梯板分布筋根数=($l_n \times k - 50 \times 2$)/$s$+1(取整)			
起步距离为 $s/2$	l_n	k	$s/2$	s
	梯板分布筋根数=($l_n \times k - s$)/s+1(取整)			
起步距离为 $k \times b_s/2$	l_n	k	$k \times b_s/2$	s
	梯板分布筋根数=($l_n \times k - b_s \times k$)/$s$+1(取整)			

(5) 梯板顶部支座负筋长度计算

梯板顶部支座负筋见图 7-24,其长度计算如下:

$$低端支座负筋=(l_n/4+b-梯梁保护层厚度)\times k+(h-梯板保护层厚度\times 2)+15d$$

$$高端支座负筋=l_n/4\times k+(h-梯板保护层厚度\times 2)+l_a$$

(6) 梯板顶部支座负筋根数计算

梯板顶部支座负筋根数见图 7-29,其根数计算见表 7-6。

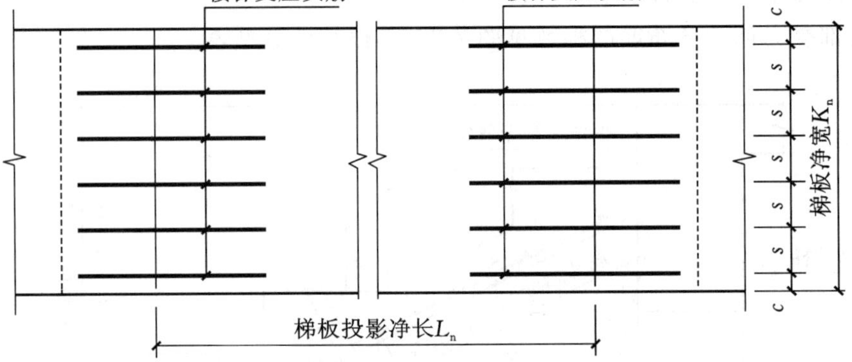

图 7-29 楼梯斜跑梯板支座负筋根数计算图

表 7-6 梯板受力筋根数计算表

梯板受力筋根数=(梯板净宽－梯板保护层厚×2)/受力筋间距+1		
梯板净宽	梯板保护层厚	受力筋间距
K_n	c	s
则:	梯板受力筋根数=($K_n - 2c$)/s+1(取整)	

(7) 梯板顶部支座负筋分布筋长度计算

梯板顶部支座负筋分布筋长度见图 7-30，其长度计算见表 7-7。

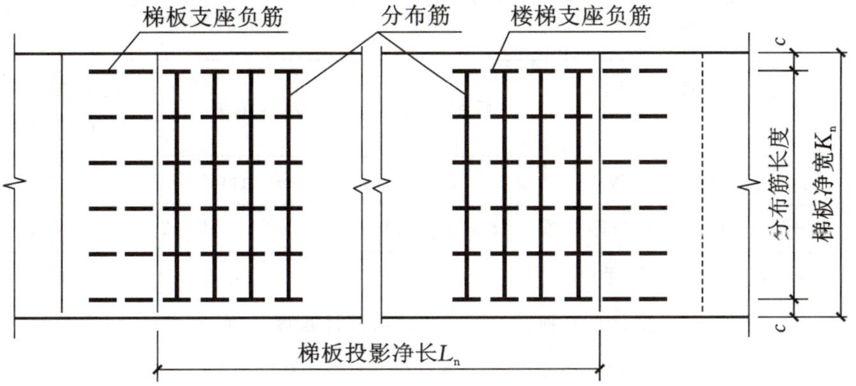

图 7-30 梯板支座负筋的分布筋长度计算图

表 7-7 梯板支座负筋分布筋长度计算表

支座负筋分布筋长度＝梯板净宽－梯板保护层厚×2＋弯钩×2		
梯板净宽	梯板保护层厚	弯钩
K_n	c	$6.25d$
则：	支座负筋分布筋长度$=K_n-2c+6.25d\times2$	

(8) 梯板顶部支座负筋分布筋根数计算

梯板顶部支座负筋分布筋根数见图 7-31，其根数计算见表 7-8。

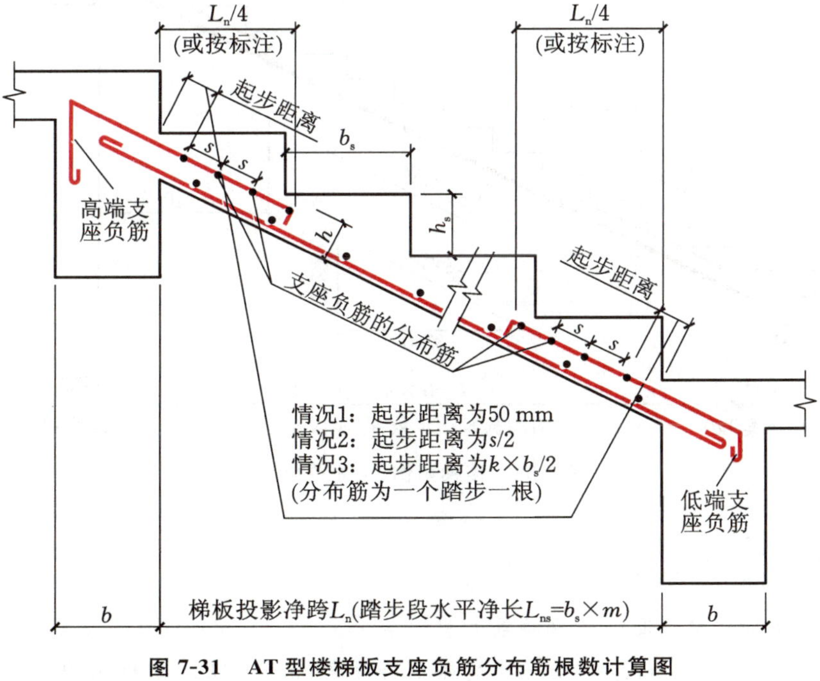

图 7-31 AT 型楼梯板支座负筋分布筋根数计算图

表 7-8　梯板支座负筋的分布筋根数计算表

<table>
<tr><td rowspan="2">起步距离判断</td><td colspan="4">梯板单个支座负筋的分布筋根数 $=\dfrac{\text{支座负筋伸入板内直线投影长度}\times\text{斜度系数}-\text{起步距离}\times 2}{\text{支座负筋的分布筋间距}}+1$</td><td>备注</td></tr>
<tr><td>支座负筋伸入板内直线投影长度</td><td>斜度系数</td><td>起步距离</td><td>支座负筋的分布筋间距</td><td rowspan="7">这里只计算了一个支座负筋的分布筋根数</td></tr>
<tr><td rowspan="2">起步距离为 50 mm</td><td>l_n/4(或按标注长度)</td><td>k</td><td>50 mm</td><td>s</td></tr>
<tr><td colspan="4">梯板支座负筋分布筋根数＝[l_n/4(或按标注长度)×k－50×2]/s＋1(取整)</td></tr>
<tr><td rowspan="2">起步距离为 $s/2$</td><td>l_n/4(或按标注长度)</td><td>k</td><td>$s/2$</td><td>s</td></tr>
<tr><td colspan="4">梯板支座负筋分布筋根数＝[l_n/4(或按标注长度)×k－s]/s＋1(取整)</td></tr>
<tr><td rowspan="2">起步距离为 $k\times b_s/2$</td><td>l_n/4(或按标注长度)</td><td>k</td><td>$k\times b_s/2$</td><td>s</td></tr>
<tr><td colspan="4">梯板支座负筋分布筋根数＝[l_n/4(或按标注长度)×k－$b_s\times k$]/s＋1(取整)</td></tr>
</table>

7.4　板式楼梯钢筋计算工程案例实训

【例 7-1】　如图 7-32 所示，设定楼梯宽 b＝1800 mm，板厚 h＝120 mm，踏步高 160 mm，保护层厚度均为 15 mm，试求支座负筋长度及根数。

扫一扫

板式楼梯的钢筋构造

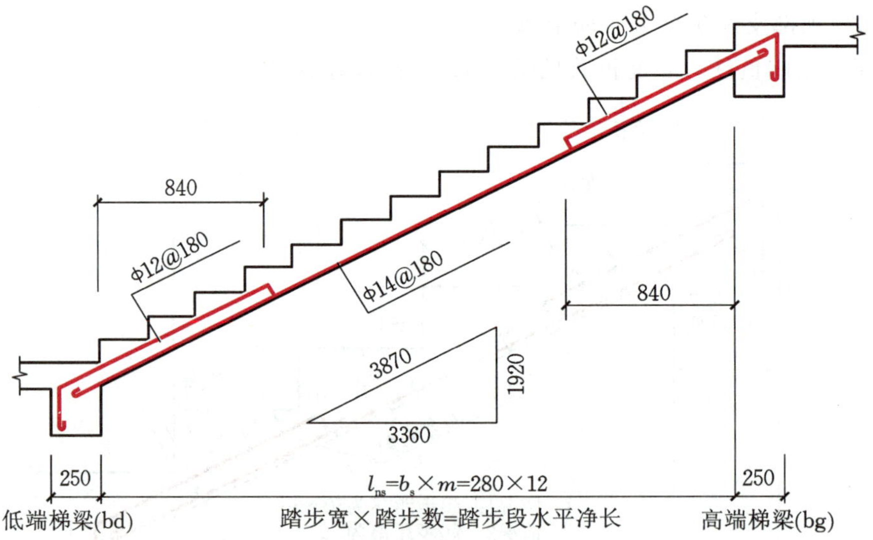

图 7-32　楼梯案例(尺寸单位：mm)

【解】　$k=\dfrac{3870}{3360}=1.15$。

高端支座负筋长度＝低端支座负筋长度

$=(l_n/4+b-\text{梯梁保护层厚度})\times k+(h-\text{梯板保护层厚度}\times 2)+$

$15d+6.25d$

$=(840+250-15)\times1.15+(120-15\times2)+15\times12+6.25\times12$

$=1582$(mm)

高端支座负筋根数=底端支座负筋根数

$=(K_{n}-2c)/s+1$(取整)

$=(1800-2\times15)/180+1$

=11(根)

8 基础构件平法识图

【学习目标】

1. 掌握独立基础平法施工图制图规则。
2. 掌握条形基础平法施工图制图规则。
3. 理解筏形基础平法施工图制图规则。
4. 了解桩基础平法施工图制图规则。
5. 掌握基础配筋构造要求及部分钢筋工程量计算原理。

8.1 独立基础平法识图

绘制独立基础平面布置图时，应将独立基础平面与基础所支承的柱一起绘制。当设置基础连系梁时，可根据图面的疏密情况，将基础连系梁与基础平面布置图一起绘制，或将基础连系梁布置图单独绘制。

在独立基础平面布置图上应标注基础定位尺寸；当独立基础的柱中心线或杯口中心线与建筑轴线不重合时，应标注其定位尺寸。编号相同且定位尺寸相同的基础，可仅选择一个进行标注。

独立基础平法施工图有平面注写与截面注写两种表达方式。

扫一扫

独立基础平法识图(1)

8.1.1 独立基础的平面注写方式

独立基础的平面注写方式，分为集中标注和原位标注两部分内容。

8.1.1.1 独立基础集中标注

在基础平面图上集中引注基础编号、截面竖向尺寸、配筋三项必注内容，以及基础底面标高和必要的文字注解两项选注内容。

(1) 注写独立基础编号(必注内容)

独立基础编号见表 8-1。

表 8-1 独立基础编号

类 型	基础底板截面形状	代 号	序 号
普通独立基础	阶 形	DJ_J	××
	坡 形	DJ_P	××

续表 8-1

类 型	基础底板截面形状	代 号	序 号
杯口独立基础	阶 形	BJ_J	××
	坡 形	BJ_P	××

由表 8-1 可知，独立基础底板的截面形状通常有两种：

① 阶形截面编号加下标“J”，如 DJ_J××，BJ_J××。

② 坡形截面编号加下标“P”，如 DJ_P××，BJ_P××。

(2) 注写独立基础截面竖向尺寸(必注内容)

① 普通独立基础

A. 当基础为阶形截面时，注写 $h_1/\ h_2/\ \cdots$，如图 8-1 所示。

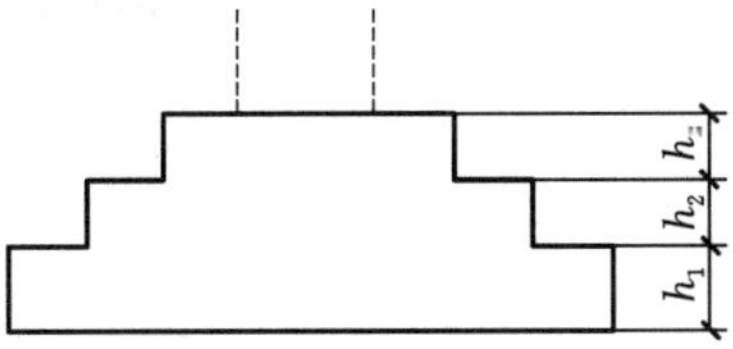

图 8-1 阶形截面普通独立基础竖向尺寸

【例 8-1】 当阶形截面普通独立基础 DJ_J××的竖向尺寸注写为 400/300/300 时，表示 h_1＝400 mm、h_2＝300 mm、h_3＝300 mm，基础底板总高度为 1000 mm。

例 8-1 及图 8-1 中基础为三阶，当为更多阶时，各阶尺寸自下而上用“/”分隔顺写。

当基础为单阶时，其竖向尺寸仅为一个，即为基础总高度，如图 8-2 所示。

B. 当基础为坡形截面时，注写为 $h_1/\ h_2$，如图 8-3 所示。

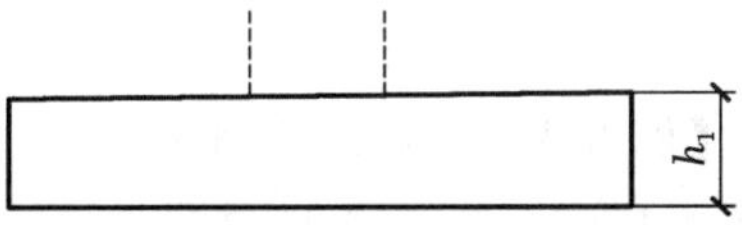

图 8-2 单阶普通独立基础竖向尺寸

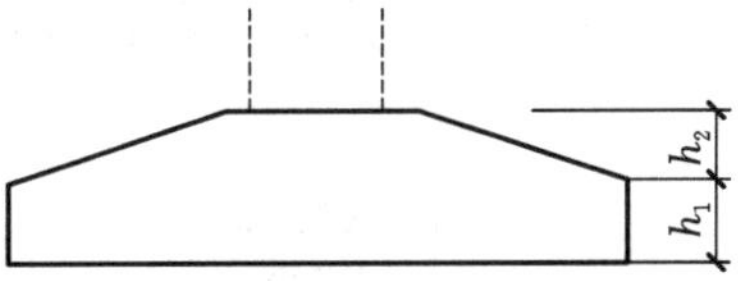

图 8-3 坡形截面普通独立基础竖向尺寸

【例 8-2】 当坡形截面普通独立基础 DJ_P××的竖向尺寸注写为 350/300 时，表示 h_1＝350 mm、h_2＝300 mm，基础底板总厚度为 650 mm。

② 杯口独立基础

A. 当基础为阶形截面时，其竖向尺寸分两组，一组表达杯口内尺寸，另一组表达杯口外尺寸，两组尺寸以“,”分隔，注写为 a_0/a_1，$h_1/h_2/\cdots$，如图 8-4 和图 8-5 所示。其中杯口深度 a_0 为柱插入杯口的尺寸加 50 mm。

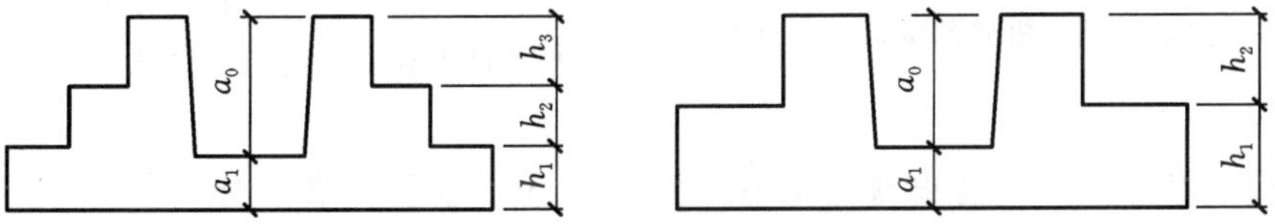

图 8-4 阶形截面杯口独立基础竖向尺寸

B. 当基础为坡形截面时，注写为 a_0/a_1，$h_1/\ h_2/\ h_3/\cdots$，如图 8-6 和图 8-7 所示。

(3) 注写独立基础配筋(必注内容)

① 注写独立基础底板配筋。普通独立基础和杯口独立基础的底部双向配筋注写规定如下：

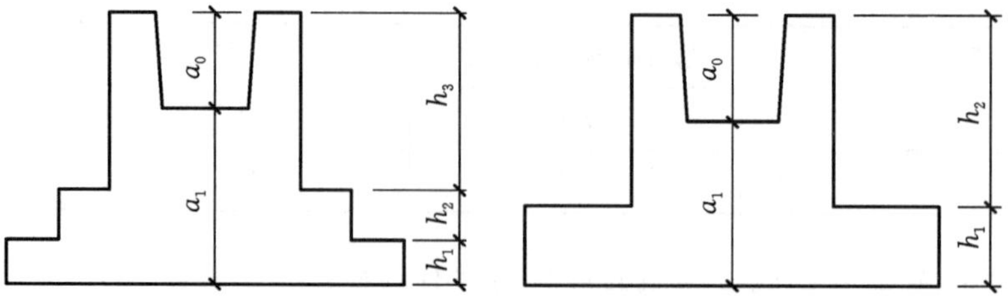

图 8-5　阶形截面高杯口独立基础竖向尺寸

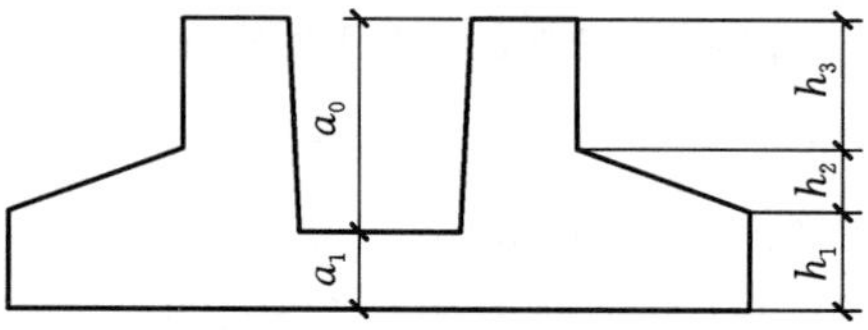

图 8-6　坡形截面杯口独立基础竖向尺寸

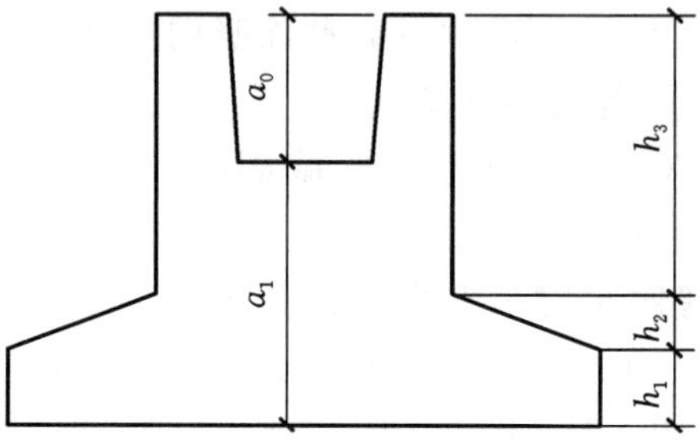

图 8-7　坡形截面高杯口独立基础竖向尺寸

A. 以 B 代表各种独立基础底板的底部配筋。

B. X 向配筋以“X”打头、Y 向配筋以“Y”打头注写；当两向配筋相同时，则以“X&Y”打头注写。

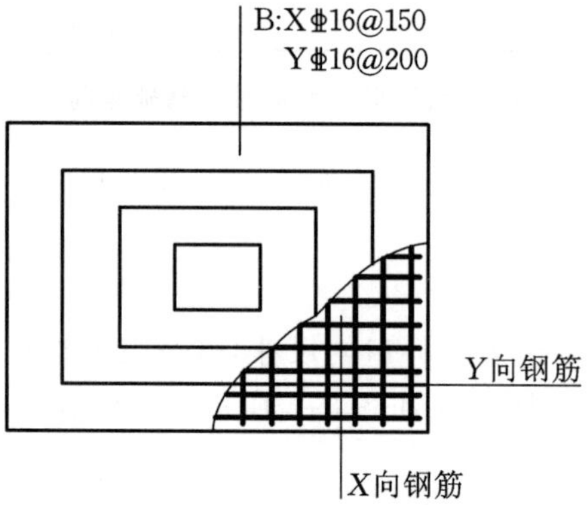

图 8-8　独立基础底板底部双向配筋示意

【例 8-3】　独立基础底板配筋标注为 B:XΦ16@150，YΦ16@200。表示基础底板底部配置 HRB400 级钢筋，X 向钢筋直径为 16 mm，间距 150 mm；Y 向钢筋直径为 16 mm，间距 200 mm。如图 8-8 所示。

② 注写杯口独立基础顶部焊接钢筋网。以“Sn”打头引注杯口顶部焊接钢筋网的各边钢筋。

【例 8-4】　杯口独立基础顶部钢筋网标注为 Sn 2Φ14。表示杯口顶部每边配置 2 根 HRB400 级直径为 14 mm 的焊接钢筋网。如图 8-9 所示。

【例 8-5】　双杯口独立基础顶部钢筋网标注为 Sn 2Φ16。表示杯口每边和双杯口中间杯壁的顶部均配置 2 根 HRB400 级直径为 16 mm 的焊接钢筋网。如图 8-10 所示。

当双杯口独立基础中间杯壁厚度小于 400 mm 时，在中间杯壁中配置构造钢筋见相应标准构造详图，设计不注。

③ 注写高杯口独立基础的短柱配筋（亦适用于杯口独立基础杯壁有配筋的情况）。具体注写规定如下：

A. 以 O 代表短柱配筋。

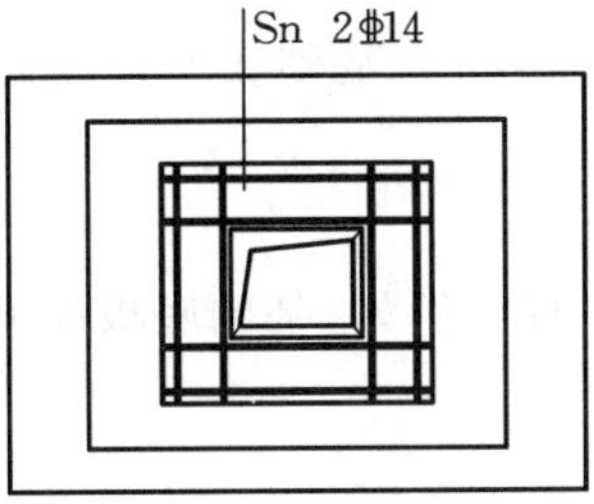

图 8-9 单杯口独立基础顶部焊接钢筋网示意图

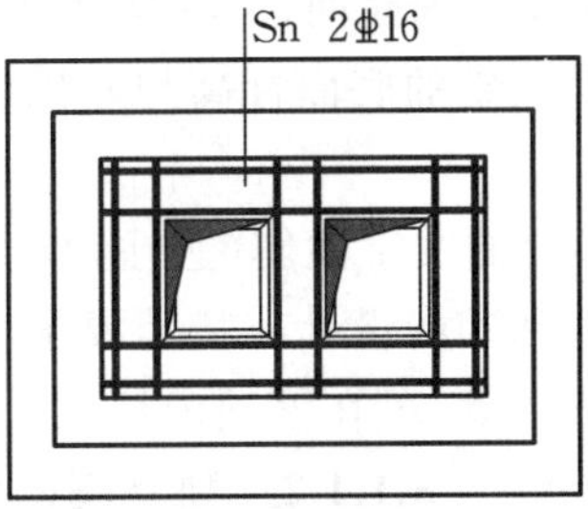

图 8-10 双杯口独立基础顶部焊接钢筋网示意图

B. 先注写短柱纵筋，再注写箍筋。注写为：角筋/长边中部筋/短边中部筋，箍筋（两种间距）；当短柱水平截面为正方形时，注写为：角筋/X 边中部筋/Y 边中部筋，箍筋（两种间距，短柱杯口壁内箍筋间距/短柱其他部位箍筋间距）。

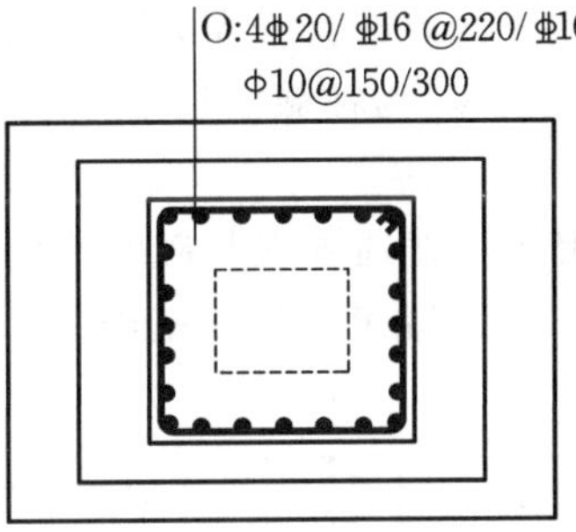

图 8-11 高杯口独立基础短柱配筋示意图

【例 8-6】 如图 8-11 所示，高杯口独立基础的短柱配筋标注为 O：4⌀20/⌀16@220/⌀16@200，φ10@150/300。表示高杯口独立基础的短柱配置 HRB400 级竖向纵筋和 HPB300 级箍筋。其竖向纵筋为：4⌀20 角筋、⌀16@220 长边中部筋和⌀16@200 短边中部筋；其箍筋直径为 10 mm，短柱杯口壁内间距 150 mm，短柱其他部位间距 300 mm。

注：① 短柱：房屋建筑中的短柱一般是指净高与截面高度之比不大于 4 的柱。
② 基础底面标高：独立基础底面标高不包括垫层高度，一般标注在垫层顶面。

C. 对于双高杯口独立基础的短柱配筋，注写形式与单高杯口相同。

④ 注写普通独立基础带短柱竖向尺寸及钢筋。当独立基础埋深较大，设置短柱时，短柱配筋应注写在独立基础中。具体注写规定如下：

A. 以 DZ 代表普通独立基础短柱。

B. 先注写短柱纵筋，再注写箍筋，最后注写短柱标高范围。注写为：角筋/长边中部筋/短边中部筋，箍筋，短柱标高范围。当短柱水平截面为正方形时，注写为：角筋/X 边中部筋/Y 边中部筋，箍筋，短柱标高范围。

【例 8-7】 短柱配筋标注为：DZ 4⌀20/5⌀18/5⌀18，φ10@100，−2.500～−0.050。表示独立基础的短柱设置在−2.500～−0.050 高度范围内，配置 HRB400 级竖向纵筋和 HPB300 级箍筋。其竖向纵筋为：4⌀20 角筋、5⌀18 的 X 边中部筋和 5⌀18 的 Y 边中部筋；其箍筋直径为 10 mm，间距 100 mm。如图 8-12 所示。

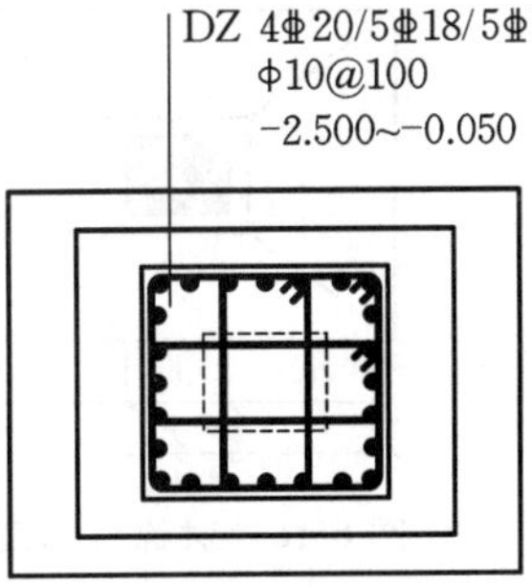

图 8-12 独立基础短柱配筋示意图

(4) 注写基础底面标高(选注内容)

当独立基础的底面标高与基础底面基准标高不同时,应将独立基础底面标高直接注写在括号内。

(5) 必要的文字注解(选注内容)

当独立基础的设计有特殊要求时,宜增加必要的文字注解。例如,基础底板配筋长度是否采用减短方式等,可在该项内注明。

8.1.1.2 独立基础原位标注

扫一扫

独立基础平法识图(2)

原位标注是在基础平面布置图上标注独立基础的平面尺寸,对相同编号的基础,可选择一个进行原位标注;当平面图形较小时,可将所选定进行原位标注的基础按比例适当放大;其他相同编号者仅注编号。

原位标注的具体内容规定如下:

(1) 普通独立基础

原位标注 x、y,x_c、y_c(或圆柱直径 d_c),x_i、y_i,$i=1,2,3,\cdots$。其中,x、y 为普通独立基础两向边长,x_c、y_c 为柱截面尺寸,x_i、y_i 为阶宽或坡形平面尺寸,当设置短柱时,尚应标注短柱的截面尺寸。

对称阶形截面普通独立基础的原位标注,见图 8-13;非对称阶形截面普通独立基础的原位标注,见图 8-14;设置短柱独立基础的原位标注,见图 8-15。

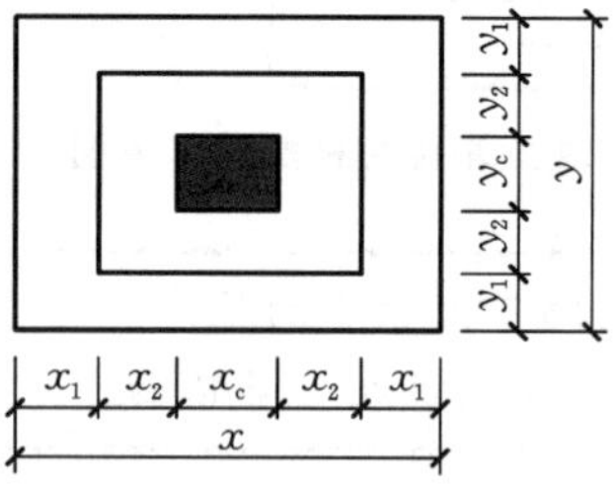

图 8-13 对称阶形截面普通独立基础原位标注

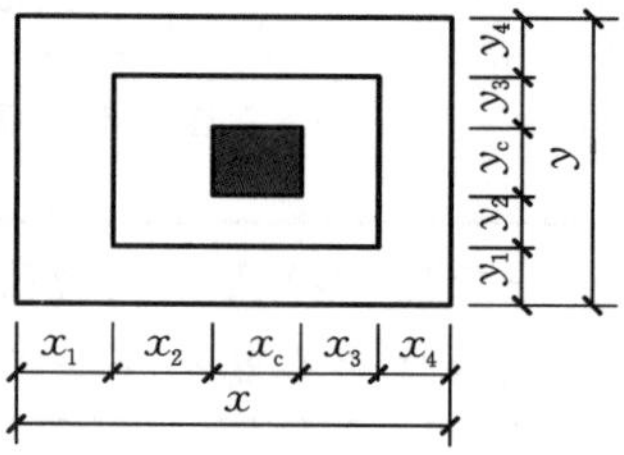

图 8-14 非对称阶形截面普通独立基础原位标注

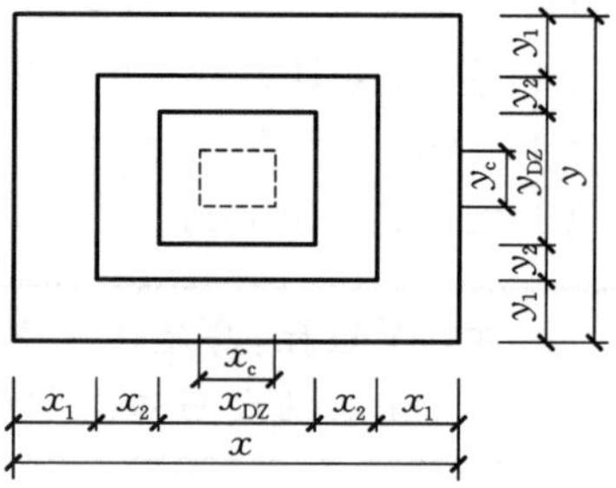

图 8-15 带短柱独立基础的原位标注

对称坡形截面普通独立基础的原位标注,见图 8-16;非对称坡形截面普通独立基础的原位标注,见图 8-17。

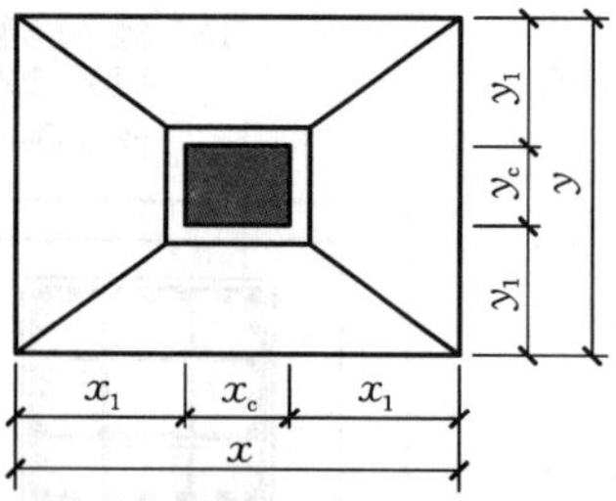

图 8-16 对称坡形截面普通独立基础原位标注

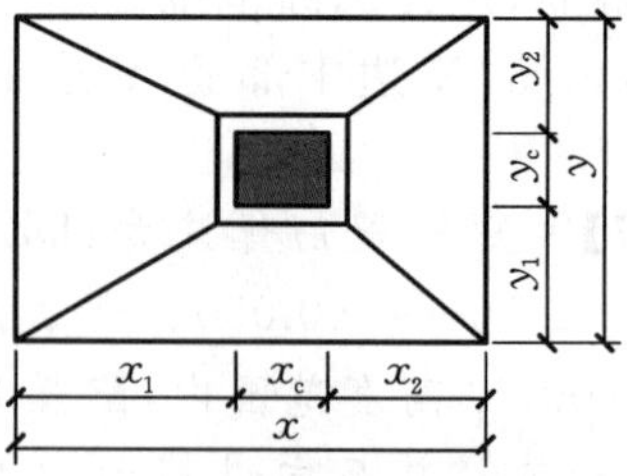

图 8-17 非对称坡形截面普通独立基础原位标注

（2）杯口独立基础

原位标注 x、y，x_u、y_u，t_i，x_i、y_i，$i=1,2,3,\cdots$。其中 x、y 为杯口独立基础两向边长，x_u、y_u为杯口上口尺寸，t_i 为杯壁上口厚度，下口厚度为 t_i+25 mm，x_i、y_i 为阶宽或坡形截面尺寸。杯口上口尺寸 x_u、y_u，按柱截面边长两侧双向各加 75 mm。杯口下口尺寸按标准构造详图(为插入杯口的相应柱截面边长尺寸，每边各加 50 mm)，设计不注。

阶形截面杯口独立基础的原位标注，见图 8-18 和图 8-19。坡形截面杯口独立基础的原位标注，见图 8-20 和图 8-21。高杯口独立基础的原位标注与杯口独立基础完全相同。

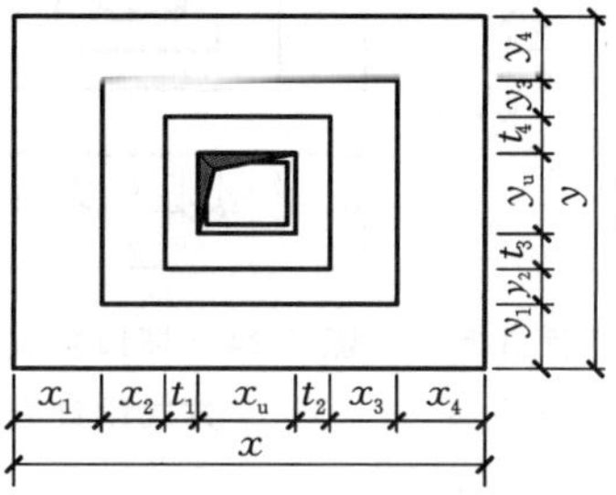

图 8-18　阶形截面杯口独立基础原位标注(一)

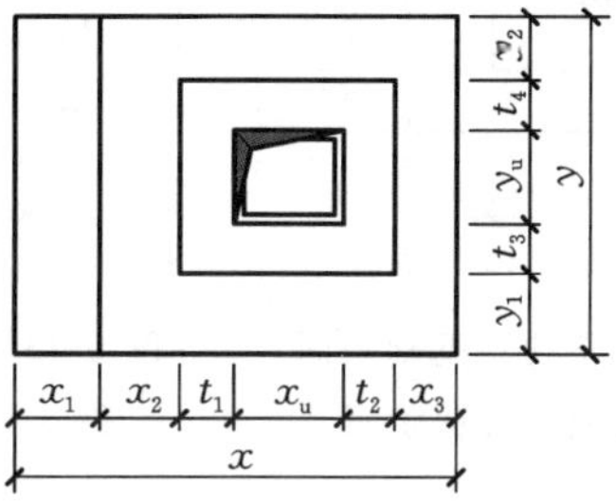

图 8-19　阶形截面杯口独立基础原位标注(二)

(基础底板的一边比其他三边多一阶)

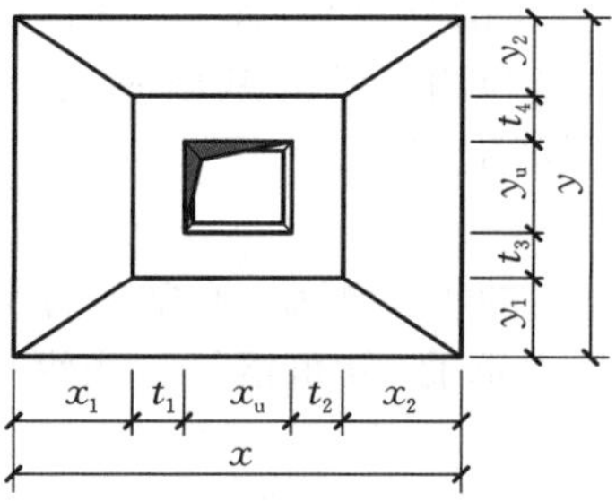

图 8-20　坡形截面杯口独立基础原位标注(一)

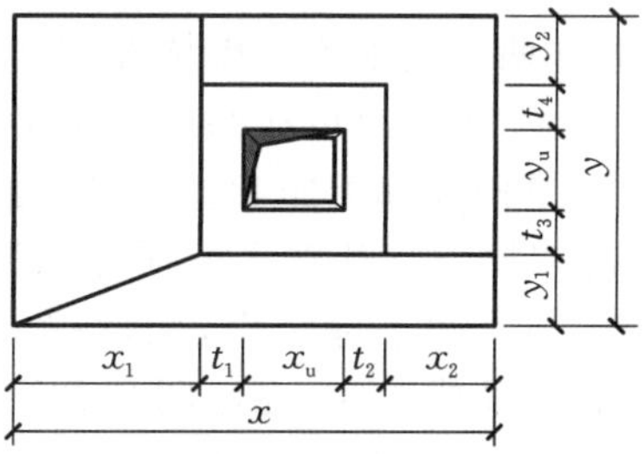

图 8-21　坡形截面杯口独立基础原位标注(二)

(基础底板有两边不放坡)

注：当设计为非对称坡形截面独立基础且基础底板的某边不放坡时，在原位放大绘制的基础平面图上，或在圈引出来放大绘制的基础平面图上，应按实际放坡情况绘制分坡线，见图 8-21。

8.1.1.3　集中标注和原位标注综合设计表达

（1）普通独立基础采用平面注写方式的集中标注和原位标注综合设计表达示意，见图 8-22。

（2）带短柱独立基础采用平面注写方式的集中标注和原位标注综合设计表达示意，见图 8-23。

（3）杯口独立基础采用平面注写方式的集中标注和原位标注综合设计表达示意，见图 8-24。图中集中标注的第三、四行内容，是表达高杯口独立基础短柱的竖向纵筋和横向箍筋；当为杯口独立基础时，集中标注通常为第一、二、五行的内容。

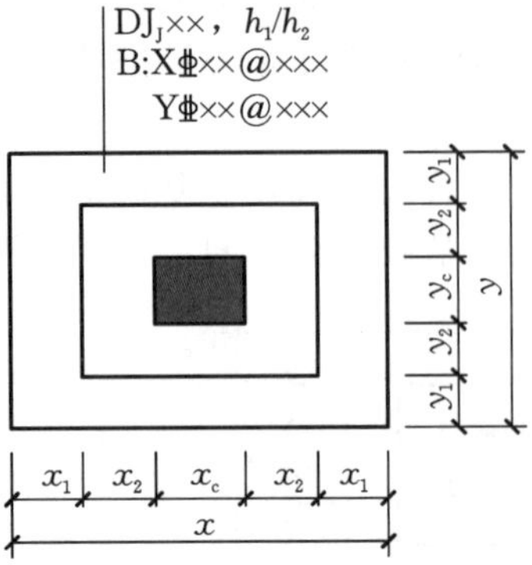

图 8-22　普通独立基础平面注写方式设计表达示意

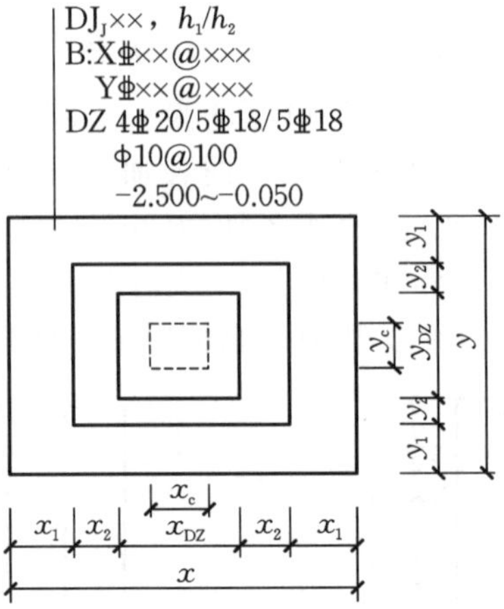

图 8-23　普通独立基础平面注写方式设计表达示意（带短柱）

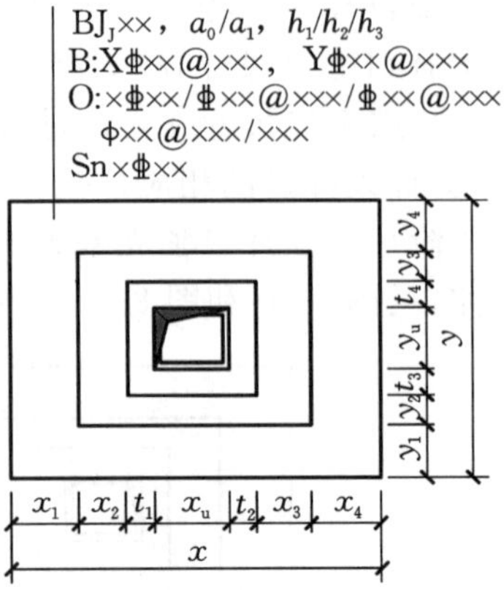

图 8-24　杯口独立基础平面注写方式设计表达示意

8.1.1.4　多柱独立基础注写

独立基础通常为单柱独立基础，也可为多柱独立基础（双柱或四柱等）。多柱独立基础的编号、几何尺寸和配筋的标注方法与单柱独立基础相同。

当为双柱独立基础且柱距较小时，通常仅配置基础底部钢筋；当柱距较大时，除基础底部配筋外，尚需在两柱间配置基础顶部钢筋或设置基础梁；当为四柱独立基础时，通常可设置两道平行的基础梁，需要时可在两道基础梁之间配置基础顶部钢筋。

多柱独立基础顶部配筋和基础梁的注写方法规定如下：

（1）注写双柱独立基础底板顶部配筋。双柱独立基础的顶部配筋，通常对称分布在双柱中心线两侧。以大写字母“T”打头，注写为双柱间纵向受力钢筋/分布钢筋。当纵向受力钢筋在基础底板顶面非满布时，应注明其总根数。

【例 8-8】　T：9ф18@100/ф10@200。表示独立基础顶部配置纵向受力钢筋 HRB400 级，直径为 18 mm，设置 9 根，间距 100 mm；分布筋 HPB300 级，直径为 10 mm，间距 200 mm，如图 8-25 所示。

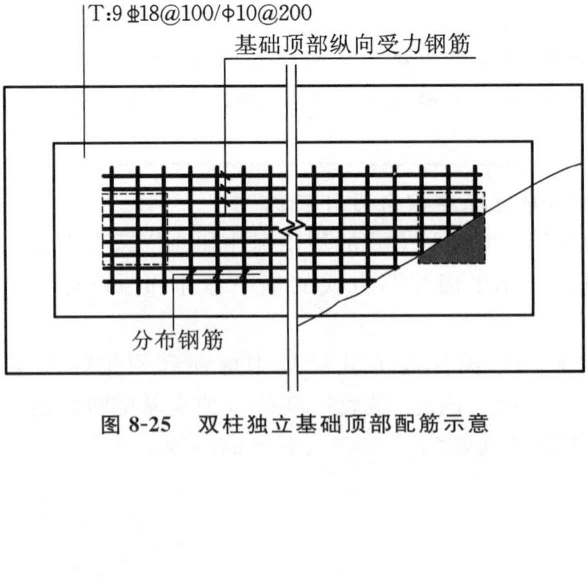

图 8-25　双柱独立基础顶部配筋示意

(2) 注写双柱独立基础的基础梁配筋。当双柱独立基础为基础底板与基础梁相结合时，注写基础梁的编号、几何尺寸和配筋。如 JL××(1)表示该基础梁为 1 跨，两端无外伸；JL××(1A)表示该基础梁为 1 跨，一端有外伸；JL××(1B)表示该基础梁为 1 跨，两端均有外伸。

通常情况下，双柱独立基础宜采用端部有外伸的基础梁，基础底板则采用受力明确、构造简单的单向受力配筋与分布筋。基础梁宽度宜比柱截面宽出不小于 100 mm(每边不小于50 mm)。

基础梁的注写规定与条形基础的基础梁注写规定相同，注写示意见图 8-26。

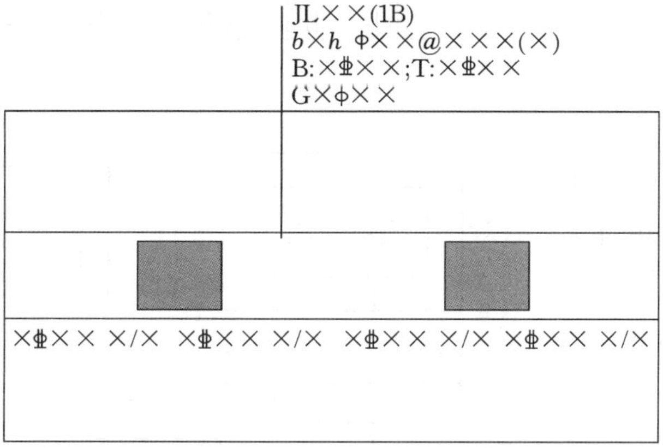

图 8-26　双柱独立基础的基础梁配筋注写示意

(3) 注写双柱独立基础的底板配筋。双柱独立基础底板配筋的注写，可以按条形基础底板的注写规定，也可以按独立基础底板的注写规定。

(4) 注写配置两道基础梁的四柱独立基础底板顶部配筋。当四柱独立基础已设置两道平行的基础梁时，根据内力需要可在双梁之间及梁的长度范围内配置基础顶部钢筋，注写为梁间受力钢筋/分布钢筋。

【例 8-9】 T:Ф16@120/ф10@200。表示在四柱独立基础底板顶部两道基础梁之间配置受力钢筋为 HRB400 级，直径为 16 mm，间距 120 mm；分布筋为 HPB300 级，直径为 10 mm，分布间距 200 mm。如图 8-27 所示。

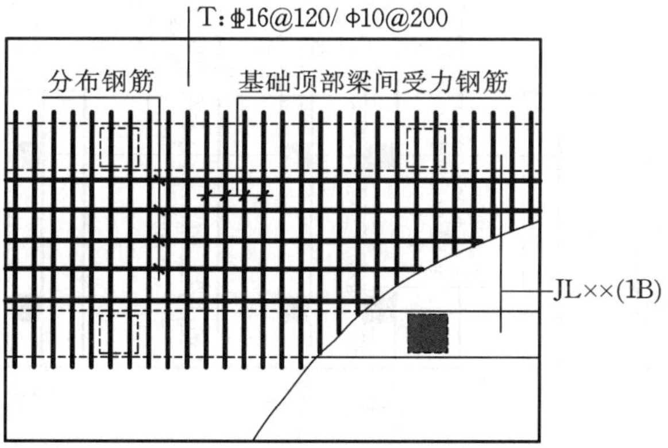

图 8-27　四柱独立基础底板顶部基础梁间配筋注写示意

平行设置两道基础梁的四柱独立基础底板配筋，也可按双梁条形基础底板配筋的注写规定。

(5) 采用平面注写方式表达的独立基础设计施工图示意见 16G101—3 图集第 18 页(图8-28)。

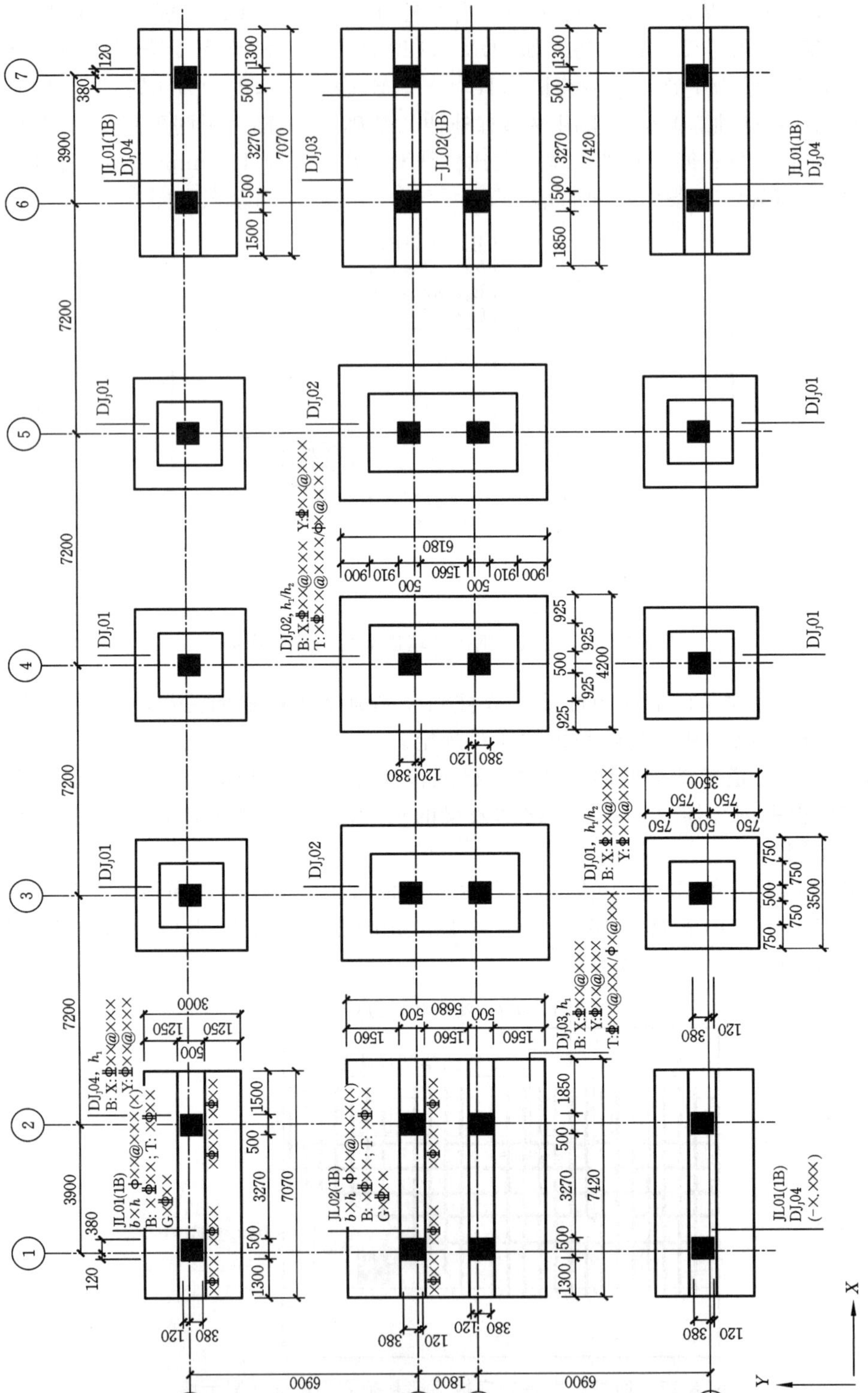

图 8-28 独立基础平法施工图平面注写方式示例

8.1.2 独立基础的截面注写方式

独立基础的截面注写方式，可分为截面标注和列表注写（结合截面示意图）两种表达方式。截面注写方式中，对基础的编号依据表 8-1 的规定。对多个同类基础，可采用列表注写（结合截面示意图）的方式进行集中表达。列表的具体内容规定如下：

（1）普通独立基础

普通独立基础列表集中注写栏目（表 8-2）为：

① 编号：阶形截面编号为 DJ_J××，坡形截面编号为 DJ_P××。

② 几何尺寸：水平尺寸 x、y，x_c、y_c（或圆柱直径为 d_c），x_i、y_i，$i=1,2,3,\cdots$；竖向尺寸 $h_1/h_2/\cdots$。

③ 配筋：B：X：ф××@×××，Y：ф××@×××。

表 8-2 普通独立基础几何尺寸和配筋表

基础编号/截面号	截面几何尺寸				底部配筋(B)	
	x、y	x_c、y_c	x_i、y_i	$h_1/h_2/\cdots$	X 向	Y 向

注：表中可根据实际情况增加栏目。例如：当基础底面标高与基础底面基准标高不同时，加注基础底面标高；当为双柱独立基础时，加注基础顶部配筋或基础梁几何尺寸和配筋；当设置短柱时增加短柱尺寸及配筋等。

（2）杯口独立基础

杯口独立基础列表集中注写栏目（表 8-3）为：

① 编号：阶形截面编号为 BJ_J××，坡形截面编号为 BJ_P××。

② 几何尺寸：水平尺寸 x、y，x_u、y_u，t_i，x_i、y_i，$i=1,2,3,\cdots$；竖向尺寸 a_0、a_1，$h_1/h_2/h_3\cdots$。

③ 配筋：B：X：ф××@×××，Y：ф××@×××，S_n×ф××，

O：×ф××/ф××@×××/ф××@×××，ф××@×××/×××。

表 8-3 杯口独立基础几何尺寸和配筋表

基础编号/截面号	截面几何尺寸				底部配筋(B)		杯口顶部钢筋网(S_N)	短柱配筋(O)	
	x、y	x_u、y_u	x_i、y_i	a_0、a_1，$h_1/h_2/h_3\cdots$	X 向	Y 向		角筋/长边中部筋/短边中部筋	杯口壁箍筋/其他部位箍筋

注：① 表中可根据实际情况增加栏目。如当基础底面标高与基础底面基准标高不同时，加注基础底面标高，或增加说明栏目等。

② 短柱配筋适用于高杯口独立基础，并适用于杯口独立基础杯壁有配筋的情况。

（3）其他

① 与独立基础相关的基础联系梁的平法施工图设计，详见 16G101—3 图集第 7 章的相关规定。

② 当杯口独立基础配合采用国家建筑标准设计预制基础梁时，应根据其要求，处理好相关构造。

8.2 独立基础配筋构造

扫一扫

独立基础配筋构造

8.2.1 独立基础 DJ_J、DJ_P、BJ_J、BJ_P底板配筋构造

独立基础底板配筋构造详见图 8-29，适用于普通独立基础和杯口独立基础。独立基础底板双向交叉钢筋长向设置在下，短向设置在上。

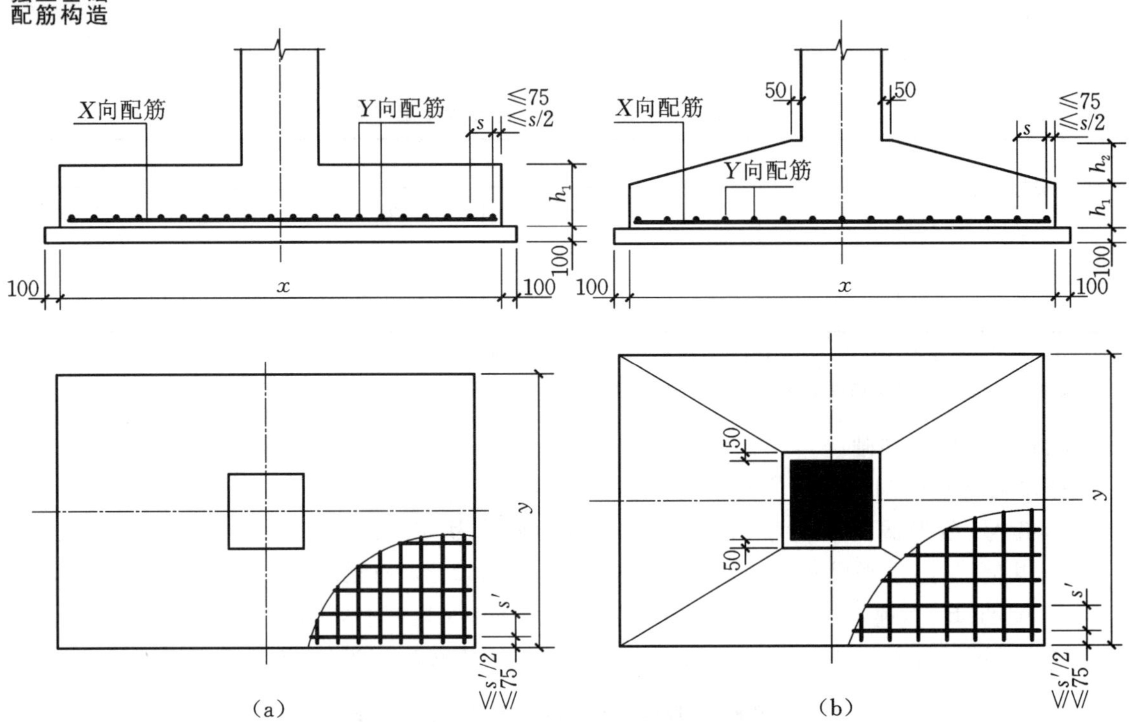

图 8-29 独立基础 DJ_J、DJ_P、BJ_J、BJ_P底板配筋构造

(a)阶形；(b)坡形

8.2.2 双柱普通独立基础底部与顶部配筋构造

双柱普通独立基础底板的截面形状，可分为阶形截面 DJ_J或坡形截面 DJ_P。双柱普通独立基础底部双向交叉钢筋，根据基础两个方向从柱外缘至基础外缘的伸出长度 e_x 和 e_y 的大小，较大者方向的钢筋设置在下，较小者方向的钢筋设置在上，如图 8-30 所示底部配筋。

双柱普通独立基础顶部双向交叉钢筋构造要求，如图 8-30 所示顶部配筋，通常对称分布在双柱中心线两侧，包括顶部柱间纵向受力钢筋和分布钢筋，受力钢筋在下，分布钢筋在上。

8.2.3 独立基础底板配筋长度减短 10%构造

当独立基础底板长度≥2500 mm 时，除外侧钢筋外，底板配筋长度可取相应方向底板长

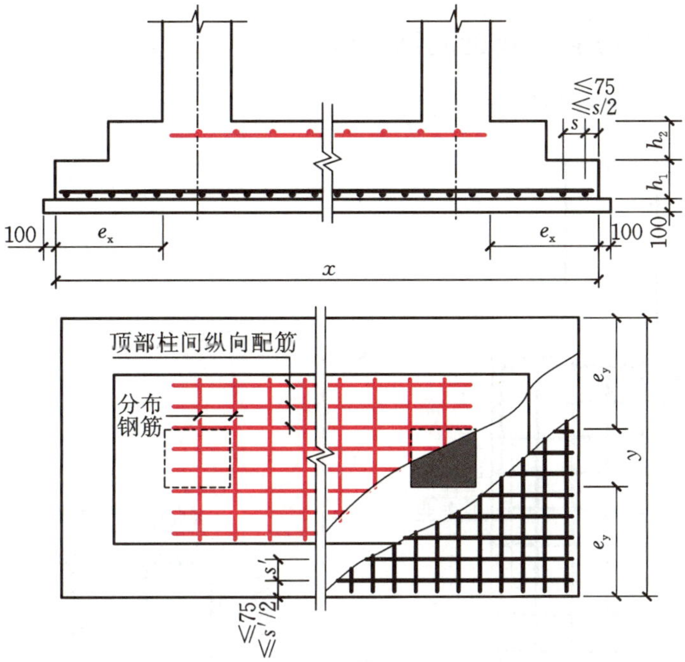

图 8-30　双柱普通独立基础配筋构造

度的 0.9 倍，交错放置，如图 8-31(a)所示。

当非对称独立基础底板长度≥2500 mm，但该基础某侧从柱中心至基础底板边缘的距离<1250 mm 时，钢筋在该侧不应减短，如图 8-31(b)所示。

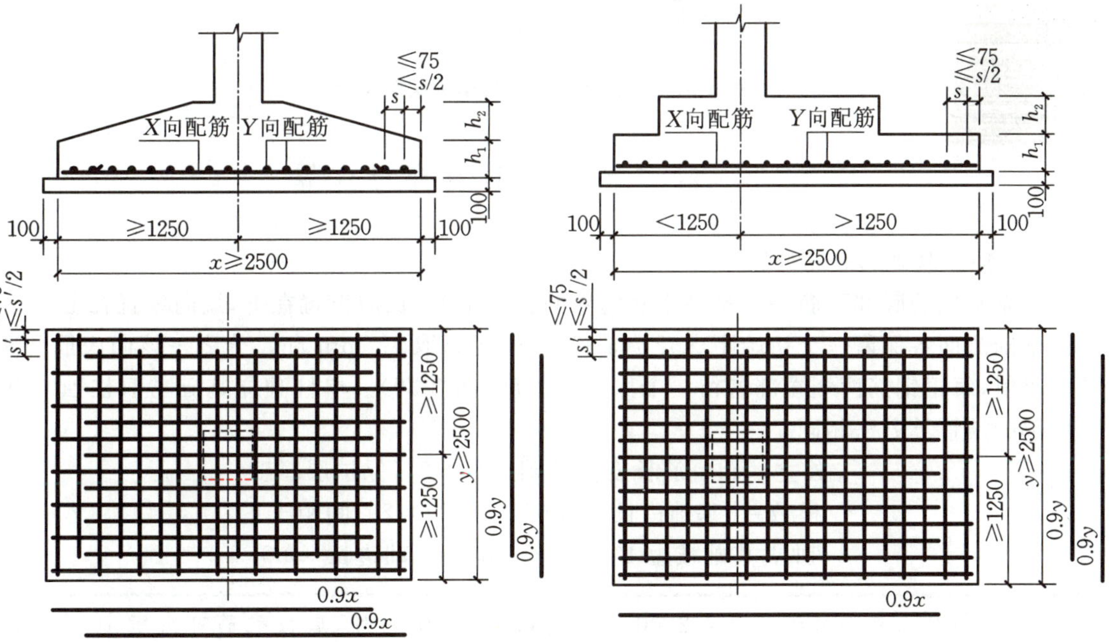

(a)　　　　　　　　　　(b)

图 8-31　独立基础底板配筋长度减短 10%构造

(a)对称独立基础；(b)非对称独立基础

8.2.4 单柱带短柱独立基础配筋构造

单柱带短柱独立基础配筋构造详见图 8-32。

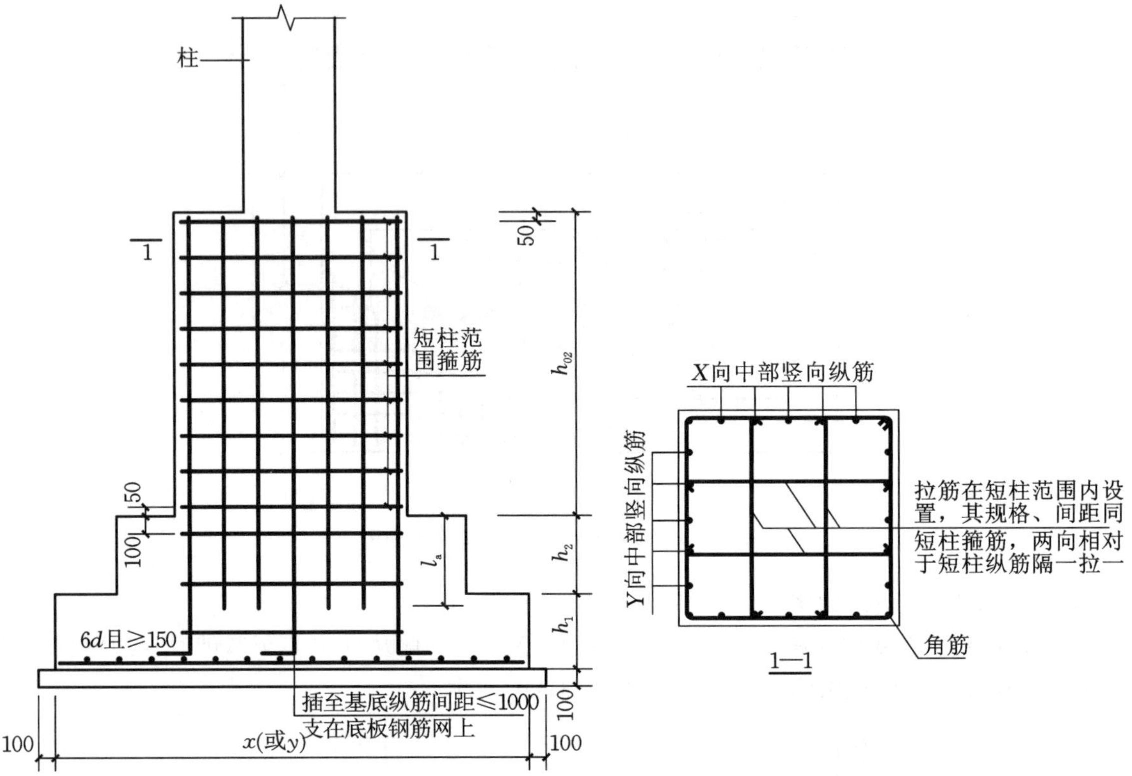

图 8-32 单柱带短柱独立基础配筋构造

8.3 独立基础钢筋翻样与计算

（1）独立基础的底筋计算

独立基础的底部配筋一般是网格状的双向交叉钢筋，长向设置在下，短向设置在上。钢筋距离基础侧面各保留一个初始距离开始布置，初始距离取 75 mm 和二分之一该向底筋间距 s 的较小值，每根钢筋两侧端部各留一个保护层厚度（图 8-29）。单柱独立基础与双柱独立基础的底部配筋计算方法相同。

独立基础底筋长度＝基础边长－2×保护层厚度

根数＝[基础边长－min(75，s/2)×2]/间距＋1

独立基础减短 10%底筋长度＝基础边长×0.9

> **注**：当独立基础底板长度≥2500 mm 时，除外侧钢筋外，底板配筋可减短 10%交错放置。

（2）双柱普通独立基础顶部钢筋计算

双柱普通独立基础底板配筋包括底部和顶部配筋，均为网格状的双向交叉钢筋（图 8-30），其中底筋构造要求及计算方法同单柱独立基础。

顶部钢筋通常对称分布在双柱中心线两侧，顶部柱间纵向受力钢筋在下，分布筋在上。其中纵向受力钢筋长度从双柱内侧往外满足受拉钢筋锚固长度 l_a 即可（图 8-33），第一根受力钢筋到基础边的初始距离为 min(75，s/2)，s 为钢筋间距，详见设计图纸原位标注。当纵向受力钢筋在基础底板顶面非满布时，应直接注明其总根数。分布筋长度则是端部伸到基础边留保护层厚度即可。

顶部柱间纵向受力钢筋长度＝柱内侧间距＋2×l_a

顶部分布筋长度＝基础顶部 y 向边长－2×保护层厚度

根数＝[基础边长－min(75，s/2)×2]/间距＋1

> **注**：纵向受力钢筋为非满布时，根数具体见设计标注。

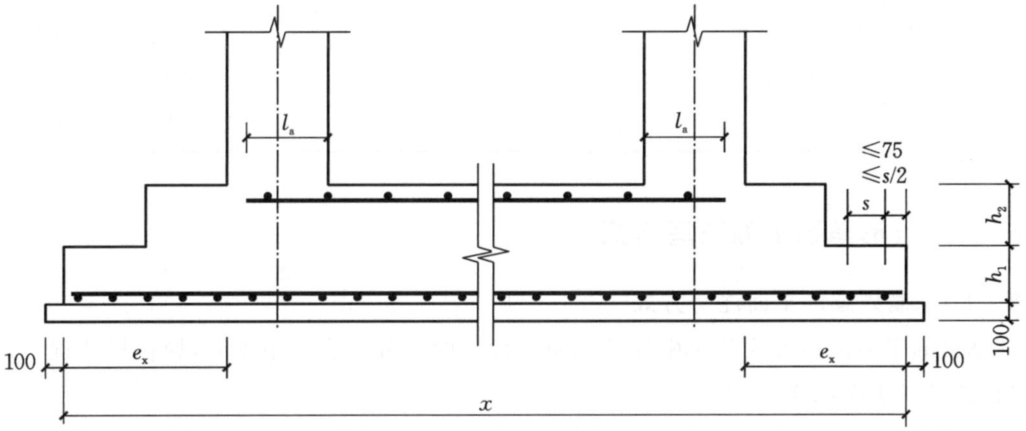

图 8-33　双柱普通独立基础顶部纵向受力钢筋长度要求

【例 8-10】 如图 8-29 所示，某独立基础 x＝2000 mm，y＝1800 mm，其他基本参数见表 8-4。求横向、纵向钢筋长度及根数。

表 8-4　某独立基础基本参数

混凝土强度等级	保护层厚度（mm）	钢筋配筋	抗震等级	连接方式
C30	40	⌽25@200	非抗震	绑扎连接

【解】（1）计算底筋长度

X 方向底筋长度＝2000－2×40＝1920 mm

Y 方向底筋长度＝1800－2×40＝1720 mm

（2）计算根数

X 方向根数＝[1800－min(75，200/2)×2]/200＋1＝(1800－75×2)/200＋1＝10 根

Y 方向根数＝[2000－min(75，200/2)×2]/200＋1＝(2000－75×2)/200＋1＝11 根

8.4 条形基础平法识图

条形基础整体上可分为两个类型：①梁板式条形基础。该类条形基础适用于钢筋混凝土框架结构、框架-剪力墙结构、部分框支剪力墙结构和钢结构。平法施工图将梁板式条形基础分解为基础梁和条形基础底板分别进行表达。②板式条形基础。该类型基础适用于钢筋混凝土剪力墙结构和砌体结构。本书中平法施工图仅表达条形基础底板。

条形基础平法施工图，有平面注写与截面注写两种表达方式，设计者可根据具体工程情况选择一种，或将两种方式相结合进行条形基础的施工图设计。

条形基础的编号分为基础梁和条形基础底板编号，见表 8-5。

表 8-5　条形基础梁及底板编号

类型		代号	序号	跨数及有无外伸
基础梁		JL	××	(××) 端部无外伸 (××A)一端有外伸 (××B)两端有外伸
条形基础底板	坡形	TJB_P	××	
	阶形	TJB_J	××	

8.4.1 条形基础平面注写方式

8.4.1.1 基础梁的平面注写方式

基础梁的平面注写方式分集中标注和原位标注两部分内容。施工时，原位标注优先。

(1)基础梁集中标注

基础梁的集中标注内容包括：基础梁编号、截面尺寸、配筋三项必注内容，以及基础梁地面标高和必要的文字注解两项选注内容。具体规定如下：

① 注写基础梁编号(必注内容)，见表 8-5。

② 注写基础梁截面尺寸(必注内容)。注写 $b \times h$，表示梁截面宽度与高度。当为竖向加腋梁时，用 $b \times h$ $\mathrm{Y}c_1 \times c_2$ 表示，其中 c_1 为腋长，c_2 为腋高。

③ 注写基础梁配筋(必注内容)。

A. 注写基础梁箍筋：

a. 当具体设计仅采用一种箍筋间距时，注写钢筋级别、直径、间距与肢数。

b. 当具体设计采用两种箍筋时，用"/"分隔不同箍筋，按照从基础梁两端向跨中的顺序注写。先注写第 1 段箍筋(在前面加注箍筋道数)，在斜线后再注写第 2 段箍筋(不再加注箍筋道数)。

【例 8-11】 9⌀16@100/⌀16@200(6)，表示配置两种间距的 HRB400 级钢筋，直径为 16 mm，从梁两端起向跨内按箍筋间距 100 mm 两端各设置 9 道，梁其余部位的箍筋间距为 200 mm，均为 6 肢箍。

B. 注写基础梁底部、顶部及侧面纵向钢筋：

a.以“B”打头，注写梁底部贯通纵筋。当跨中所注根数少于箍筋肢数时，需要在跨中增设梁底部架立筋以固定箍筋，采用“＋”将贯通纵筋与架立筋相连，架立筋注写在加号后面的括号内。

b. 以“T”打头，注写梁顶部贯通纵筋。注写时用分号“;”将底部与顶部贯通纵筋分隔开，如有个别跨与其不同者，应进行原位标注。

c. 当梁底部或顶部贯通纵筋多于一排时，用“/”将各排纵筋自上而下分开。

【例 8-12】 B:4⌀25;T:12⌀25 7/5。表示梁底部配置贯通纵筋为4⌀25;梁顶部配置贯通纵筋上一排为7⌀25，下一排为5⌀25，共12⌀25。

d. 以大写字母“G”打头注写梁两侧面对称设置的纵向构造钢筋的总配筋值(当梁腹板高度 h_w 不小于450 mm时，根据需要配置)。当需要配置抗扭纵向钢筋时，梁两个侧面设置的抗扭纵向钢筋以“N”打头。

【例 8-13】 G8⌀16，表示梁每个侧面配置纵向构造钢筋4⌀16，共配置8⌀16。

【例 8-14】 N8⌀16，表示梁每个侧面配置纵向抗扭钢筋4⌀16，共配置8⌀16。

④ 注写基础梁底面标高(选注内容)。当条形基础的底面标高与基础底面基准标高不同时，将条形基础底面标高注写在“(　)”内。

⑤ 必要的文字注解(选注内容)。当基础梁的设计有特殊要求时，宜增加必要的文字注解。

(2)基础梁的原位标注

① 基础梁支座的底部纵筋是指包含贯通纵筋与非贯通纵筋在内的所有纵筋。

A. 当底部纵筋多于一排时，用“/”将各排纵筋自上而下分开。

B. 当同排纵筋有两种直径时，用“＋”将两种直径的纵筋相连。

C. 当梁支座两边的底部纵筋配置不同时，需在支座两边分别标注；当梁支座两边的底部纵筋相同时，可仅在支座的一边标注。

D. 当梁支座底部全部纵筋与集中注写过的底部贯通纵筋相同时，可不再重复做原位标注。

E. 竖向加腋梁加腋部位钢筋，需在设置加腋的支座处以“Y”打头注写在括号内。

【例 8-15】 竖向加腋梁端(支座)处注写为Y4⌀25，表示竖向加腋部位斜纵筋为4⌀25。

② 原位注写基础梁的附加箍筋或(反扣)吊筋。当两向基础梁十字交叉，但交叉位置无柱时，应根据需要设置附加箍筋或(反扣)吊筋。

将附加箍筋或(反扣)吊筋直接画在平面图中条形基础主梁上，原位直接引注总配筋值(附加箍筋的肢数注在括号内)。当多数附加箍筋或(反扣)吊筋相同时，可在条形基础平法施工图上统一注明。少数与统一注明值不同时，再原位直接引注。

③ 原位注写基础梁外伸部位的变截面高度尺寸。当基础梁外伸部位采用变截面高度时，在该部位原位注写 $b \times h_1/h_2$。h_1 为根部截面高度，h_2 为尽端截面高度。

④ 原位注写修正内容。当在基础梁上集中标注的某项内容(如截面尺寸、箍筋、底部与顶部贯通纵筋或架立筋、梁侧面纵向构造钢筋、梁底面标高等)不适用于某跨或某外伸部位时，将其修正内容原位标注在该跨或该外伸部位，施工时原位标注取值优先。

8.4.1.2 基础底板的平面注写方式

条形基础底板 TJB_P、TJB_J 的平面注写方式，也分为集中标注和原位标注两部分。

(1)条形基础底板的集中标注

基础底板的集中标注内容包括条形基础底板编号、截面竖向尺寸、配筋三项必注内容，以及条形基础底板底面标高（与基础底面基准标高不同时）、必要的文字注解两项选注内容。具体规定如下：

① 注写条形基础底板编号（必注内容），见表 8-5。

② 注写条形基础底板截面竖向尺寸（必注内容）。注写 $h_1/h_2/\cdots$，具体标注为：

A. 当条形基础底板为坡形截面时，注写为 h_1/h_2，见图 8-34。

B. 当条形基础底板为阶形截面时，可参考图 8-35。当为多阶时各阶尺寸自下而上以"/"分隔顺写。

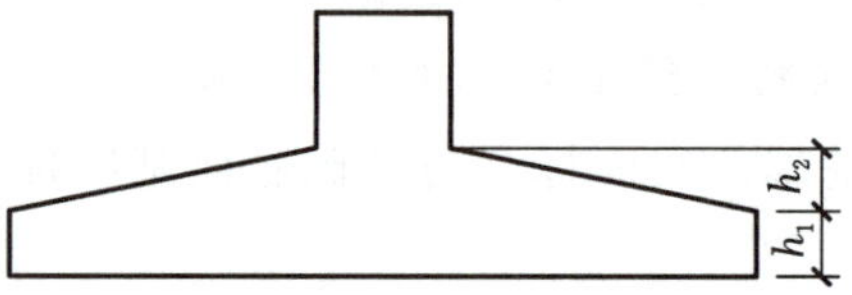

图 8-34 条形基础底板坡形截面竖向尺寸

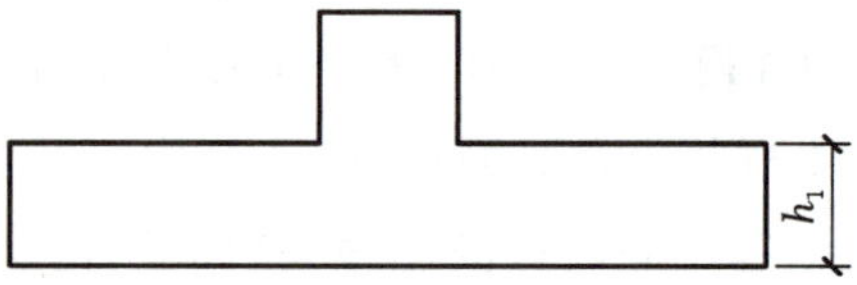

图 8-35 条形基础底板阶形截面竖向尺寸

③ 注写条形基础底板底部及顶部配筋（必注内容）。

以"B"打头，注写条形基础底板底部的横向受力钢筋；以"T"打头，注写条形基础底板顶部的横向受力钢筋；注写时，用"/"分隔条形基础底板的横向受力钢筋与纵向分布钢筋。见图 8-36和图 8-37。

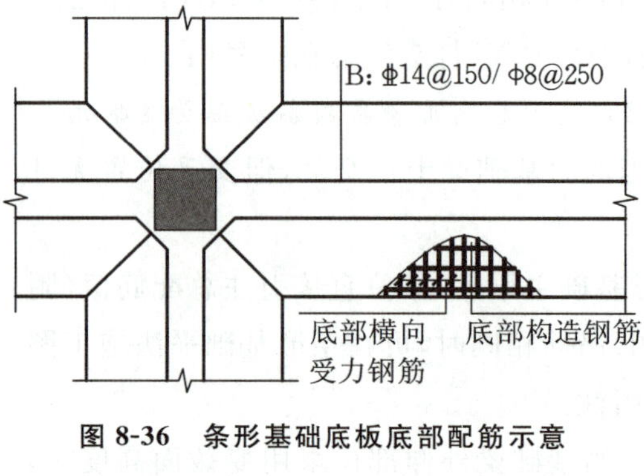

图 8-36 条形基础底板底部配筋示意

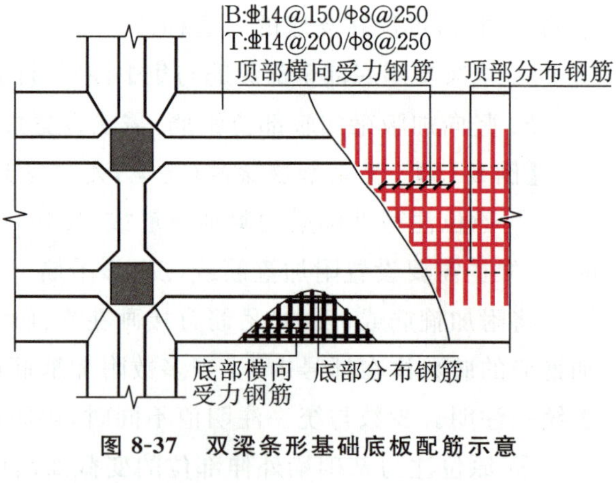

图 8-37 双梁条形基础底板配筋示意

④ 注写条形基础底板底面标高（选注内容）。当条形基础底板的底面标高与条形基础底面基准标高不同时，应将条形基础底板地面标高注写在"（ ）"内。

⑤ 必要的文字注解（选注内容）。当条形基础底板有特殊要求时，应增加必要的文字注解。

(2)条形基础底板原位标注

① 原位注写条形基础底板的平面尺寸。原位标注 b,b_i,$i=1,2,\cdots$。其中,b 为基础底板总宽度,b_i 为基础底板台阶的宽度。当基础底板采用对称于基础梁的坡形截面或单阶形截面时,b_i 可不注,见图 8-38。

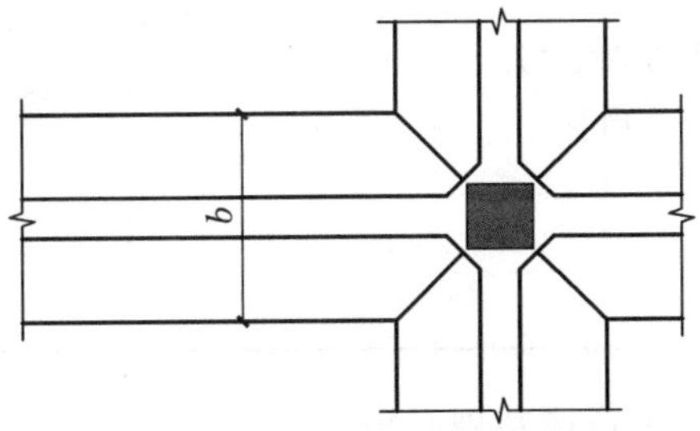

图 8-38 条形基础底板平面尺寸原位标注

条形基础存在双梁或双墙共用同一基础底板的情况,当为双梁或为双墙且梁或墙荷载差别较大时,条形基础两侧可取不同的宽度,实际宽度以原位标注的基础底板两侧非对称的不同台阶宽度 b_i 进行表达。

② 原位注写修正内容。当在条形基础底板上集中标注的某项内容,如底板截面竖向尺寸、底板配筋、底板底面标高等,不适用于条形基础底板的某跨或某外伸部分时,可将其修正内容原位标注在该跨或该外伸部位,施工时原位标注取值优先。

采用平面注写方式表达的条形基础设计施工图示意见 16G101—3 图集的第 27 页。

8.4.2 条形基础截面注写方式

条形基础截面注写方式,可分为截面标注和列表注写(结合截面示意图)两种表达方式。采用截面注写方式,应在基础平面布置图上对所有条形基础进行编号,编号原则见表 8-5。

对条形基础进行截面标注的内容和形式,与传统"单构件正投影表示方法"基本相同。对于已在基础平面布置图上原位标注清楚的该条形基础梁和条形基础底板的水平尺寸,可不在截面图上重复表达。

对多个条形基础可采用列表注写(结合截面示意图)的方式进行集中表达。表中内容为条形基础截面的几何数据和配筋,截面示意图上应标注与表中栏目相对应的代号。列表的具体内容规定如下:

(1) 基础梁

基础梁列表集中注写栏目为:

① 编号:注写 JL××(××)、JL××(××A)或 JL××(××B)。

② 几何尺寸:梁截面宽度与高度 $b\times h$。当为竖向加腋梁时,注写 $b\times h$ $\mathrm{Y}c_1\times c_2$,其中 c_1 为腋长,c_2 为腋高。

③ 配筋:注写基础梁底部贯通纵筋+非贯通纵筋,顶部贯通纵筋,箍筋。当设计为两种箍筋时,箍筋注写为:第一种箍筋/第二种箍筋,第一种箍筋为梁端部箍筋,注写内容包括箍筋的根数、钢筋级别、直径、间距与肢数。

基础梁列表格式见表 8-6。

表 8-6 基础梁几何尺寸和配筋

基础梁编号/截面号	截面几何尺寸		配筋	
	$b \times h$	竖向加腋 $c_1 \times c_2$	底部贯通纵筋+非贯通纵筋,顶部贯通纵筋	第一种箍筋/第二种箍筋

(2) 条形基础底板

条形基础底板列表集中注写栏目为:

① 编号:坡形截面编号为 TJB_P××(××)、TJB_P××(××A)或 TJB_P××(××B),阶形截面编号为 TJB_J××(××)、TJB_J×× (××A)或 TJB_J×× (××B)。

② 几何尺寸:水平尺寸 b、b_i,$i=1$, 2,…;竖向尺寸 h_1/h_2。

③ 配筋:B:ϕ××@×××/ϕ××@×××。

条形基础底板列表格式见表 8-7。

表 8-7 条形基础底板几何尺寸和配筋

基础底板编号/截面号	截面几何尺寸			底部配筋(B)	
	b	b_i	h_1/h_2	横向受力钢筋	纵向分布钢筋

8.5 条形基础配筋构造

8.5.1 条形基础底板配筋构造

(1) 梁板式条形基础底板的截面形状,可分为阶形截面 TJB_J 和坡形截面 TJB_P,如图 8-39 所示。底板配置双向正交钢筋,受力钢筋在下,分布钢筋在上。分布钢筋在梁宽范围内不设置。在两向受力钢筋交接处的网状部位,分布钢筋与同向受力钢筋的搭接长度为 150 mm,其配筋构造如图 8-40 所示。

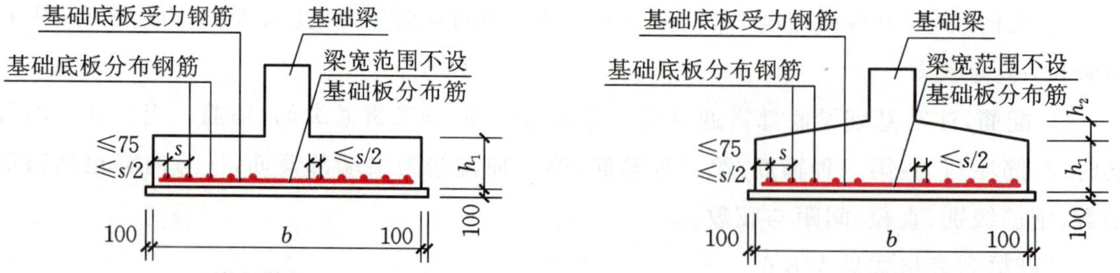

阶形截面TJB_J　　坡形截面TJB_P

图 8-39 梁板式条形基础底板截面形状

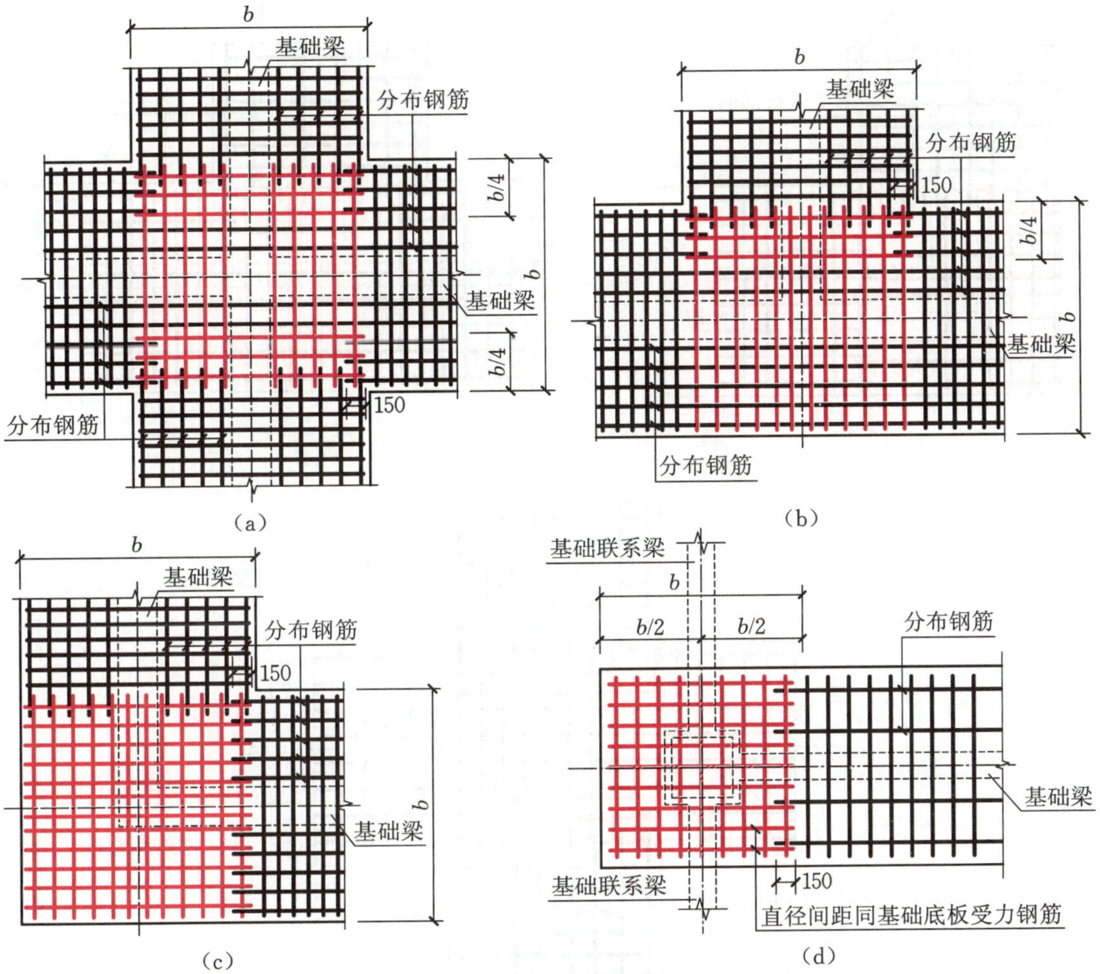

图 8-40　有交接和无交接的梁板式条形基础底板配筋构造

(a)十字交接基础底板，也可用于转角梁板端部均有纵向延伸；(b)丁字交接基础底板；

(c)转角梁板端部无纵向延伸；(d)条形基础无交接底板端部构造

(2) 板式条形基础包括剪力墙下条形基础和砌体墙下条形基础，底板的截面形状如图 8-41 所示，其配筋构造如图 8-42 所示。底板配置双向正交钢筋，受力钢筋在下，分布钢筋在上。在两向受力钢筋交接处的网状部位，分布钢筋与同向受力钢筋的构造搭接长度为 150 mm。

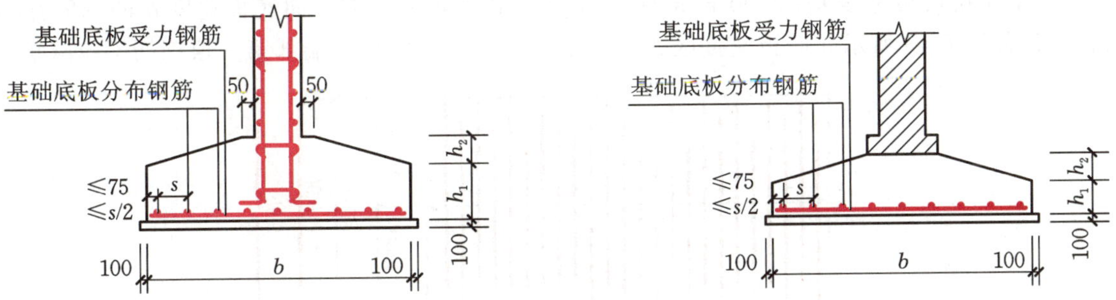

剪力墙下条形基础截面　　砌体墙下条形基础截面

图 8-41　板式条形基础截面形状

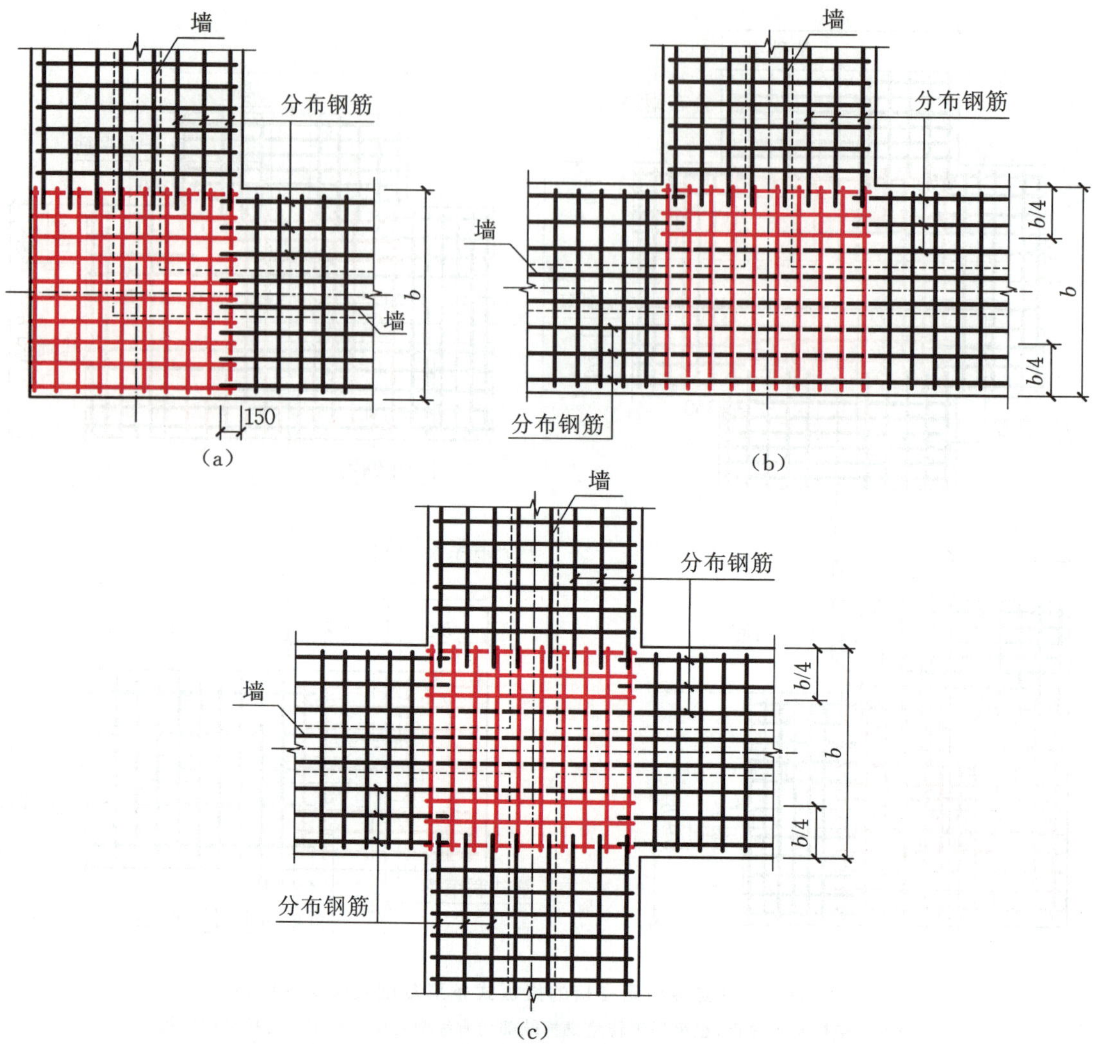

图 8-42　板式条形基础底板配筋构造

(a)转角处墙基础底板;(b)丁字交接基础底板;(c)十字交接基础底板

8.5.2　条形基础底板配筋长度减短 10%构造

条形基础底板宽度 $b \geqslant 2500$ mm 时,该向配筋长度可取相应方向底板宽度 b 的 0.9 倍,交错放置,如图 8-43 所示。底板交接区的受力钢筋和无交接底板时端部第一根钢筋不应减短。

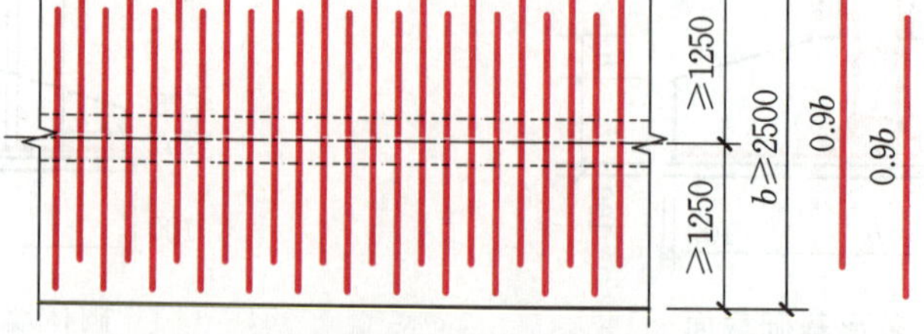

图 8-43　条形基础底板配筋长度减短 10%构造

8.5.3 条形基础基础梁纵向钢筋与箍筋构造

条形基础基础梁纵向钢筋与箍筋构造要求应满足相关的连接与锚固要求，如图 8-44 所示。

顶部贯通纵筋和底部贯通纵筋在连接区内采用搭接、机械连接或焊接，同一连接区段内接头面积百分率不宜大于 50%，当钢筋长度可穿过一连接区到下一连接区并满足连接要求时，宜穿越设置。顶部贯通纵筋连接区为梁端 $l_n/4$ 范围内，底部贯通纵筋连接区为跨中 $\leqslant l_n/3$ 范围内。底部非贯通纵筋向跨内的伸出长度为 $l_n/3$，当底部纵筋多于两排时，从第三排起非贯通纵筋向跨内的伸出长度值应由设计者注明。图中跨度值 l_n 为左跨 l_{ni} 和右跨 l_{ni+1} 之较大值，其中 $i=1,2,3,\cdots$。

节点区内箍筋按梁端箍筋设置，梁相互交叉宽度内的箍筋按截面高度较大的基础梁设置。同跨箍筋有两种时，各自设置范围按具体设计标注。

当两毗邻跨的底部贯通纵筋配置不同时，应将配置较大一跨的底部贯通纵筋越过其标注的跨数终点或起点，伸至配置较小的毗邻跨的跨中连接区进行连接。

基础梁相交处位于同一层面的交叉纵筋，何梁纵筋在下，何梁纵筋在上，应按具体设计说明。

8.5.4 基础梁配置两种箍筋构造

根据结构设计计算的需要，某些部位需要基础梁配置两种箍筋，此时其构造做法可参照图 8-45。梁端第一种箍筋范围和跨中第二种箍筋范围，具体按设计标注进行设置。各跨梁端第一种箍筋由柱边间隔 50 mm 开始设置，节点区按梁端第一种箍筋增加设置，不计入总道数。

当具体设计未注明时，基础梁的外伸部位以及基础梁端部节点内按第一种箍筋设置。

8.5.5 基础梁附加箍筋和附加(反扣)吊筋构造

为了抵抗基础次梁传递的集中荷载，在基础主次梁相交范围内(梁上无柱)，通常在基础主梁上设置附加箍筋或者附加吊筋。具体选用哪种类型，需要设计人员计算得出。基础梁附加箍筋和附加吊筋的构造要求见图 8-46。吊筋高度应根据基础梁高度推算，吊筋顶部平直段与基础梁顶部纵筋净距应满足规范要求，当净距不足时应置于下一排。

8.5.6 条形基础梁端部与外伸部位钢筋构造

条形基础梁端部外伸包括等截面外伸和变截面外伸两种情况，其钢筋构造详见图 8-47 和图 8-48。端部等(变)截面外伸构造中，当从柱内边算起的梁端部外伸长度不满足直锚要求时，基础梁下部钢筋应伸至端部后弯折，且从柱内边算起水平段长度 $\geqslant 0.6l_{ab}$，弯折段长度 $15d$。

8.5.7 基础梁侧面构造纵筋和拉筋

基础梁侧面构造纵筋和拉筋配筋构造详见图 8-49，图中 a 的取值小于或等于 200 mm。

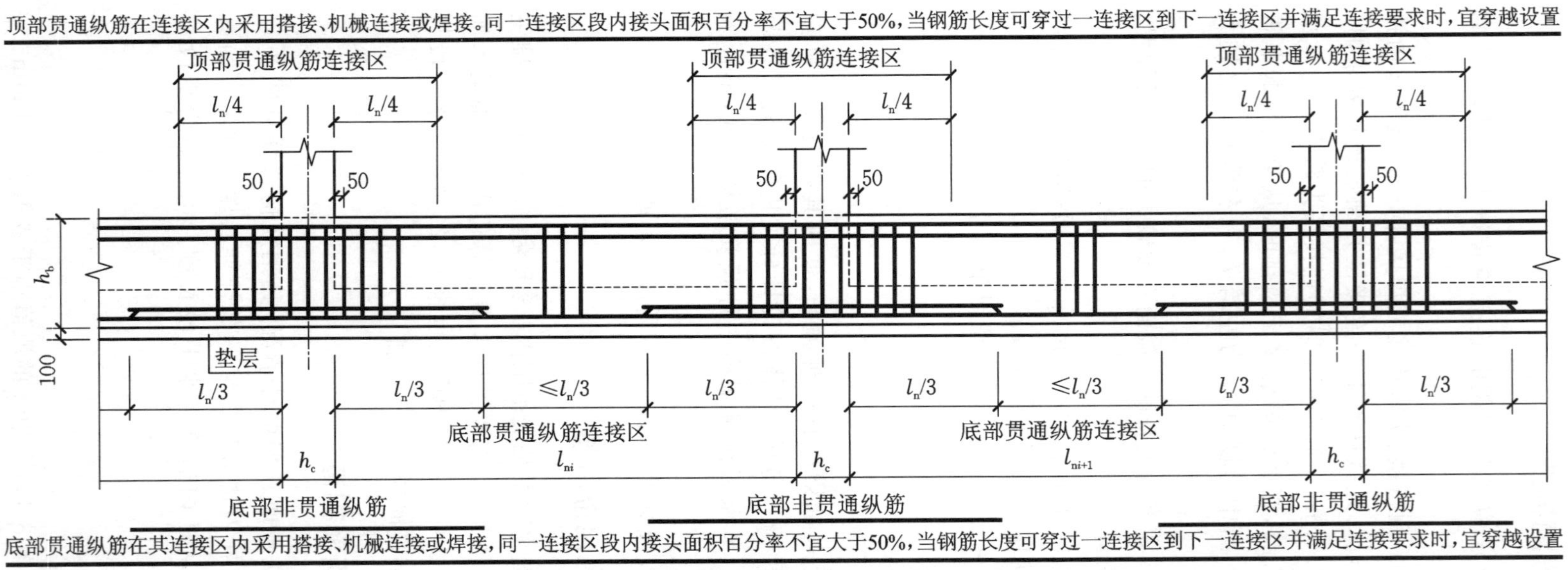

图 8-44　条形基础基础梁(JL)纵向钢筋与箍筋构造

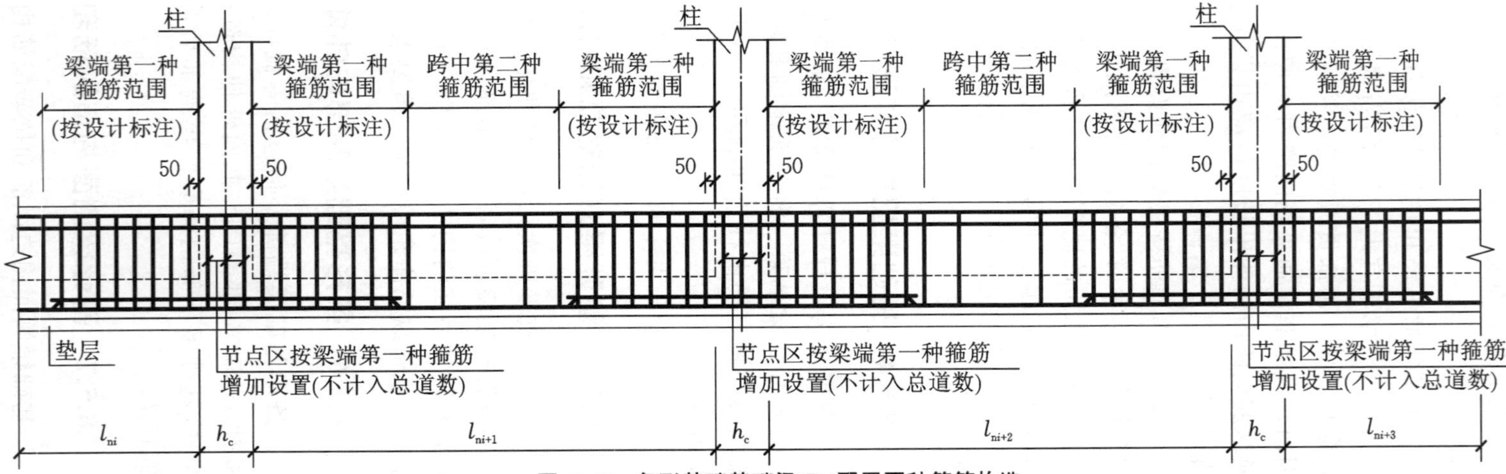

图 8-45　条形基础基础梁(JL)配置两种箍筋构造

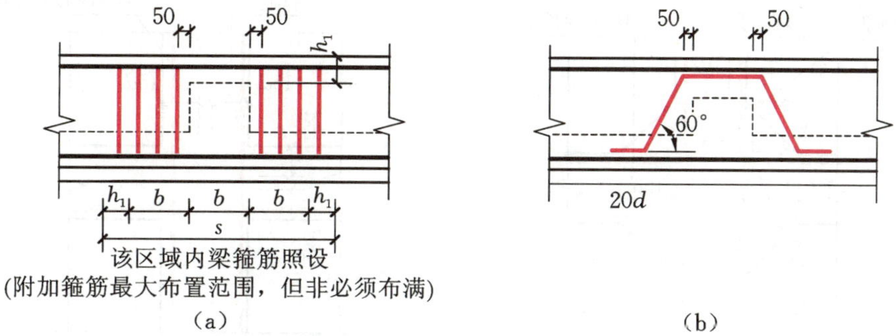

图 8-46 附加箍筋和附加(反扣)吊筋配筋构造

(a)附加箍筋;(b)附加(反扣)吊筋

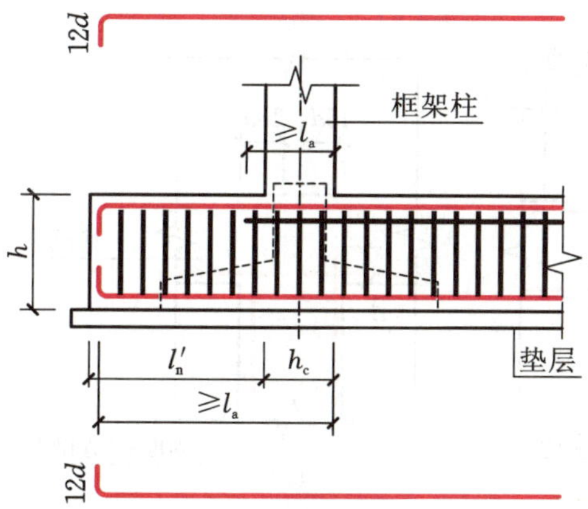

图 8-47 条形基础梁端部等截面外伸构造

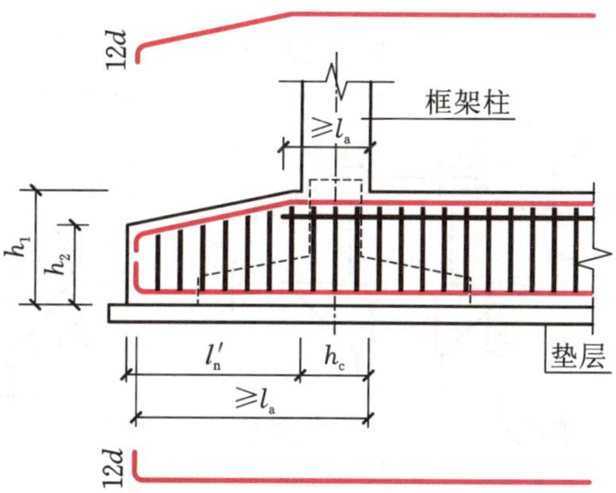

图 8-48 条形基础梁端部变截面外伸构造

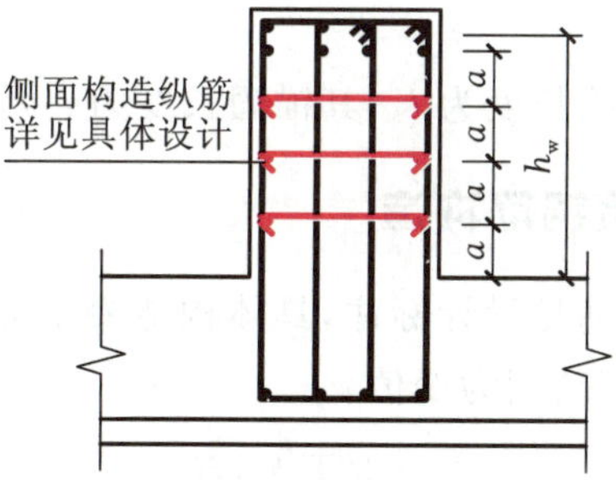

图 8-49 基础梁侧面构造纵筋和拉筋

基础梁侧面纵向构造钢筋搭接长度为 $15d$。十字相交的基础梁，当相交位置有柱时，侧面构造纵筋锚入梁包柱侧腋内 $15d$，如图 8-50(a)所示；当无柱时，侧面构造纵筋锚入交叉梁内 $15d$，如图 8-50(b)所示。丁字相交的基础梁，当相交位置无柱时，横梁外侧的构造纵筋应贯通，横梁内侧的构造纵筋锚入交叉梁内 $15d$，如图 8-51(c)所示。

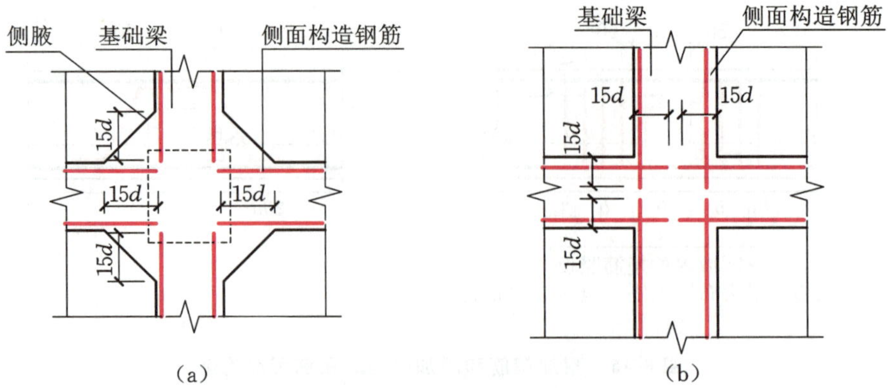

图 8-50　十字相交的基础梁

(a)相交位置有柱；(b)相交位置无柱

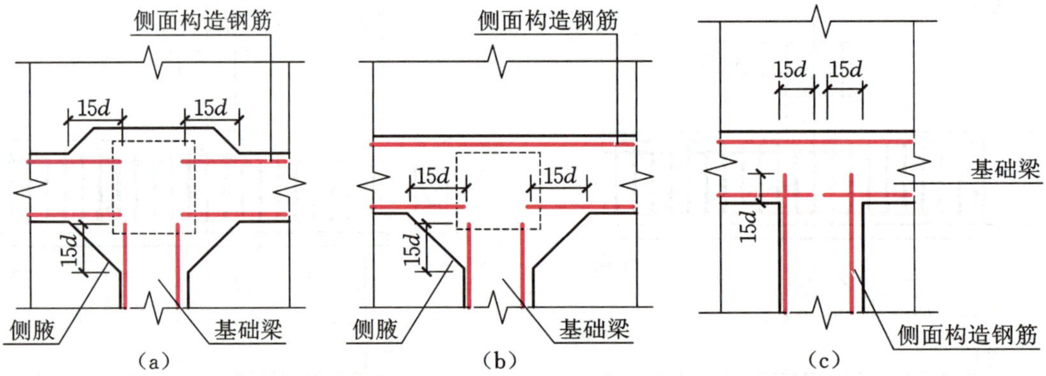

图 8-51　丁字相交的基础梁

(a)相交位置有柱(1)；(b)相交位置有柱(2)；(c)相交位置无柱

梁侧钢筋的拉筋直径除注明者外均为 8 mm，间距为箍筋间距的 2 倍。当设有多排拉筋时，上下两排拉筋竖向错开设置。

基础梁侧面受扭纵筋的搭接长度为 l_l，其锚固长度为 l_a，锚固方式同梁上部纵筋。

8.5.8　基础梁竖向加腋钢筋构造

基础梁竖向加腋部位的钢筋见设计标注，具体构造要求详见图 8-52。加腋范围的箍筋与基础梁的箍筋配置相同，仅箍筋高度为变值。

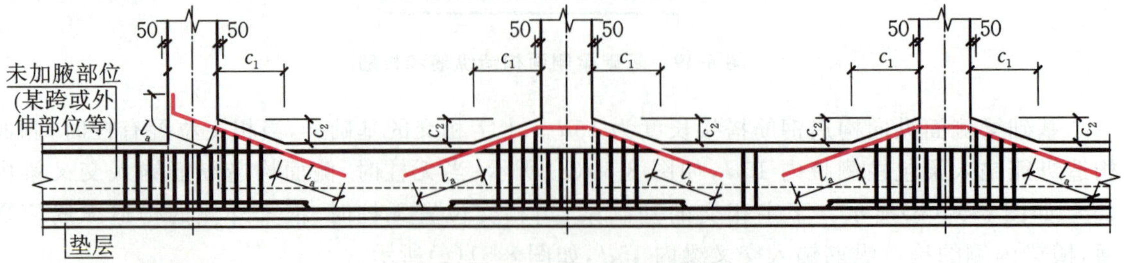

图 8-52　基础梁竖向加腋钢筋构造

8.6 条形基础钢筋翻样与计算

条形基础分为梁板式条形基础和板式条形基础，梁板式条形基础的钢筋包括基础梁和基础底板的钢筋，如图 8-53(a)所示；板式条形基础的钢筋则只有基础底板的钢筋，如图 8-53(b)所示，具体需要计算的钢筋如表 8-8 所示。

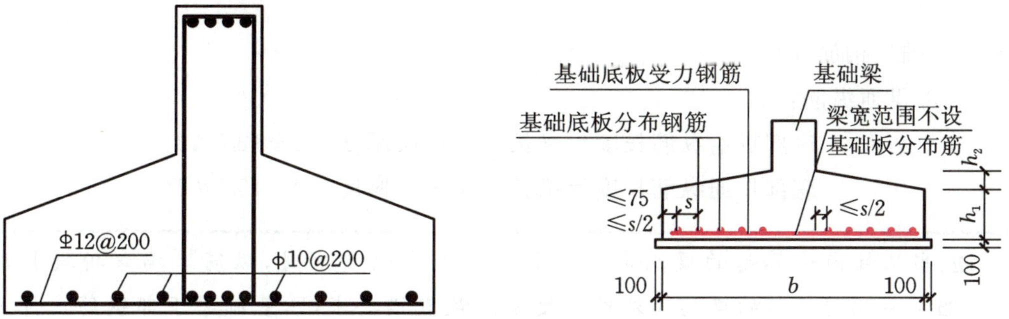

(a)

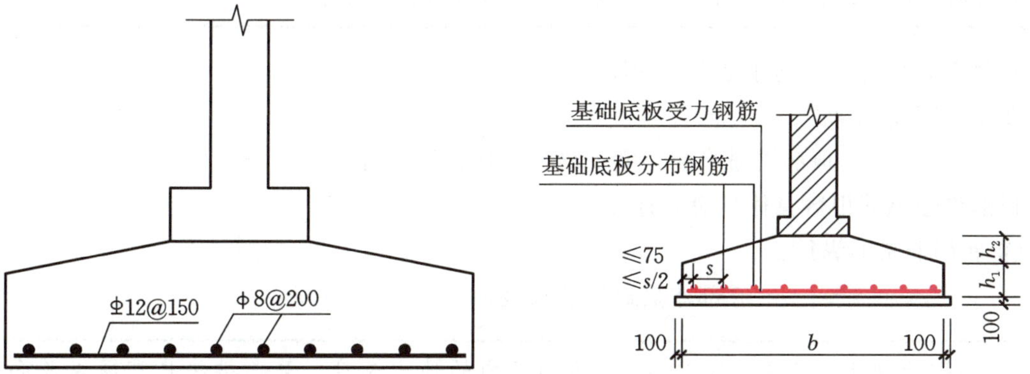

(b)

图 8-53　条形基础的钢筋

(a)坡形截面梁板式条形基础钢筋；(b)砌体墙下板式条形基础钢筋

表 8-8　条形基础需要计算的钢筋

构件	钢筋类别	钢筋种类
基础梁(JL)	纵筋	底部贯通纵筋
		顶部贯通纵筋
		底部非贯通纵筋
		侧面构造纵筋和拉筋
	箍筋	箍筋
	其他钢筋	加腋钢筋
		附加吊筋
		附加箍筋

续表 8-8

构件	钢筋类别	钢筋种类
基础底板	底部钢筋	受力筋
		分布筋

梁板式条形基础除了计算基础底板横向受力筋与分布筋外，还要计算基础梁的纵筋以及箍筋。

（1）基础梁钢筋计算

① 底部贯通纵筋：

$$底部贯通纵筋长度=梁长-保护层厚度\times2+12d\times2$$

或

$$底部贯通纵筋长度=梁长-保护层厚度\times2+15d\times2$$

> **注**：当从柱内边算起的梁端部外伸长度满足直锚要求时，纵筋末端弯折段长度取 $12d$。当从柱内边算起的梁端部外伸长度不满足直锚要求时，基础梁下部钢筋应伸至端部后弯折，且从柱内边算起水平段长度$\geqslant0.6l_{ab}$，弯折段长度取 $15d$。

底部贯通纵筋根数具体见设计标注。

② 顶部贯通纵筋：

$$顶部贯通纵筋长度=梁长-保护层厚度\times2+12d\times2$$

顶部贯通纵筋根数具体见设计标注。

③ 底部非贯通纵筋：

$$底部非贯通纵筋长度=l_n/3+h_c+l_n/3$$

> **注**：h_c为相互交叉梁的宽度，$l_n/3$ 为向跨内的伸出长度。第三排起非贯通纵筋向跨内的伸出长度具体见设计标注。

底部非贯通纵筋根数具体见设计标注。

④ 侧面构造纵筋和拉筋：

$$侧面构造纵筋长度=梁净跨长+15d\times2$$

$$侧面抗扭筋长度=梁净跨长+l_a\times2$$

> **注**：当外侧构造纵筋贯通时，按贯通多跨计算。

侧面构造钢筋根数具体见设计标注，拉筋长度计算规则参考第 5 章梁构件。

⑤ 箍筋、附加箍筋、附加吊筋的长度及根数的计算规则参考第 5 章梁构件。

（2）基础底板钢筋计算

① 基础底板受力筋：

$$受力筋长度=条形基础宽度-2\times保护层厚度$$

$$受力筋根数=(条形基础长度-间距)/间距+1$$

② 基础底板分布筋：

$$分布筋长度=条形基础长度-2\times保护层厚度$$

$$\begin{array}{c}梁板式条形基础\\分布筋根数\end{array}=\{[(条形基础宽度-基础梁宽)/2-\min(75,s/2)-s/2]/间距+1\}\times 2$$

注：梁板式条形基础在梁宽范围内不设基础板分布筋。

$$板式条形基础分布筋根数=[条形基础宽度-2\times\min(75,s/2)]/间距+1$$

注：板式条形基础底板分布钢筋连续布置。

③ 条形基础底板减短 10%钢筋：

$$减短10\%钢筋长度=0.9\times b$$

注：当条形基础底板宽度 $b \geqslant 2500$ mm 时，该向配筋长度缩减 10%交错配置。

8.7 筏形基础平法识图

筏形基础是指当建筑物上部荷载较大而地基承载能力又比较弱时，用简单的独立基础或条形基础已不能适应地基变形的需要，这时常将墙或柱下基础连成一片，使整个建筑物的荷载承受在一块整板上，这种满堂式的板式基础称筏形基础。筏形基础由于其底面积大，故可减小基底压强，同时也可提高地基土的承载力，并能更有效地增强基础的整体性，调整不均匀沉降。常见的筏形基础有梁板式筏形基础和平板式筏形基础。

8.7.1 梁板式筏形基础平法识图

梁板式筏形基础主要由基础主梁、基础次梁（图 8-54）、基础平板三部分组成，如图 8-55 所示。

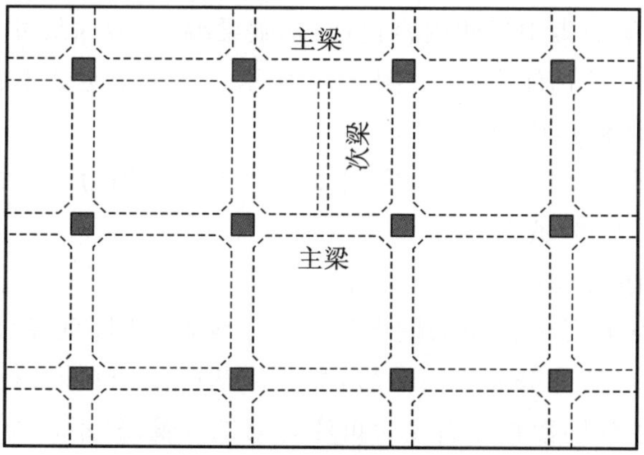

图 8-54 梁板式筏形基础中基础次梁

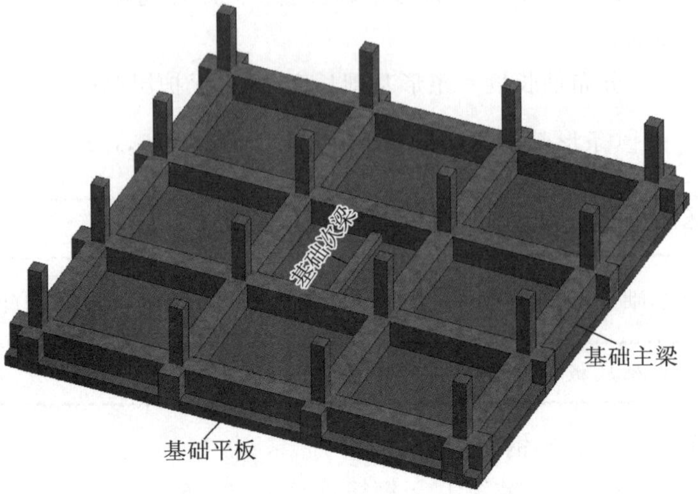

图 8-55　梁板式筏形基础三维示意图

梁板式筏形基础各构件编号规则详见表 8-9。

表 8-9　梁板式筏形基础构件编号

构件类型	代号	序号	跨数及有无外伸
基础主梁(柱下)	JL	××	(××)或(××A)或(××B)
基础次梁	JCL	××	(××)或(××A)或(××B)
梁板式筏形基础平板	LPB	××	

注:表中(××A)为一端有外伸,(××B)为两端有外伸,外伸不计入跨数。

8.7.1.1　基础主梁与基础次梁的平面注写方式

基础主梁与基础次梁的平面注写方式,分集中标注和原位标注两部分内容。当集中标注中的某项数值不适用于梁的某部位时,则将该项数值采用原位标注,施工时原位标注优先。

(1) 基础主梁与基础次梁的集中标注

基础主梁与基础次梁的集中标注内容包括:基础梁编号、截面尺寸、配筋三项必注内容,以及基础梁底面标高高差一项选注内容,如图 8-56 所示。具体规定如下:

① 基础梁编号(必注值),详见表 8-9。

② 截面尺寸(必注值)。以 $b\times h$ 表示梁截面宽度与高度;当为竖向加腋梁时,用 $b\times h$ $Yc_1\times c_2$ 表示,其中 c_1 为腋长,c_2 为腋高。

③ 基础梁配筋(必注值)。

A. 基础梁箍筋。当采用一种箍筋间距时,注写钢筋级别、直径、间距与肢数(写在括号内);当采用两种箍筋时,用“/”分隔不同箍筋,按照从基础梁两端向跨中的顺序注写。先注写第一段箍筋(在前面加注箍筋数),在斜线后再注写第二段箍筋(不再加注箍筋数)。

【例 8-16】　8⌀18@100/⌀18@200(6),表示配置 HRB400 直径为 18 mm 的箍筋。间距

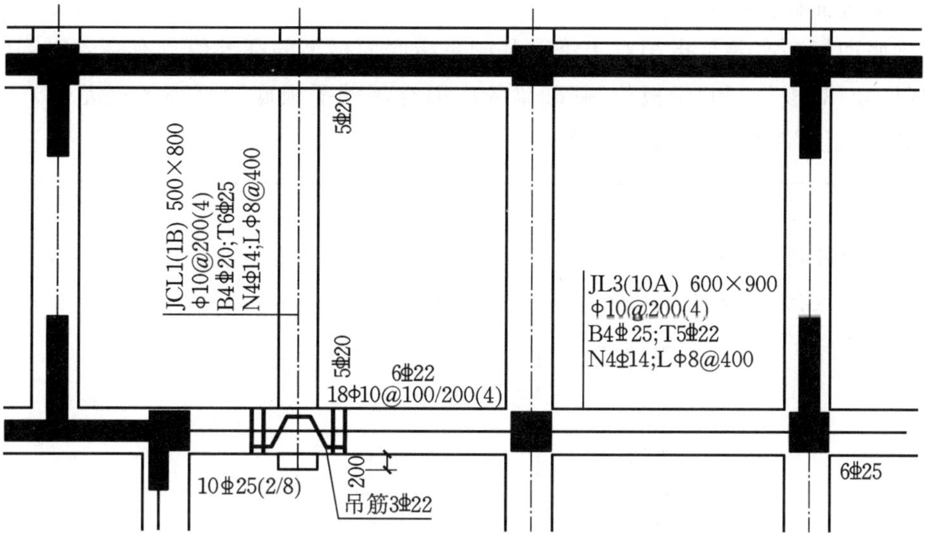

图 8-56 基础主梁与基础次梁标注示例

为两种，从梁两端起向跨内按箍筋间距 100 mm 每端各设置 8 道，梁其余部位的箍筋间距为 200 mm，均为 6 肢箍。

【例 8-17】 10Φ18@100/Φ16@200(6)，表示从梁两端起向跨内按箍筋间距 100 mm 每端各设置 10 道 HRB400 直径为 18 mm 的箍筋，梁其余部位设置 HRB400 直径为 16 mm、间距为 200 mm 的箍筋，均为 6 肢箍。

B. 基础梁的底部、顶部及侧面纵向钢筋。

以“B”打头，先注写梁底部贯通纵筋(不应少于底部受力钢筋总截面面积的 1/3)。当跨中所注根数少于箍筋肢数时，需要在跨中加设架立筋以固定箍筋，注写时，用“+”将贯通纵筋与架立筋相连，架立筋注写在加号的括号内。

以“T”打头，注写梁顶部贯通纵筋值。注写时用“;”将底部与顶部纵筋分隔开，如有个别跨与其不同，按原位标注规则处理。

【例 8-18】 图 8-56，JL3 集中注写内容中“B4Φ25;T5Φ22”表示编号为 3 的基础主梁底部配置 4 根 HRB400 直径为 25 mm 的贯通纵筋，顶部配置 5 根 HRB400 直径为 22 mm 的贯通纵筋。

当梁底部或梁顶部贯通纵筋多于一排时，用“/”将各排纵筋自上而下分开。

【例 8-19】 梁底部贯通纵筋注写为 B7Φ25 3/5，则表示上一排纵筋为 3Φ25，下一排纵筋为 5Φ25。

以大写字母“G”打头注写基础梁两侧面对称设置的纵向构造钢筋的总配筋值(当梁腹板高度 h_w 不小于 450 mm 时，根据需要配置)。当需要配置抗扭纵向钢筋时，梁两个侧面设置的抗扭纵向钢筋以“N”打头。

【例 8-20】 图 8-56 中，N4Φ14 表示梁的两个侧面共配置 4Φ14 的纵向抗扭钢筋，沿截面周边均匀对称布置。

④基础梁底面标高高差(选注值)

基础梁底面标高高差是指相对于筏形基础平板底面标高的高差值。有高差时需将高差写入括号内(比如“高板位”和“中板位”基础梁的底面与基础平板底面标高的高差值),无高差时不注(比如“低板位”筏形基础的基础梁)。

注:① 高板位:指梁顶部与板顶部平齐。

② 中板位:指板在梁的中部。

③ 低板位:指梁底部与板底部平齐。详见图 8-57。

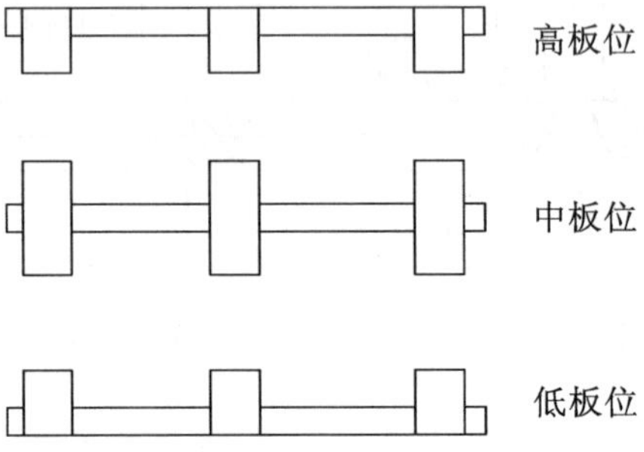

图 8-57 高板位、中板位、低板位示意图

(2) 基础主梁与基础次梁的原位标注

① 梁支座的底部纵筋原位标注规则

梁支座的底部纵筋,是指包含贯通纵筋与非贯通纵筋在内的所有纵筋:

A. 当底部纵筋多于一排时,用“/”将各排纵筋自上而下分开。

B. 当同排纵筋有两种直径时,用“+”将两种直径的纵筋相连。

C. 当梁中间支座两边的底部纵筋配置不同时,需在支座两边分别标注;当梁中间支座两边的底部纵筋相同时,可仅在支座的一边标注配筋值。

D. 当梁端(支座)区域的底部全部纵筋与集中注写过的贯通纵筋相同时,可不再重复做原位标注。

E. 竖向加腋梁加腋部位钢筋,需在设置加腋的支座处以“Y”打头注写在括号内。

② 注写基础梁的附加箍筋或(反扣)吊筋

将基础梁的附加箍筋或(反扣)吊筋直接画在平面图中的主梁上,用引线注总配筋值(附加箍筋的肢数注在括号内),当多数附加箍筋或(反扣)吊筋相同时,可在基础梁平法施工图上统一注明,少数与统一注明值不同时,再原位引注。

③ 当注写基础梁外伸部位变截面高度时,在该部位原位注写 $b\times h_1/h_2$,h_1 为根部截面高度,h_2 为尽端截面高度。

④ 注写修正内容。当在基础梁上集中标注的某项内容(如梁截面尺寸、箍筋、底部与顶部贯通纵筋或架立筋、梁侧面纵向构造钢筋、梁底面标高高差等)不适用于某跨或某外伸部分时,则将其修正内容原位标注在该跨或该外伸部位,施工时原位标注取值优先。

当在多跨基础梁的集中标注中已注明竖向加腋，而该梁某跨根部不需要竖向加腋时，则应在该跨原位标注等截面的 $b \times h$，以修正集中标注中的加腋信息。

8.7.1.2 梁板式筏形基础平板（LPB）的平面注写方式

梁板式筏形基础平板的平面注写，分为集中标注与原位标注两部分内容。

(1) 梁板式筏形基础平板贯通纵筋的集中标注

梁板式筏形基础平板贯通纵筋的集中标注应在所表达的板区双向均为第一跨（X 与 Y 双向首跨）的板上引出（图面从左至右为 X 向，从下至上为 Y 向）。其注写规则如下：

① 注写基础平板的编号，见表 8-9。

② 注写基础平板的截面尺寸。注写 $h=\times\times\times$ 表示板厚。

③ 注写基础平板的底部与顶部贯通纵筋及其跨数及外伸情况。先注写 X 向底部（“B”打头）贯通纵筋与顶部（“T”打头）贯通纵筋及纵向长度范围；再注写 Y 向底部（“B”打头）贯通纵筋与顶部（“T”打头）贯通纵筋及其跨数及外伸情况。

贯通纵筋的跨数及外伸情况注写在括号中，注写方式为“跨数及有无外伸”，其表达形式为：（××）（无外伸）、（××A）（一端有外伸）或（××B）（两端有外伸）。

注：基础平板的跨数以构成柱网的主轴线为准；两主轴线之间无论有几道辅助轴线，均可按一跨考虑。

【例 8-21】 LPB1 $h=500$

X:B⌀16@250;T⌀14@150(8B)

Y:B⌀20@200;T⌀18@200(2A)

表示梁板式筏形基础平板，编号 1，板厚 500 mm，X 向底部配置⌀16、间距 250 mm 的贯通纵筋，顶部配置⌀14、间距 150 mm 的贯通纵筋，共 8 跨，两端有外伸；Y 向底部配置⌀20 mm、间距 200 mm 的贯通纵筋，顶部配置⌀18、间距 200 mm 的贯通纵筋，共 2 跨，一端有外伸。

当贯通筋采用两种规格钢筋“隔一布一”方式时，表达为⌀xx/yy@×××，表示直径 xx 的钢筋和直径 yy 的钢筋之间的间距为×××，直径为 xx 的钢筋、直径为 yy 的钢筋间距分别为×××的 2 倍。

【例 8-22】 ⌀14/16@100 表示贯通纵筋为⌀14、⌀16 隔一布一，相邻⌀14 与⌀16 之间距离为 100 mm。

(2) 梁板式筏形基础平板的原位标注

梁板式筏形基础平板的原位标注，主要是表达板底部附加非贯通纵筋。其标注规则为：

①原位注写位置及内容。板底部原位标注的附加非贯通纵筋，应在配置相同跨的第一跨表达（当在基础梁悬挑部位单独配置时则在原位表达）。在配置相同跨的第一跨（或基础梁外伸部位），垂直于基础梁绘制一段中粗虚线（当该筋通长设置在外伸部位或短跨板下部时，应画至对边或贯通短跨），在虚线上注写编号（如①、②等）、配筋值、横向布置的跨数及是否布置到外伸部位。

板底部附加非贯通纵筋自支座中线向两边跨内的伸出长度值注写在线段的下方位置。当该筋向两侧对称伸出时，可仅在一侧标注，另一侧不注；当布置在边梁下时，向基础平板外伸部位一侧的伸出长度与方式按标准构造。底部附加非贯通纵筋相同者，可仅注写一处，其他只注写编号。

原位注写的底部附加非贯通纵筋与集中标注的底部贯通纵筋，宜采用“隔一布一”的方式布置，即基础平板（X 向或 Y 向）底部附加非贯通纵筋与贯通纵筋间隔布置，其标注间距与底部贯通纵筋相同（两者实际组合后的间距为各自标注间距的 1/2）。

【例 8-23】 原位注写的基础平板底部附加非贯通纵筋为③ф 20@200(3)，该 3 跨范围集中标注的底部贯通纵筋为 Bф 20@200，在该 3 跨支座处实际横向设置的底部纵筋合计为ф 20@100。其他与③号筋相同的底部附加非贯通纵筋可仅注编号③。

【例 8-24】 原位注写的基础平板底部附加非贯通纵筋为④ф 22@300(4)，该 4 跨范围集中标注的底部贯通纵筋为 Bф 20@300，表示该 4 跨支座处实际横向设置的底部纵筋为ф 22 和ф 20 间隔布置，相邻ф 22 和ф 20 之间距离为 150 mm。

②注写修正内容。当集中标注的某些内容不适用于梁板式筏形基础平板某板区的某一板跨时，应由设计者在该板跨内注明，施工时应按注明内容取用。

③当若干基础梁下基础平板的底部附加非贯通纵筋配置相同时（其底部、顶部的贯通纵筋可以不同），可仅在一根基础梁下做原位注写，并在其他梁上注明“该梁下基础平板底部附加非贯通纵筋同××基础梁”。

8.7.2 平板式筏形基础平法识图

平板式筏形基础没有基础梁，其底板是一块厚度相等的钢筋混凝土平板，如图 8-58 所示。平板式筏形基础适用于柱荷载不大、柱距较小且等柱距的情况，其特点是施工方便、建造快，但混凝土用量大。

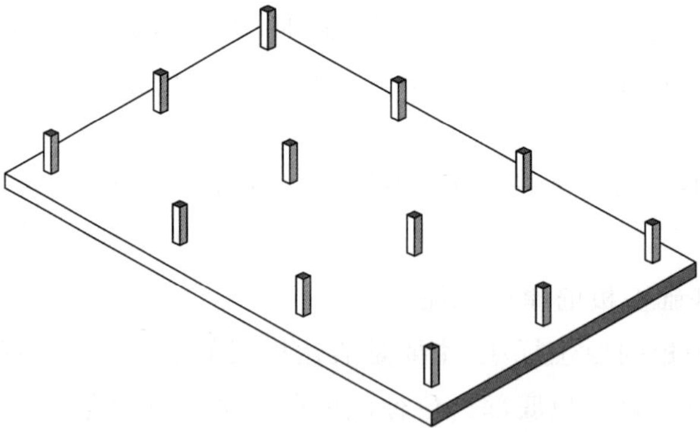

图 8-58 平板式筏形基础示意图

平板式筏形基础的平面注写表达方式有两种：一是划分为柱下板带和跨中板带进行表达；二是按基础平板进行表达。

8.7.2.1 柱下板带、跨中板带的平面注写方式

柱下板带与跨中板带的平面注写分为集中标注与原位标注两部分内容。参见图 8-59。

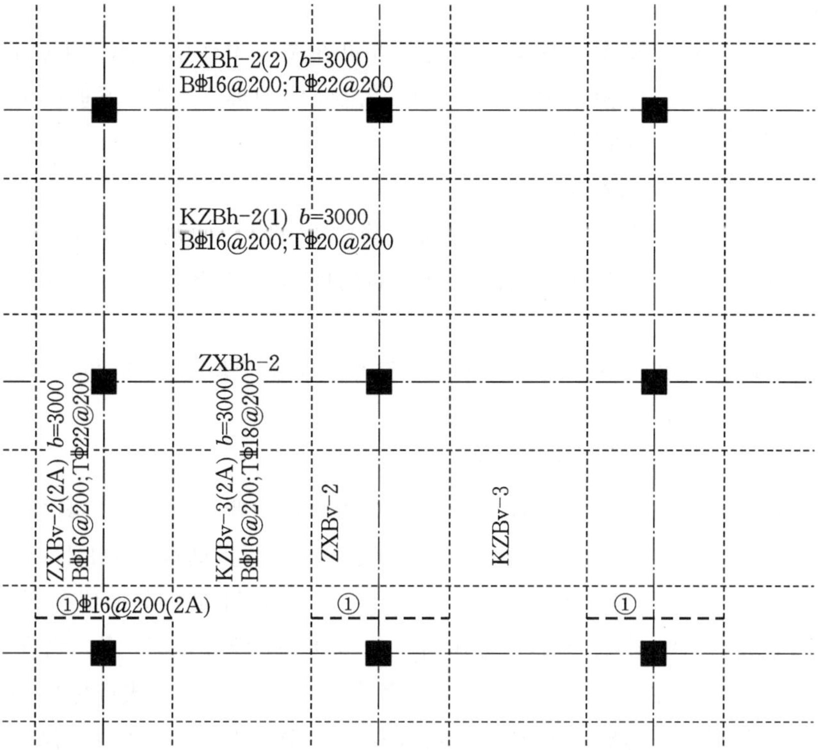

图 8-59 柱下板带、跨中板带的平面注写示意图

(1) 柱下板带与跨中板带的集中标注

柱下板带与跨中板带的集中标注应在第一跨(*X* 向为左端跨,*Y* 向为下端跨)引出。其具体规定为:

① 注写编号

平板式筏形基础构件编号可依据表 8-10 的规定。

表 8-10 平板式筏形基础构件编号

构件类型	代号	序号	跨数及有无外伸
柱下板带	ZXB	××	(××)或(××A)或(××B)
跨中板带	KZB	××	(××)或(××A)或(××B)
平板式筏形基础平板	BPB	××	

注:表中(××A)为一端有外伸,(××B)为两端有外伸,外伸不计入跨数。

平板式筏形基础平板,其跨数及是否有外伸分别在 *X*、*Y* 两向的贯通纵筋之后表达。图面

从左至右为 X 向，从下至上为 Y 向。

【例 8-25】 ZXB5(4B)表示第 5 号柱下板带，4 跨，两端有外伸。

② 注写截面尺寸

b=××××表示板带宽度。基础平板的厚度可在图注中注明。当柱下板带宽度确定后，跨中板带宽度亦随之确定(即相邻两平行柱下板带之间的距离)。当柱下板带中心线偏离柱中心线时，应在平面图上标注其定位尺寸。

③ 注写底部与顶部贯通纵筋

注写底部贯通纵筋("B"打头)与顶部贯通纵筋("T"打头)的规格与间距，用";"将其分隔开。柱下板带的柱下区域，通常在其底部贯通纵筋的间隔内插空设有(原位注写的)底部附加非贯通纵筋。

【例 8-26】 B⌀20@200；T⌀22@150 表示板带底部配置⌀20、间距 200 mm 的贯通纵筋，板带顶部配置⌀22、间距 150 mm 的贯通纵筋。

(2) 柱下板带与跨中板带的原位标注

柱下板带与跨中板带原位标注的内容，主要为底部附加非贯通纵筋。具体规定如下：

① 注写内容：以一段与板带同向的中粗虚线代表附加非贯通纵筋；柱下板带：贯穿其柱下区域绘制；跨中板带：横贯柱中线绘制。在虚线上注写底部附加非贯通纵筋的编号(如①、②等)、钢筋级别、直径、间距，以及自柱中线分别向两侧跨内的伸出长度值。当向两侧对称伸出时，长度值可仅在一侧标注，另一侧不注。外伸部位的伸出长度与方式按标准构造，设计不注。对同一板带中底部附加非贯通纵筋相同者，可仅在一根钢筋上注写，其他可仅在中粗虚线上注写编号。

原位注写的底部附加非贯通纵筋与集中标注的底部贯通纵筋，宜采用"隔一布一"的方式布置，即柱下板带或跨中板带底部非贯通纵筋与贯通纵筋交错插空布置，其标注间距与底部贯通纵筋相同(两者实际组合后的间距为各自标注间距的 1/2)。当跨中板带在轴线区域不设置底部附加非贯通纵筋时，则不做原位注写。

② 注写修正内容。当在柱下板带、跨中板带上集中标注的某些内容(如截面尺寸、底部与顶部贯通纵筋等)不适用于某跨或某外伸部分时，则将修正的数值原位标注在该跨或该外伸部位，施工时原位标注取值优先。

按以上各项规定的组合表达方式，详见 16G101—3 图集第 42 页。

8.7.2.2 平板式筏形基础平板的平面注写方式

平板式筏形基础平板的平面注写，分为集中标注与原位标注两部分内容。

(1) 平板式筏形基础平板的集中标注

平板式筏形基础平板的集中标注规则除注写编号外，均和梁板式筏形基础平板的集中标注规则相同。注写编号规定见表 8-10。

当某向底部贯通纵筋或顶部贯通纵筋的配置，在跨内有两种不同间距时，先注写跨内两端的第一种间距，并在前面加注纵筋根数(以表示其分布的范围)；再注写跨中部的第二种间距

(不需加注根数);两者用"/"分隔。

【例 8-27】 X:B12Φ22@150/200;T10Φ20@150/200 表示基础平板 X 向底部配置Φ22的贯通纵筋,跨两端间距为 150 mm,各配 12 根,跨中间距为 200 mm;X 向顶部配置Φ20的贯通纵筋,跨两端间距为 150 mm,各配 10 根,跨中间距为 200 mm(纵向总长度略)。

(2) 平板式筏形基础平板的原位标注

平板式筏形基础平板的原位标注,主要表达横跨柱中心线下的底部附加非贯通纵筋。注写规定如下:

① 原位注写位置及内容。在配置相同的若干跨的第 跨,垂直于柱中线绘制一段中粗虚线代表底部附加非贯通纵筋。在虚线上标注编号(如①、②等)、配筋值、横向布置的跨数及是否布置到外伸部位。

当柱中心线下的底部附加非贯通纵筋(与柱中心线正交)沿柱中心线连续若干跨配置相同时,则在该连续跨的第一跨下原位注写,且将同规格配筋连续布置的跨数注在括号内;当有些跨配置不同时,则应分别原位注写。外伸部位的底部附加非贯通纵筋应单独注写(当与跨内某筋相同时仅注写钢筋编号)。

当底部附加非贯通纵筋横向布置在跨内有两种不同间距的底部贯通纵筋区域时,其间距应分别对应为两种,其注写形式应与贯通纵筋保持一致,即先注写跨内两端的第一种间距,并在前面加注纵筋根数;再注写跨中部的第二种间距(不需加注根数);两者用"/"分隔。

② 当某些柱中心线下的基础平板底部附加非贯通纵筋横向配置相同时(其底部、顶部的贯通纵筋可以不同),可仅在一条中心线下做原位注写,并在其他柱中心线上注明"该柱中心线下基础平板底部附加非贯通纵筋同××柱中心线"。

按以上各项规定的组合表达方式,详见 16G101—3 图集第 43 页。

8.7.2.3 其他

(1)与平板式筏形基础相关的后浇带、上柱墩、下柱墩、基坑(沟)等构造的平法施工图设计,详见 16G101—3 图集制图规则部分第 7 章的相关规定。

(2) 平板式筏形基础应在图中注明的其他内容为:

① 注明板厚。当整片平板式筏形基础有不同板厚时,应分别注明各板厚值及其各自的分布范围。

② 当在基础平板周边沿侧面设置纵向构造钢筋时,应在图注中注明。

③ 应注明基础平板外伸部位的封边方式,当采用 U 形钢筋封边时,应注明其规格、直径及间距。

④ 当基础平板厚度大于 2 m 时,应注明设置在基础平板中部的水平构造钢筋网。

⑤ 当在基础平板外伸阳角部位设置放射筋时,应注明放射筋的强度等级、直径、根数以及设置方式等。

⑥ 板的上、下部纵筋之间设置拉筋时,应注明拉筋的强度等级、直径、双向间距等。

⑦ 应注明混凝土垫层厚度与强度等级。

⑧ 当基础平板同一层面的纵筋相交叉时,应注明何向纵筋在下,何向纵筋在上。

⑨ 设计需注明的其他内容。

8.8 筏形基础配筋构造

筏形基础的配筋构造主要有梁板式筏形基础主梁、次梁、基础平板配筋构造以及平板式筏形基础平板配筋构造。

8.8.1 梁板式筏形基础梁端部配筋构造

梁板式筏形基础梁端部构造分为等截面外伸构造、变截面外伸构造和无外伸构造三种。详见图 8-60 至图 8-62。

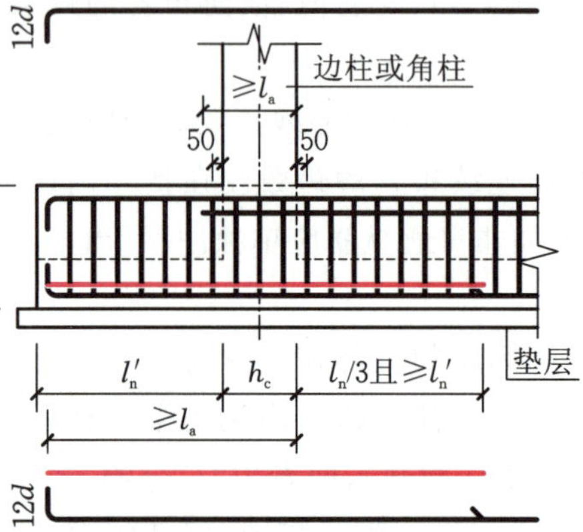

图 8-60 梁板式筏形基础梁端部等截面外伸构造

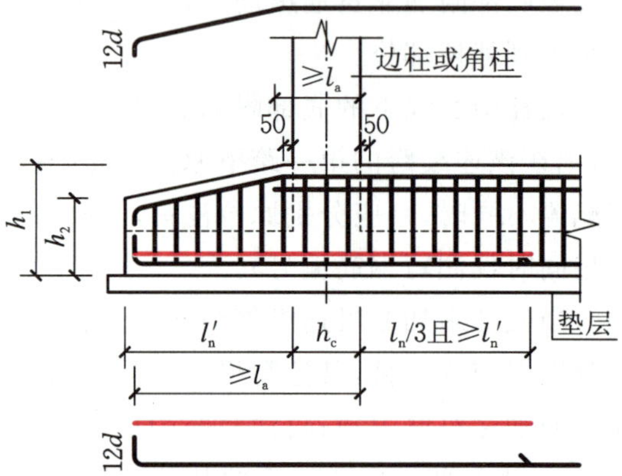

图 8-61 梁板式筏形基础梁端部变截面外伸构造

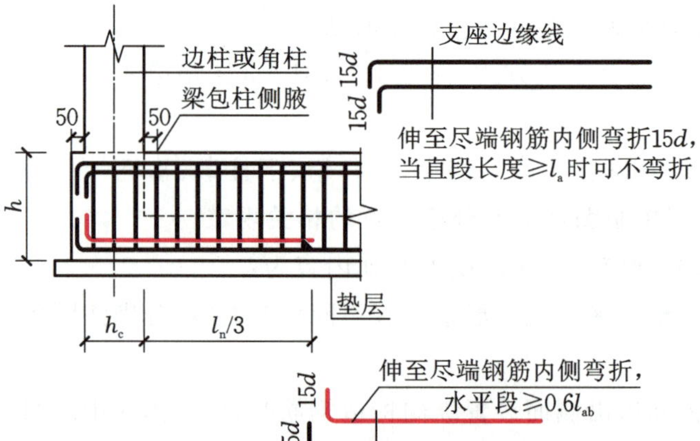

图 8-62 梁板式筏形基础梁端无外伸构造

端部等(变)截面外伸构造中，当从柱内边算起的梁端部外伸长度不满足直锚要求时，基础梁下部钢筋应伸至端部后弯折，且从柱内边算起水平段长度≥$0.6l_{ab}$，弯折段长度 $15d$。

8.8.2 梁板式筏形基础平板端部与外伸部位钢筋构造

梁板式筏形基础平板端部钢筋构造分为等截面外伸构造、变截面外伸构造和无外伸构造三种情况。构造详见图 8-63 至图 8-65。

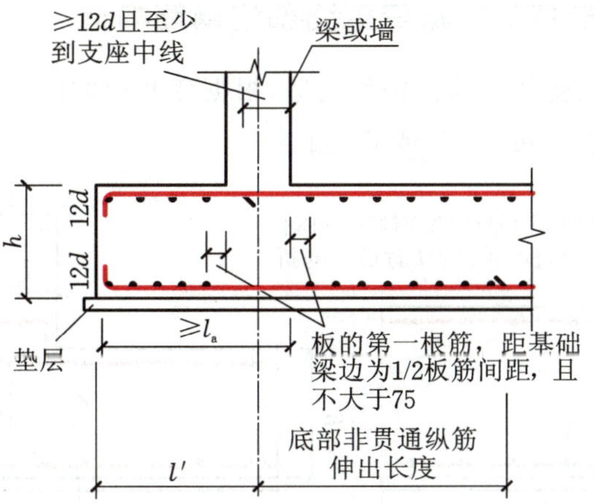

图 8-63　梁板式筏形基础平板端部等截面外伸构造

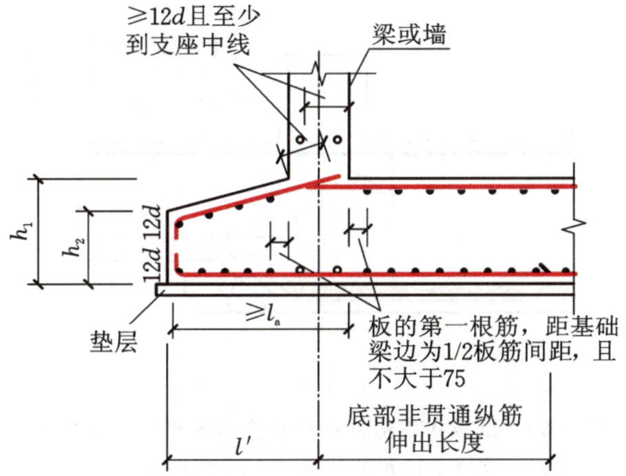

图 8-64　梁板式筏形基础平板端部变截面外伸构造

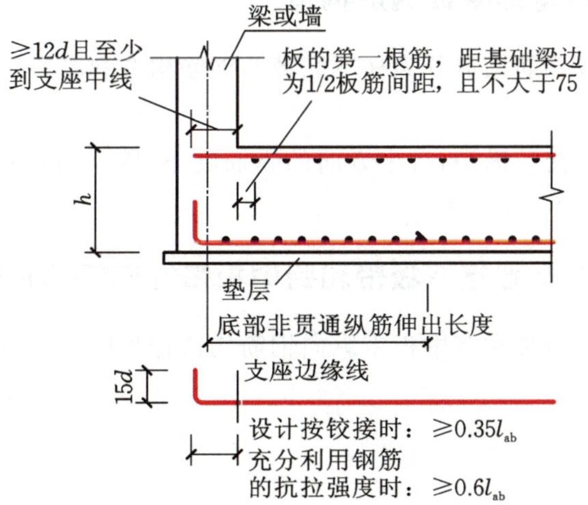

图 8-65　梁板式筏形基础平板端部无外伸构造

8.8.3 梁板式筏形基础平板变截面部位钢筋构造

梁板式筏形基础平板变截面部位钢筋构造，根据变截面的位置不同有三种常见的情形，详见图 8-66。板底高差坡度 α 可为 45°或 60°角。

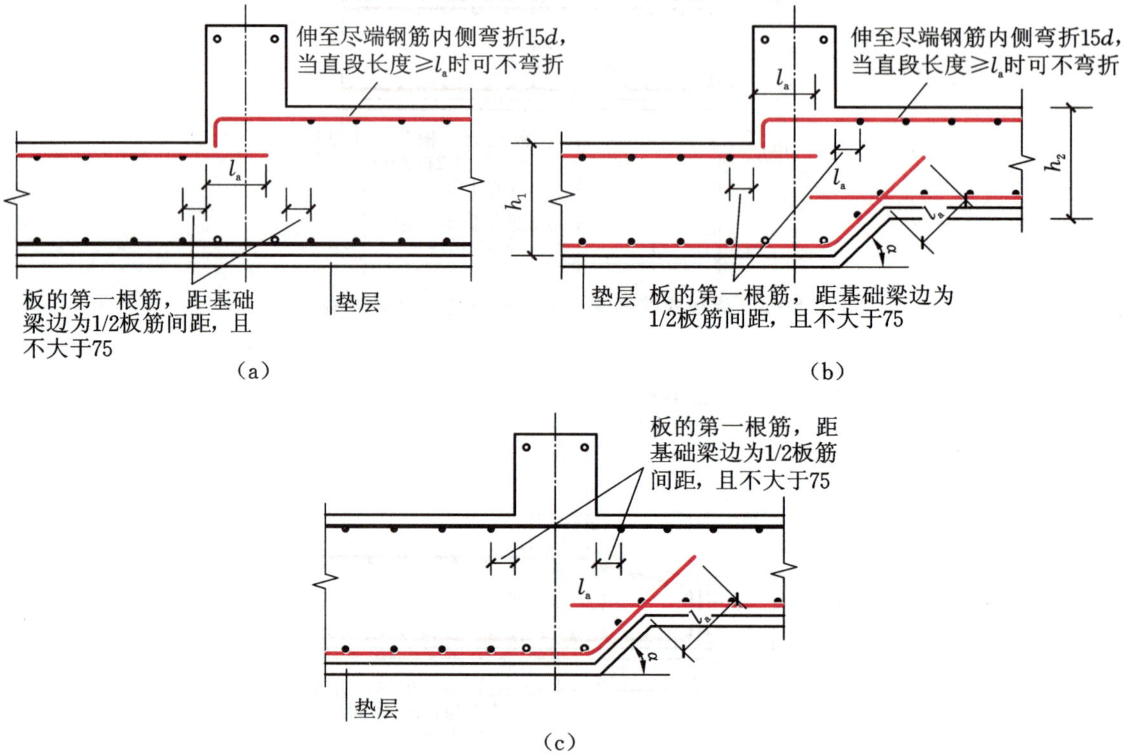

图 8-66 梁板式筏形基础平板变截面部位钢筋构造

(a)板顶有高差；(b)板顶、板底均有高差；(c)板底有高差

8.8.4 梁板式筏形基础平板钢筋构造

梁板式筏形基础平板钢筋构造分为柱下区域的钢筋构造和跨中区域的钢筋构造。具体见图 8-67 和图 8-68。

基础平板同一层面的交叉纵筋，哪个方向的纵筋在下，哪个方向的纵筋在上，要按照具体的设计说明来判断。

8.8.5 平板式筏形基础柱下板带和跨中板带纵向钢筋构造

平板式筏形基础柱下板带和跨中板带纵向钢筋构造详见图 8-69 和图 8-70。

顶部贯通纵筋在连接区内采用搭接、机械连接或焊接。同一连接区段内接头面积百分率不宜大于50%，当钢筋长度可穿过一连接区到下一连接区并满足连接要求时，宜穿越设置

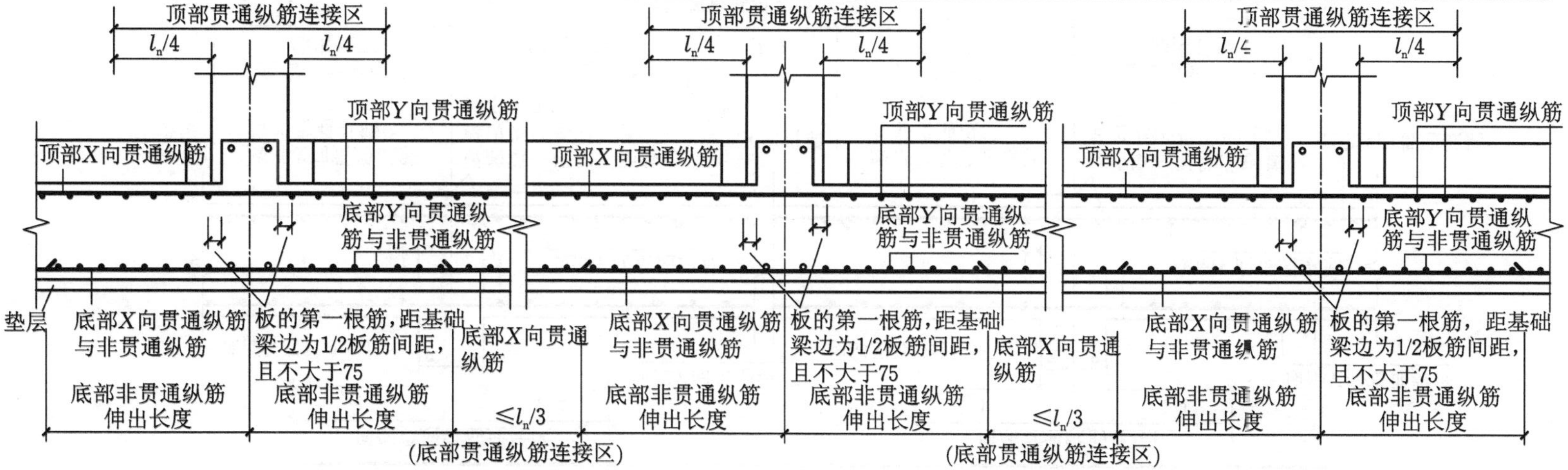

图 8-67 梁板式筏形基础平板钢筋构造（柱下区域）

顶部贯通纵筋在连接区内采用搭接、机械连接或焊接。同一连接区段内接头面积百分率不宜大于50%，当钢筋长度可穿过一连接区到下一连接区并满足连接要求时，宜穿越设置

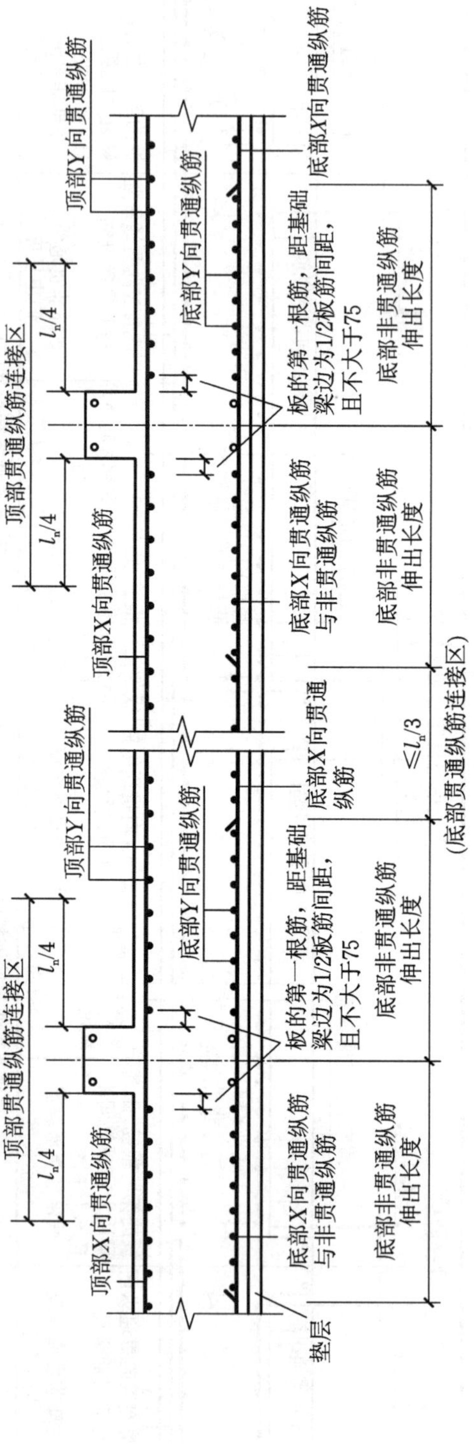

图 8-68 梁板式筏形基础平板钢筋构造（跨中区域）

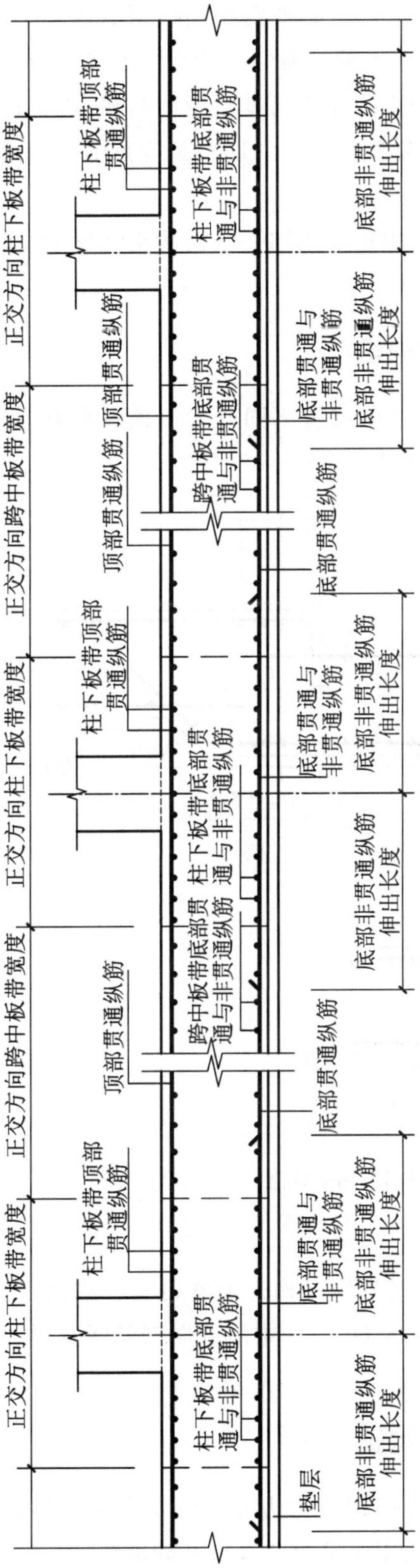

图 8-69 平板式筏基柱下板带纵向钢筋构造

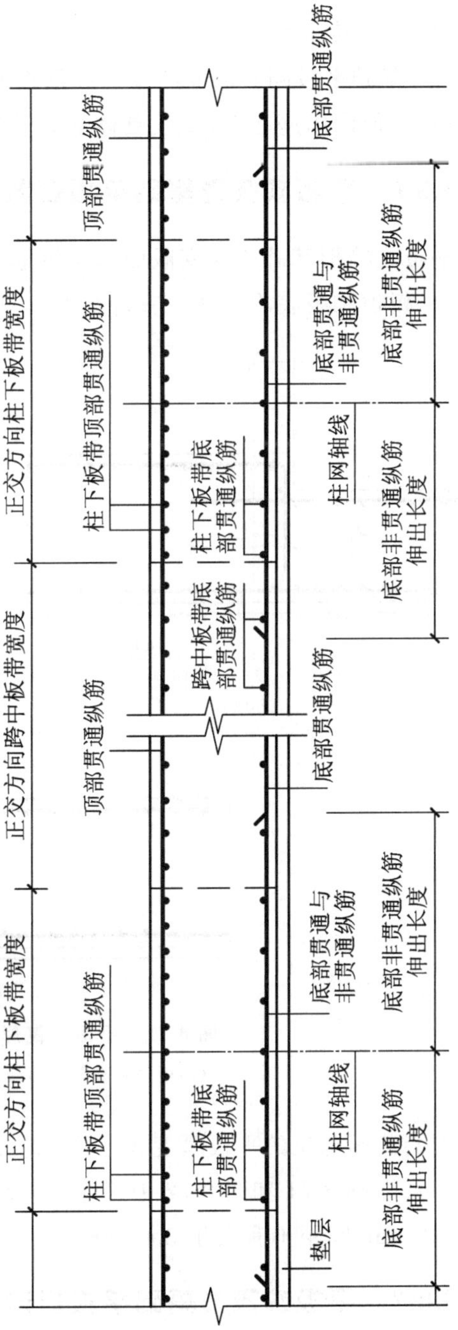

图 8-70 平板式筏基跨中板带纵向钢筋构造

(1) 不同配置的底部贯通纵筋，应在两毗邻跨中配置较小一跨的跨中连接区域连接(即配置较大一跨的底部贯通纵筋需越过其标注的跨数中点或起点伸至毗邻跨的跨中连接区域)。

(2) 柱下板带与跨中板带的底部贯通纵筋，可在跨中 1/3 净跨长度范围内搭接、机械连接或焊接；柱下板带及跨中板带的顶部贯通纵筋，可在柱网轴线附近 1/4 净跨长度范围内采用搭接、机械连接或焊接。

(3) 基础平板同一层面的交叉纵筋以及柱下板带、跨中板带中同一层面的交叉钢筋，何向纵筋在下，何向纵筋在上，要按具体的设计说明来判断。

8.8.6 平板式筏形基础平板变截面部位钢筋构造

平板式筏形基础平板变截面部位钢筋构造根据变截面的位置不同分为板顶有高差、板底有高差、板顶和板底均有高差三种情况。具体构造做法详见图 8-71。

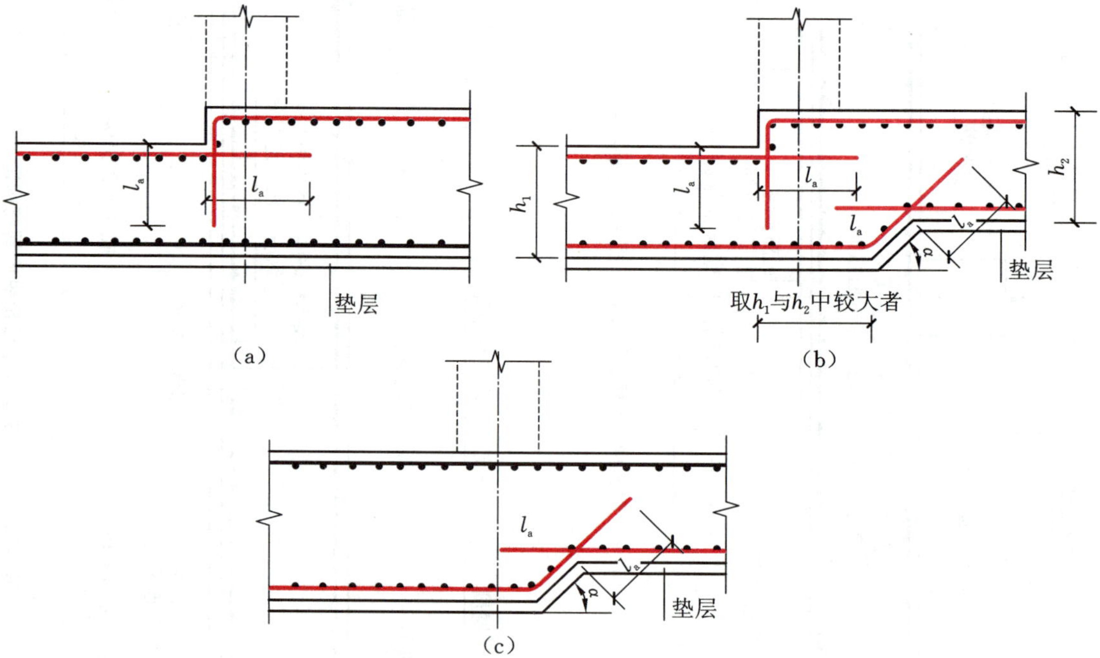

图 8-71 平板式筏形基础平板变截面部位钢筋构造

(a)板顶有高差；(b)板顶、板底均有高差；(c)板底有高差

当变截面部位的平板厚度大于 2000 mm 时，平板中层的钢筋构造通常也有三种情形，详见图 8-72。图 8-71 和图 8-72 中板底高差坡度 α 可为 45°或 60°角。中层双向钢筋网直径不宜小于 12 mm，间距不宜大于 300 mm。

8.8.7 平板式筏形基础平板板边缘侧面封边构造

平板式筏形基础平板板边缘侧面封边构造分为 U 形筋构造封边方式以及纵筋弯钩交错封边方式两种，详见图 8-73。板边缘侧面封边构造同样适用于梁板式筏形基础部位。

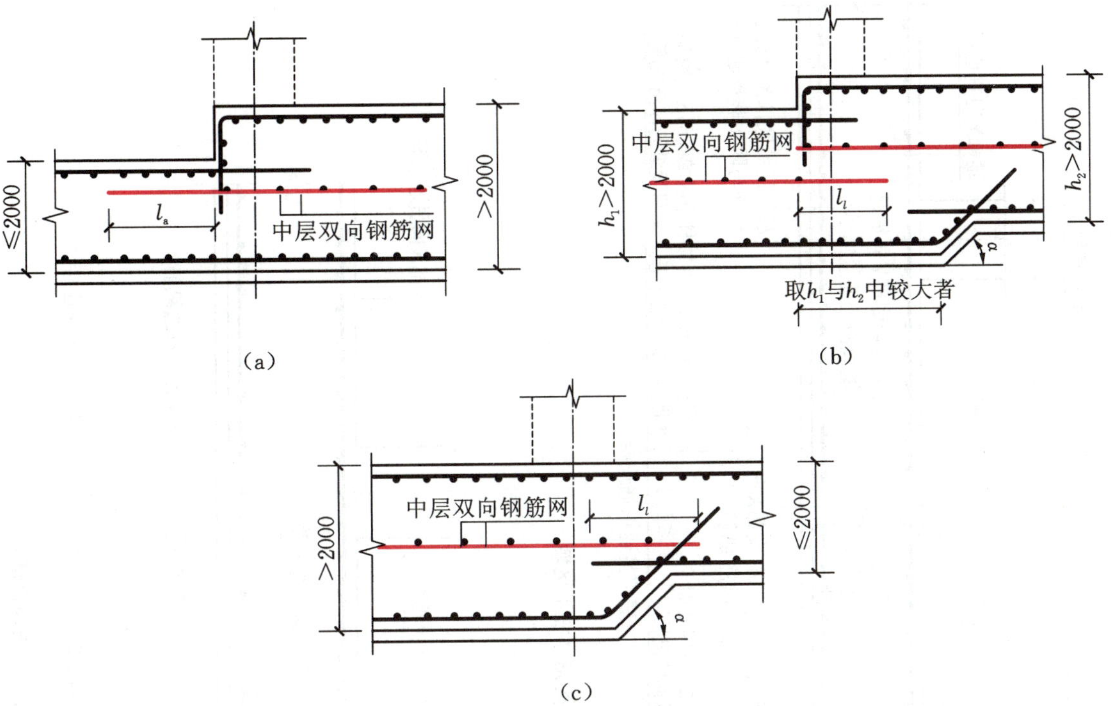

图 8-72　平板式筏形基础平板变截面中层钢筋构造

(a)板顶有高差；(b)板顶、板底均有高差；(c)板底有高差

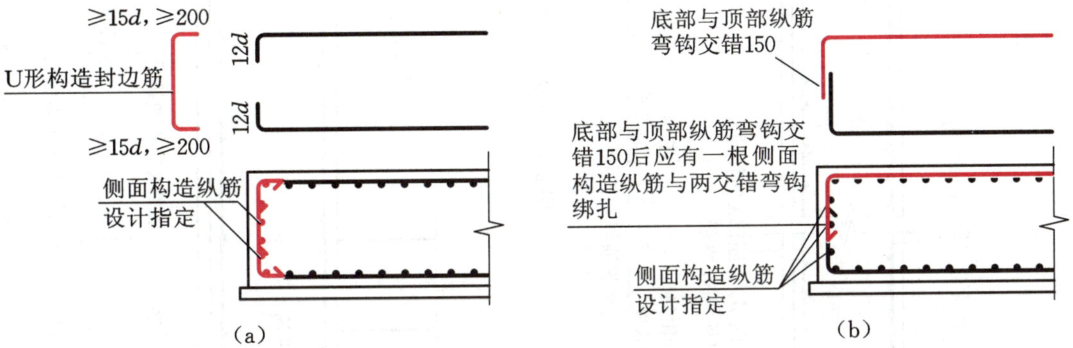

图 8-73　板边缘侧面封边构造

(a)U 形筋构造封边方式；(b)纵筋弯钩交错封边方式

8.8.8　平板式筏形基础平板钢筋构造

平板式筏形基础平板钢筋构造分为柱下区域钢筋构造和跨中区域钢筋构造。详见图 8-74 和图 8-75。

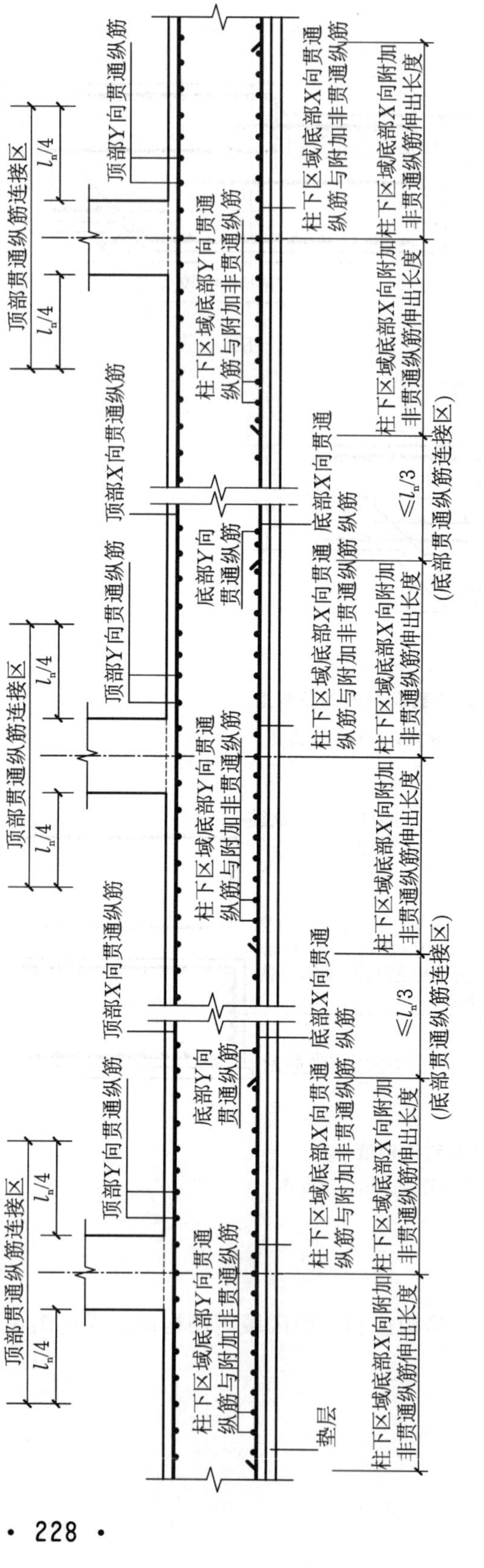

图 8-74　平板式筏形基础平板钢筋构造（柱下区域）

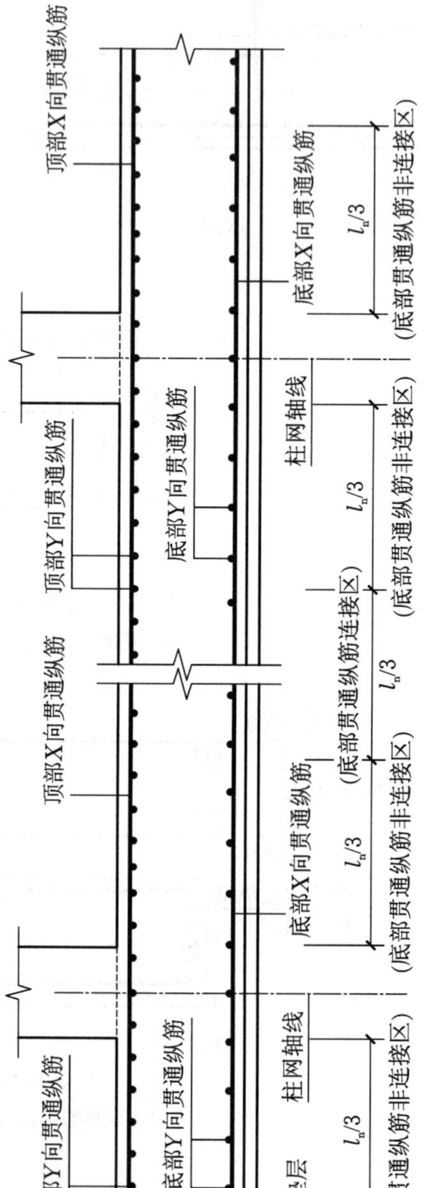

图 8-75　平板式筏形基础平板钢筋构造（跨中区域）

8.8.9 平板式筏形基础平板端部与外伸部位钢筋构造

(1)平板式筏形基础端部等截面外伸构造,见图 8-76。

(2)当基础平板厚度大于 2000 mm 时,需要增设中层筋,其端头构造做法详见图 8-77。

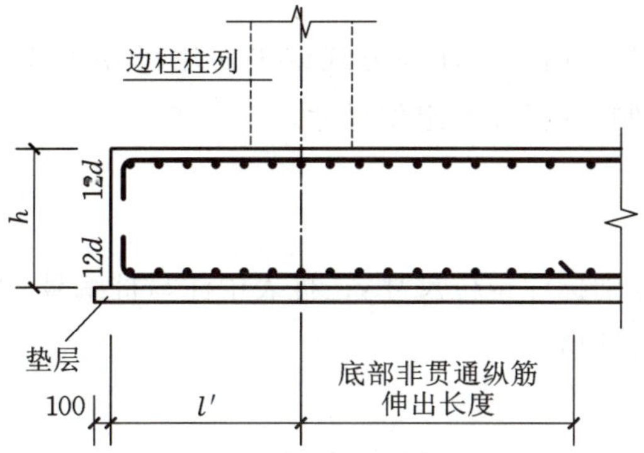

图 8-76 端部等截面外伸构造

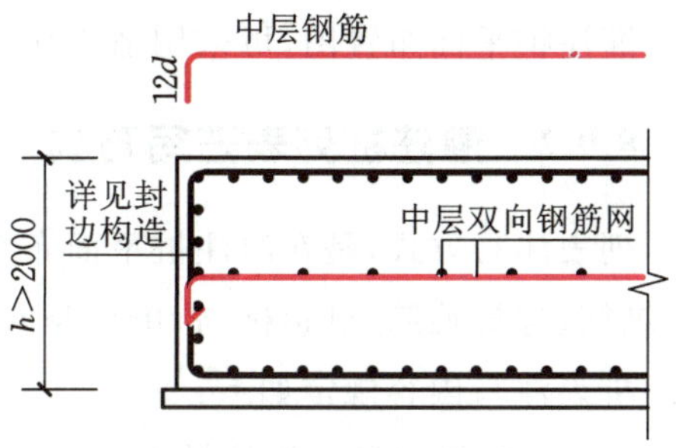

图 8-77 中层筋端头构造

(3)平板式筏形基础平板端部无外伸构造,根据端部构件分为外墙或边梁两种构造形式,详见图 8-78。图 8-78(a)中,当设计指定采用墙外侧纵筋与底板纵筋搭接的做法时,基础底板下部钢筋折段应伸至基础顶面标高处(见 16G101—3 图集第 64 页)。

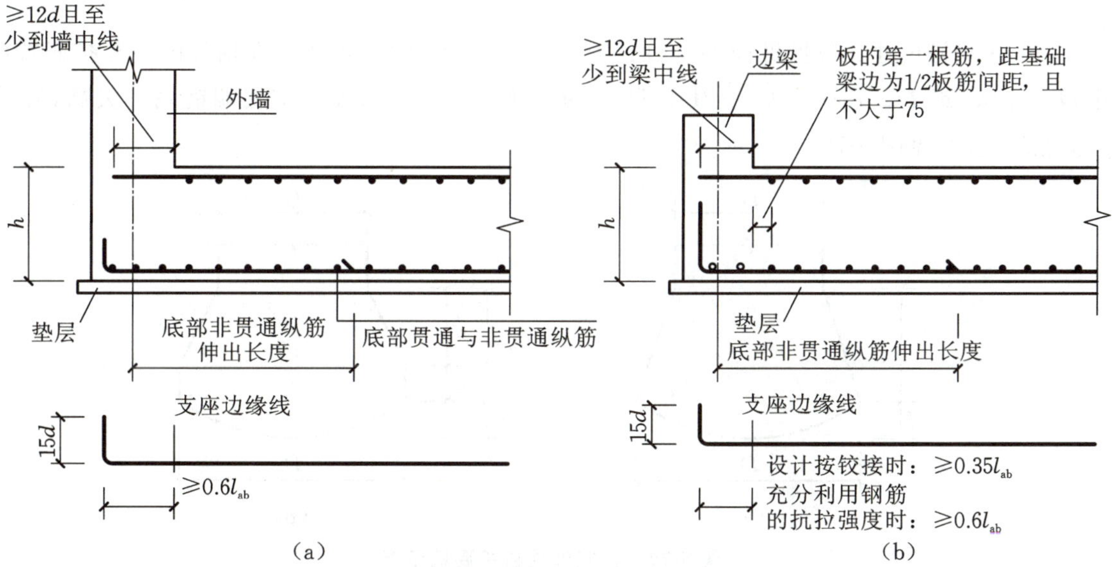

图 8-78 平板式筏形基础平板端部无外伸构造

(a)端部构件为外墙;(b)端部构件为边梁

8.9 桩基础平法识图

8.9.1 灌注桩平法施工图的表示方法

灌注桩平法施工图是在灌注桩平面布置图上采用列表注写方式或平面注写方式进行表达。灌注桩平面布置图,可采用适当比例单独绘制,并标注其定位尺寸。

8.9.2 灌注桩列表注写方式

列表注写方式,是在灌注桩平面布置图上,分别标注定位尺寸:在桩表中注写桩编号、桩尺寸、纵筋、螺旋箍筋、桩顶标高、单桩竖向承载力特征值。

桩表注写内容规定如下:

(1) 注写桩编号。桩编号由类型和序号组成,应符合表 8-11 的规定。

表 8-11 桩编号

类 型	代 号	序 号
灌注桩	GZH	××
扩底灌注桩	GZHK	××

(2) 注写桩尺寸。包括桩径 D×桩长 L,当为扩底灌注桩时,还应在括号内注写扩底端尺寸 $D_0/h_b/h_c$ 或 $D_0/h_b/h_{c1}/h_{c2}$。其中 D_0 表示扩底端直径,h_b 表示扩底端锅底形矢高,h_c 表示扩底端高度,见图 8-79。

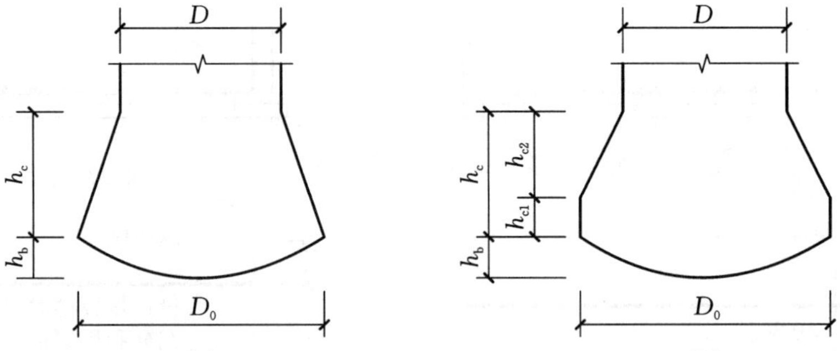

图 8-79 扩底灌注桩扩底端示意

(3) 注写桩纵筋。包括桩周均布的纵筋根数、钢筋强度级别、从桩顶起算的纵筋配置长度。

① 通长等截面配筋:注写全部纵筋如××ф××。

② 部分长度配筋:注写桩纵筋如××ф××/L_1,其中 L_1 表示从桩顶起算的入桩长度。

③ 通长变截面配筋：注写桩纵筋包括通长纵筋××ⴼ××；非通长纵筋××ⴼ××/L_1，其中 L_1 表示从桩顶起算的入桩长度。通长纵筋与非通长纵筋沿桩周间隔均匀布置。

（4）以大写字母“L”打头，注写桩螺旋箍筋。包括钢筋强度级别、直径与间距。

① 用“/”区分桩顶箍筋加密区与桩身箍筋非加密区长度范围内箍筋的间距。16G101—3图集中箍筋加密区为桩顶以下 $5D$（D 为桩身直径），若与实际工程情况不同，需设计者在图中注明。

② 当桩身位于液化土层范围内时，箍筋加密区长度应由设计者根据具体工程情况注明，或者箍筋全长加密。

（5）注写桩顶标高。

（6）注写单桩竖向承载力特征值。

灌注桩列表注写的格式见表 8-12。

表 8-12　灌注桩表

桩号	桩径 D ×桩长 L（mm×m）	通长等截面配筋全部纵筋	箍筋	桩顶标高（m）	单桩竖向承载力特征值（kN）
GZH1	800×16.700	10ⴼ18	Lⴼ8@100/200	−3.400	2400

8.9.3　灌注桩平面注写方式

平面注写方式的规则同列表注写方式，将表格中内容除单桩竖向承载力特征值以外集中标注在灌注桩上，见图 8-80。

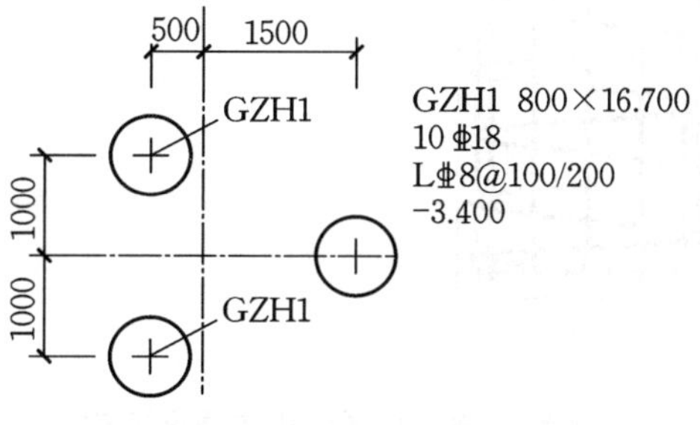

图 8-80　灌注桩平面注写示例

8.10 灌注桩配筋构造

8.10.1 灌注桩通长等截面配筋构造

灌注桩通长等截面配筋构造见图 8-81。

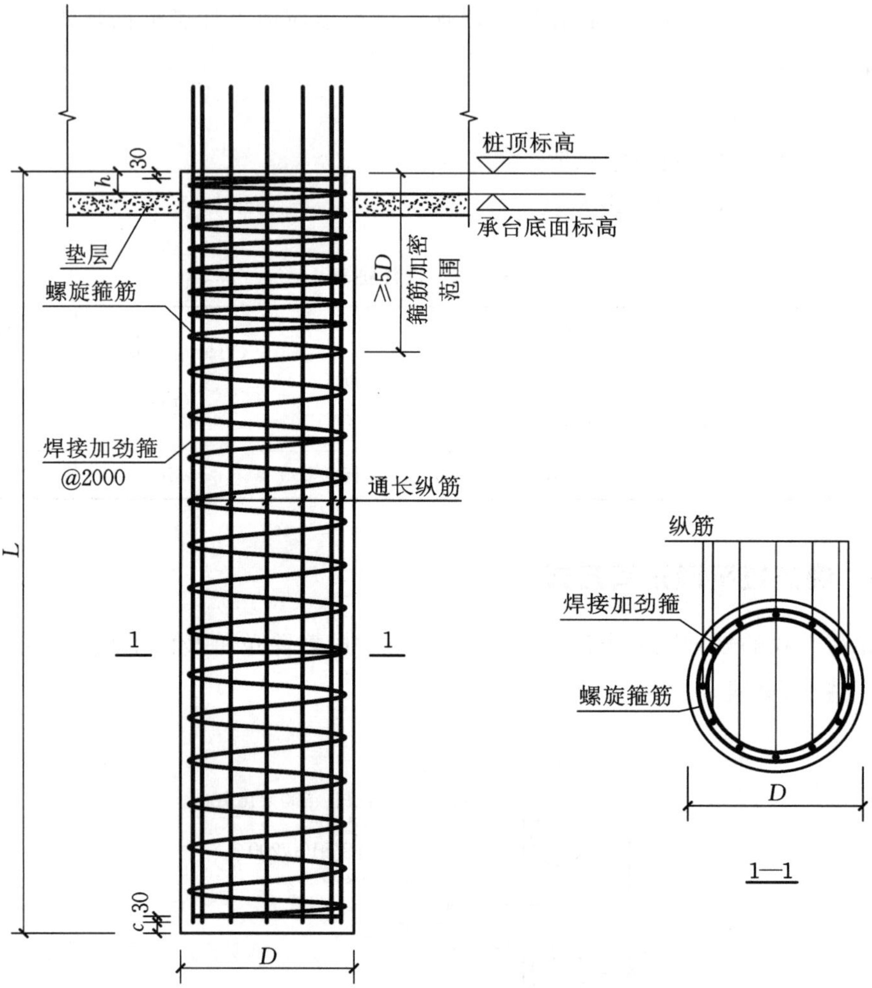

图 8-81 灌注桩通长等截面配筋构造

8.10.2 灌注桩部分长度配筋构造

灌注桩部分长度配筋构造见图 8-82。

8.10.3 灌注桩通长变截面配筋构造

灌注桩通长变截面配筋构造见图 8-83。

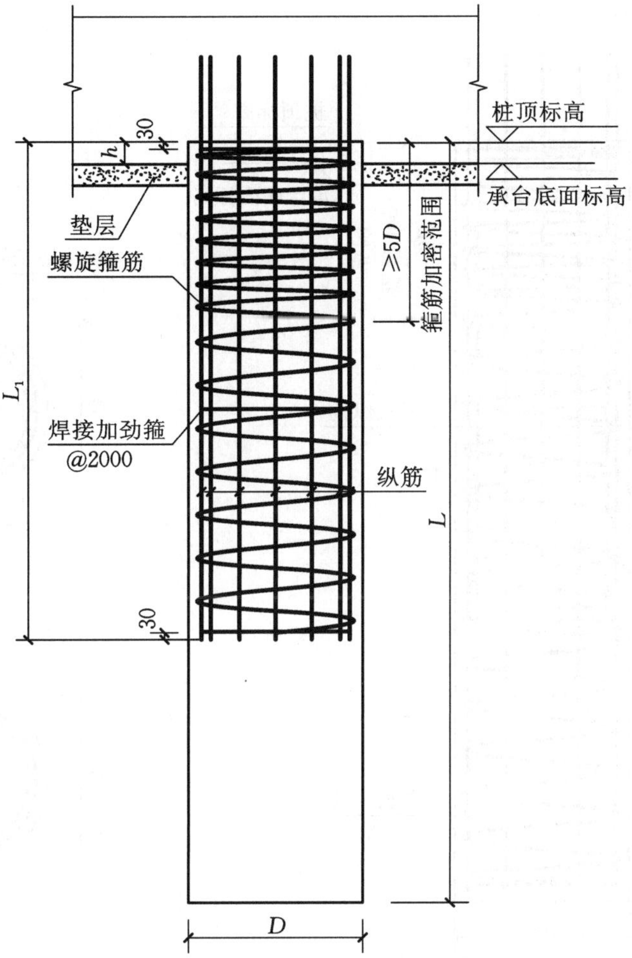

图 8-82　灌注桩部分长度配筋构造

图 8-81、图 8-82、图 8-83 中 h 为桩顶进入承台高度，桩径 $D<800$ mm 时取 50 mm，桩径 $D\geqslant 800$ mm 时取 100 mm。

焊接加劲箍见设计标注，当设计未注明时，加劲箍直径为 12 mm，强度等级不低于 HRB400。

c 为保护层厚度。

8.10.4　灌注桩螺旋箍筋构造

灌注桩螺旋箍筋端部构造见图 8-84，搭接构造见图 8-85。

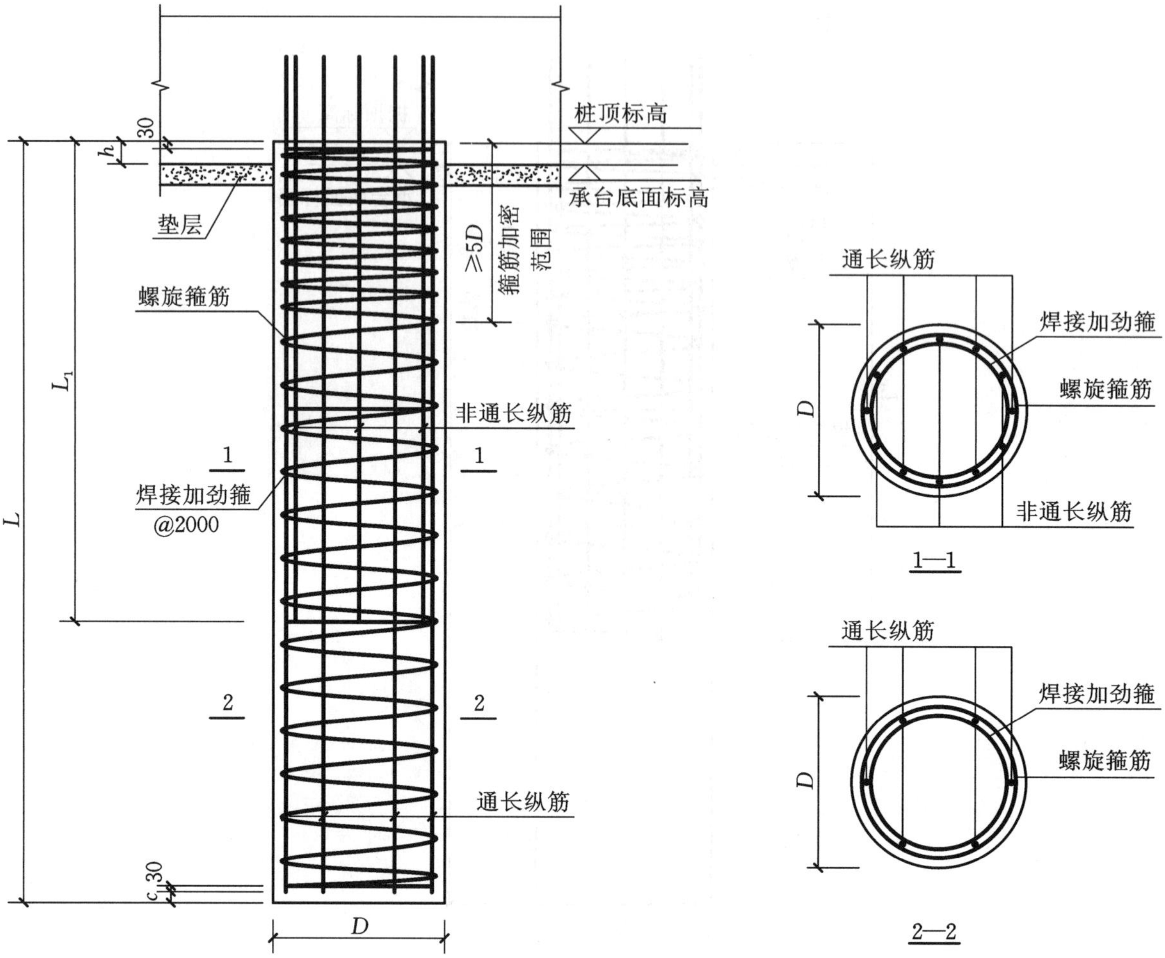

图 8-83 灌注桩通长变截面配筋构造

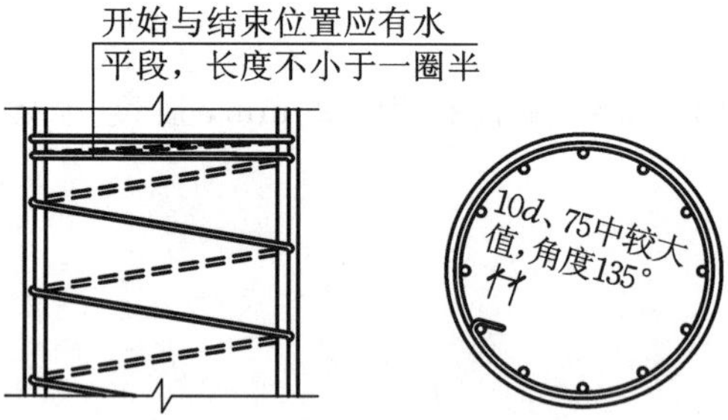

图 8-84 灌注桩螺旋箍筋构造

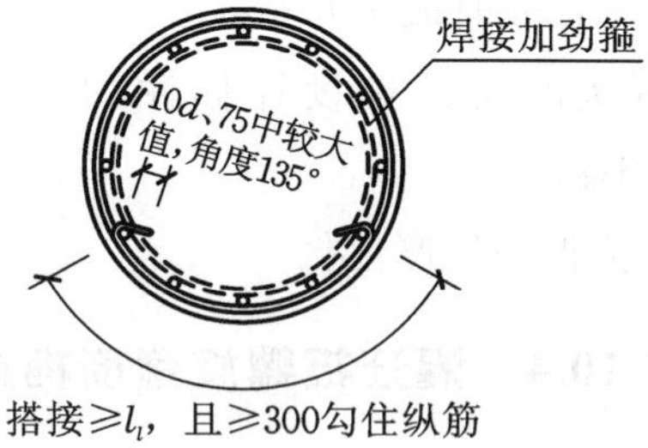

图 8-85 灌注桩螺旋箍筋搭接构造

8.10.5 灌注桩桩顶与承台连接构造

灌注桩桩顶与承台连接构造见图 8-86，图中 d 为桩内纵筋直径，h 为桩顶进入承台高度，桩径 $D<800$ mm 时取 50 mm，桩径 $D\geqslant 800$ mm 时取 100 mm。

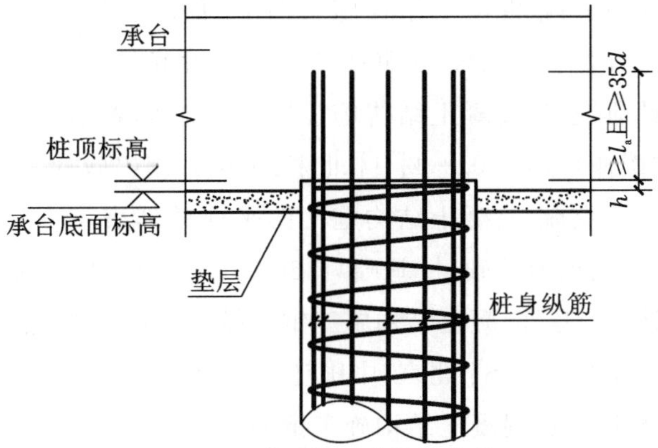

桩顶与承台连接构造(一)

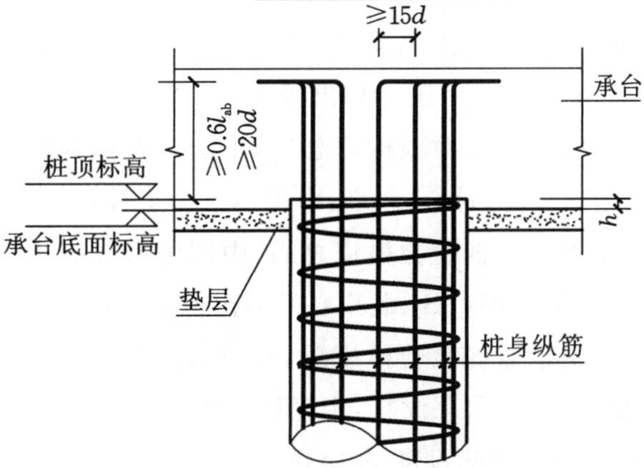

桩顶与承台连接构造(二)

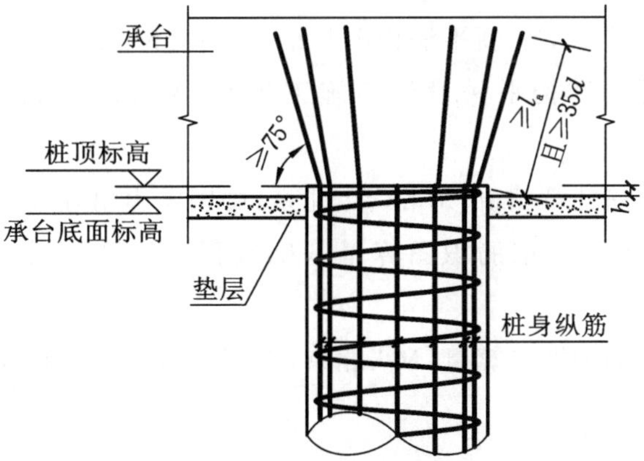

桩顶与承台连接构造(三)

图 8-86 桩顶与承台连接构造

参考文献

[1] 中国建筑标准设计研究院.混凝土结构施工图平面整体表示方法制图规则和构造详图(现浇混凝土框架、剪力墙、梁、板):16G101—1[S].北京:中国计划出版社,2016.

[2] 中国建筑标准设计研究院.混凝土结构施工图平面整体表示方法制图规则和构造详图(现浇混凝土板式楼梯):16G101—2[S].北京:中国计划出版社,2016.

[3] 中国建筑标准设计研究院.混凝土结构施工图平面整体表示方法制图规则和构造详图(独立基础、条形基础、筏形基础、桩基础):16G101—3[S].北京:中国计划出版社,2016.

[4] 中国建筑标准设计研究院.混凝土结构施工钢筋排布规则与构造详图(现浇混凝土框架、剪力墙、梁、板):18G901—1[S].北京:中国计划出版社,2018.

[5] 中国建筑标准设计研究院.混凝土结构施工钢筋排布规则与构造详图(独立基础、条形基础、筏形基础、桩基础):18G901—3[S].北京:中国计划出版社,2018.

[6] 中国建筑标准设计研究院.混凝土结构施工图平面整体表示方法和构造详图(剪力墙边缘构件):12G101—4[S].北京:中国计划出版社,2012.

[7] 中华人民共和国国家质量监督检验检疫总局,中国国家标准化管理委员会.预应力混凝土用钢棒:GB/T 5223.3—2017[S].北京:中国标准出版社,2017.

[8] 中华人民共和国国家质量监督检验检疫总局,中国国家标准化管理委员会.预应力混凝土用钢绞线:GB/T 5224—2014[S].北京:中国标准出版社,2014.

[9] 中华人民共和国国家质量监督检验检疫总局,中国国家标准化管理委员会.预应力混凝土用钢丝:GB/T 5223—2014[S].北京:中国标准出版社,2014.

[10] 中华人民共和国住房和城乡建设部.高层建筑混凝土结构技术规程:JGJ 3—2010[S].北京:中国建筑工业出版社,2011.

[11] 肖明和,张保生,范忠波,等.新平法识图与钢筋计算[M].北京:人民交通出版社,2012.

[12] 陈青来.钢筋混凝土结构平法设计与施工规则[M].2 版.北京:中国建筑工业出版社,2018.

[13] 彭波.G101 平法钢筋计算精讲[M].3 版.北京:中国电力出版社,2014.

[14] 彭波,李文渊,王丽.平法钢筋识图算量基础教程[M].3 版.北京:中国建筑工业出版社,2013.

[15] 赵荣.G101 平法钢筋识图与算量[M].北京:中国建筑工业出版社,2010.